1234

8°Z
2486

ŒUVRES LITTÉRAIRES
DE MACHIAVEL

OUVRAGE DU MÊME AUTEUR

PUBLIÉ DANS LA BIBLIOTHEQUE CHARPENTIER

à 3 fr. 50 le volume.

Œuvres politiques, un volume in-18.

Châteauroux. — Typ. et Steréotyp. A. MAJESTE

ŒUVRES LITTÉRAIRES
DE MACHIAVEL

TRADUCTION PÉRIÉS

ÉDITION CONTENANT

LES COMÉDIES, POÉSIES, CONTES

FANTAISIES, MÉLANGES D'HISTOIRE ET LETTRES FAMILIÈRES

Avec Introduction, Notice et Notes

PAR

M. CH. LOUANDRE

PARIS

CHARPENTIER ET Cie, ÉDITEURS

13, RUE DE GRENELLE, 13

AVERTISSEMENT SUR CETTE ÉDITION

Après avoir analysé et jugé avec une sagacité remarquable les œuvres historiques et politiques de Machiavel, Ginguené s'exprime ainsi « Ajoutons à tous ces titres, qui le placent parmi les prosateurs du premier ordre, ses comédies, d'autres poésies du genre satirique, une nouvelle qui ne serait pas déplacée dans le *Decameron* de Boccace, rappelons-nous dans quelles agitations il vécut, dans quelles occupations il consuma une grande partie de cette vie qu'il perdit avant le temps ; combien, enfin, il jouit peu de la tranquillité d'esprit et du loisir qui semblent nécessaires pour produire quelque chose de grand et de durable, et nous rendrons à son génie l'hommage qui lui est dû. Nous l'honorerons comme un des plus grands hommes de ce grand siècle.

C'est pour faire connaître sous tous ses aspects le génie vraiment extraordinaire de Machiavel que nous ajoutons le présent volume aux œuvres historiques et politiques qui se trouvent déjà dans cette Bibliothèque. Ce volume comprend cinq parties distinctes. Dans la première nous avons rangé les comédies, en écartant toutefois la traduction de *l'Andrienne* de Térence, traduction qui ne peut offrir quelque intérêt qu'aux lecteurs italiens. Dans la seconde nous avons placé les poésies, en écartant encore *les Decennales*, qui, malgré le mérite incontestable de certains vers, ne sont autre chose qu'un résumé d'une certaine portion de l'histoire d'Italie. La troisième partie comprend, sous le titre de *Mélanges en prose*, des morceaux de fantaisie dans lesquels éclate toute la verve satirique du seizième siècle ; morceaux qui rivalisent avec ce que Boccace a écrit de plus parfait, et dont l'un, *Belphegor*, traduit dans toutes les langues, à servi de modèle à La Fontaine. On trouvera dans la quatrième partie, intitulée: *Mélanges historiques*, le premier essai de statistique historique et économique qui ait été rédigé sur la France, à une époque où l'économie sociale et la statistique n'étaient point encore nommées; le récit de l'un des plus grands crimes de la renaissance et la vie du plus grand des condottieri de l'Italie du moyen âge. Les *Lettres familières*, qui forment la cinquième partie et qui ont été dégagées par un choix sévère de ce bagage inutile qui charge quelquefois les correspondances, fournissent, outre des détails piquants sur les mœurs et l'esprit du seizième siècle, de curieuses révélations sur le caractère et la vie intime de Machiavel.

Les trois volumes que nous présentons au public offriront de la sorte, complète en ce qu'elle a d'éminent, l'œuvre d'un des écrivains les plus illustres, les plus attaqués et les plus admirés tout à la fois, non seulement de l'Italie, mais même de l'Europe moderne. On connaîtra par l'*Histoire de Florence* l'heureux imitateur de la méthode des anciens, et l'auteur qui le premier a élevé jusqu'à l'histoire la chronique diffuse et terre à terre du moyen âge. Par les œuvres politiques, on connaîtra le publiciste qui, par les *Discours sur les décades de Tite-Live*, a devancé Montesquieu dans l'analyse des causes de la grandeur et de la décadence des peuples, enfin, par les *Œuvres littéraires* on s'initiera à ces compositions qui forment avec les autres écrits du même auteur un si étonnant contraste, et qui le montrent, dans la comédie, le précurseur de Molière, dans le conte, le rival de Boccace et le modèle de La Fontaine ; dans la poésie, l'émule des trouvères ou des troubadours les plus heureusement inspirés ; enfin, dans les mélanges historiques, le créateur d'une science nouvelle et le narrateur éminent qui n'a de rivaux que parmi les plus habiles écrivains de l'antiquité classique.

Ici encore nous avons reproduit l'exacte traduction de M. Péries, en l'accompagnant des éclaircissements et des notes qui nous ont paru de nature à intéresser, tout en servant de commentaire historique et littéraire.

I

COMÉDIES

LA MANDRAGORE
COMÉDIE
EN CINQ ACTES ET EN PROSE

AVANT-PROPOS

Cette comédie, qui forme avec l'*Histoire de Florence*, les *Discours sur Tite-Live* et le livre du *Prince*, un si étrange et si brillant contraste, fut jouée pour la première fois, à Florence, par des académiciens et des jeunes gens de la ville ; elle acquit en peu de temps une réputation si grande que le pape Léon X fit venir à Rome les acteurs qui l'avaient représentée dans la patrie de l'auteur, et même les décorations qui avaient servi à la mise en scène. Le pape fut si charmé de la pièce de Machiavel qu'il la fit jouer de nouveau devant lui, en 1515, lorsqu'il traversa Florence pour se rendre auprès de François Iᵉʳ. « Quand on a lu cette pièce, dit Ginguené, il n'y a plus rien à dire sur les mœurs du siècle où elle eut un si grand succès, et des hommes devant qui elle fut représentée. L'histoire et la satire même n'en peuvent donner une idée plus juste et plus forte ; mais Florence était le lieu où la représentation de la *Mandragore* pouvait être le plus piquant. Il paraît certain que l'aventure qui en fait le sujet n'était point de pure invention, qu'elle était même arrivée récemment, et que l'on connaissait encore dans la ville Nicia, Callimaque, Lucrèce et frère Timothée. Ainsi le scandale d'une satire personnelle s'était joint à celui de l'action même. Ce n'était plus la comédie de Plaute et de Térence, c'était celle d'Aristophane. Mais Paul Jove assure que l'auteur avait rempli sa pièce de plaisanteries si fines et si agréables que les spectateurs les plus chagrins ne pouvaient s'empêcher de rire. Les citoyens mêmes, ajoute-t-il, qui étaient ainsi traduits sur la scène, quoique frappés des traits les plus piquants, n'avaient pas la force de s'en fâcher... Les événements, dans la *Mandragore*, sont habilement distribués, les différents caractères tracés avec fidélité et avec art, les plaisanteries pleines de sel, le style vif, comique, pur et vraiment florentin... Le caractère de Nicia est habilement conçu, parce que c'est un docteur, et qu'en tombant dans tous les pièges il se croit savant et rusé. Lucrèce est une femme honnête, mais soumise, simple et crédule, Callimaque un amant hardi, entreprenant, à qui rien ne répugne pour réussir dans son amour. Son travestissement en médecin et son latin de collège ne semblent pas avoir été inconnus à Molière. Le parasite Ligurio est tout différent de ceux de la comédie latine. C'est peut-être le seul gourmand spirituel dont on ait fait sur le théâtre un premier mobile d'action. Timothée est ce que les meilleurs moines étaient alors, il n'est ni débauché, ni même trop hypocrite ; il ne s'occupe que de faire venir l'argent au couvent, ou, comme on dit, l'eau au moulin. Tout moyen lui paraît bon ; mais, au fond, il n'est pas plus méchant qu'un autre, et c'est là la grande différence qui est entre lui et Tartufe. »

Depuis le seizième siècle, la *Mandragore* n'a rien perdu de sa grande renommée, et le jugement de Voltaire est venu s'ajouter, comme une consécration souveraine, aux hommages rendus par l'Europe entière au génie comique de Machiavel. « La seule *Mandragore*, dit Voltaire, vaut peut-être mieux que toutes les pièces d'Aristophane. »

CHANSON

CHANTÉE PAR DES NYMPHES ET DES PASTEURS.

Puisque la vie est courte, et que les peines qu'elle traîne à sa suite sont nombreuses, livrons nos années à tous nos désirs ; car celui qui se prive du plaisir pour vivre dans les chagrins et les ennuis ne connaît aucune des illusions de ce monde, et ignore à combien de maux, à combien d'accidents, sont exposés presque tous les mortels.

C'est dans l'espoir d'éviter ces ennuis que nous avons choisi la solitude, et formé une société de jeunes gens joyeux et de nymphes agréables, pour couler nos jours dans les fêtes et dans la joie. Nous venons aujourd'hui dans la seule intention d'honorer et d'égayer par nos chants une fête aussi agréable, une aussi charmante réunion.

Nous avons de plus été attirés par le nom de celui qui vous gouverne, en qui l'on voit réunis tous les biens qui éclatent sur le front des dieux. Goûtez en paix cette faveur céleste, et le bonheur de votre condition ; livrez-vous à la joie, et rendez grâces au ciel qui vous en a permis la jouissance.

PROLOGUE

Dieu vous bénisse, auditeurs bénévoles, si cette bienveillance provient de ce que nous vous sommes agréables. Si vous continuez à faire silence, nous vous ferons entendre une aventure toute nouvelle arrivée dans cette ville. Regardez le spectacle que l'on vous présente. Cette ville est votre Florence, une autre fois ce sera Rome ou Pise ; mais aujourd'hui c'est une aventure capable de vous démonter la mâchoire à force de rire.

Cette porte que vous voyez là à ma main droite est la maison d'un docteur qui a longtemps appris les lois dans Boece ; cette rue qui aboutit à ce coin est la rue de l'Amour, dans laquelle celui qui tombe une fois ne se relève jamais. Vous pourrez connaître ensuite à l'habit du moine quel est le prieur ou l'abbé qui habite dans cette église que l'on voit du côté opposé, si vous ne vous en allez pas trop tôt.

Là, à cette porte à gauche, demeure un jeune homme nouvellement arrivé de Paris, et que l'on nomme Callimaco Guadagni. Parmi les bons compagnons, il a su faire ses preuves et mériter le prix de la courtoisie. Il aimait éperdument une jeune femme pleine d'amabilité : vous apprendrez la manière dont il est parvenu à la tromper ; et je desire que vous soyez tous trompés comme elle.

La pièce se nomme LA MANDRAGORE. Le récit que vous allez entendre vous en fera connaître le sujet, à ce que je présume. L'auteur ne jouit pas d'une grande renommée ; cependant, s'il ne parvient à vous faire rire, il consent volontiers à vous payer votre écot. Un amant malheureux, un docteur peu malin, un moine de mauvaise vie, un parasite, le phénix de la malice, feront aujourd'hui votre amusement.

Et si ce divertissement vous paraissait indigne d'occuper les loisirs d'un homme sage et grave, daignez l'excuser, en songeant qu'il s'efforce, par ces distractions, d'adoucir les chagrins qui le poursuivent ; car il ne peut plus tourner ailleurs ses pensées ; on lui a interdit de pouvoir montrer d'une autre manière les qualités qu'il peut avoir, et il n'existe plus de récompense digne de ses travaux.

Celle qu'il attend aujourd'hui, c'est que chacun se tienne à l'écart et rie en dessous, en disant du mal de ce qu'il voit et de ce qu'il entend. C'est là sans doute ce qui est cause que le siècle présent s'est entièrement écarté du chemin de l'antique vertu ; car, en voyant que chacun ne se plaît qu'à médire, personne ne prend la peine d'entreprendre, au prix de mille fatigues, un ouvrage que le vent peut détruire, ou les nuages obscurcir.

Cependant, si quelqu'un, en médisant de l'auteur, croyait le saisir par les cheveux, ou l'effrayer, ou le tenir à l'écart, j'avertis et je préviens cet homme que notre auteur sait également médire ; que ce fut même l'art qu'il apprit le premier ; et que, dans tous les pays où l'on parle la langue du *si*, il n'estime personne, quoiqu'on puisse le voir à la suite de ceux qui sont en état de porter un plus riche manteau que le sien.

Mais, toutefois, laissons médire ceux qui aiment à dire du mal. Revenons à notre sujet, afin de ne point dépasser l'heure. Il ne faut pas trop compter sur les paroles, ni se faire un monstre d'une chose qui n'existe peut-être point encore. Mais voici Callimaco qui sort avec Siro, son valet ; il va dire ce dont il s'agit Que chacun prête une oreille attentive, et ne s'attende point pour le moment à un plus long exposé.

LA MANDRAGORE

PERSONNAGES

MESSER NICIA CALFUCCI, docteur.
CALLIMACO GUADAGNI, jeune Florentin, amoureux de Lucrezia.
LIGURIO, parasite.
FRA TIMOTEO, moine.
SIRO, vallet de Callimaco.
LUCREZIA, femme de Messer Nicia.
SOSTRATA, mère de Lucrezia
UNE FEMME.

La scene est à Florence.

ACTE PREMIER

SCÈNE PREMIÈRE.
CALLIMACO SIRO.

CALLIMACO.
Siro, ne t'éloigne pas ; j'ai deux mots à te dire.

SIRO.
Me voici.

CALLIMACO.
Tu as dû t'étonner de mon départ subit de Paris ; et tu ne dois pas être moins surpris maintenant de mon oisiveté depuis un mois que je suis dans Florence.

SIRO.
Vous dites vrai.

CALLIMACO.
Si j'ai différé jusqu'à ce moment de t'informer de ce que j'ai à te dire, ce n'est pas que je me sois défié de ta fidélité ; mais c'est qu'il me semble qu'il ne faut révéler les choses qu'on veut tenir secrètes que lorsqu'on y est contraint par la nécessité. En conséquence, comme je

crois aujourd'hui avoir besoin de ton secours, je veux t'expliquer de quoi il s'agit.

SIRO.

Je suis votre valet ; et un valet ne doit jamais s'ingérer dans les affaires de son maître, ni s'informer de ce qu'il fait ; mais s'il veut bien lui en faire part, son devoir est de l'écouter et de le servir avec fidélité ; c'est ce que j'ai toujours fait et ne cesserai de faire.

CALLIMACO.

Je le sais. Je crois déjà t'avoir dit mille fois (et il importe peu que tu l'entendes pour la mille et unième), qu'ayant perdu mon père et ma mère à l'âge de dix ans, mes tuteurs m'envoyèrent à Paris, où j'ai demeuré pendant vingt années. Il y en avait déjà dix que j'habitais cette ville, lorsque la venue du roi Charles en Italie y alluma les guerres qui ont désolé ce beau pays. Je résolus alors de me fixer à Paris, et de ne plus revoir une patrie dans laquelle je ne croyais pas trouver la même sécurité qu'en France.

SIRO.

La chose est ainsi.

CALLIMACO.

J'ordonnai que l'on vendît tous les biens que je possédais dans ce pays-ci, à l'exception de ma maison ; et je pris le parti de rester en France, où, pendant dix ans, j'ai vécu le plus heureux du monde.

SIRO.

Je sais cela.

CALLIMACO.

Je partageais mon temps entre l'étude, le plaisir et les affaires, de façon qu'aucune de ces choses ne pût nuire à l'autre. Je vivais donc, comme tu le sais, de la manière la plus tranquille, rendant service à tout le monde, et tâchant de ne blesser personne : aussi j'étais partout le bienvenu auprès du bourgeois, du gentilhomme, de l'étranger, du citoyen, du pauvre et du riche.

SIRO.

C'est la vérité.

CALLIMACO.

Mais la fortune, jugeant que j'étais trop heureux, fit arriver à Paris un certain Camillo Calfucci.

SIRO.

Je commence à deviner votre mal.

CALLIMACO.

En qualité de Florentin, je l'invitais souvent à dîner avec quelques compatriotes. Tout en causant, nous en vînmes un jour à disputer pour savoir dans quel pays, de l'Italie ou de la France, on trouvait les plus belles femmes. Mon extrême jeunesse à l'époque où je quittai mon pays ne me permettait pas de parler des Italiennes en connaissance de cause : un autre Florentin qui se trouvait présent prit le parti des Françaises, et Camillo celui de ses compatriotes. Après beaucoup de raisons alléguées de part et d'autre, Camillo, presque en colere, se mit à dire que, quand bien même toutes les Italiennes seraient des monstres, il avait une parente capable de soutenir à elle seule tout l'honneur du pays.

SIRO

Je vois clairement à cette heure ce que vous voulez dire.

CALLIMACO.

Il nomma alors madonna Lucrezia, femme de messer Nicia Calfucci, et loua si fort sa beauté et sa sagesse, que chacun de nous en demeura stupéfait. Ce discours fit naître en moi un si vif désir de voir cette belle, que, laissant de côté toute autre idée, et sans penser davantage ni à la guerre ni à la paix de l'Italie, je me mis en route pour Florence, où, arrivé à peine, j'ai trouvé que la renommée de madonna Lucrezia était bien au-dessous de la réalité ; ce qui est ordinairement bien rare ; maintenant je brûle si ardemment d'obtenir ses bonnes grâces, que je ne puis plus y résister.

SIRO.

Si vous m'eussiez dit cela à Paris, je sais bien ce que je vous aurais conseillé ; mais aujourd'hui je ne sais plus que vous dire.

CALLIMACO.

Ce ne sont pas tes conseils que je te demande en te faisant cette confidence, mais quelque soulagement à ma peine : prépare-toi donc à m'aider quand l'occasion se présentera.

SIRO.

J'y suis on ne peut plus disposé. Mais quelle espérance avez-vous ?

CALLIMACO.

Hélas ! je n'en ai aucune, ou bien peu. D'abord je te dirai que son naturel, qui est l'honnêteté même, et qui n'entend rien aux intrigues d'amour, combat contre moi ; en second lieu, elle a un mari très riche, qui se laisse entièrement gouverner par elle. S'il n'est plus de la première jeunesse, il n'est pas non plus tout à fait aussi vieux qu'il le paraît. De plus, elle n'a ni parent ni voisin chez lesquels elle aille en fête ou en veillée ; elle ne se livre à aucun des autres amusements qu'aime tant la jeunesse ; nul artisan ne met jamais le pied chez elle ; elle n'a ni servante ni valet qu'elle ne fasse trembler ; de sorte qu'il n'y a point là de place pour la séduction.

SIRO.

Que voulez-vous donc faire ?

CALLIMACO.

Rien n'est jamais si désespéré que quelque porte ne reste ouverte à l'espérance, toute faible ou tout illusoire qu'elle soit ; et le désir et la ferme résolution que l'on a de réussir dans une entreprise ne permettent pas de croire qu'elle puisse échouer.

SIRO.

Enfin, quel peut être le motif de votre espoir ?

CALLIMACO.

Deux choses : l'une est la simplicité de messer Nicia, qui, bien que docteur, est cependant l'homme le moins avisé et le plus imbécile de tout Florence ; l'autre, l'extrême désir qu'ils ont tous deux d'avoir des enfants ; car, depuis six ans qu'ils sont mariés, ils n'en ont point encore eu ; et ils brûlent d'autant plus d'en avoir, qu'ils sont extrêmement riches. J'aurais bien un troisième motif : la mère de Lucrèce était dans son temps une commère ; mais, par malheur, elle n'a besoin de rien ; et je ne sais comment m'y prendre avec elle.

SIRO.

Avez-vous déjà tenté quelque chose ?

CALLIMACO.

Oui, mais bien peu.

SIRO.

Et quoi encore ?

CALLIMACO

Tu connais Ligurio, qui vient continuellement manger avec moi. Il était d'abord courtier de mariages ; depuis, il s'est mis à mendier des dîners et des soupers ; et comme il possède une humeur joviale, messer Nicia le reçoit familièrement. Ligurio s'en moque un peu ; et quoiqu'il ne l'invite jamais à dîner, il lui prête quelquefois de l'argent. Je me suis mis tout à fait dans ses bonnes grâces ; je lui ai fait confidence de mon amour, et il a promis de m'aider des pieds et des mains.

SIRO

Prenez garde qu'il ne vous trompe ; ces parasites ne sont point habitués à agir de bonne foi.

CALLIMACO.

Cela est vrai. Néanmoins, quand un homme trouve son intérêt à faire une chose, il y a lieu de croire, lorsqu'on le lui fait apercevoir, qu'il agira de bonne foi. Je lui ai promis, s'il réussit, une bonne somme d'argent. S'il échoue, il n'en aura pas moins son dîner et son souper ; car je ne puis m'habituer à manger seul.

SIRO.

Mais jusqu'à présent qu'a-t-il promis de faire ?

CALLIMACO.

Il m'a promis de persuader à messer Nicia de mener sa femme aux bains durant ce mois de mai.

SIRO.

Et à quoi cela vous servira-t-il ?

CALLIMACO.

A quoi? Cet endroit pourra peut-être lui inspirer d'autres sentiments à mon égard; car dans ces lieux on ne fait que s'amuser. Je veux m'y rendre, et y mener avec moi tout ce qui peut servir au plaisir; je n'épargnerai aucune dépense; peut-être pourrai-je m'insinuer ainsi dans sa familiarité et dans celle de son mari; que sais-je? une chose en enfante une autre, et le temps gouverne tout.

SIRO.

Ce moyen ne me déplaît pas trop.

CALLIMACO.

Ligurio m'a quitté ce matin en me disant qu'il parlerait de cette affaire avec messer Nicia, et qu'il viendrait m'en rendre réponse.

SIRO.

Les voici qui viennent ensemble.

CALLIMACO.

Je veux me tenir un peu à l'écart, afin de prendre mon temps pour parler avec Ligurio, lorsqu'il quittera le docteur. En attendant, reste à la maison pour tes affaires; je te préviendrai si j'ai besoin de toi.

SIRO.

J'y vais.

SCÈNE II.
MESSER NICIA, LIGURIO.

MESSER NICIA.

Je crois que tes conseils ne sont pas mauvais; et j'en ai causé hier avec ma femme. Elle m'a dit qu'elle me rendrait réponse aujourd'hui. Mais, à te dire vrai, je n'y vais pas de bon cœur.

LIGURIO.

Et pourquoi?

MESSER NICIA.

Parce que je ne m'éloigne pas volontiers de mon gîte. Ensuite, traîner après soi une femme, des servantes, des bagages, tout cela ne me convient nullement. En outre, j'ai parlé hier de mon projet à différents médecins : l'un veut que j'aille à San-Philippo [1] ; l'autre à la Porretta [2] ; le troisième à la Villa [3]. Je crois que ce ne sont que des oisons ; et, à vrai dire, ces docteurs en médecine ne savent pas seulement ce qu'ils prêchent.

LIGURIO.

C'est ce que vous m'avez dit en premier lieu qui doit vous embarrasser le plus ; car vous n'êtes point accoutumé à perdre de vue le clocher du dôme.

MESSER NICIA.

Tu te trompes. Quand j'étais plus jeune, j'étais passablement coureur. Jamais la foire n'avait lieu à Prato sans que j'y allasse ; et il n'y a pas un château dans les environs que je n'aie visité : je te dirai même bien plus, c'est que je suis allé à Pise et à Livourne. Juge maintenant !

LIGURIO.

Vous devez avoir vu la Carrucola de Pise ?

MESSER NICIA.

Tu veux dire la Verrucola [4] ?

LIGURIO.

Ah ! oui, la Verrucola. A Livourne, avez-vous vu la mer ?

MESSER NICIA.

Tu le sais bien, que je l'ai vue.

LIGURIO.

De combien est-elle plus grande que l'Arno ?

MESSER NICIA.

Que parles-tu de l'Arno ? elle est bien quatre fois plus grande ; que dis-je ? plus de six ; tu me feras même dire plus de sept. Imagine-toi qu'on ne voit que de l'eau, de l'eau, et encore de l'eau.

---

1. Sur le territoire de Sienne. Les eaux ont aujourd'hui moins de renommée.
2. Village entre Bologne et Florence dont les sources sulfureuses ont encore de la réputation
3. Cet établissement est situé sur le territoire de Lucques. Ses eaux ont grande du renom.
4. Pointe de montagne sur la chaîne des monts Pisans

LIGURIO.

Je ne puis assez m'étonner qu'ayant vu tant d'eau, vous fassiez difficulté d'aller au bain.

MESSER NICIA.

Tu as encore à la bouche le lait de ta nourrice. Crois-tu que ce ne soit pas une histoire, de déménager toute une maison ? Cependant je désire si fort d'avoir des enfants, que je suis prêt à tout faire. Mais dis-en deux mots à ces docteurs ; sache d'eux où il vaut mieux que j'aille. Je vais chez ma femme, et nous nous retrouverons chez elle.

LIGURIO.

C'est bien dit.

SCÈNE III.
LIGURIO, CALLIMACO.

LIGURIO.

Je ne crois pas qu'on puisse trouver dans le monde un homme plus imbécile que celui-là ; et cependant combien la fortune l'a favorisé ! Il est riche, il a une femme belle, sage, aimable, et capable de gouverner un royaume. Il me semble qu'il est bien rare de voir se vérifier dans les mariages le proverbe qui dit : *Dieu fait les hommes et ils s'apparient ;* car souvent un homme de mérite devient le partage d'une bête, ou bien une femme sage tombe entre les mains d'un sot. Mais on peut tirer du moins de la stupidité de notre homme un avantage : c'est que Callimaco ne doit pas perdre tout espoir. Mais le voici. Holà ! Callimaco, que viens-tu chercher ici ?

CALLIMACO.

Je t'avais vu avec le docteur, et j'attendais que tu le quittasses pour savoir ce que tu avais fait avec lui.

LIGURIO.

C'est un homme dont tu connais le caractère : dépourvu de bon sens, il a moins de courage encore ; et c'est à contre-cœur qu'il s'éloigne de Florence. Cependant je l'ai un peu réchauffé ; et il m'a dit enfin qu'il était prêt à tout faire. Je crois bien que nous aurons la satisfaction de le conduire où nous désirons ; mais je ne sais pas si nous ferons notre besogne.

CALLIMACO.

Pourquoi ?

LIGURIO.

Que sais-je ? Toutes sortes de personnes vont à ces bains ; il pourrait y venir quelque jeune galant à qui madonna Lucrezia plût comme à toi, qui fût plus riche et plus aimable ; de sorte que nous aurions pris bien de la peine pour autrui ; et il serait possible que la concurrence de deux rivaux la rendît encore plus insensible, ou que, s'il arrivait qu'elle cessât d'être indifférente, elle se tournât du côté de ton rival, et non du tien.

CALLIMACO.

Je sens bien que tu dis la vérité. Mais que faire ? quel parti prendre ? de quel côté me tourner ? Il faut absolument que je fasse une tentative, quelque grande, quelque dangereuse, quelque désespérée, quelque honteuse même qu'elle soit, n'importe : j'aime encore mieux mourir que vivre de la sorte. Si la nuit je pouvais goûter quelque repos, si je pouvais manger, si je pouvais me livrer au plaisir de la société, si je pouvais trouver quelque distraction dans quoi que ce soit, j'aurais un peu de patience, et j'attendrais tout du temps. Mais ici il n'y a point de remède à mon mal ; et si rien n'entretient dans mon cœur quelque lueur d'espérance, il faudra nécessairement que je meure. Ah ! puisque je ne puis vivre ainsi, je n'ai plus rien à craindre, et il ne me reste qu'à prendre un parti extrême et terrible.

LIGURIO.

Doucement ! doucement ! un peu moins d'emportement.

CALLIMACO.

Tu vois bien que pour me distraire je me repais de mille pensées. Peut-être faudra-t-il persister dans notre premier projet d'envoyer le docteur aux bains, à moins que nous ne trouvions quelque autre voie qui me donne une espérance, vraie ou fausse, n'importe, dont je puisse nourrir ma flamme et adoucir ainsi le chagrin qui me consume.

LIGURIO.

Tu as raison ; et je suis prêt à te seconder.

CALLIMACO.

Je te crois, quoique je n'ignore pas que tes pareils ne se plaisent qu'à se moquer d'autrui. Cependant je ne te mets pas de ce nombre ; car si je m'apercevais que tu en agis de la sorte à mon égard, j'en ferais mon profit, et non seulement tu perdrais l'entrée de ma maison, mais l'espoir d'obtenir par la suite la récompense que je t'ai promise.

LIGURIO.

Tu aurais tort de soupçonner ma bonne foi : lors même que je n'y trouverais pas l'avantage que tu me promets, et que j'espère, ton caractère s'accommode si bien avec le mien. que je désire presque autant que toi-même voir tes vœux accomplis Mais laissons là ce discours. Le docteur m'a chargé de lui trouver un médecin qui lui indique les bains auxquels il doit se rendre. Je prétends que tu te laisses conduire par moi : tu lui diras que tu as étudié la médecine, et que tu l'as exercée quelque temps à Paris. Simple comme il est, il croira facilement tout ce que tu lui diras, d'autant plus que, instruit comme tu l'es, tu pourras t'expliquer avec lui en termes de grammaire.

CALLIMACO.

Et à quoi cela me mènera-t-il ?

LIGURIO.

Cela servira à te faire aller aux bains qui nous conviendront, ou à prendre quelque autre parti qui me semble moins long, plus assuré et plus infaillible que celui des bains.

CALLIMACO.

Que veux-tu dire ?

LIGURIO.

Je dis que si tu as le moindre courage, et si tu veux mettre toute ta confiance en moi, je promets de te faire venir à bout de tes projets avant demain, à la même heure. Et quand le docteur serait homme (chose dont il est bien loin) à rechercher si tu es ou non un véritable médecin, la brièveté du temps, la chose en elle-même, ne lui permettront pas de concevoir des soupçons ; et vînt-il à savoir ce que tu es en effet, il n'aura pas le temps de déjouer notre intrigue.

CALLIMACO.

Tu me rends la vie. Ah ! cette promesse est trop belle, et tu me repais d'espérances trop magnifiques ! Comment t'y prendras-tu ?

LIGURIO.

Tu l'apprendras quand il en sera temps ; en ce moment il ne convient pas que je t'en dise davantage : le temps d'agir peut nous manquer ; nous en aurons toujours assez pour parler. Va m'attendre chez toi ; de mon côté, je vais aller trouver le docteur, et si je parviens à te l'amener, tu lui parleras dans le même sens que moi, et conformément à ce que nous venons de convenir.

CALLIMACO.

Je ferai tout ce que tu voudras, quoique je tremble que l'espoir dont tu me repais ne se dissipe en fumée.

INTERMÈDE DU Ier ACTE.

CHANSON.

Amour, celui qui n'a point éprouvé jusqu'où va ta puissance, espère vainement connaître les plus pures délices du ciel. Il ne sait comment l'on vit et l'on meurt tout à la fois ; comment on aime un autre encore plus que soi-même ; et combien souvent la crainte et l'espérance glacent et brûlent le cœur ; il ignore enfin combien les hommes et les dieux redoutent également les traits dont tes mains sont armées.

FIN DU PREMIER ACTE.

ACTE DEUXIÈME

SCÈNE PREMIÈRE.
LIGURIO, MESSER NICIA, SIRO, *qui repond de l'intérieur de la maison.*

LIGURIO.
Comme je vous l'ai dit, je crois que c'est Dieu qui nous a envoyé cet homme, afin que vous puissiez atteindre le but de vos désirs. Il a fait dans Paris des cures miraculeuses ; et il ne faut pas vous étonner s'il n'a point exercé son art dans Florence, car 1° il est extrêmement riche, et 2° il est prêt au premier moment à retourner à Paris.

MESSER NICIA.
Holà, frère ! c'est ici le point important ; je ne voudrais pas que cet homme me mît dans l'embarras pour me planter là ensuite.

LIGURIO
N'ayez aucune crainte à cet égard ; tremblez seulement qu'il ne veuille point entreprendre une semblable cure. Mais s'il y consent, c'est un homme à ne vous quitter que lorsqu'il en aura vu la fin.

MESSER NICIA.
Je veux bien m'en rapporter à toi là-dessus ; mais, quant à la science, je saurai bien te dire, une fois que je lui aurai parlé, si c'est un homme de doctrine ; car ce n'est point à moi qu'il pourra vendre des vessies pleines de vent.

LIGURIO.
C'est parce que je vous connais que je veux vous mener chez lui, afin que vous puissiez lui parler ; et lorsque vous aurez causé quelque temps ensemble, s'il ne vous paraît pas, et par sa figure, et par son savoir, et par son langage, un homme digne que vous vous abandonniez aveuglément à lui, dites que je ne suis pas Ligurio.

ACTE II, SCÈNE II.

MESSER NICIA

Or donc, recommandons-nous à notre bon ange, et partons. Mais où demeure-t-il ?

LIGURIO

Il loge sur cette place, à cette porte que vous voyez là derrière vous.

MESSER NICIA.

A la bonne heure.

LIGURIO, heurtant la porte.

Holà ! quelqu'un.

SIRO à la fenêtre.

Qui est là ?

LIGURIO.

Callimaco y est-il ?

SIRO

Il y est.

MESSER NICIA.

Pourquoi ne dis-tu pas maître Callimaco ?

LIGURIO

Il ne s'embarrasse nullement de semblables bagatelles.

MESSER NICIA.

Il ne faut point parler ainsi, et sa profession mérite plus de respect.

LIGURIO

S'il le trouve mauvais, c'est, ma foi, tant pis pour lui.

SCÈNE II.
CALLIMACO, MESSER NICIA, LIGURIO

CALLIMACO.

Qui est-ce qui désire me parler ?

MESSER NICIA.

Bona dies, domine magister.

CALLIMACO.

Et vobis bona, domine doctor.

LIGURIO, bas, à messer Nicia.

Que vous en semble ?

MESSER NICIA, bas, à Ligurio.

Fort bien, par l'Évangile !

LIGURIO.

Si vous voulez que je reste avec vous, parlez du moins de manière que je puisse vous comprendre, autrement nous nous chaufferons à deux feux.

CALLIMACO.

Quelles bonnes affaires vous amènent ici ?

MESSER NICIA.

Que sais-je ? Je suis à la poursuite de deux objets qu'un autre à ma place fuirait peut-être : je cherche à me donner de l'embarras et à en causer aux autres. Je n'ai pas d'enfants, et je désirerais en avoir ; et pour me procurer ce petit désagrément, je viens vous importuner.

CALLIMACO.

J'aurai toujours le plus grand plaisir à vous satisfaire, ainsi que tous les gens de bien et de mérite qui vous ressemblent. Si, pendant le long séjour que j'ai fait à Paris, je me suis donné tant de peine pour acquérir la science, ce n'a été que dans la vue de me rendre utile à vos pareils.

MESSER NICIA

Bien obligé. Si vous avez besoin à votre tour de mon ministère, vous pouvez disposer de moi. Mais revenons *ad rem nostram*. Avez-vous réfléchi quels sont les bains les plus propres à favoriser la grossesse de ma femme ? car je sais que Ligurio vous a instruit de ce qu'on a dit là-dessus.

CALLIMACO.

Cela est vrai. Mais pour remplir vos vues, il faut que je sache quelles sont les causes de la stérilité de votre femme : il peut y en avoir un grand nombre ; *nam causæ sterilitatis sunt, aut in semine, aut in matrice, aut in instrumentis seminariis, aut in virga, aut in causa extrinseca.*

MESSER NICIA

Voilà le plus habile homme qu'il soit possible de trouver.

CALLIMACO.

Cette stérilité pourrait bien provenir encore de votre impuissance ; et dans ce cas il n'y aurait aucun remède.

MESSER NICIA.

Moi, impuissant ! Vous me feriez volontiers rire. Je ne crois pas qu'il y ait dans Florence un homme plus robuste et plus gaillard que moi.

CALLIMACO.

S'il en est ainsi, ne craignez rien ; nous saurons trouver quelque moyen de vous servir.

MESSER NICIA.

Y aurait-il quelque autre remède que les bains ? Je ne me soucie pas de tout cet embarras ; et ma femme ne quitterait pas Florence avec plaisir.

LIGURIO.

Sans doute que cela est possible ; et c'est moi qui vais répondre ; Callimaco est un homme d'une si grande circonspection, que cela va quelquefois trop loin. *(A Callimaco.)* Ne m'avez-vous pas dit que vous saviez composer une certaine potion dont l'effet est de rendre sur-le-champ une femme grosse ?

CALLIMACO.

Je possède, il est vrai, ce grand secret ; mais je ne le jette pas à la tête de ceux que je ne connais pas ; car je ne voudrais point passer à leurs yeux pour un charlatan.

MESSER NICIA.

N'ayez aucune crainte sur mon compte ; votre savoir m'a si fort émerveillé, qu'il n'y a rien que je ne croie ou que je ne fasse de votre part.

LIGURIO.

Je pense qu'il serait nécessaire que vous vissiez l'urine de la malade.

CALLIMACO.

Sans doute : c'est bien le moins qu'on puisse faire.

LIGURIO.

Appelez Siro ; dites-lui d'aller avec le docteur en chercher à sa maison, et revenir sur-le-champ ; nous l'attendrons chez vous.

CALLIMACO.

Siro, va avec le docteur ! Et vous, messer, si vous el

jugez à propos, revenez sur-le-champ, et nous penserons à vous satisfaire.

MESSER NICIA.

Comment ! si cela peut m'être agréable ? Je suis de retour à la minute. J'ai plus de confiance en vous que les Hongrois dans leur épée.

SCÈNE III.

MESSER NICIA, SIRO.

MESSER NICIA.

Sais-tu que ton maître est un bien habile homme ?

SIRO.

Plus que vous ne le dites.

MESSER NICIA.

Le roi de France doit en faire un grand cas ?

SIRO.

Fort grand.

MESSER NICIA.

Et pour cette raison le séjour de la France doit lui être bien agréable ?

SIRO.

Je le crois ainsi.

MESSER NICIA.

Et il fait très bien. Dans cette ville, il n'y a que des ignorants qui ne savent nullement apprécier le mérite. Si ton maître se fixait ici, il n'y aurait pas un seul homme qui le regardât en face. Je puis en parler mieux que personne, moi qui ai sué sang et eau pour apprendre deux *hac*[1] ; et si je n'avais pas eu de quoi vivre, tu dois penser comme je serais frais.

SIRO.

Gagnez-vous bien cent ducats par an ?

MESSER NICIA.

Bon ! pas seulement cent livres, pas même cent sous. Cela vient de ce que dans cette ville ceux qui n'ont pas

---

[1]. Proverbe florentin. — Pour apprendre deux *hac*, c'est-à-dire la moindre des choses. *Hac*, ou *acca*, la lettre *h*.

un sort pareil à ceux de leurs égaux ne trouvent pas un chien qui veuille aboyer contre eux. Nous ne sommes bons qu'à aller aux enterrements, ou aux assemblées de mariages, ou à demeurer tout le long du jour sur les bancs de l'audience à faire les damoiseaux. Mais je ne leur en fais aucun reproche ; je n'ai, grâce à Dieu, besoin de personne ; je désire seulement que le plus malheureux d'entre eux me ressemble. Cependant je ne voudrais pas qu'on eût entendu ce que je viens de dire ; car je ne manquerais pas de me voir tomber sur les épaules quelque bonne amende ou quelque autre fardeau qui me ferait suer.

SIRO.

Vous pouvez être certain de cela.

MESSER NICIA.

Nous voilà arrivés au logis : attends-moi ici ; je suis de retour dans un instant.

SIRO.

Allez.

SCÈNE IV.

SIRO, *seul.*

Si tous les docteurs ressemblaient à celui-ci, nous pourrions bien faire cuire des pierres au four. Est-ce que ce misérable Ligurio et mon étourdi de maître lui prépareraient quelque vergogne à laquelle il ne s'attend pas ? Je n'en serais pas fâché, si j'étais certain que l'on n'en sût rien ; car si on venait à l'apprendre, je pourrais trembler pour ma peau, et mon maître pour sa personne et son argent. Le voilà déjà devenu médecin ; je ne sais quel est leur projet, ni où tendent leurs embûches. Mais voici le docteur qui revient avec une fiole d'urine à la main. Qui ne rirait pas de voir cet oison bridé ?

SCÈNE V.

MESSER NICIA, SIRO.

MESSER NICIA, se tournant vers sa maison

Je me suis toujours conduit selon tes désirs ; je veux

que tu fasses aujourd'hui à ma guise. Si j'avais cru ne point avoir d'enfants, j'aurais plutôt pris une paysanne qui... Ah? te voilà, Siro; suis-moi. Ce n'est pas sans peine que je suis parvenu à faire consentir mon imbécile de femme à me donner cet échantillon : ce n'est pas qu'elle n'éprouvât un grand plaisir à avoir des enfants, je crois même qu'elle y songe encore plus que moi ; et cependant, lorsqu'il faut lui faire faire la moindre chose, c'est une histoire.

SIRO.

Prenez patience. On parvient avec de douces paroles à conduire les femmes où l'on veut.

MESSER NICIA.

Que veux-tu dire, bonnes paroles? Elle m'a presque rompu! Va vite dire à ton maître et à Ligurio que je suis ici.

SIRO.

Les voici qui sortent.

SCÈNE VI.

LIGURIO, CALLIMACO, MESSER NICIA.

LIGURIO, à Callimaco.

On n'aura pas de peine à persuader le docteur : toute la difficulté sera du côté de la femme ; mais à cet égard encore, nous ne manquerons pas de moyens.

CALLIMACO, à messer Nicia.

Avez-vous là l'urine?

MESSER NICIA.

Siro l'a sous lui.

CALLIMACO.

Donne-la ici. Oh! oh! cette urine dénote une grande faiblesse dans les reins.

MESSER NICIA.

Elle me semble un peu trouble : elle ne fait cependant que d'être versée.

CALLIMACO.

Que cela ne vous étonne pas ; *nam mulieris urinæ sunt semper majoris grossiticii et albedinis, et minoris pul-*

chritudinis quam virorum : hujus autem, inter cætera, causa est amplitudo canalium, mixtio eorum quæ ex matrice exeunt cum urina.

MESSER NICIA.

Par la béquille de saint Barnabas ! comme il se raffine entre mes mains, et comme il raisonne savamment sur ces matières !

CALLIMACO.

Je crains que votre femme ne soit pas bien couverte pendant la nuit ; et c'est pour cela que ces urines ont tant de crudité.

MESSER NICIA.

Elle a cependant sur elle une bonne courte-pointe, mais elle reste quelquefois des quatre heures entières à genoux à enfiler des patenôtres avant de venir au lit ; et elle est aussi dure qu'un animal à endurer le froid.

CALLIMACO

Enfin, docteur, ou vous avez confiance en moi, ou vous ne l'avez pas, et je dois vous enseigner un remède efficace ou non. Quant à moi, je vous donnerai le remède : si vous avez confiance en moi, vous le prendrez ; et si d'aujourd'hui en un an votre femme n'a pas un fils sur les bras, je consens à vous payer deux mille ducats.

MESSER NICIA.

Parlez, ne craignez rien, je suis prêt à suivre en tout vos conseils, et à vous croire plus que mon confesseur lui-même.

CALLIMACO.

Sachez donc qu'il n'y a rien de plus propre à rendre une femme grosse, que de lui faire prendre une potion composée avec une mandragore ; c'est une cure dont j'ai déjà fait l'experience un grand nombre de fois, et qui a toujours reussi : sans cela la reine de France serait stérile, sans compter une foule de princesses de ce royaume.

MESSER NICIA.

Cela est-il possible ?

CALLIMACO.

Tout comme je vous le dis. Et la fortune en cette circonstance vous est si favorable, que j'ai apporté ici avec moi tout les ingrédients qui entrent dans cette potion, et vous pourrez l'avoir dès que vous la voudrez.

MESSER NICIA.

Quand faudra-t-il la faire prendre?

CALLIMACO.

Ce soir après souper, parce que la lune est dans un aspect favorable, et que le moment ne peut être plus propice.

MESSER NICIA.

Que cela ne vous embarrasse pas : arrangez l'affaire comme vous l'entendrez ; je me charge de lui faire prendre la potion.

CALLIMACO.

Avant tout, il faut que je vous avertisse d'une chose : c'est que l'homme qui s'approche le premier d'une femme qui a pris cette potion meurt infailliblement au bout de huit jours, et rien au monde ne peut l'en préserver.

MESSER NICIA.

Malepeste! je ne veux pas d'une pareille drogue : ce n'est pas à moi que vous en donnerez à garder : vous me la baillez bonne, avec votre remède.

CALLIMACO

Ne nous emportons, pas ; il y a encore du remède.

MESSER NICIA.

Lequel?

CALLIMACO.

C'est de faire coucher avec elle un homme qui, en passant la nuit entière à ses côtés, tire à lui tout le venin de la mandragore ; ensuite vous pourrez coucher avec elle sans aucun danger.

MESSER NICIA.

Je n'entends pas de cette oreille-là.

CALLIMACO.

Pourquoi?

MESSER NICIA.

Parce que je ne veux pas faire de ma femme une catin, et de moi un cocu.

CALLIMACO.

Que dites-vous, docteur ? Je vous croyais plus sage que vous n'êtes. Ainsi vous balancez à faire ce qu'a fait le roi de France lui-même, et tout ce que sa cour renferme de grands seigneurs.

MESSER NICIA.

Qui voulez-vous que je trouve qui fasse cette folie ? Si je le dis à ma femme, elle ne voudra pas y consentir ; si je ne lui dis pas, je la trompe : c'est un cas à avoir affaire au tribunal des huit ; et je ne veux pas m'exposer à quelque mésaventure.

CALLIMACO.

Si ce n'est que cela qui vous embarrasse, laissez-moi le soin de cette affaire.

MESSER NICIA.

Que prétendez-vous faire ?

CALLIMACO.

Je vais vous le dire. Je vous donnerai la potion ce soir après souper ; vous la lui ferez boire, et vous la ferez mettre au lit aussitôt que la quatrième heure de la nuit sera arrivée ; ensuite nous nous déguiserons, vous, Ligurio, Siro et moi, et nous irons à la recherche sur le Marché-Neuf, sur le Vieux, dans tous les carrefours, et le premier misérable que nous rencontrerons, nous lui mettrons un bâillon, et à coups d'étrivières nous le conduirons dans votre maison ; et, au milieu de l'obscurité, nous le ferons entrer dans votre chambre : là nous le mettrons au lit, après lui avoir dit ce qu'il a à faire, et sans doute il ne se fera pas tirer l'oreille. Le lendemain matin, avant que le jour paraisse, vous planterez notre homme à la porte, vous ferez lever votre femme, puis vous ferez avec elle tout ce qu'il vous plaira, sans courir le moindre risque.

MESSER NICIA.

Je veux bien en passer par là, puisque vous dites

qu'un roi, des princes et des seigneurs y ont passé eux-mêmes. Mais surtout, pour l'amour de Dieu, que cette affaire ne vienne pas à la connaissance des huit !

CALLIMACO.

Qui voulez-vous qui le leur dise ?

MESSER NICIA.

Mais il reste une difficulté, et la plus difficile peut-être.

CALLIMACO.

Laquelle ?

MESSER NICIA.

C'est que ma femme veuille y consentir ; et, à dire vrai, je désespère de pouvoir l'y décider.

CALLIMACO.

Vous avez raison. Cependant, je ne me regarderais pas comme un véritable mari, si je ne savais disposer ma femme à faire toujours ma volonté.

LIGURIO.

J'ai bien pensé à un moyen.

MESSER NICIA.

Lequel ?

LIGURIO.

L'entremise de son confesseur.

CALLIMACO.

Mais qui pourra déterminer le confesseur ?

LIGURIO.

Vous, moi, l'argent, notre malice et sa perversité.

MESSER NICIA

Je crains toutefois que, même malgré mon conseil, elle ne veuille point aller parler à son confesseur.

LIGURIO.

Il y a encore moyen de remédier à cet inconvénient.

CALLIMACO.

Dis-nous-le ?

LIGURIO.

C'est de l'y faire conduire par sa mère.

MESSER NICIA.

Il est vrai qu'elle a bien du pouvoir sur elle.

LIGURIO.

Je sais que sa mère est de notre avis. Or sus, dépêchons-nous, car il se fait tard. Callimaco, va faire une petite promenade, et sois de retour de manière qu'à la deuxième heure nous puissions te trouver chez toi, avec la potion toute préparée. Le docteur et moi, de notre côté, nous irons chez la mère pour la disposer ; je la connais ; ensuite nous nous rendrons auprès du moine, et nous vous instruirons de tout ce que nous aurons fait.

CALLIMACO, à Ligurio.

Au nom de Dieu ! ne me laisse pas seul.

LIGURIO.

Tu me sembles un homme ivre.

CALLIMACO.

Où veux-tu que j'aille à cette heure ?

LIGURIO

De çà, de là, de ce côté, de l'autre : Florence est une si grande ville !

CALLIMACO.

Je suis mort !

INTERMÈDE DU IIe ACTE.
CHANSON.

Chacun vient de voir combien est heureux celui qui naît imbecile, et qui est crédule à tout ce qu'on lui dit. Il n'est pressé ni par l'ambition, ni ému par la crainte, qui sont ordinairement des germes d'ennuis et de chagrins. Dans son désir d'avoir des enfants, notre docteur croirait qu'un âne peut voler : il a mis en oubli tous les autres biens de ce monde, et c'est dans celui-là seul qu'il a placé son unique désir

FIN DU DEUXIEME ACTE.

ACTE TROISIÈME

SCÈNE PREMIÈRE.
SOSTRATA, MESSER NICIA, LIGURIO.

SOSTRATA.

J'ai toujours entendu dire que de deux maux le sage doit choisir le moindre. Si vous n'avez pas d'autre moyen d'avoir des enfants que celui-là, il faut le prendre, pourvu toutefois qu'il ne blesse pas la conscience.

MESSER NICIA.

C'est comme je vous le dis.

LIGURIO.

Vous irez trouver votre fille, et le docteur et moi nous nous rendrons auprès de fra Timoteo, son confesseur : nous lui exposerons ce dont il s'agit, afin que vous n'ayez pas la peine de le lui apprendre. Vous verrez ce qu'il vous dira.

SOSTRATA.

Cela sera fait ainsi. Votre chemin est de ce côté. Je vais aller trouver Lucrezia ; et je saurai, coûte que coûte, la conduire à son confesseur.

SCÈNE II.
MESSER NICIA, LIGURIO.

MESSER NICIA.

Tu t'étonnes peut-être, Ligurio, qu'il faille tant de façons pour décider ma femme ; mais si tu savais tout, tu cesserais de t'étonner.

LIGURIO.

Je crois que cela provient de ce que toutes les femmes sont défiantes.

MESSER NICIA.

Ce n'est rien de tout cela. C'était la personne du monde la plus complaisante ; on en faisait tout ce qu'on voulait. Mais une de ses voisines lui ayant dit que si elle faisait le vœu d'entendre chaque matin, pendant quarante jours, la première messe au couvent des Servites, elle deviendrait grosse sans faute, elle fit donc ce vœu, et se rendit à l'église au moins pendant vingt jours de suite ; or, tu sauras qu'un de ces cafards de moines se mit à rôder autour d'elle, de sorte qu'elle ne voulut plus y retourner. Il est cependant malheureux que ceux qui devraient nous donner le bon exemple se comportent de cette façon ! n'est-il pas vrai ?

LIGURIO.

Comment, diable ! si c'est vrai !

MESSER NICIA.

Depuis ce moment elle dresse les oreilles comme un lièvre à tout ce qu'elle entend ; et lorsqu'on lui parle de quelque chose de nouveau, elle y oppose mille difficultés.

LIGURIO.

Je ne m'étonne plus maintenant. Et son vœu, comment l'a-t-elle accompli ?

MESSER NICIA.

Elle a obtenu une dispense.

LIGURIO.

A la bonne heure. Mais, dites-moi, pouvez-vous disposer de vingt-cinq ducats ? Il faut en pareil cas savoir délier la bourse pour mettre le frère dans nos intérêts, et lui donner l'espoir de mieux encore.

MESSER NICIA.

Prends-les : ce n'est pas là ce qui me tourmente ; je ferai quelque économie d'un autre côté.

LIGURIO.

Ces moines sont fins et rusés ; et cela est tout naturel : ils savent nos péchés et les leurs. Celui qui n'a point l'habitude de les fréquenter pourrait se tromper dans la conduite qu'il faut tenir avec eux pour les mener à ses fins. C'est pourquoi je ne voudrais pas que, dans notre entretien, vous fissiez quelque étourderie ; car vos pareils, enfoncés tout le long du jour dans leur étude, entendent fort bien ce que disent les livres, mais souvent ils ne comprennent rien aux plus simples affaires de la vie. *(A part.)* L'imbécile ! je crains que sa sottise ne nous cause ici quelque contre-temps.

MESSER NICIA.

Dis-moi donc ce que tu veux que je fasse ?

LIGURIO.

Que vous me laissiez parler seul, et que vous ne preniez la parole que quand je vous ferai signe.

MESSER NICIA.

Volontiers. Mais quel signe me feras-tu !

LIGURIO.

Je fermerai un œil et je me mordrai les lèvres. Mais non, faisons autrement. Combien y a-t-il de temps que vous n'avez parlé au frère ?

MESSER NICIA.

Il y a plus de deux ans.

LIGURIO.

C'est fort bien. Je lui dirai que vous êtes sourd ; et vous ne répondrez ni ne direz jamais rien que lorsque nous crierons bien haut.

MESSER NICIA.

Soit fait ainsi.

LIGURIO.

Ne vous tourmentez pas si je dis des choses qui ne vous paraissent pas conformes à ce que nous projetons : tout ce que je dirai est pour en revenir toujours à notre but.

MESSER NICIA.

A la bonne heure.

SCÈNE III.

FRA TIMOTEO, UNE DÉVOTE.

FRA TIMOTEO.

Si vous désirez vous confesser, je suis prêt à faire ce que vous voulez.

LA DÉVOTE.

Non, pas pour aujourd'hui ; on m'attend, et il me suffit de m'être un peu soulagée auprès de vous tout en marchant. Avez-vous dit ces messes de Notre-Dame ?

ACTE III, SCÈNE IV.

FRA TIMOTEO.

Oui, ma fille.

LA DÉVOTE.

Tenez, prenez ce florin ; et pendant deux mois vous direz chaque lundi la messe des morts pour l'âme de mon pauvre mari. Quoique ce ne fût qu'un homme grossier, la chair parle quelquefois ; et je ne puis m'empêcher d'être je ne sais comment lorsque je viens à me le rappeler. Mais êtes-vous bien certain qu'il soit en purgatoire?

FRA TIMOTEO.

Sans aucun doute.

LA DÉVOTE.

Je ne voudrais pas en répondre. Vous savez comme il en agissait quelquefois avec moi ; vous savez comme je m'en suis souvent plainte à vous. Je m'éloignais de lui autant que je le pouvais ; mais il était si importun. Hélas ! notre Seigneur... !

FRA TIMOTEO.

N'ayez aucune crainte : la clémence de Dieu est grande ; et quand la volonté ne manque point à l'homme, le temps du repentir ne lui manque pas non plus.

LA DÉVOTE.

Croyez-vous que les Turcs viennent cette année en Italie ?

FRA TIMOTEO.

Oui, si vous ne priez pas comme il faut.

LA DÉVOTE.

Juste Dieu ! que le ciel nous assiste ! Avec ces démons-là je tremble toujours d'être empalée. Mais j'aperçois dans l'église une femme qui a du lin à moi ; je veux aller la rejoindre. Je vous souhaite le bonjour.

FRA TIMOTEO.

Allez, et portez-vous bien.

SCÈNE IV.

FRA TIMOTEO, LIGURIO, MESSER NICIA.

FRA TIMOTEO

Il n'existe pas au monde de personnes plus charitables

ni plus ennuyeuses que les femmes. Lorsqu'on les renvoie, on évite les ennuis, mais on perd l'utile ; tandis que celui qui les écoute a tout à la fois et l'utile et les ennuis. Il est vrai qu'il n'y a pas de miel sans mouches. *(Apercevant messer Nicia et Ligurio.)* Que venez-vous chercher ici, gens de bien que vous êtes ? Mais n'est-ce pas messer Nicia que j'aperçois ?

LIGURIO.

Parlez-lui haut ; car il est si sourd qu'il n'entend absolument rien.

FRA TIMOTEO, haut.

Soyez le bienvenu, messer.

LIGURIO.

Plus haut encore.

FRA TIMOTEO, criant.

Le bienvenu !

MESSER NICIA.

Et vous, le bien trouvé, pere.

FRA TIMOTEO, du même ton.

Que venez-vous faire ?

MESSER NICIA.

Rien que de bien.

LIGURIO.

Je vous conseille de vous adresser à moi, père ; car, si vous voulez qu'il vous entende, vous allez mettre tout le quartier en rumeur.

FRA TIMOTEO.

Que puis-je faire pour votre service ?

LIGURIO.

Messer Nicia, et un autre homme de bien que vous entendrez bientôt, veulent faire distribuer en aumônes quelques centaines de ducats.

MESSER NICIA.

Malepeste !

LIGURIO, bas, à messer Nicia.

Taisez-vous donc ; de par tous les diables, il n'en aura pas grand' chose. *(A fra Timoteo.)* Père, ne vous étonnez pas de ce que messer Nicia peut dire, car il n'entend rien ; quelquefois il croit entendre, et il répond alors tout de travers.

FRA TIMOTEO.

Continuez donc, et laissez-le dire ce qui lui plaira.

LIGURIO.

J'ai sur moi une partie de cet argent ; et ils vous ont choisi pour en être le distributeur.

FRA TIMOTEO.

Bien volontiers.

LIGURIO.

Seulement il est nécessaire, avant que vous fassiez ces aumônes, de nous aider à sortir d'un cas extraordinaire arrivé au docteur. Vous seul pouvez nous servir ; il s'agit ici de l'honneur de toute sa maison.

FRA TIMOTEO.

De quoi est-il question ?

LIGURIO.

Je ne sais si vous connaissez Camillo, neveu de messer Calfucci ?

FRA TIMOTEO.

Sans doute, je le connais.

LIGURIO.

Il y a un an à peu près que certaines affaires conduisirent ce jeune homme en France ; comme il avait perdu sa femme, il laissa une fille qu'il avait, et qui déjà était en âge d'être mariée, sous la garde d'un couvent, dont il n'est pas nécessaire de vous dire actuellement le nom.

FRA TIMOTEO.

Qu'en est-il résulté ?

LIGURIO.

Il est arrivé que, soit par la négligence des religieuses, soit par un coup de tête de la jeune fille, elle se trouve grosse de quatre mois ; de manière que, si l'on ne répare ce malheur avec prudence, le docteur, les religieuses, la jeune fille, Camillo et la famille des Calfucci, tout le monde se trouve déshonoré ; et le docteur attache un si grand prix à l'honneur, qu'il a fait vœu, si cet accident peut rester caché, de donner trois cents ducats pour l'amour de Dieu.

MESSER NICIA.

Quelles balivernes !

LIGURIO, bas, à messer Nicia.

Taisez-vous donc. *(Haut.)* C'est en vos mains qu'il veut les remettre. D'ailleurs vous seul avec l'abbesse pouvez remédier à ce malheur.

FRA TIMOTEO

Comment cela ?

LIGURIO.

Il faut que vous persuadiez à l'abbesse de donner à la jeune fille une potion qui la fasse avorter.

FRA TIMOTEO.

C'est une chose qui mérite qu'on y réfléchisse.

LICURIO..

Voyez tout le bien qui peut résulter de ce service : vous conservez l'honneur d'un couvent, d'une jeune personne, d'honnêtes parents ; vous rendez une fille à son père, vous satisfaites le docteur ici présent, et tous ses parents : vous distribuez autant d'aumônes que vous le pouvez avec trois cents ducats ; et, d'un autre côté, vous ne faites de tort qu'à un morceau de chair informe, sans sentiment, et qui peut être détruit de mille manières. Et je crois que ce qui fait le bien du plus grand nombre, et qui satisfait le plus d'intérêts, ne peut jamais être qu'un bien.

FRA TIMOTEO.

Ainsi soit-il, avec le nom de Dieu : que votre volonté soit faite ; mais c'est pour l'amour de Dieu seul, et par charité pour le prochain, que j'y consens. Indiquez-moi le monastère, et donnez-moi la potion ; et si vous le trouvez bon aussi, donnez-moi cet argent, afin que je puisse commencer à faire quelques aumônes.

LIGURIO.

Maintenant vous êtes bien le véritable religieux que je comptais trouver. Prenez cette partie de l'argent. Le couvent est... Mais attendez un instant ; je vois là dans l'église une femme qui me fait signe; je reviens sur-le-champ : ne quittez pas messer Nicia, tandis que je vais aller lui dire deux mots.

SCÈNE V.
FRA TIMOTEO, MESSER NICIA.

FRA TIMOTEO.

A quel terme en est cette jeune fille ?

MESSER NICIA.

J'enrage !

FRA TIMOTEO.

Je vous demande depuis combien de temps cette jeune fille est grosse.

MESSER NICIA.

Que le diable l'étouffe !

FRA TIMOTEO.

Pourquoi ?

MESSER NICIA.

Pour qu'il puisse l'emporter.

FRA TIMOTEO.

Je soupçonne là-dessous quelque fourberie. J'ai affaire à un fou et à un sourd. L'un se sauve, l'autre n'entend point. N'importe, si cette bourse ne contient pas des jetons, je saurai bien en tirer bon parti. Mais voici Ligurio qui revient par ici.

SCÈNE VI.
FRA TIMOTEO, MESSER NICIA, LIGURIO.

LIGURIO, à messer Nicia.

Messer, tâchez de garder le silence. *(A fra Timoteo.)* Père, j'ai appris une grande nouvelle.

FRA TIMOTEO.

Laquelle ?

LIGURIO.

La femme avec qui je viens de parler m'a dit que la jeune fille avait fait d'elle-même une fausse couche.

FRA TIMOTEO.

Tant mieux, ces aumônes vont tourner au profit général.

LIGURIO.

Que voulez-vous dire ?

FRA TIMOTEO.

Je dis que vous devez plus que jamais faire les aumônes dont il était question.

LIGURIO.

Ces aumônes se feront dès que vous le désirerez ; mais il faut de votre côté que vous rendiez un service au docteur.

FRA TIMOTEO.

De quoi s'agit-il ?

LIGURIO.

D'une chose bien moins importante, beaucoup moins sujette à scandale, qui nous intéresse davantage, et qui vous sera bien plus profitable.

FRA TIMOTEO.

Quelle est-elle ? Au point où nous en sommes ensemble, il me semble que nous avons contracté une liaison si intime, qu'il n'y a rien que je ne sois disposé à faire pour vous.

LIGURIO.

Entrons un moment dans l'église ; je vous dirai là de quoi il s'agit, entre nous deux seulement. Que le docteur ait la complaisance de nous attendre ici ; nous serons de retour dans l'instant.

MESSER NICIA.

C'est ce que dit le crapaud à la herse.

FRA TIMOTEO.

Allons.

SCÈNE VII

MESSER NICIA, seul.

Fait-il nuit ou jour ? suis-je éveillé ou rêvé-je ? suis-je ivre ou n'ai-je encore rien bu de la journée ? A quoi bon toutes ces balivernes ? Nous convenons de dire une chose au frère, et il en dit une tout opposée ; ensuite il veut que je fasse le sourd. Il aurait fallu que je me bouchasse les oreilles, comme le Danois [1], pour ne point entendre toutes les extravagances qu'il a débitées, et Dieu sait à quel propos. Je me trouve avec vingt-cinq ducats de moins dans la poche, et il n'a pas encore été question de mon affaire ; et ils m'ont tous deux planté là le bec dans l'eau. Mais les voici qui reviennent : malheur à eux s'ils ne se sont pas occupés de moi !

SCÈNE VIII.
FRA TIMOTEO, LIGURIO, MESSER NICIA.

FRA TIMOTEO.

Tâchez de décider vos femmes à venir : je sais ce qu'il me reste maintenant à faire ; et si j'ai quelque pouvoir sur leur esprit, nous conclurons cette alliance ce soir même.

LIGURIO.

Messer Nicia, fra Timoteo est disposé à tout faire pour vous, pourvu que vous fassiez venir ces dames.

MESSER NICIA.

Tu me verses du baume dans le sang. Sera-ce un garçon ?

LIGURIO.

Un garçon.

MESSER NICIA.

J'en pleure de tendresse.

FRA TIMOTEO.

Allez-vous-en à l'église ; j'attendrai les dames en cet endroit. Tenez-vous à l'écart, de manière qu'elles ne puissent vous voir ; et aussitôt qu'elles se seront éloignées, je vous répéterai tout ce qu'elles m'auront dit.

SCÈNE IX.
FRA TIMOTEO, seul.

Je ne sais celui des deux qu'on attrape. Ce maudit Ligurio est venu me sonder avec sa première histoire. Si j'avais fait quelque difficulté, il ne m'aurait pas dit le

---

1. Personnage de Boccace, qui se bouche les oreilles avec de la poix pour ne pas entendre les mauvaises raisons de sa femme.

véritable motif qui l'amenait vers moi, afin de ne pas divulguer sans fruit son projet ; car tous deux s'embarrassent fort peu du conte qu'ils m'ont fait. Il faut avouer qu'ils m'ont pris au piège ; toutefois je dois convenir que j'y trouve mon avantage : messer Nicia et Callimaco sont riches ; et, par des motifs différents, je saurai bien tirer parti de tous les deux. Le secret ici est nécessaire, et il leur importe tout autant qu'à moi. Mais, qu'il en soit ce qu'il voudra, je ne me repens pas de ce que j'ai fait. Il est vrai que je m'attends à quelques difficultés ; car madonna Lucrezia est sage et vertueuse ; mais je l'attaquerai par sa bonté même. Toutes les femmes manquent un peu de cervelle ; et lorsqu'il s'en trouve une qui sait dire deux paroles, tout le monde la cite ; car, dans le pays des aveugles, les borgnes sont rois. Mais la voici avec sa mère, qui est une bonne bête, elle, et qui saura bien m'aider à la conduire à mes vues.

SCÈNE X.
SOSTRATA, LUCREZIA.

SOSTRATA.

Je crois, ma chère fille, que tu es convaincue que personne au monde n'attache plus de prix que moi à ton honneur, et que je suis incapable de te rien conseiller qui pût te compromettre. Je t'ai dit et je te répète que si fra Timoteo pense qu'il n'y a là rien qui charge ta conscience, tu ne dois pas balancer à le faire.

LUCREZIA.

J'ai toujours craint que le désir de messer Nicia d'obtenir des enfants ne lui fît faire quelque sottise : aussi, toutes les fois qu'il m'a parlé de quelque nouvelle chose, il a éveillé mes soupçons, surtout depuis ce que vous savez qui m'est arrivé pour être allée aux Servites. Mais, de tous les expédients dont il s'est avisé, je n'en connais pas de plus bizarre que de soumettre ma personne à un pareil déshonneur, d'être cause qu'un homme meure pour me couvrir de honte. Je ne croirais pas pouvoir me résoudre à adopter un semblable parti, quand même je me trouverais seule au monde, et qu'il ne dépendrait que de moi de repeupler l'univers.

SOSTRATA.

Je ne sais point dire de si belles choses, ma chère fille. Tu parleras au frère ; tu verras ce qu'il te dira ; et tu feras ensuite ce qui te sera conseillé par lui, par nous, et par tous ceux qui veulent ton bonheur.

LUCREZIA.

Je souffre le martyre.

SCÈNE XI.
FRA TIMOTEO, LUCREZIA, SOSTRATA.

FRA TIMOTEO.

Soyez les bienvenues. Je sais ce que vous venez chercher près de moi ; messer Nicia m'en a parlé. En conscience, je suis resté collé sur mes livres pendant plus de deux heures à étudier ce cas ; et un examen approfondi m'a convaincu que nous avions pour nous, dans cette circonstance, beaucoup de décisions générales et particulières.

LUCREZIA.

Parlez-vous sérieusement, ou plaisantez-vous ?

FRA TIMOTEO.

Ah ! madonna Lucrezia, sont-ce là des choses sur lesquelles il soit permis de plaisanter ? Est-ce d'aujourd'hui seulement que vous me connaissez ?

LUCREZIA.

Non, mon père ; mais c'est qu'il est ici question de la chose la plus étrange qu'on ait jamais ouïe.

FRA TIMOTEO.

Madonna, je veux bien vous croire ; mais je vous défends de parler davantage de cette manière. Il y a une infinité de choses qui, vues de loin, paraissent terribles, insupportables, étranges, et qui, lorsque ensuite on les regarde de près, deviennent traitables, sans difficultés, d'un usage familier. Aussi dit-on que la crainte est toujours plus grande que le mal ; et notre affaire en est une nouvelle preuve.

LUCREZIA.

Dieu le veuille !

FRA TIMOTEO.

J'en reviens donc à ce que je vous disais d'abord. Quant à ce qui regarde votre conscience, faites attention que c'est un principe généralement reçu, que là où se trouve un bien certain et un mal incertain, on ne doit jamais laisser échapper ce bien, dans la crainte du mal qui pourrait en résulter. Le bien assuré qui se présente ici, c'est que vous deviendriez grosse, et que vous acquerrez ainsi une âme au Seigneur notre Dieu ; le mal incertain, c'est que vous croyez que celui qui couchera avec vous mourra, mais il s'en trouve aussi qui ne meurent pas. Or, comme la chose est douteuse, il est bien que messer Nicia ne s'expose pas à un pareil danger. Quant à l'acte en lui-même, c'est un conte de croire que ce soit un péché ; car c'est la volonté seule qui pèche, et non le corps ; déplaire à son mari, voilà le vrai péché : or, vous faites ce qu'il désire, il y trouve sa satisfaction, et vous n'agissez qu'à contre-cœur. Outre cela, c'est la fin qu'il faut considérer en toutes choses : celle que vous vous proposez est d'obtenir une place en paradis, et de contenter votre mari. La Bible dit que les filles de Loth, se croyant restées seules au monde, eurent commerce avec leur propre père ; et comme elles avaient une bonne intention, elles ne péchèrent point.

LUCREZIA.

Quels conseils me donnez-vous là ?

SOSTRATA.

Ma fille, laisse-toi persuader. Ne sais-tu pas qu'une femme qui n'a pas d'enfants n'a pas de maison ? Son mari vient-il à mourir, elle reste comme une bête, abandonnée de tout le monde.

FRA TIMOTEO.

Je vous jure, madonna, par ce sacré cœur, qu'il n'y a pas plus de conscience à condescendre aux désirs de votre mari, qu'il n'y en a à manger de la viande le vendredi, péché qu'on enlève avec de l'eau bénite.

LUCREZIA.
A quelle extrémité me conduisez-vous, mon père ?
FRA TIMOTEO.
Je vous donne un conseil dont vous aurez mille occasions de remercier Dieu pour moi, et dont vous serez plus contente l'année prochaine qu'aujourd'hui.
SOSTRATA.
Allez, elle fera tout ce que vous voudrez. Je veux moi-même la mettre ce soir au lit. De quoi as-tu peur, imbécile ? Il y a cinquante femmes dans cette ville qui en lèveraient les mains au ciel.
LUCREZIA.
Je ferai ce que vous voulez ; mais je suis certaine de ne plus être en vie demain matin.
FRA TIMOTEO.
Ne craignez absolument rien, ma chère fille : je prierai Dieu pour vous ; je dirai l'oraison de l'ange Raphael pour qu'il vous accompagne. Allez à la garde de Dieu, et préparez-vous à ce mystère, car il commence à faire nuit.
SOSTRATA.
Père, que la paix soit avec vous.
LUCREZIA.
Que Dieu et Notre-Dame me soient en aide, pour qu'il ne m'arrive point de mal.

SCÈNE XII.
FRA TIMOTEO, LIGURIO, MESSER NICIA.
FRA TIMOTEO.
Holà, Ligurio ! approchez-vous d'ici.
LIGURIO.
Comment cela va-t-il ?
FRA TIMOTEO.
On ne peut mieux. Elles sont rentrées au logis, prêtes à faire tout ce qu'on voudra : cela ne souffrira aucune difficulté, attendu que sa mère consent à rester auprès d'elle, et qu'elle veut même la mettre au lit.
MESSER NICIA.
Dites-nous la vérité ?

FRA TIMOTEO.

Oh ! oh ! vous êtes donc guéri de votre surdité ?

LIGURIO.

Saint Clément lui a fait cette grâce.

FRA TIMOTEO.

Vous devriez y faire mettre une image, afin que cela fît un peu de bruit, et que du moins vous nous fissiez gagner quelque chose par ce moyen.

MESSER NICIA.

Nous nous écartons de notre affaire. Ma femme fera-t-elle des difficultés à faire ce que je veux ?

FRA TIMOTEO.

Non, vous dis-je.

MESSER NICIA.

Il n'y a pas au monde d'homme plus heureux que moi.

FRA TIMOTEO

Je le crois sans peine. Vous pourrez bientôt baiser tout à votre aise un petit poupon mâle, ou qui n'en a pas n'en aura jamais.

LIGURIO.

Frère, retournez à vos oraisons ; si nous avons besoin d'autre chose, nous reviendrons réclamer vos services. Vous, messer, allez retrouver votre femme, et maintenez-la dans les mêmes dispositions ; moi, j'irai rejoindre maître Callimaco, afin qu'il vous envoie sa potion ; et faites en sorte que je puisse vous revoir à la première heure de la nuit, pour convenir de tout ce que nous aurons à faire à la quatrième.

MESSER NICIA.

Voilà qui est bien dit. Adieu.

FRA TIMOTEO

Allez et portez-vous bien.

INTERMÈDE DU III° ACTE.

CHANSON.

La ruse, conduite au terme que l'on désire avec ardeur, est si agréable qu'elle dissipe tous nos chagrins, et suffit pour changer en douceur toute l'amertume que nous éprouvons. O remède précieux et rare ! tu montres à l'âme qui erre incertaine le chemin qu'elle doit suivre ; le prix que tu sais donner aux choses ajoute encore aux faveurs dont nous comble l'amour même ; et tes conseils font céder à leur puissance les rochers, les poisons et les enchantements.

FIN DU TROISIÈME ACTE.

ACTE QUATRIÈME

SCÈNE PREMIÈRE.

CALLIMACO, *seul*.

Je voudrais bien cependant savoir ce que nos gens ont fait. Se pourrait-il que je ne revisse plus Ligurio ? Non seulement la vingt-troisième heure est passée, mais je crois même que la vingt-quatrième l'est déjà. Dans quel trouble d'esprit je me suis trouvé jusqu'à ce moment ! dans quelle anxiété me trouvé-je encore ! Je sais que la fortune et la nature tiennent et balancent également leurs comptes : il ne vous arrive jamais un bien qui ne soit compensé par un mal. Plus j'avais conçu d'espérance, et plus je sens mes craintes augmenter. Malheureux que je suis ! est-il possible de vivre jamais dans de pareils tourments, troublé par tant de craintes diverses et tant d'espérances opposées ? Je suis comme un vaisseau agité par deux vents contraires, et qui doit d'autant plus craindre qu'il approche plus tard du port. La bonhomie de messer Nicia me fait espérer ; l'insensibilité et la sagesse de Lucrezia détruisent bientôt toutes mes espérances. Hélas ! je ne puis trouver nulle part un moment de tranquillité ! Parfois je cherche à me vaincre moi-même, je me reproche ma folle ardeur ; et je me dis alors : Que fais-tu ? as-tu perdu le bon sens ? Quand tu obtiendrais l'objet de tes désirs, qu'y gagnerais-tu ? Tu reconnaîtras ton erreur, et tu te repentiras de toutes les peines et de tous les tourments que tu t'es donnés. Ne sais-tu pas combien le bonheur que l'homme trouve dans l'accomplissement de ses vœux les plus ardents est inférieur à celui qu'il espérait y rencontrer ? D'un autre côté, le pis qui peut t'arriver, c'est de mourir et d'aller en enfer : tant d'autres sont morts avant toi, et il y a en enfer tant de gens de bien ; as-tu honte d'y aller comme eux ? Fais face à la fortune, tâche d'éviter le mal ; et si tu ne peux le fuir, supporte-le du moins en homme ; ne t'abaisse pas, ne t'avilis point comme une femme : c'est ainsi que je tâche de me donner du cœur. Mais je ne conserve pas longtemps ces idées ; car le désir de posséder celle que j'aime vient saisir toutes mes facultés : je me sens troublé des pieds jusqu'à la tête ; mes jambes se dérobent sous moi, mes entrailles s'émeuvent, mon cœur semble vouloir s'élancer de ma poitrine, les bras me tombent, ma langue devient muette, mes yeux s'éblouissent, et ma tête tourne. Si je pouvais du moins trouver Ligurio, j'aurais quelqu'un pour exhaler mon chagrin. Mais, le voici qui accourt de mon côté ; ce qu'il me dira va me rendre un souffle de vie ou me faire tout à fait mourir.

SCÈNE II.
LIGURIO, CALLIMACO.

LIGURIO, *sans voir Callimaco.*

Je n'ai jamais tant désiré pouvoir trouver Callimaco, et jamais je n'ai eu tant de peine à le rencontrer ; si je lui portais de mauvaises nouvelles, je l'aurais rencontré tout d'abord. Je suis allé à sa maison, sur la place, au marché, à la promenade degli Spini, à la loge des Tornaquinci, et je n'ai jamais pu le joindre. Ces maudits amoureux ont du vif-argent dans les pieds ; ils ne peuvent s'arrêter nulle part.

CALLIMACO.

J'aperçois Ligurio qui regarde de tous côtés ; c'est sans doute moi qu'il cherche. Pourquoi resté-je là, et pourquoi ne pas l'appeler ? Il me semble tout joyeux. Ligurio ! holà, Ligurio !

LIGURIO.

Ho ! Callimaco, où étais-tu donc ?

CALLIMACO.

Quelles nouvelles ?

LIGURIO.

Excellentes.

CALLIMACO.

En vérité ?

LIGURIO.

On ne peut pas meilleures.

CALLIMACO.

Lucrezia consent-elle ?

LIGURIO.

Sans doute.

CALLIMACO.

Le moine a donc fait son devoir ?

LIGURIO.

Il l'a fait.

CALLIMACO.

O bienheureux frère ! je prierai sans cesse Dieu pour lui.

LIGURIO.

Voilà qui est excellent ! comme si la grâce de Dieu se répandait également et sur celui qui fait le mal et sur celui qui fait le bien ! Le frère s'attend à tout autre chose qu'à des prières.

CALLIMACO.

Que veut-il ?

LIGURIO.

De l'argent.

CALLIMACO.

Nous lui en donnerons. Combien lui as-tu promis ?

LIGURIO.

Trois cents ducats.

CALLIMACO.

Tu as bien fait.

LIGURIO

Le docteur en a déboursé vingt-cinq.

CALLIMACO.

Comment cela ?

LIGURIO.

Qu'il te suffise qu'il les ait déboursés.

CALLIMACO.

La mère de Lucrezia, qu'a-t-elle fait ?

LIGURIO.

Presque tout. Lorsqu'elle a appris que sa fille allait

passer une aussi bonne nuit sans pécher, elle n'a pas cessé un seul instant de prier, de commander, de rassurer Lucrezia ; elle a tant et si bien fait qu'elle l'a conduite vers le frère, et là elle a encore opéré de façon que sa fille a consenti à tout.

CALLIMACO.

O Dieu ! par quels mérites m'as-tu jugé digne de tant de biens ? Je me sens prêt à mourir de joie.

LIGURIO.

Quelle espèce d'homme est-ce donc là ? tantôt il veut mourir de joie, et tantôt de douleur. As-tu préparé ta potion ?

CALLIMACO.

Elle est prête.

LIGURIO.

Que lui enverras-tu ?

CALLIMACO.

Un verre d'hippocras propre à restaurer l'estomac et à réjouir le cerveau. Hélas ! hélas ! que je suis étourdi !

LIGURIO.

Qu'est-ce donc ? qu'y a-t-il ?

CALLIMACO.

Non, il n'y a pas de remède.

LIGURIO.

De quoi diable s'agit-il donc ?

CALLIMACO.

Il n'y a plus rien à faire ; je me suis moi-même enfermé dans un four.

LIGURIO.

Pourquoi ? Que ne me dis-tu ce qui en est ? Ote donc tes mains de dessus ton visage.

CALLIMACO.

Ne sais-tu donc pas que j'ai dit à messer Nicia que toi, lui, Siro et moi, nous tâcherions d'attraper quelqu'un pour le faire coucher avec sa femme ?

LIGURIO.

Qu'importe ?

CALLIMACO.

Comment ? qu'importe ? Mais, si je suis avec vous, je ne pourrai être celui que vous devez saisir ; et, s'il ne me voit pas, il se doutera de notre fourberie.

LIGURIO.

Tu dis la vérité. Mais n'y a-t-il pas quelque moyen ?

CALLIMACO.

Je ne le crois pas.

LIGURIO.

Oh ! nous en trouverons bien un.

CALLIMACO.

Lequel ?

LIGURIO.

Laisse-moi un peu réfléchir.

CALLIMACO.

C'est ainsi que tu tranches la difficulté ? Me voilà dans un bel état, si c'est à présent seulement que tu commences à y penser.

LIGURIO.

Je l'ai trouvé.

CALLIMACO.

Quel est-il ?

LIGURIO.

Je vais faire en sorte que le frère qui nous a aidés jusqu'à présent consente à aller jusqu'au bout.

CALLIMACO.

Et de quelle manière ?

LIGURIO.

Nous nous déguiserons tous ; je ferai travestir le frère ; il contrefera sa voix, son visage, son vêtement ; je dirai au docteur que c'est toi, et il n'aura aucune peine à me croire.

CALLIMACO.

Ce moyen me rit assez. Mais moi, que ferai-je ?

LIGURIO.

Je suis d'avis que tu te mettes une casaque sur le dos, et que tu viennes, avec un luth à la main, du côté de notre maison, en chantant une chansonnette.

ACTE IV, SCÈNE II.

CALLIMACO.

Et le visage découvert ?

LIGURIO.

Sans doute ; car si tu portais un masque, il pourrait soupçonner quelque chose.

CALLIMACO.

Mais il me reconnaîtra.

LIGURIO.

Impossible. Je prétends que tu te barbouilles le visage, que tu t'agrandisses la bouche, que tu la tiennes de travers, et que tu fermes un œil. Essaye un peu.

CALLIMACO.

Est-ce bien comme cela ?

LIGURIO.

Non.

CALLIMACO.

Comme ceci ?

LIGURIO.

Pas encore.

CALLIMACO.

De cette manière ?

LIGURIO.

Oui, oui ; rappelle-toi bien cela. J'ai un nez au logis, que je veux que tu t'appliques.

CALLIMACO.

Tout cela est fort bien ; mais que faudra-t-il faire ensuite ?

LIGURIO.

A peine te seras-tu montré de ce côté que nous paraîtrons : nous t'arracherons ton luth, nous te saisirons, nous te ferons tourner, nous te conduirons au logis, et nous te mettrons au lit ; ce sera à toi ensuite à faire le reste.

CALLIMACO.

Cela une fois fait, comment dois-je me conduire ?

LIGURIO.

C'est à toi à te conduire toi-même ; c'est également à toi et non à nous à faire en sorte que tu puisses y revenir.

CALLIMACO.

Comment m'y prendre ?

LIGURIO.

Agis de manière à la gagner pendant cette nuit. Avant de la quitter, fais-lui connaître qui tu es ; découvre-lui ton stratagème ; montre-lui tout l'amour que tu lui portes ; exprime-lui toute la tendresse qu'elle t'a inspirée ; dis-lui qu'elle peut rester ton amie sans se déshonorer, tandis que, si elle veut être ton ennemie, elle en sera pour sa honte. Il est impossible qu'elle ne se rende pas à de pareilles raisons, et qu'elle veuille que cette nuit soit la dernière.

CALLIMACO.

Es-tu persuadé de ce que tu me dis ?

LIGURIO.

J'en suis convaincu. Mais ne perdons pas davantage de temps ; la deuxième heure est déjà sonnée. Appelle Siro, envoie la potion à messer Nicia, et attends-moi chez toi. Je vais aller trouver le moine ; nous le ferons déguiser ; nous l'amènerons ici ; nous rejoindrons le docteur, et nous ferons ce qui reste à faire.

CALLIMACO.

C'est bien dit. Adieu.

SCÈNE III.
CALLIMACO, SIRO.

CALLIMACO.

Holà, Siro !

SIRO.

Messer !

CALLIMACO.

Approche !

SIRO.

Me voici.

CALLIMACO.

Va prendre ce gobelet d'argent que tu trouveras dans l'armoire de ma chambre, et qui est couvert d'un morceau d'étoffe ; tu me l'apporteras ; et prends garde surtout de le renverser en chemin.

SIRO.

Vous serez obéi.

CALLIMACO.

Voilà dix ans que ce Siro demeure avec moi ; il m'a toujours servi fidèlement : je crois pouvoir me fier encore à lui dans cette occasion. Je ne lui ai rien dit de notre ruse ; mais il doit s'en douter, car il est malin en diable ; et je vois qu'il se prête volontiers à ce que je veux.

SIRO, apportant le gobelet.

Voici votre gobelet.

CALLIMACO.

C'est bien. Maintenant, va-t-en au logis de messer Nicia, et dis-lui que c'est le remède que sa femme doit prendre aussitôt après son souper ; que plus tôt elle soupera mieux elle s'en trouvera ; que nous nous rendrons sans faute à notre poste ici près, et qu'il fasse en sorte d'y être aussi. Dépêche-toi.

SIRO.

J'y cours.

CALLIMACO.

Écoute un moment. S'il veut que tu l'attendes, attends-le, et reviens avec lui ; sinon, retourne aussitôt que tu lui auras donné ce gobelet et que tu auras fait ta commission.

SIRO.

Oui, messer.

SCÈNE IV.

CALLIMACO, seul.

J'attends que Ligurio revienne avec le frère. Celui qui a dit que l'attente est une chose pénible a bien eu raison. Je maigris de deux livres à chaque minute, lorsque je pense où je suis actuellement, et dans quel lieu je vais me trouver avant deux heures d'ici ; craignant à tout moment que quelque accident fâcheux ne vienne déjouer mon stratagème. Ah ! si ce malheur m'arrivait, je sens que ce serait le dernier jour de ma vie ; car je suis disposé à me précipiter dans l'Arno, ou à me pendre, ou à me jeter par la fenêtre, ou à me percer d'un coup de couteau sur sa porte : je suis capable de tout pour cesser de vivre. Mais je crois apercevoir Ligurio ; oui, c'est bien lui. Il amène avec lui un homme qui me paraît tout contrefait et boiteux : c'est sans doute notre moine déguisé. O moines ! moines ! Connaissez-en un, vous les connaîtrez tous. Mais quel est cet autre qui vient de les aborder? Il me semble que c'est Siro, qui aura déjà rempli son message auprès du docteur : oui, c'est bien lui. Je veux les attendre, pour convenir avec eux de nos faits.

SCÈNE V.

SIRO, LIGURIO, FRA TIMOTEO, déguisé, CALLIMACO.

SIRO.

Ligurio, qui est-ce qui est avec toi ?

LIGURIO.

Un homme de bien.

SIRO.

Est-il réellement boiteux, ou fait-il semblant ?

LIGURIO.

Mêle-toi d'autre chose.

SIRO.

Oh ! oh ! il a la mine d'un grand fripon.

LIGURIO.

Au nom de Dieu, tais-toi ; tu nous romps la tête. Où est Callimaco ?

CALLIMACO.

Me voici ; soyez les bienvenus.

LIGURIO.

O Callimaco ! tâche de faire taire cet extravagant Siro, il nous a déjà dit un million de sottises.

CALLIMACO.

Siro, écoute ici. Je t'ordonne de faire ce soir tout ce que te commandera Ligurio ; et regarde tout ce qu'il te dira comme si je te parlais moi-même. Tâche de tenir dans le plus grand secret tout ce que tu pourrais voir, apprendre ou entendre, si tu attaches quelque prix à mon bien, à ma vie, à mon honneur, et à ton intérêt.

SIRO.

Cela sera fait ainsi.

CALLIMACO.

As-tu donné le gobelet au docteur ?

SIRO.

Oui, messer.

CALLIMACO

Qu'a-t-il dit ?

SIRO.

Qu'il serait dans le moment à vos ordres.

FRA TIMOTEO, à Ligurio.

Est-ce là Callimaco ?

CALLIMACO.

Tout prêt à vous servir. Nos conditions sont faites ; vous pouvez disposer de toute ma fortune, et de moi, comme de vous-même.

FRA TIMOTEO.

C'est ainsi que je l'entends, et j'en suis persuadé : aussi me suis-je décidé à faire pour vous ce que je n'aurais pas fait pour tout autre homme au monde.

CALLIMACO.

Vous n'y perdrez pas votre peine.

FRA TIMOTEO.

Il suffit que vous me vouliez du bien.

LIGURIO.

Laissons là les cérémonies. Nous allons nous déguiser, Siro et moi. Toi, Callimaco, suis-nous, afin de te tenir prêt à jouer ton rôle. Le frère nous attendra ici : nous reviendrons sur-le-champ, et nous irons trouver ensuite messer Nicia.

CALLIMACO.

C'est bien dit : allons.

FRA TIMOTEO.

Je vous attends ici.

SCÈNE VI.

FRA TIMOTEO, seul.

Ils ont bien raison ceux qui disent que les mauvaises compagnies mènent les hommes à la potence ; et souvent on court d'aussi grands dangers pour être trop bon ou trop facile, que pour être trop méchant. Dieu sait si je pensais à faire le moindre tort à personne. J'étais tranquille dans ma cellule, je disais mon bréviaire, je prenais soin de mes dévotes ; et voilà que ce diable de Ligurio me tombe sur le dos ; il me fait mettre d'abord le bout du doigt dans une petite faute, puis j'y entre jusqu'au coude, et m'y voilà maintenant plongé jusqu'au cou, sans savoir de quelle manière je pourrai m'en tirer. Ce qui me console, c'est que, quand une affaire regarde beaucoup de monde, beaucoup de monde s'y intéresse. Mais voici Ligurio et le valet qui reviennent.

SCÈNE VII.

FRA TIMOTEO, LIGURIO, SIRO, *déguisés*.

FRA TIMOTEO.

Soyez les bienvenus.

LIGURIO.

Sommes-nous comme il faut ?

FRA TIMOTEO.

Très bien.

LIGURIO.

Il ne manque plus que le docteur : allons le trouver à son logis ; la troisième heure est déjà sonnée. En avant !

SIRO.

Qui est-ce qui ouvre sa porte ? est-ce son valet ?

LIGURIO.

Non, c'est lui-même. *(Riant)* Ha ! ha ! hé ! hé !

SIRO.

De quoi ris-tu ?

LIGURIO.

Qui pourrait s'empêcher de rire ? Il a sur le dos une soutane qui ne lui couvre pas seulement le derrière.

Que diable a-t-il sur la tête ? on dirait un bonnet carré de chanoine ; il a par-dessous une petite épée. Ah ! Ah ! Ah ! Il marmotte je ne sais quoi entre ses dents : tirons-nous un peu à l'écart, nous entendrons quelques-unes des tribulations de sa femme.

SCÈNE VIII.

MESSER NICIA, *déguisé*

Que de simagrées ma sotte de femme n'a-t-elle pas faites ? Elle a commencé par envoyer la servante à la maison de sa mère, et le valet à la campagne. Je l'approuve de ce côté ; mais je ne puis la louer de ce qu'elle a fait tant de difficultés avant de consentir à se mettre au lit. *Je ne veux pas... Comment ferai-je ?... Que me faites-vous faire ?... Hélas ! maman !...* Et si sa mère ne lui avait pas dit son fait, je crois qu'elle ne se serait pas mise au lit. Que la fièvre continue lui vienne. Il est bon que les femmes fassent des façons, mais non pas tant ; elle m'a fait tourner la tête, cette cervelle de chatte. Celui qui dirait maintenant que la femme la plus sage de Florence soit pendue, elle pourrait lui répondre : Que t'ai-je fait ? Je sais bien que la Pasquina entrera dans Arezzo[1] ; et avant que j'abandonne la partie, je pourrai dire, comme Monna Ghinga[2] : J'ai vu avec mes mains. *(Se regardant.)* Je ne suis cependant pas mal comme cela. Qui est-ce qui me reconnaîtrait ? Je parais plus grand, plus jeune, plus mince ; et il n'y a pas une femme qui me demandât de l'argent pour partager son lit. Mais où trouverai-je mes gens ?

SCÈNE IX.

LIGURIO, MESSER NICIA, FRA TIMOTEO, SIRO.

LIGURIO.

Bonsoir, messer.

MESSER NICIA, *effrayé*.

Oh ! eh ! ah !

---

1. 2. Proverbes florentins dont on ignore l'origine. Le premier présente un sens qui n'a pas besoin de commentaire.

LIGURIO.

N'ayez pas peur ; c'est nous.

MESSER NICIA.

Êtes-vous là tous ? Si je ne vous avais pas reconnus sur-le-champ, j'allais vous donner de mon mieux de cette épée à travers le corps. Toi, es-tu Ligurio ? toi, Siro ? cet autre, le maître ? Hem !

LIGURIO.

Messer, vous avez deviné.

MESSER NICIA.

Tiens ! Oh ! j'espère qu'il s'est bien déguisé ! On ne le reconnaîtrait pas. Vois-le toi-même.

LIGURIO.

Je lui ai fait mettre deux noix dans la bouche, pour qu'on ne le reconnaisse pas à la voix.

MESSER NICIA.

Tu es un animal.

LIGURIO.

Pourquoi ?

MESSER NICIA

Que ne me le disais-tu d'abord ? je m'en serais mis deux aussi : tu sais s'il est important qu'on ne soit pas reconnu au parler.

LIGURIO.

Tenez, mettez-vous ceci dans la bouche.

MESSER NICIA.

Qu'est-ce que c'est ?

LIGURIO.

Une boule de cire.

MESSER NICIA.

Donne-la-moi. *(Faisant la grimace et crachant.)* Ca, pu, ca, co, co, cu, cu, spu ! Que la peste t'étouffe, maudit bourreau !

LIGURIO.

Je vous demande bien pardon ; je ne m'étais pas aperçu que je vous en avais donné une autre par mégarde.

MESSER NICIA.

Ca, ca, pu, pu ! De quoi, quoi, quoi était-elle faite ?

LIGURIO.

De chicotin.

MESSER NICIA.

Va-t'en au diable ! spu ! spu !... Maître, vous ne dites rien ?

FRA TIMOTEO.

Ligurio m'a fait mettre en colère.

MESSER NICIA.

Oh ! oh ! comme vous contrefaites bien votre voix !

LIGURIO.

Ne perdons pas ici le temps davantage. Je veux être votre capitaine, et diriger les dispositions de la bataille. Nous formerons le croissant : nous placerons Callimaco à la corne de droite, moi à celle de gauche ; le docteur se tiendra entre les deux cornes ; Siro fera l'arrière-garde pour secourir le côté qui viendrait à plier. Le mot d'ordre sera saint Coucou.

MESSER NICIA.

Qui est saint Coucou ?

LIGURIO.

C'est le saint le plus honoré qui soit en France. Avançons, et plaçons l'embuscade dans ce coin. Écoutons ; il me semble que j'entends un luth.

MESSER NICIA.

C'en est un en effet. Que devons-nous faire ?

LIGURIO.

Il faut envoyer en avant un éclaireur pour tâcher de découvrir qui c'est ; et, selon ce qu'il nous rapportera, nous agirons.

MESSER NICIA.

Qui enverrons-nous ?

LIGURIO.

Vas-y, Siro ; tu sais ce que tu as à faire ; considère, examine, reviens vite, et fais-nous ton rapport.

SIRO.

J'y vais.

MESSER NICIA.

Je ne voudrais pas que nous fissions quelque malentendu. Il ne faudrait pas prendre quelque vieux débile ou quelque estropié, pour être forcé de recommencer demain soir la même cérémonie.

LIGURIO.

Ne craignez rien ; Siro est un brave. Mais, le voilà qui revient. Qu'as-tu trouvé, Siro ?

SIRO.

Le plus beau garçon que vous ayez jamais vu. Il n'a pas plus de vingt-cinq ans, et s'avance tout seul, enveloppé d'un mauvais manteau, et jouant du luth.

MESSER NICIA.

Quel bonheur si tu dis vrai ! Mais prends garde à toi ; car toute cette affaire te retomberait sur le dos.

SIRO.

Il est absolument tel que je vous l'ai dépeint.

LIGURIO.

Attendons qu'il débouche de ce côté, et aussitôt nous nous jetterons sur lui.

MESSER NICIA.

Maître, tirez-vous un peu de côté ; vous paraissez un homme de bois. Le voici.

SCÈNE X.

LIGURIO, MESSER NICIA, FRA TIMOTEO, SIRO, CALLIMACO.

CALLIMACO, chantant.

Que le diable puisse aller te trouver au lit, puisque je ne peux y venir moi-même.

LIGURIO, se jetant sur lui.

Tenons-le ferme. Donne ici ce luth.

CALLIMACO.

Hélas ! que vous ai-je fait ?

MESSER NICIA.

Tu le verras bientôt. Couvrez-lui la tête, et mettez-lui un bâillon.

LIGURIO.

Faites-le tourner quelques tours.

MESSER NICIA.

Encore un autre, encore un. Menez-le maintenant au logis.

FRA TIMOTEO.

Messer Nicia, si vous le permettez, j'irai prendre un peu de repos ; j'ai un mal de tête à en mourir ; et si vous n'avez pas besoin de moi, je ne reviendrai pas demain matin.

MESSER NICIA.

Allez, maître, il est inutile que vous reveniez ; nous pourrons agir sans vous.

SCÈNE XI.

FRA TIMOTEO, *seul*.

Les voilà enfournés dans la maison ; moi, je vais rentrer à mon couvent ; et vous, spectateurs, ne nous pointez pas, car personne de nous ne dormira cette nuit, et l'action ne sera point interrompue. Je dirai mon office ; Ligurio et Siro souperont, car ils n'ont pas mangé de la journée ; le docteur ira de chambre en chambre pour que la cuisine se vide ; Callimaco et madonna Lucrezia ne dormiront pas, car si j'étais à sa place et que vous fussiez avec elle, je crois que nous ne dormirions pas non plus.

CHANSON.

O douce nuit ! ô saintes heures nocturnes et paisibles qui servez d'escorte aux désirs des amants, vous renfermez tant de délices dans votre sein, que vous seules êtes capables de faire le bonheur des âmes mortelles ! C'est vous qui donnez aux couples amoureux la juste récompense de leurs longues peines ; c'est vous, ô heures bienheureuses, qui pouvez enflammer d'amour les cœurs les plus glacés.

FIN DU QUATRIÈME ACTE.

ACTE CINQUIÈME

SCÈNE PREMIÈRE.

FRA TIMOTEO, seul.

Je n'ai pu fermer l'œil de toute la nuit, tant je brûle de savoir comment Callimaco et les autres s'en sont tirés. Pour passer le temps, je me suis amusé à plusieurs choses : j'ai d'abord dit les Matines ; j'ai lu une vie des saints Pères ; je suis allé à l'église, où j'ai rallumé une lampe qui s'était éteinte ; j'ai changé le voile d'une madone qui fait des miracles. Combien de fois n'ai-je pas recommandé à ces moines de la tenir propre ! Et ils s'étonnent ensuite que la dévotion se perde. Je me souviens du temps où nous avions plus de cinq cents images, et aujourd'hui, il n'en reste pas vingt. Il ne faut en accuser que nous-mêmes, qui n'avons pas su conserver la reputation de notre couvent. Nous avions coutume autrefois d'aller chaque soir en procession après Complies, et de faire chanter Laudes tous les samedis ; nous faisions chaque jour quelque nouvel *ex voto*, afin qu'on vît toujours notre église remplie d'images nouvelles ; au confessionnal, nous exhortions les femmes, et même les hommes, à faire quelques vœux : maintenant on ne fait plus rien de tout cela ; et puis nous nous étonnons que tout aille froidement ! Oh ! que nos pauvres frères ont peu de cervelle ! Mais il me semble entendre un grand tumulte dans la maison de messer Nicia. Les voilà, par ma foi ! les voilà qui mettent dehors leur prisonnier ! Je suis arrivé tout à temps. Ils se sont bien hâtés de le faire dégorger ; à peine si le jour paraît. Je veux me mettre à l'écart pour entendre tout ce qu'ils diront, sans me découvrir.

SCÈNE II.

MESSER NIGIA, CALLIMACO, LIGURIO, SIRO.

MESSER NICIA, à Ligurio.

Prends-le de ce côté, et moi de l'autre ; et toi, Siro, tiens-le en arrière par son manteau.

ACTE V, SCÈNE II.

CALLIMACO.

Ne me faites pas de mal.

LIGURIO.

Ne crains rien ; mais sauve-toi vite.

MESSER NICIA.

N'allons pas plus avant.

LIGURIO.

Vous avez raison ; laissons-le s'éloigner d'ici : seulement faisons-lui faire deux ou trois tours, afin qu'il ne sache pas d'où il est venu. Siro, fais-le tourner.

SIRO.

Voilà qui est fait.

MESSER NICIA.

Faisons-lui faire encore un autre tour.

SIRO.

Voilà encore qui est fait.

CALLIMACO.

Rendez-moi mon luth.

LIGURIO.

Veux-tu t'en aller, maraud. Si je t'entends jamais parler, je te casserai la tête.

MESSER NICIA.

Enfin il s'est sauvé ; allons quitter notre travestissement. Il est nécessaire que nous sortions tous de bonne heure, afin qu'il ne paraisse pas que nous avons veillé toute la nuit.

LIGURIO.

Voilà parler en homme sage.

MESSER NICIA.

Va-t'en, avec Siro, trouver maître Callimaco, et dites-lui que tout s'est passé à merveille.

LIGURIO.

Que pourrons-nous lui dire? nous ne savons absolument rien. Vous n'ignorez pas qu'aussitôt arrivés à la maison, nous sommes descendus à la cave pour boire. Vous et votre belle-mère, vous êtes restés aux mains avec lui, et nous ne vous avons plus revus jusqu'au moment où vous nous avez appelés pour le mettre dehors.

MESSER NICIA.

C'est vrai. Oh! j'ai de belles choses à vous apprendre ! Ma femme était au lit dans l'obscurité; Sostrata m'attendait auprès du feu : j'arrivai enfin avec notre grand gaillard ; et afin que rien ne tombât dans le capuchon, je le menai dans un cabinet situé au-dessus de la salle, et où il y avait une veilleuse qui jetait un peu de lumière, de manière qu'il ne pouvait distinguer les traits de ma figure.

LIGURIO.

Voilà ce qui s'appelle agir prudemment.

MESSER NICIA.

Je le fis déshabiller ; il faisait des façons. Je lui montrai les dents comme un chien, de sorte qu'il n'eut rien alors de plus pressé que d'ôter ses habits ; enfin il resta tout nu. Il a un visage passablement laid ; il a surtout un nez énorme, et une bouche de travers, qui font peur à regarder ; mais on n'a jamais vu de plus belles chairs: blanc, ferme, potelé ; et ne parlez pas du reste.

LIGURIO.

En effet, il ne s'agissait pas de parler, il était essentiel de tout voir.

MESSER NICIA.

Tu te moques de moi ; puisque j'avais tant fait que de mettre la main à la pâte, j'ai voulu toucher le fond de la chose, et m'assurer s'il n'avait pas de mal. S'il avait eu quelque belle affaire, songes-tu dans quel embarras je me trouvais? Tu n'as qu'à y mettre les paroles.

LIGURIO.

Vous avez bien raison.

MESSER NICIA.

Lorsque je me fus convaincu qu'il était bien sain, je le traînai après moi, et je le menai dans ma chambre, à travers l'obscurité : je le mis au lit ; et avant de m'éloigner, je voulus toucher du doigt comment allait toute l'affaire ; car je ne suis pas homme à prendre des vers luisants pour des lanternes.

LIGURIO.

Avec quelle prudence vous vous êtes conduit dans toute cette affaire !

MESSER NICIA.

Après que j'eus touché et reconnu toute chose, je sortis de la chambre en ayant soin de fermer la porte ; j'allai rejoindre ma belle-mère, qui était toujours auprès du feu, et nous avons passé toute la nuit à faire la conversation.

LIGURIO.

Et de quoi parliez-vous ?

MESSER NICIA.

De la sottise de Lucrezia, et de ce qu'il eût bien mieux valu que, sans faire tant de façons, elle eût cédé dès le commencement. Ensuite nous avons parlé de l'enfant. Le pauvre petit !... il me semble que déjà je le tiens dans mes bras ! Enfin j'ai entendu sonner la treizième heure ; et craignant que le jour ne vînt à paraître, je suis rentré dans la chambre. Vous ne croiriez pas que j'ai eu toutes les peines du monde à faire lever le maraud ?

LIGURIO.

Je le crois sans peine.

MESSER NICIA.

L'appât l'avait séduit. Cependant il s'est levé ; je vous ai appelés, et nous l'avons mis dehors.

LIGURIO.

La chose s'est fort bien passée.

MESSER NICIA.

Dirais-tu que je suis fâché d'une chose ?

LIGURIO.

Et de quoi ?

MESSER NICIA.

J'ai peine à me consoler de ce que ce pauvre jeune homme soit si près de mourir, et que la nuit qu'il vient de passer doive lui coûter si cher.

LIGURIO.

Oh ! vous vous tourmentez là pour bien peu de chose ; laissez-lui le soin de ce qui peut lui arriver.

4.

MESSER NICIA.

Tu as raison. Mais il me semble qu'il y a dix siècles que je n'ai vu maître Callimaco, pour me réjouir avec lui.

LIGURIO.

Il sortira avant une heure d'ici. Mais il fait déjà grand jour ; nous allons nous déshabiller. Que ferez-vous pendant ce temps ?

MESSER NICIA.

J'irai aussi au logis remettre mes bons habits. Je ferai lever et laver ma femme, et je la mènerai à l'église, afin qu'elle aille remercier Dieu dans le sanctuaire. Je voudrais que toi et Callimaco vous pussiez vous y trouver, pour parler au frère, le remercier, et le récompenser du service qu'il nous a rendu.

LIGURIO.

Bien parlé ; nous ferons ce que vous dites.

SCÈNE III.

FRA TIMOTEO, *seul*.

J'ai entendu tout leur discours ; et je ne puis m'empêcher de rire, quand je réfléchis à toute la sottise de ce pauvre docteur. Mais c'est la conclusion de l'affaire qui m'a surtout réjoui. Puisqu'ils doivent venir me trouver je ne veux pas rester ici davantage ; je vais les attendre à l'église, où je saurai mieux faire valoir ma marchandise.... Mais qui sort de cette maison?.. Il me semble que c'est Ligurio ; Callimaco doit être avec lui. Je ne veux pas qu'ils m'aperçoivent, et je viens d'en dire les raisons. D'ailleurs, quand ils ne viendraient pas me trouver, je serai toujours à temps de les rejoindre.

SCÈNE IV.

CALLIMACO, LIGURIO.

CALLIMACO.

Comme je te l'ai dit, mon cher Ligurio, je fus mécontent jusqu'à la neuvième heure ; et quoique j'éprouvasse le plus grand plaisir, je n'étais point heureux. Mais lorsque j'eus fait connaître à Lucrezia qui j'étais, et que

ACTE V, SCÈNE IV.

je lui eus donné à entendre l'amour que je ressentais pour elle ; combien, par la simplicité de son mari, nous pouvions être heureux sans qu'elle eût à craindre la honte, lui promettant, que si Dieu venait à disposer de messer Nicia, je n'aurais jamais d'autre épouse qu'elle ; de plus ayant goûté, outre ces raisons, quelle différence il y avait de reposer à mes côtés ou à ceux de messer Nicia, et des baisers d'un amant dans la fleur de l'âge, avec ceux d'un vieil époux, après quelques soupirs, elle me dit : « Puisque ton adresse, la sottise de mon mari,
» l'imprudence de ma mère, et la perversité de mon
» confesseur, m'ont entraînée à faire ce que je n'eusse
» jamais fait de moi-même, je dois croire que cela pro-
» vient d'une influence céleste, qui l'a voulu ainsi ; et
» ce n'est point à ma faiblesse à rejeter ce que le ciel
» veut que j'accepte. Ainsi c'est toi que je choisis pour
» seigneur, pour maître, pour guide. Je veux que tu
» sois mon père, mon défenseur, mon unique bien. Ce
» que mon mari a exigé de moi pour une seule nuit, je
» veux que tu en jouisses sans cesse. Tu deviendras
» donc son compère, et tu iras ce matin à l'église ; de là
» tu viendras dîner avec nous : il ne tiendra qu'à toi
» d'aller ou de rester, et nous pourrons nous réunir à
» chaque instant sans éveiller le soupçon. » A ces douces paroles, je crus que j'allais mourir de plaisir. Je ne pus lui répondre la millième partie de ce que je sentais. Enfin il te suffira de savoir que je suis l'homme le plus satisfait et le plus heureux qui soit dans le monde ; et si la mort ou le temps ne m'enlèvent pas ma félicité actuelle, je serai plus heureux que les bienheureux, plus saint que les saints eux-mêmes.

LIGURIO.

J'apprends ton bonheur avec bien du plaisir ; tu vois que tout est arrivé comme je l'avais prédit. Mais qu'allons-nous faire maintenant ?

CALLIMACO.

Allons à l'église, j'ai promis à Lucrezia de m'y rendre ; elle doit s'y trouver avec sa mère et le docteur.

LIGURIO.

J'entends qu'on ouvre les portes ; ce sont elles : les voilà qui sortent ; le docteur les suit.

CALLIMACO.

Entrons dans l'église, afin de les y attendre.

SCÈNE V.

MESSER NICIA, LUCREZIA, SOSTRATA.

MESSER NICIA.

Lucrezia, je crois qu'il est bien d'agir, en tout ce que l'on fait, avec la crainte de Dieu, et non comme des étourdis.

LUCREZIA.

Qu'y a-t-il encore à faire maintenant ?

MESSER NICIA.

Voyez comme elle répond ! elle ressemble à un coq.

SOSTRATA

Il ne faut pas s'en émerveiller, elle est quelque peu en colère.

LUCREZIA.

Que voulez-vous dire, enfin ?

MESSER NICIA.

Je dis qu'il est bon que j'aille d'abord parler au frère, et le prier de venir sur la porte de l'église, à notre rencontre, afin qu'il te mène dans le sanctuaire; car aujourd'hui c'est absolument comme si tu venais de renaître.

LUCREZIA.

Que n'allez-vous donc ?

MESSER NICIA.

Te voilà ce matin devenue bien délibérée ! Hier au soir tu tremblais à moitié morte.

LUCREZIA.

C'est grâce à vous que je suis telle que vous me voyez maintenant.

SOSTRATA.

Allez donc trouver fra Timoteo... Mais cela est inutile, le voilà qui sort de l'église.

MESSER NICIA.

Vous dites la vérité.

SCÈNE VI.

MESSER NICIA, LUCREZIA, SOSTRATA, FRA TIMOTEO, CALLIMACO, LIGURIO.

FRA TIMOTEO.

Je suis sorti, parce que Callimaco et Ligurio m'ont dit que le docteur et ses dames venaient me chercher dans l'église.

MESSER NICIA.

Bona dies, père !

FRA TIMOTEO

Soyez les bienvenus, et grand bien vous fasse, madonna ; et que Dieu vous accorde un bel enfant mâle

MESSER NICIA.

Dieu le veuille !

FRA TIMOTEO.

Il le voudra de toutes les manières.

MESSER NICIA.

J'aperçois dans l'église Ligurio et maître Callimaco.

FRA TIMOTEO.

Messer, vous ne vous trompez pas.

MESSER NICIA.

Faites-leur signe d'approcher.

FRA TIMOTEO.

Venez ici.

CALLIMACO.

Dieu vous garde !

MESSER NICIA.

Maître, touchez la main de ma femme.

CALLIMACO.

Bien volontiers.

MESSER NICIA.

Lucrezia, cet habile homme sera la cause que nous aurons un bâton pour soutenir notre vieillesse.

LUCREZIA.

J'y attache le plus grand prix. Mais voudra-t-il consentir à devenir notre compère ?

MESSER NICIA.

Que le ciel te bénisse pour cette excellente idée! Je veux que lui et Ligurio viennent aujourd'hui dîner avec nous.

LIGURIO.

Je le veux aussi de tout mon cœur.

MESSER NICIA.

Je vais vous donner les clefs de l'appartement de la terrasse au-dessus de la galerie, afin qu'ils puissent s'y retourner à leur aise, car ils n'ont pas de femmes, et ils vivent chez eux comme des bêtes.

CALLIMACO.

Je l'accepte volontiers, pour pouvoir m'en servir quand l'occasion s'en présentera.

FRA TIMOTEO.

Aurai-je l'argent que vous m'avez promis pour les aumônes ?

MESSER NICIA.

Vous savez bien comment, père : on vous l'enverra dans la journée.

LIGURIO.

Et n'y a-t-il personne qui se souvienne de Siro ?

MESSER NICIA.

Qu'il demande ce qu'il voudra, je lui donne. Toi, ma chère Lucrezia, combien veux-tu donner de pièces d'or au frère pour qu'il te mène dans le sanctuaire ?

LUCREZIA.

Donnez-lui-en dix.

MESSER NICIA.

Peste !

FRA TIMOTEO.

Et vous, madonna Sostrata, vous avez, à ce qu'il me semble, greffé un jeune rejeton sur une vieille souche.

SOSTRATA.

Qui ne serait pas tout joyeux aujourd'hui ?

FRA TIMOTEO.

Allons tous à l'église : là, nous dirons les prières d'usage ; et après l'office vous irez dîner tout à votre aise. Pour vous, messieurs les spectateurs, ne vous attendez plus à nous voir sortir : l'office est long ; je resterai à l'église, et les autres s'en iront par la porte latérale. Ainsi, portez-vous bien.

FIN DE LA MANDRAGORE.

FRÈRE ALBERIGO

COMÉDIE

EN TROIS ACTES ET EN PROSE

AVANT-PROPOS

Longtemps attribuée à Francesco d'Ambra, la pièce qu'on va lire est aujourd'hui reconnue pour être de Machiavel. Elle est intitulée, dans les œuvres de l'auteur, *Commedia sine nomine*. Le titre de *Frère Alberigo* a été donné par M. Periès, qui a suivi en cela l'exemple des éditeurs de Londres, lesquels l'ont publiée sous le nom de « *Il frate* ». Le caractère du frère Alberigo et celui de la suivante Marguerite ont été l'objet de vives critiques. On a accusé Machiavel d'avoir manqué de respect envers les ordres religieux, et de s'être permis des plaisanteries à l'égard de choses qu'on ne devait pas traduire sur la scène. Sans doute, en se plaçant au simple point de vue de la morale, on est en droit de se montrer sévère, mais il ne faut point oublier que Machiavel voulait tout uniment peindre ce qu'il avait sous les yeux, et l'on peut même dire qu'il a atteint le but que doit se proposer tout auteur comique, puisqu'il a flétri en la mettant en relief, dans une intrigue habile, une immoralité trop fréquente de son temps. Ce n'est donc point Machiavel, mais les mœurs du seizième siècle qu'il faut blâmer, et tout en reconnaissant la licence de ces mœurs on ne peut qu'accepter le jugement que M. de Sismondi a porté en ces termes des œuvres dramatiques de notre auteur. « Il a laissé trois comédies qui, par la nouveauté de l'intrigue, le neuf et la vivacité du dialogue, et l'admirable vérité des caractères, sont infiniment supérieures à tout ce que l'Italie avait produit avant lui, peut-être à tout ce qu'elle a produit depuis. On sent, en les lisant, le talent du maître qui les a conçues, l'élévation d'où l'auteur jugeait les hommes qu'il peignait avec tant de vérité, son profond mépris pour toutes les faussetés, toutes les hypocrisies qu'il met sous un jour si vrai. » Sismondi ajoute avec raison que *Frère Alberigo* est le précurseur de *Tartufe*.

FRÈRE ALBERIGO

PERSONNAGES

AMERIGO, vieillard.
CATERINA, sa jeune femme.
MARGHERITA, suivante.
ALFONSO, compère d'Amerigo.
FRÈRE ALBERIGO, moine.

La scène se passe à Florence.

ACTE PREMIER

SCÈNE PREMIÈRE.

MARGHERITA, *seule*.

Il n'y a jamais eu de femme plus malheureuse que moi. L'un me pousse et me stimule, l'autre me presse et me sollicite : celui-ci me promet, celui-là veut me donner ; et moi, qui ne sais pas refuser, je les tiens tous deux en espérance. Mon maître est amoureux de sa commère ; il veut que je sois sa messagère, et que je travaille pour lui : moi, pour gagner de plus en plus ses bonnes grâces, je lui fais croire qu'il est aimé, et qu'on serait disposé à tout faire pour lui si l'on en trouvait seulement l'occasion ; lui, comme un bon humain, croit tout ce que je lui dis, quoique la crainte que m'inspire ma maîtresse m'ait empêchée jusqu'à ce jour d'ouvrir pour lui la bouche. D'un autre côté Frère Alberigo est épris de ma maîtresse, et s'imagine que je le sers, quoique je n'en aie point dit également le moindre mot ; néanmoins je les repais tous deux de fables et de sornettes, sans qu'ils en aient jusqu'à ce jour tiré aucun fruit. Oh ! oh ! voici notre vieux qui arrive justement. Il n'est sans doute pas content du long sermon qu'il m'a fait au logis sur son amour ; il vient me le répéter dehors.

SCÈNE II.
AMERIGO, MARGHERITA.

AMERIGO.

Où se sera-t-elle fourrée ? Oh ! oh ! n'est-ce pas elle que je vois ? Holà ! Margherita !... Est-ce que tu ne m'entends pas ?

MARGHERITA.

Messer, que voulez-vous ?

AMERIGO.

Dis-moi, où vas-tu maintenant ?

MARGHERITA.

Je vais au marché acheter un chou et des oignons pour le dîner.

AMERIGO.

Laisse un moment de côté le dîner et les choux. Je veux absolument que tu fasses ce que je t'ai commandé tout à l'heure. Tu vois que je ne t'ai rien caché, et tu m'assures qu'elle me veut un bien de possédé. Que ne nous sers-tu, elle et moi ? car en vérité je suis bien mal.

MARGHERITA.

Souffrez-vous quelque part ?

AMERIGO.

Non, non.

MARGHERITA.

Avez-vous la fièvre ?

AMERIGO.

Malheureuse ! tu sais bien ce que j'ai.

MARGHERITA.

Qu'est-ce donc que vous avez ?

AMERIGO.

Ne sais-tu pas que c'est mon amour qui m'a tué ?

MARGHERITA.

Si vous êtes mort en effet, qu'avez-vous besoin d'autre chose ?

AMERIGO.

Je ne te dis pas que je sois mort comme quelqu'un qui ne respire plus, mais comme un homme véritablement amoureux, qui a perdu son libre arbitre, et qui n'est plus maître de lui-même.

MARGHERITA.

Mon cher maître, je ne vous comprends pas.

AMERIGO.

C'est moi qui suis un vrai butor de ne pas m'apercevoir que je me jette dans les sublimités de la philosophie pour me faire entendre d'une servante. Je te dis donc que ton aide m'est nécessaire, et il faut que j'obtienne enfin une fois ce que mille fois tu m'as déjà promis de sa part.

MARGHERITA.

Mon maître, je vais faire en sorte de réussir ; j'irai plus tard chercher ma poirée et mes oignons, et je me rends de ce pas chez votre commère, pour lui parler en votre faveur.

AMERIGO.

Ah! oui... va, je t'en prie ! Surtout ne lui laisse ignorer aucune des bonnes qualités que je possède et que je t'ai détaillées, il n'y a que peu d'instants, au logis ; dis-lui comme je laisse pour elle une épouse jeune et belle ; offre-lui de ma part de l'argent, des bijoux, des étoffes : si tu as besoin toi-même de quelque chose, ne crains pas de me le dire. Mais surtout que ma femme n'ait pas le moindre vent de ma conduite, si tu attaches quelque prix à ta vie et à mes bonnes grâces.

MARGHERITA

Quant à cela vous pouvez vous en reposer sur moi.

AMERIGO.

Or sus, je veux aller jusqu'au marché pour quelques petites emplettes, et je serai de retour le plus tôt que je pourrai. Pendant ce temps-là, va trouver ma commère ; dis-lui tout ce que je t'ai prescrit ; et à ton retour tu me feras savoir la réponse.

MARGHERITA.

Je n'y manquerai pas. Je vais auparavant rentrer au logis pour y laisser ce panier, et prendre mes sabots et un gros mantelet, afin de n'être pas mouillée s'il venait à pleuvoir.

AMERIGO.

Vas-y bien vite, et dépêche-toi ; en attendant j'irai un moment sur la place.

MARGHERITA.

Allez, et que Dieu vous accompagne ! (seule) Que le ciel me soit en aide ! Que ferai-je maintenant ? Hélas ! hélas ! on a bien de la peine à vivre en ce monde !

SCÈNE III.

CATERINA, MARGHERITA.

CATERINA, appelant.

Margherita ! m'entends-tu ? Margherita !

MARGHERITA.

Oh ! oh ! j'entends ma maîtresse qui m'appelle.

CATERINA.

Margherita, es-tu sourde ?

MARGHERITA.

Madame, que désirez-vous ?

CATERINA.

Viens un peu de ce côté.

MARGHERITA.

Que voulez-vous ?

CATERINA.

Qu'ai-je entendu ? Qu'as-tu dit avec mon mari ? Quel est cet amour qu'il a si mal arrangé ? Près de retomber en enfance, il n'a pas honte de vouloir en conter à sa commère ? Et toi, mademoiselle l'innocente, tu lui promets ton assistance ; et déjà, si je dois en croire tes paroles, tu a fais tout ce qui dépendait de toi. Est-ce là ce que méritaient toutes les bontés dont je t'ai comblée ?

MARGHERITA.

Hélas ! ma chère maîtresse, daignez me pardonner.

CATERINA.

Allez, vous n'êtes toutes bonnes qu'à cela.

MARGHERITA.

Je vous avoue qu'il y a deux mois qu'il ne cesse de me presser de servir ses projets, mais je puis vous assurer que, par tendresse pour vous, je n'en ai point encore ouvert la bouche.

CATERINA.

Ah ! friponne, n'ai je pas entendu ce que tu viens de lui dire, là, devant la maison, ne croyant pas que je pouvais t'écouter ?

MARGHERITA.

Ce que je lui ai dit n'a été que pour me conserver ses bonnes grâces ; soyez sûre qu'il n'existe rien de tout ce que vous imaginez.

CATERINA.

Comment, rien ?

MARGHERITA.

Pas la moindre chose.

CATERINA.

Tu lui en donnes donc à croire comme à une buse ? Que dis-je ? Il est encore pis qu'un hibou. Ah ! que mon sort a été malheureux lorsque mes parents, contraints par la misère, m'ont unie à ce vieillard sans cervelle, qui ose maintenant devenir amoureux de sa commère !... Réponds sincèrement : que lui as-tu promis ?

MARGHERITA.

J'ai promis d'aller la trouver et de lui parler en sa faveur.

CATERINA.

Et si je ne t'avais dérangée, que te disposais-tu à faire ?

MARGHERITA.

Absolument rien ; j'aurais feint d'y être allée, et je lui aurais fait alors quelque histoire.

CATERINA.

Le pauvre homme ! Je ne m'étonne pas si depuis quelque temps il ne trouble plus mon sommeil, comme il avait coutume de le faire chaque nuit, et si je suis privée de ses tendresses accoutumées. La volonté de Dieu soit faite ! Nous autres pauvres femmes, on voudrait nous voir enterrées aussitôt que nous sommes venues au monde. Ainsi, malgré ma jeunesse, je serai condamnée à rester la bouche vide, tandis que mon vieux mari ira se pourvoir ailleurs ? Non certes, cela ne se passera pas de cette façon. Et puisque les choses en sont venues à ce point, je veux de mon côté chercher aussi fortune autre part.

MARGHERITA.

Ah ! vous avez bien raison, ma bonne maîtresse. Tandis que vous êtes jeune, fraîche et belle, agissez de manière à n'avoir point par la suite a vous repentir de vous-même, et que le corps n'ait rien à reprocher à l'esprit.

CATERINA.

Comment veux-tu que je fasse ? Je ne suis pas disposée à courir les rues et à me jeter à la tête du premier venu.

MARGHERITA.

Ah ! ma bien bonne maîtresse, si vous saviez ce que je sais !

CATERINA.

Que sais-tu ? dis-le-moi sur-le-champ.

MARGHERITA.

Que Dieu m'en garde, hélas ! Non, non... Je ne voudrais pas que vous le prissiez mal ; et c'est la crainte qui, depuis plusieurs mois, m'empêche de m'expliquer.

CATERINA.

Ah !... parle sans plus tarder ; je brûle d'impatience de savoir ce que c'est ; je n'en puis plus... Parle...

MARGHERITA.

Un jeune homme, le plus beau de toute la ville, est la victime de votre beauté.

CATERINA.

Bonne nouvelle ! Mais es-tu bien certaine de ce que tu dis ?

MARGHERITA.

Plus certaine que je ne puis vous l'exprimer.

CATERINA.

Et à quelle époque son amour a-t-il commencé?

MARGHERITA.

Il y a déjà assez longtemps.

CATERINA.

Pourquoi ne me l'avoir pas dit?

MARGHERITA.

Il y avait quelque risque pour moi. J'avais peur de vous. Vous me sembliez une sainte Élisabeth, qui fut la parente de notre Sauveur.

CATERINA.

Ne sais-tu donc pas que rien ne fait plus de plaisir aux femmes que de leur dire qu'elles sont aimées et qu'on leur veut du bien! surtout à celles qui me ressemblent. Si quelquefois nous paraissons en être irritées à l'extérieur, si nous en témoignons du dépit, nous n'en sommes pas moins contentes au fond du cœur. Mais rentrons un moment au logis, afin que quelque importun ne nous dérange pas; je veux entendre à mon aise toutes les circonstances de cette affaire, et tout ce qu'il t'a dit et tout ce que tu lui as répondu.

MARGHERITA.

Allons, je vais vous satisfaire à l'instant, ma chère maîtresse, et vous serez parfaitement heureuse si vous voulez suivre mes conseils.

CATERINA.

Viens, viens; je ne sais plus où j'en suis, tant ma joie est grande.

FIN DU PREMIER ACTE.

ACTE DEUXIÈME

SCÈNE PREMIÈRE.
CATERINA, MARGHERITA.

CATERINA.

Certes, j'espérais une meilleure issue de toute cette aventure.

MARGHERITA.

Et pour quelle raison ?

CATERINA.

Parce que ces moines n'ont jamais pu m'entrer dans l'esprit. Je crains, si je m'embrouille avec eux, de perdre à la fin toute ma dévotion.

MARGHERITA.

La dévotion me paraît bien trouvée ! Et avec qui voulez-vous avoir à démêler ? avec quelque jeune étourdi qui ira partout le publier ? Vous savez si ce n'est pas là leur habitude, et si vous ne devenez pas bientôt la conversation de toute la ville ?

CATERINA.

Je m'assurerai bien positivement de sa discrétion avant de rien faire autre chose.

MARGHERITA.

Ils sont tous de la même trempe, et tous vous tromperont de la même manière. Je vous dirai plus : combien n'y en a-t-il pas qui se vantent de ce qu'ils n'ont jamais fait ? Jugez ce qu'ils diraient si c'était la vérité. Vous n'avez rien, au contraire, à craindre des frères ; car il leur importe bien plus qu'à vous que leur conduite soit secrète.

CATERINA.

Quant à cela, tu dis la vérité ; mais je ne puis me faire à cette odeur de sauvage qu'ils portent avec eux, et j'en ai mal au cœur rien que d'y penser.

MARGHERITA.

Vraiment, vous êtes bien à plaindre ! Pauvre petite ! des moines !... Y a-t-il une espèce d'homme plus propre au service des dames ? C'est peut-être par le nez que vous voulez prendre du plaisir? Hélas ! l'eau me vient à la bouche toutes les fois que je me rappelle un bon frère qui avait pour moi de l'amitié, et sa bonne nature ! Je sais bien quelle différence il y avait entre lui et mon mari.

CATERINA.

Qu'est-il devenu ?

MARGHERITA.

Il est mort de la peste Mais laissons-là ce sujet. Essayez une fois mon remède, et vous m'en direz ensuite des nouvelles.

CATERINA.

Tu m'en as fait venir un si vif désir, que je ne puis y résister, et que je brûle de l'accomplir. Va le trouver sur-le-champ : dis-lui qu'il m'aide à faire passer l'amour de mon mari pour sa commère ; et s'il y réussit, qu'il dispose ensuite de moi selon ses désirs.

MARGHERITA.

C'est maintenant, ma chère maîtresse, que je connais jusqu'à quel point vous êtes sage et prudente. Je vous avais parfaitement jugée.

CATERINA.

Écoute-moi bien : que ce que je fais en sa faveur n'ait pas l'air de venir de moi seule ; que ce soit comme la récompense de ce qu'il aura fait pour me servir.

MARGHERITA.

Vous avez mille fois raison ; et je ne crois pas qu'il y ait au monde une femme plus raisonnable et plus avisée que vous.

CATERINA.

Va, dépêche-toi, tâche de le rencontrer ; et surtout explique-toi bien clairement.

MARGHERITA.

Laissez-moi faire, ma chère maîtresse, et que le bon Dieu vous bénisse.

CATERINA.

Actuellement je rentre au logis pour t'attendre ; et

reviens promptement m'informer de l'issue de ton message.

MARGHERITA.

Je n'y manquerai pas. *(Seule.)* Oh ! oh ! voyez où j'ai su la conduire sans qu'elle y pense ! Je sais le moyen de tirer de bons écus de ce gros moine ; qu'il ait seulement affaire à moi. Mais le voici tout à point qui vient de ce côté. Il est seul.

SCÈNE II.
FRÈRE ALBERIGO, MARGHERITA.

MARGHERITA.

Frère Alberigo, vous voilà tout hors de vous-même. Où courez-vous ainsi comme un furieux ?

FRÈRE ALBERIGO.

Je viens d'assister un malade. Mais, dis-moi, comment se porte ta maîtresse, ou plutôt ma vie ?

MARGHERITA.

Hélas ! si vous saviez, elle est à demi désespérée.

FRÈRE ALBERIGO.

Que peut-elle donc avoir ?

MARGHERITA.

Ma foi, mille chagrins.

FRÈRE ALBERIGO.

Quels sont-ils ? dis-les moi, car tu me désespères.

MARGHERITA.

C'est son mari qui est devenu amoureux de sa commère.

FRÈRE ALBERIGO.

Comment, de sa commère ?

MARGHERITA.

Ne la connaissez-vous pas ? la femme d'Alfonso.

FRÈRE ALBERIGO.

Ah ! ah ! oui, oui. Voyez un peu la sotte bête, qui laisse de côté le pain de froment pour celui de seigle ! Mais elle a bien peu de caractère, si elle ne sait le lui rendre au centuple. Va, dis-lui que si elle croit que je puisse lui être utile, elle n'a qu'à disposer de moi.

5.

MARGHERITA.

Justement elle se recommande à vos bons offices.

FRÈRE ALBERIGO.

Plût à Dieu ! Mais, me dis-tu la vérité ?

MARGHERITA.

Tout de bon : et je vous parle ici avec tout mon bon sens.

FRÈRE ALBERIGO.

Que veut-elle que je fasse ?

MARGHERITA.

Que vous l'aidiez d'une manière ou d'autre.

FRÈRE ALBERIGO.

En quoi ?

MARGHERITA.

Il faut la délivrer par quelque moyen de l'ennui qui la tourmente, et détacher son mari de l'amour qu'il a pour sa commère.

FRÈRE ALBERIGO.

J'ai tout bien compris. Mais si je parviens à la satisfaire, quelle récompense puis-je en espérer ?

MARGHERITA.

Je suis chargée de vous offrir, si vous réussissez, tout ce que vous serez dans le cas de lui demander, et qu'il lui sera possible de faire.

FRÈRE ALBERIGO.

Laisse-moi agir comme je l'entends. Retourne vers ta maîtresse, dis-lui de reprendre courage ; et assure-la qu'avant ce soir je saurai si bien agir pour elle, qu'elle n'aura à l'avenir qu'à se louer de moi.

MARGHERITA.

C'est ce que je vais lui redire mot pour mot.

FRÈRE ALBERIGO.

C'est bon. Va, que le ciel t'accompagne !

MARGHERITA.

Mon père, donnez-moi votre bénédiction.

FRÈRE ALBERIGO.

Va, au nom du Seigneur.... *(Seul.)* Si j'ai bien compris les paroles de cette femme, ce sera pour moi un beau coup d'en venir aujourd'hui à mes fins ; car cet Alfonso, mari de la maîtresse d'Amerigo, est un de mes plus grands amis. Au diable! le voilà justement qui arrive. Si j'avais eu encore une seule minute pour songer à ce que je dois faire ! J'ai cependant un projet en tête que je veux tâcher de mettre à exécution. Allons seulement à sa rencontre pour le saluer. Dieu vous donne la paix, mon cher Alfonso.

SCÈNE III
ALFONSO, FRÈRE ALBERIGO.

ALFONSO.

Ah ! c'est vous, frère Alberigo. Comment cela va-t-il ?

FRÈRE ALBERIGO.

Bien, à vous faire plaisir.

ALFONSO.

Et où allez-vous ainsi tout seul ?

FRÈRE ALBERIGO.

Je cherchais quelqu'un à qui je voulais demander un service ; mais je n'ai pas pu le trouver.

ALFONSO.

Si c'est quelque chose à quoi je puisse vous être bon, employez-moi comme un frère.

FRERE ALBERIGO.

Vous pourriez peut-être me servir. Dites-moi, votre femme est-elle chez vous ?

ALFONSO.

Non, père ; elle est allée hier chez sa mère, et elle doit y demeurer quelques jours.

FRERE ALBERIGO.

Et vous ?

ALFONSO.

J'y suis avec elle.

FRERE ALBERIGO.

Et votre maison ?

ALFONSO.

Il n'y a absolument personne.

FRÈRE ALBERIGO, à part.

Excellent ! rien ne pouvait être plus à propos.

ALFONSO.

Servez-vous-en, et de moi également, si j'y puis quelque chose.

FRÈRE ALBERIGO.

Je vais vous le dire. Une de mes sœurs est arrivée de Fegghine avec sa belle-mère, pour venir, comme elles ont coutume de le faire chaque année, passer quelques jours chez un de mes parents qui est tisserand. Mais comme il a été obligé de changer de maison et de s'associer pour en louer une autre avec un second locataire, parce que la première était trop chère, il n'a pu les recevoir comme il avait coutume. Alors elles ont eu recours à moi. Or, vous savez qu'il n'est pas convenable de recevoir des femmes dans le couvent, et que cela nous est même défendu. Je désirerais donc que vous pussiez me prêter votre maison pour un jour ou deux.

ALFONSO.

J'y consens bien volontiers ; je suis seulement fâché qu'aucun de mes gens ne s'y trouve, et, si vous le désirez, je vous enverrai une servante.

FRÈRE ALBERIGO.

Je vous en remercie, je n'ai besoin de personne.

ALFONSO.

Comment ferez-vous ? Il n'y a pas un seul morceau de pain.

FRÈRE ALBERIGO.

Nous en porterons.

ALFONSO.

Du reste, vous y trouverez en abondance de l'huile, du vin, du bois et autres choses semblables.

FRERE ALBERIGO

Grand merci ; je ne demande que le couvert, parce que j'enverrai à mes femmes tout ce dont elles pourraient avoir besoin.

ALFONSO

Je ne sais pas me répandre en paroles inutiles : voilà la clef.

####### FRÈRE ALBERIGO.

Je la prends avec plaisir ; et je reconnaîtrai ce service le plus tôt que je pourrai. Je ne la veux que pour un ou deux jours seulement.

####### ALFONSO.

Tout comme il vous plaira : pour deux jours, pour une semaine, n'importe ; je n'ai besoin ici en aucune manière. Servez-vous de tout ce qui s'y trouve : les lits sont préparés ; et arrangez-vous comme vous l'entendrez.

####### FRÈRE ALBERIGO.

C'est assez de paroles ; que je ne vous dérange pas plus longtemps de vos affaires.

####### ALFONSO.

Au plaisir de vous revoir.

####### FRÈRE ALBERIGO.

Allez, au nom de Dieu. *(Seul.)* La fortune commence à me sourire, et je suis presque certain maintenant de voir réussir mon projet. Je savais bien que l'amitié d'Alfonso pourrait m'être de quelque utilité… Ah ! ah ! voici Margherita, la suivante, qui revient fort à propos.

SCÈNE IV.
MARGHERITA, FRÈRE ALBERIGO.

####### MARGHERITA.

Mon père, avez-vous trouvé quelque moyen de servir ma maîtresse ?

####### FRÈRE ALBERIGO.

Tout ira bien, pourvu qu'elle veuille se laisser mener par moi.

####### MARGHERITA.

Soyez certain qu'elle fera tout ce que vous voudrez.

####### FRÈRE ALBERIGO.

Eh bien ! appelle-la un instant, et, sans passer la porte, je lui apprendrai ce qu'elle doit faire.

####### MARGHERITA.

J'y vais de ce pas.

####### FRÈRE ALBERIGO, seul.

Fortune, sois-moi favorable en cette circonstance ! Si

je puis satisfaire mes désirs, je serai l'homme le plus heureux qui existe sous la voûte du ciel.

SCÈNE V.
MARGHERITA, FRÈRE ALBERIGO, CATERINA.

MARGHERITA.

Père, père, approchez donc.

FRÈRE ALBERIGO.

Qui m'appelle?

MARGHERITA.

C'est moi, père. Approchez-vous donc ; c'est elle que je vous amène.

FRÈRE ALBERIGO.

Ah! dame Caterina, j'ai appris tous vos chagrins, et j'en suis véritablement touché.

CATERINA.

Ma foi, le monde est plein de tromperies.

FRÈRE ALBERIGO.

Ma fille, au milieu de ces tribulations, il faut prendre patience, et avoir recours au Seigneur ; ensuite s'efforcer sur toute chose de fuir toujours le mal, et de ne faire que le bien. Fuir le mal, c'est faire en sorte que votre mari laisse là cet amour qu'il a conçu pour sa commère : faire le bien, c'est y remédier vous-même ; ce qui vous sera facile, pourvu que vous vouliez me croire, et vous conduire d'après mes conseils.

CATERINA.

Hélas! mon père, s'il y a la moindre possibilité, soyez certain que je le désire encore plus que vous-même.

FRÈRE ALBERIGO.

Ne doutez donc pas du succès.

CATERINA.

Écoutez-moi, mon père : il est nécessaire ici de rentrer au logis, afin que nous ne donnions point motif de jaser à ceux qui pourraient nous apercevoir.

MARGHERITA.

Ma bonne maîtresse a parfaitement raison.

ACTE II, SCÈNE VII.

FRÈRE ALBERIGO.

Allons donc.

MARGHERITA.

Passez de ce côté. Que Dieu conduise tout à sa fin.

SCÈNE VI.

AMERIGO, *seul*.

Si je pouvais aujourd'hui me trouver avec ma commère, cela viendrait bien à propos ! Le proverbe qui dit que la mauvaise compagnie nous conduit à la potence est bien vrai. Je me suis laissé ce matin entraîner par quelques amis, et j'ai fait ce qui ne m'était pas arrivé depuis plus de deux ans. Si je n'avais craint de me faire attendre toute la matinée, je ne serais pas revenu pour dîner. Il est vrai que notre dejeuner était assez bien fourni. Le malvoisie nourrit beaucoup ; et pour une fois je m'en suis passablement rempli l'estomac. Mais le temps me paraissait si long, et je brûlais si fort d'être instruit de ce qu'a fait Margherita, que je suis revenu malgré tout. Il faut espérer que je le saurai bientôt. Laissez-moi frapper à la porte. Depuis que je suis parti, il est impossible qu'elle ne soit pas rentrée. *(Il frappe.)* Tic, tac. Holà ! Tic, tac. Que diable ! est-ce que tout le monde est mort ici ?

SCÈNE VII.

MARGHERITA, AMERIGO.

MARGHERITA.

Maître, soyez le bienvenu.

AMERIGO.

Combien y a-t-il que tu es de retour ?

MARGHERITA.

J'arrive à l'instant.

AMERIGO.

Quelle réponse m'apportes-tu ?

MARGHERITA.

Bonne.

AMERIGO.

Plût à Dieu.

MARGHERITA.

Excellente, vous dis-je ; elle consent à faire tout ce que vous voudrez, tant votre amabilité l'a mal mise dans ses affaires.

AMERIGO.

Je ne me sens pas d'aise. Parle, parle !... conte-moi tout.

MARGHERITA.

Écoutez. Dame Caterina est là-haut qui s'arrange, parce qu'elle veut que je l'accompagne jusque chez dame Vaggia, qui l'a invitée, et chez laquelle elle veut aller dîner ; elle m a chargée de vous en informer, afin que vous ne l'attendiez pas.

AMERIGO.

Et où veux-tu en venir ?

MARGHERITA.

Je ne voudrais pas qu'elle m'appelât, et qu'elle vînt nous troubler dans le plus intéressant de notre discours.

AMERIGO.

Que crois-tu donc que nous devions faire ?

MARGHERITA.

Rendez-vous à Santa-Croce, et attendez-moi là. Aussitôt que je l'aurai conduite, je viendrai vous rejoindre, et nous parlerons tout à notre aise.

AMERIGO.

Très bien imaginé. Je ne pense plus à autre chose ; je vais me rendre où tu me dis, et je t'attendrai. Surtout, ne me fais pas languir trop longtemps.

MARGHERITA.

Dès que j'aurai fini je suis à vous.

AMERIGO.

Je te recommande de ne pas m'oublier. *(Il sort.)*

MARGHERITA.

Laissez-moi faire. Ma chère maîtresse, vous pouvez sortir maintenant ; il est parti. Oh ! oh ! vous pouvez rendre grâce à l'archange de Tobie de ce qu'il s'en est allé !

SCÈNE VIII.
CATERINA, MARGHERITA, FRÈRE ALBERIGO.
CATERINA, appelant.
Margherita, rentre un moment à la maison.
FRÈRE ALBERIGO.
Ne la fais pas attendre.
MARGHERITA.
Oh ! oh ! me voici.
CATERINA.
Mon père, songez, je vous prie, à ne rien oublier.
FRÈRE ALBERIGO.
N'ayez aucune crainte. *(Seul.)* Certainement rien n'est plus vrai au monde ; toutes les femmes ont une tête sans cervelle ; elles sont crédules, inconstantes, et bien plus faciles qu'on le pense à se laisser prendre, comme cette pauvre innocente, entre la porte et la muraille. Mais dépêchons-nous, que j'arrive là-bas avant elles. Vite, vite ! Il me semble que je les entends. Vite ! qu'elles ne m'aperçoivent pas.

SCÈNE IX.
CATERINA, MARGHERITA.
CATERINA.
Dépêchons-nous ; chaque minute de retard apportée à cette fête me semble un siècle entier.
MARGHERITA.
Madame, je vous recommande ensuite le frère.
CATERINA.
Je l'ai moins oublié que toi : mais je lui sais mauvais gré de ne m'en avoir pas ouvert la bouche.
MARGHERITA.
Au nom de Dieu, il attend, pour vous en parler, de vous avoir rendu service.
CATERINA.
A la bonne heure. Toi, n'oublie rien de ce que je t'ai dit, et de ce dont nous sommes convenues.
MARGHERITA.
N'ayez pas peur : songez seulement à faire votre devoir.

CATERINA.

C'est assez parler ; hâtons-nous de nous acheminer de ce côté.

MARGHERITA.

Oui, madame.

FIN DU DEUXIÈME ACTE

ACTE TROISIÈME

SCÈNE PREMIÈRE.

MARGHERITA, *seule*.

Se conduire de cette manière ! Qui l'aurait jamais imaginé ? Ah ! ces maudits moines sont plus malicieux que le démon. Voyez un peu quelle horreur ! voyez le fourbe ! Par quels chemins il l'a conduite ! comme il a su l'amener à ses fins ! Il nous avait fait entendre chez nous qu'il avait trouvé un excellent moyen de délivrer ma maîtresse, et d'étouffer l'amour que son mari avait pour sa commère. Voici en quoi il consistait : nous devions nous rendre dans la maison d'Alfonso, qui lui en avait donné lui-même les clefs, dont il avait eu besoin, à ce qu'il disait, pour quelque autre affaire Il avait conseillé à Mme Caterina de se mettre dans le lit où sa commère a coutume de coucher, et on était convenu alors que j'irais dire à Amerigo que le moment était enfin venu ; que sa commère voulait le rendre heureux, et profiter du moment où Alfonso était absent pour ne rentrer qu'à la nuit Nous étions parfaitement certaines que notre vieillard ne se ferait pas prier ; qu'il me prêterait une confiance aveugle, et viendrait sans concevoir le moindre soupçon. La fenêtre devait rester seulement entr'ouverte ; et, dans l'obscurité du demi-jour, il était facile à sa femme de le recevoir dans le lit, où il croirait trouver sa commère. Mais à peine le pauvre homme aurait-il tenté de lever la couverture, elle devait se découvrir entièrement, se faire connaître en l'accablant de reproches ; et, après lui avoir bien dit des injures, s'échapper en jetant des cris. Le frère avait dit de s'en rapporter à lui pour le reste. Ma maîtresse et moi nous nous mettons en chemin, nous arrivons à la porte, nous ouvrons, nous entrons, et arrivées dans la première pièce, nous pénétrons jusqu'à la chambre à coucher sans rencontrer âme qui vive. Ma maîtresse se déshabille aussitôt, et, sans penser à autre chose, elle se couche dans le lit, m'ordonne ensuite de tenir la fenêtre entr'ouverte de manière à ne laisser pénétrer que la lumière nécessaire pour qu'on puisse entrevoir le lit ; d'aller trouver son mari en laissant la porte à moitié fermée, et de mettre à fin, sans le moindre délai, le reste de l'aventure. Je lui obéis, et je pars. Mais à peine étais-je parvenue au premier palier de l'escalier, que je rencontre notre bienheureux père, tout joyeux, et ne se contenant pas d'aise. La peur de le voir se présenter ainsi devant moi au moment où je m'y attendais le moins allait m'arracher un cri ; mais il me ferme soudain la bouche avec une poignée d'écus, en ajoutant que le moment qu'il avait tant désiré était enfin arrivé : il me fait signe de sortir aussitôt, et de rester une bonne heure avant de trouver mon maître, afin de le laisser marcher lui-même au moins un ou deux milles. Je l'ai quitté alors en feignant de sortir ; mais je me serais bien gardée de m'éloigner avant d'avoir su de quelle manière ma maîtresse prendrait la chose. Lorsque j'ai cru que le frère pouvait être arrivé dans la chambre, je suis rentrée dans la salle, je me suis approchée tout doucement, tout doucement, de la porte, et, par une fente qui s'y trouvait, j'ai aperçu le moine qui s'était déjà dépouillé de sa robe et qui s'acheminait vers le lit. Ma maîtresse, loin de prononcer une seule parole, paraissait joyeuse comme une truie que l'on gratte ; et au bout de quelque temps je les ai entendus miauler comme les chats qui vont pendant la nuit faire leur sabbat[1]. Je m'en suis allée alors, car je me

---

[1]. Ces détails sont peu édifiants, sans doute ; mais Machiavel ne doit pas être responsable des mœurs de son temps. Le rôle que joue ici frère Alberigo n'est rien en comparaison de celui que jouait au Vatican le pape Alexandre VI. Burchard, maître des cérémonies du palais apostolique, en a touché quelque chose dans son *Diarium*, ou journal de la cour de Rome. Voici, d'après ce même Burchard, qui fut témoin oculaire, et qui n'a pas même pour toutes ces infamies un seul mot de blâme, ce qui se passait au Vatican ; on devinera, en lisant ce passage, pourquoi nous ne l'avons point traduit :

« Dominicâ ultima mensis octobris in sero fecerunt cœnam cum duce Valentinensi in camera suâ in palatio apostolico quinquaginta meretrices, *cortegianæ* nuncupatæ ; quæ post cœnam chorearunt cum servitoribus, primo in vestibus suis, deinde nudæ ; post cœnam positā fuerunt candelabra communia mensæ, et projectæ ante candelabra per terram castaneæ, quas me-

sentais tout hors de moi. Après avoir respiré une demi-heure, j'ai été trouver Amerigo à Santa-Croce, où il m'attendait, et je lui ai indiqué ce qu'il devait faire. Joyeux comme s'il touchait le ciel avec le doigt, il s'est mis soudain en route ; et faites compte, qu'au moment où je parle, il doit être sur mes talons. Hélas ! s'il allait trouver le frère à cheval sur sa bête, comment la chose se passerait-elle ? Bah ! je suis bien bonne de m'inquiéter de cela : est-ce que les moines ne sont pas maîtres passés dans ces sortes d'intrigues ? Mais il est temps d'entrer, car je me sens mourir de faim ; et j'ai besoin de manger un morceau.

SCÈNE II.

FRÈRE ALBERIGO, *seul*

A peine ai-je eu le temps de remettre ma robe. S'il était arrivé un seul instant plus tôt, il me trouvait sur le lit avec le vol en main. Cependant, grâce à Dieu, je m'en suis tiré heureusement. Je suis sorti par une porte qui donnait dans l'antichambre ; de là j'ai gagné un perron où il y avait un escalier par lequel je suis descendu jusque dans la cour, que j'ai traversée : arrivé à la porte de la rue, je suis sorti sain et sauf, et me voilà. Aussi cette imbécile était donc bien pressée ? La misérable !... Mais, oh ! oh ! que nous veut celui-ci ? Que vient-il chercher à cette heure ? Eh ! Alfonso, où vous envoie-t-on maintenant.

SCENE III.

ALFONSO, FRERE ALBERIGO.

ALFONSO.

Père, je venais vous trouver pour vous dire où sont les clefs de la cave, afin que vous puissiez avoir du vin. J'avais oublié de vous l'enseigner.

---

tetrices, super manibus et pedibus, nudæ, candelabra pertranseuntes, colligebant, papâ, duce, et Lucretia præsentibus et aspicientibus Tandem expositi fuerunt dona, diploides de serico, paria caligarum birreti et alia, pro illis qui plures dictas meretrices carnaliter ignoscerent, quæ fuerunt ibidem in aula publice carnaliter tractatæ, et arbitrio præsentium dona distributa victoribus. »

FRÈRE ALBERIGO.

Vous êtes bien bon, et je vous en remercie, quoique je n'en aie pas eu besoin.

ALFONSO.

Que voulez-vous dire ? Est-ce que vos parentes ne sont pas encore arrivées ?

FRÈRE ALBERIGO.

Mon Dieu si, mais elles avaient apporté avec elles une petite bouteille de vin, qui leur a suffi pour dîner.

ALFONSO.

C'est bon ; mais si elles en avaient besoin ce soir, vous trouverez la clef en question sur la fontaine, à côté du panneau où sont peintes les armes des Médicis.

FRÈRE ALBERIGO.

Je vous en rends mille grâces. Comment ferai-je pour reconnaître tant de services ?

ALFONSO.

Ce n'est rien auprès de tout ce que je ferais pour vous. Mais voilà assez de paroles ; car à dire vrai, il faut que je vous quitte : je n'ai point encore dîné, et je fais attendre plusieurs personnes.

FRÈRE ALBERIGO.

Oh ! oh ! dépêchez-vous de vous en aller : c'est mal de faire attendre son monde après l'heure. Adieu.

ALFONSO.

Vous avez parfaitement raison.

FRÈRE ALBERIGO.

Je me recommande toujours à vous. *(Seul.)* Voyez à quoi j'étais exposé, si, par malheur, il était arrivé d'abord, ou s'il ne m'avait pas rencontré ! Dans quel embarras je me serais trouvé ! Que le diable emporte et les clefs et les caves ! Cependant, grâce à Dieu, la chose va bien jusqu'à présent...

SCÈNE IV.

MARGHERITA, FRÈRE ALBERIGO.

MARGHERITA, à part.

Oh ! oh ! c'est le frère que je vois.

FRÈRE ALBERIGO, se croyant seul.

Et j'espère qu'elle continuera à avoir une heureuse issue.

MARGHERITA.

Appelons-le. Holà ! mon père !

FRÈRE ALBERIGO.

Qui m'appelle ? Ah ! c'est toi, Margherita.

MARGHERITA.

Couvrez-vous, je vous prie, et grand bien vous fasse.

FRÈRE ALBERIGO.

Vraiment, il faut l'avouer, tu es, par Dieu, une femme habile et discrète : on fait bien de se fier à toi ! Je m'en suis vraiment bien trouvé.

MARGHERITA.

Et qu'ai-je donc fait ? N'ai-je pas bien rempli mon devoir ?

FRÈRE ALBERIGO.

J'en conviens : mais tu me l'as envoyé trop vite ; et c'est tout ce que j'ai pu faire de m'échapper. En définitive, cependant, la chose ne s'est pas mal passée.

MARGHERITA.

En vérité, je me suis retardée un instant avant de me rendre à Santa-Croce pour le trouver ; je m'étais même mise à dire un chapelet, et j'en avais déjà défilé la moitié, lorsque mon maître m'a aperçue et m'a appelée. Je l'ai informé de tout, et je lui ai montré la clef pour preuve de ce que j'avançais : il n'a pas eu de peine à la reconnaître, et il m'a accordé plus de confiance que si j'eusse été la bouche de la vérité même.

FRÈRE ALBERIGO.

Puisque tu en es sur la clef, tu ne sais pas ce que j'ai fait.

MARGHERITA.

Qu'avez-vous donc fait ?

FRÈRE ALBERIGO.

La plus grande étourderie du monde. Comme tu le sais, je vous avais laissé la clef de la maison de la commère ; mais quand j'ai voulu entrer avant vous, je ne me

suis aperçu que cela m'était impossible que lorsque j'ai été arrivé à la porte, et que je l'ai trouvée fermée.
MARGHERITA.
Et comment avez-vous fait pour entrer ?
FRÈRE ALBERIGO.
Le bonheur a voulu que j'en trouvasse une dans ce trousseau, avec laquelle je suis parvenu à ouvrir.
MARGHERITA.
Vous avez été bien heureux. Mais notre vieillard doit être maintenant aux prises, et nous ne tarderons pas à entendre du bruit. Cependant vous avez cent choses à me dire. Comment tout s'est-il passé ? Que vous semble-t-il de ma maîtresse ?
FRÈRE ALBERIGO.
C'est la femme la meilleure et la plus avisée de tout Florence.
MARGHERITA
J'en suis bien aise. Vous devez en être satisfait ?
FRÈRE ALBERIGO.
Je lui ai mis dans la tête une regle de conduite qui ne peut manquer de lui être utile, si elle veut la suivre.
MARGHERITA.
Et qui ne le sera pas moins pour vous ?
FRERE ALBERIGO
Je te le laisse à penser. M'occuperais-je de ce qui peut lui être bon, si je n'y trouvais mon avantage ?
MARGHERITA
Je suis si joyeuse, mon père, de tout ceci, que je ne sais comment vous l'exprimer.
FRÈRE ALBERIGO.
C'est à toi seule que je dois tout.

SCÈNE V.

CATERINA, AMERIGO, MARGHERITA, FRÈRE ALBERIGO.

CATERINA.
C'est donc ainsi que vous vous conduisez, vieux libertin ! Il vous faut de nouvelles amours !

ACTE III, SCÈNE V.

MARGHERITA.

Que dit-elle? Écoutons un peu.

FRERE ALBERIGO.

Eloigne-toi, au contraire ; que l'on ne nous voie pas.

CATERINA.

C'est donc à votre commère que vous en voulez? Allez vous cacher.

FRERE ALBERIGO, à Margherita.

Rentre au logis. Moi, je vais m'éloigner un instant ; et je reviendrai au moment convenable.

CATERINA.

Approchez pour votre malheur. Vous le voyez, j'ai si bien agi, que je vous ai surpris sur le fait.

AMERIGO.

Que le mal en soit avec toi, femme du diable !

CATERINA.

Hé quoi ! tu croyais peut-être que je dormais ?

AMERIGO.

Plût à Dieu que tu te fusses endormie pour toujours.

CATERINA.

Et savez-vous comme il faisait le brave ? C'était donc pour cela que tu ne pouvais plus me souffrir ?

AMERIGO.

Tu fus et tu seras toujours importune, dédaigneuse, envieuse, querelleuse, et ennemie de ma tranquillité.

CATERINA.

Hélas ! vous ai-je jamais dit une parole désagréable ? Ah ! par la croix de Dieu, on devrait vous faire ce que vous méritez.

AMERIGO.

Regardez-donc, ne voilà-t-il pas qu'elle se fâche ?

CATERINA

Oui, certainement je me fâche : vous semble-t-il que je n'en aie pas le motif ?

AMERIGO.

Ah ! laisse-moi me plaindre ! J'espérais jouir du plus beau jour de ma vie, et je n'en ai jamais eu de plus infortuné !

CATERINA.

Il pousse l'audace jusqu'au point de tout avouer.

AMERIGO.

Oui, sans doute, je l'avoue.

CATERINA.

O le digne homme ! Et savez-vous avec quelle joie et quel empressement ce gaillard champion s'apprêtait à la joûte ? Brave seulement en paroles, sur le champ de bataille, et pacifique en actions, les armes les plus nécessaires, il faut les lui dérouiller pour qu'il puisse s'en servir. Et, en effet, il ne faut pas s'en étonner, puisqu'il a fait un double service.

AMERIGO.

Voyez un peu où j'en suis réduit, et tout ce qu'il faut que j'entende, et tout ce qu'il faut que j'endure !

CATERINA.

Tout ceci n'est que du miel. Attendez seulement que j'en instruise son mari et mes oncles, et vous verrez si ce n'est qu'un jeu.

AMERIGO.

Hélas ! ma chère femme, veux-tu me perdre et me déshonorer entièrement ?

CATERINA.

Hélas ! mon cher mari, voulez-vous me tourmenter sans cesse et me réduire ainsi au désespoir ? Y a-t-il au monde une femme plus fidèle et plus malheureuse que moi?

AMERIGO.

Comment as-tu fait pour me prendre ainsi au filet ? Dis-le moi, s'il te plaît.

CATERINA.

Au nom de Dieu, je saurai bien en faire repentir cette maudite Margherita !

AMERIGO.

Je te demande, et je voudrais savoir comment tu t'y es prise pour m'attraper dans ce piège ? Es-tu sorcière ? es-tu possédée du démon ?

CATERINA.

J'allais vous dire ce que je suis.

SCÈNE VI.

FRÈRE ALBERIGO, CATERINA, AMERIGO.

FRÈRE ALBERIGO.

Avançons maintenant, afin de les mettre d'accord.

AMERIGO.

Je ne saurais imaginer que tu aies pu me découvrir sans quelque sortilège.

CATERINA.

Ah ! fi ! puissiez-vous mourir de honte ! Croyez-vous que je sois capable d'une chose pareille ?

FRÈRE ALBERIGO.

Qu'est-ce donc ? Que signifie tout ce bruit ? Êtes-vous sortis de votre bon sens ?

AMERIGO.

O père ! vous le voyez, c'est une franche bête.

CATERINA.

Et vous, vous êtes... J'ai presque lâché le mot.

FRÈRE ALBERIGO.

Allons, Amerigo, un peu de sang-froid, un peu de modération : que celui qui a le plus de cervelle le fasse voir.

AMERIGO.

Cher frère Alberigo, l'humeur de cette femme est si désagréable et si querelleuse, que les anges eux-mêmes y perdraient patience.

CATERINA.

Ah ! ah ! si j'avais moins de respect pour vous, mon père, je vous dirais le bel honneur qu'il voulait me faire.

AMERIGO.

C'est toi qui m'as fait un bel honneur.

FRÈRE ALBERIGO.

Qu'est-il donc survenu ?

CATERINA.

J'ai bien envie de le dire, et de lui rendre ce qu'il mérite.

AMERIGO.

Et au diable ! quand tu le dirais, qu'en résulterait-il ?

CATERINA.

Il suffit : mais ses parents et les miens en seront instruits.

FRÈRE ALBERIGO.

Ne vous laissez donc pas ainsi surmonter par la colère.

CATERINA.

Je ne me contiendrai pas tant que je pourrai parler. Voyez-vous, il est amoureux de sa commère.

FRÈRE ALBERIGO.

Comment ! de la femme d'Alfonso ?

CATERINA.

Écoutez seulement un instant.

AMERIGO.

Parle, maintenant ; que pourrais-tu faire de plus ?

CATERINA.

Ce brave homme avait si fort son affaire en tête, qu'il croyait aujourd'hui en venir à ses fins. Mais j'ai si bien fait par mon adresse, j'ai mis en usage tant de moyens, qu'il serait trop long de raconter, que j'ai tout découvert, et que je l'ai amené dans un endroit où, croyant rencontrer sa maîtresse, c'est sous ma main qu'il s'est trouvé. Nous sommes sortis sur-le-champ de l'endroit où le piège avait été tendu.

AMERIGO.

Hé bien ! est-ce donc là un péché contre le Saint-Esprit ? Mon père, vous avez tout entendu ; suis-je le premier qui ait agi de la sorte ?

FRÈRE ALBERIGO.

O ciel ! que dites-vous ? Si cette aventure vient à se répandre, tout le monde va vous couvrir de blâme.

CATERINA.

Je veux absolument que mes oncles en soient instruits.

FRÈRE ALBERIGO.

Ne parlez pas ainsi, car certainement vous vous en repentiriez.

AMERIGO.

Qu'en sait-elle ?

FRÈRE ALBERIGO.

Ah! mon cher Amerigo, vous devriez dorénavant laisser de côté ces écarts de jeunesse, qui ne conviennent plus à votre âge; et vous, de votre côté, dame Caterina, pour le bien de votre maison, pour ne point vous attirer une mauvaise réputation, vous ne devez point parler de toute cette aventure; j'exige au contraire que vous soyez plus unis, qu'il règne entre vous plus d'accord que jamais.

CATERINA.

Je ferai tout ce que vous voudrez, mais à condition que je n'entendrai plus parler de la commère.

FRÈRE ALBERIGO.

A la bonne heure; voilà parler en femme raisonnable. Quant à vous, Amerigo, vous savez que pécher tient à la nature de l'homme, et que le repentir est la vertu des anges; mais persévérer dans le crime n'appartient qu'au démon. Comme vous seriez en péché mortel si vous continuiez à vivre de la même manière, j'espère que vous vous déciderez, d'abord pour l'amour de Dieu, puis par amitié pour moi, pour votre bien même, et pour votre honneur, à rompre cette liaison, pour vous attacher exclusivement à votre épouse, qui, en vérité, est une femme de bien et d'honneur, qui vous aime par-dessus toute chose, et qui attache le plus grand prix à votre tendresse.

CATERINA.

Dieu sait tout l'amour que je porte à l'ingrat, et comme je lui suis fidèle.

FRÈRE ALBERIGO.

Ne pleurez pas, dame Caterina. Certes, Amerigo, vous pouvez vous flatter d'avoir la jeune femme la plus sage, la plus vertueuse, je ne dis pas de Florence seulement, mais du monde entier.

AMERIGO.

J'en remercie le ciel de bon cœur. Mais, vous le savez, mon père, nous sommes tous fragiles. Enfin je confesse que j'ai eu tort, et je consens à faire telle pénitence que vous m'imposerez, à oublier à l'avenir toute autre inclination, et à me contenter de ce que je trouverai chez moi. Qu'elle me dise seulement de quelle manière elle s'y est prise pour me découvrir.

FRÈRE ALBERIGO.

Cela serait tout à fait hors de propos, et absolument contraire à mes intentions. Accordez-moi seulement une grâce, je l'attends de vous deux.

AMERIGO.

Bien volontiers, pourvu que je le puisse.

FRÈRE ALBERIGO.

Tout ce que je veux, c'est que vous me promettiez de ne jamais parler de cette affaire ; que vous vous comportiez comme si elle n'était pas arrivée ; et que vous repreniez chacun vos occupations ordinaires. Êtes-vous contents ?

CATERINA.

On ne peut davantage.

AMERIGO.

De grâce, que ce soit à condition que Margherita n'en saura rien.

FRÈRE ALBERIGO.

C'est très raisonnable. (A Caterina) Me le promettez-vous ?

CATERINA.

Oui, mon père, pourvu que cela me délivre de toutes ces tracasseries.

FRÈRE ALBERIGO.

Oubliez mutuellement vos torts, et que la paix soit avec vous.

AMERIGO.

Soyez béni mille fois, car sans vos saintes exhortations j'aurais pris quelque mauvais parti.

CATERINA, pleurant.

Et moi ! Ah ! ah ! que le Seigneur vous le rende.

AMERIGO.

Et dorénavant, puisque j'ai pu découvrir toute votre sagesse et toutes vos vertus, je veux que vous nous fréquentiez aussi souvent qu'Alfonso.

ACTE III, SCÈNE VI.

CATERINA.

Je l'exige absolument.

AMERIGO.

Et je veux que vous soyez mon confesseur.

CATERINA.

Et moi, je prétends aussi qu'il me confesse.

AMERIGO.

Vous ne répondez pas? Que vous semble de nos propositions?

FRÈRE ALBERIGO.

A merveille; et je serai toujours disposé, par amour du Seigneur d'abord, et ensuite pour suivre mon devoir, à faire tout ce qui pourrait être favorable au salut de vos âmes.

CATERINA.

Dieu vous en récompense pour nous! Mais allons-nous-en; car l'heure du dîner est déjà passée.

AMERIGO.

Voyez un peu : est-ce que tu craindrais d'inviter le frère à boire avec nous?

CATERINA.

Il est si tard, que j'imagine que les frères ont fini de dîner. Cependant, mon père, si vous avez besoin de manger, veuillez faire collation avec nous.

FRÈRE ALBERIGO.

J'ai eu ce matin quelques occupations qui m'ont retenu hors du couvent, de sorte que je suis encore à jeun.

AMERIGO.

Venez donc avec nous.

CATERINA.

Vous ne pourrez aller nulle part où vous soyez aussi bienvenu.

FRÈRE ALBERIGO.

Il me serait impossible, quand je le voudrais, de vous refuser, tant vous mettez de bonne grâce dans votre invitation. Allons.

AMERIGO.

A la bonne heure; suivez-moi.

CATERINA.

Que Dieu soit béni !

FRÈRE ALBERIGO.

Ainsi que sa sainte mère !... Si vous voulez attendre, messieurs les spectateurs, que nous sortions de nouveau, cela serait peut-être trop long, parce qu'après le repas j'ai résolu de leur faire un petit sermon, où je leur démontrerai, par le raisonnement, par les exemples, par l'autorité et par les miracles, que, de toutes les vertus nécessaires au salut de l'âme, la plus indispensable est la charité ; m'appuyant des paroles de saint Paul, qui dit que celui-là ne possède rien qui n'a pas la charité ; de manière que si vous voulez suivre mon conseil, vous vous en irez avec la paix du Seigneur. Portez-vous bien.

FIN DE FRÈRE ALBERIGO

NOTE DE L'ÉDITEUR

Cette comédie, à laquelle l'auteur n'avait donné d'autre titre que celui de comédie en vers, *commedia in versi*, a été publiée pour la première fois dans le sixième volume des *OEuvres de Machiavel*, édition de Livourne, sous le nom de Philadelphie, 1797, in 8°. Elle est écrite partie en vers libres partie en vers rimés « Les mœurs décrites dans cette comédie, dit M. Artaud, sont celles des comédies de Plaute. On y trouve quelques traits de gourmandise qu'on peut croire empruntés au *Curculion* ; il y a aussi quelques mots assez adoucis des professions de foi de la *Cistellaire*. Quoique la scène se passe dans la Rome antique, néanmoins la pièce est remplie de proverbes toscans modernes. » Somme toute, *l'Entremetteuse* est plutôt une imitation de l'antique qu'une conception originale. Le titre que nous conservons ici est celui qui a été donné par le traducteur, M. Periès.

L'ENTREMETTEUSE
MALADROITE

COMEDIE EN CINQ ACTES ET EN VERS DANS L'ORIGINAL

PERSONNAGES

APOLLONIA, entremetteuse.
MYSIS, vieille, amie d'Apollonia.
CATILLE, mari jaloux de Virginie.
DROMOS, valet de Catille.
SATURIUS, parasite, ami de Camille.
CAMILLE, amant de Virginie, et mari de Pamphila.
DULIPPUS, valet de Camille.
DORIA, servante de Virginie.
VIRGINIE, femme de Catille.
SOSTRATE, mère de Virginie.
PAMPHILA, femme de Camille.
CHREMES, ami de Camille, et oncle de Pamphila.
UNE SERVANTE de Pamphila.

La scène se passe à Rome, avant l'ère chrétienne.

ACTE PREMIER

SCÈNE PREMIÈRE.

APOLLONIA, *seule*.

Je ne crois pas qu'il y ait sous le soleil un femme assez dure, assez obstinée, assez cruelle, pour ne pas se rendre, ainsi que je l'ai fait aujourd'hui, aux prières, aux présents et aux promesses brillantes. J'ai été forcée de céder à Camille, ce à quoi je n'avais pu me décider jusqu'à présent. Mais, comme dit le proverbe, le sage change souvent ; et ce n'est pas seulement notre sexe fragile qui mérite ce reproche.

C'est la marque d'un bon cœur de compatir aux maux de ceux qui sont affligés ; et ce pauvre malheureux meurt cent fois le jour pour un objet qu'il chérit plus que lui-même. Il ne veut rien que ce que veut son amante ; il lui parle, il lui écrit, il s'en occupe sans cesse. Mais, puisqu'il est aimé, ainsi qu'il l'assure, je veux tâcher de combler promptement ses désirs.

Cependant une femme de condition et bien née, à laquelle ne manquent ni la parure ni l'argent, sans cesse entourée de servantes et de valets, d'une belle-sœur ou d'une mère, et qui a mille yeux sans cesse ouverts sur sa conduite, n'est pas aussi facile à mener que je le lui ai fait entrevoir. Il faut user d'industrie, y mettre le temps nécessaire, et cacher le mal sous le voile des bonnes œuvres ; car le mal se dérobe souvent sous l'apparence du bien.

Aussi, plus j'y pense en moi-même, plus l'entreprise me semble difficile. Et si j'avais encore à dire oui, je n'entrerais pas dans ce labyrinthe. Ce n'est pas la peur du péché qui me retient, mais celle d'un mal plus cuisant qui peut m'arriver. Car, si je me repens, n'est-il pas à craindre qu'il ne se repente lui-même, et qu'il ne tienne pas ses promesses ?

Il faudrait donc rendre ce qu'il m'a donné. Riche et charmant présent, pourrai-je jamais te laisser ? Il est trop dur de restituer le bien d'autrui lorsqu'il est devenu notre propriété. Je veux perdre la vie avant d'abandonner un présent qui peut à lui seul me faire vivre une année, car mon jardin ne porte plus de fruit, il est aujourd'hui entièrement desséché.

SCÈNE II.

MYSIS, APOLLONIA.

MYSIS.

Que ne peut aujourd'hui l'avarice ! Malheur à toi, qui t'exposes à perdre ton âme pour recevoir un misérable présent, et qui te laisses séduire par les prières d'autrui et ses promesses trompeuses ! Tu as beau le servir avec zèle et bonne foi, s'il n'obtient pas l'objet de ses désirs, n'espère pas la récompense ; loin même de te témoigner sa reconnaissance, à peine s'il voudra te regarder.

APOLLONIA.

Commence par te blanchir toi-même de la tête aux pieds.

MYSIS.

Pourquoi ?

APOLLONIA.

Ne t'ai-je rien vu porter par-dessous ?

MYSIS.

C'est autre chose que tu m'as vu là-dessous.

APOLLONIA.

Tu plaisantes ; et cependant l'année n'est pas encore écoulée.

MYSIS.

C'est toi qui te trompes, car il n'y a que quelques mois ; et lorsque je pouvais en manger, je ne le refusais jamais. Mais je conviens que j'avais tort alors ; et malheur à celui qui ne s'amende jamais !

APOLLONIA.

Moi aussi j'avais quitté mon métier ; je l'avais bien promis à mon fils, et je comptais tenir ma parole jusqu'à la mort : mais que veux-tu ? la nécessité, qui ne connaît pas de loi, m'a de nouveau réduite à ce point. Je n'ai que ce moyen de faire vivre mes pauvres filles, et de vivre moi-même ; et tout est permis lorsqu'il s'agit de l'existence, d'autant plus qu'un autre métier serait trop pénible.

MYSIS.

Il vaudrait bien mieux vivre cependant du travail de tes mains, ou de quelque honnête industrie.

APOLLONIA.

Admire mon malheur, je ne puis trouver nulle part ni à faire de toile ni à filer.

MYSIS.

Il y a cependant encore des âmes charitables.

APOLLONIA.

Il est vrai, mais seulement parmi celles qui sont à la fleur de l'âge, et chez celles qui sont vieilles comme nous.

MYSIS.

Ah ! le monde a bien peu d'humanité ! Mais, dis-moi, tes filles ne font-elles rien encore ?

APOLLONIA.

Elles sont trop jeunes pour les exposer à la fatigue : cependant elles me rendent déjà quelques petits services.

MYSIS.

Et c'est là tout ce que tu leur enseignes ?

APOLLONIA.

Le temps leur apprendra suffisamment le reste. Je veux en faire des dames de distinction ; et si la suite répond aux dispositions qu'elles montrent, elles seront le bâton de ma vieillesse. Mais laissons de côté ce discours. Comment cela va-t-il ?

MYSIS.

Couci-couci.

APOLLONIA.

Loges-tu toujours au même endroit ?

MYSIS.

Non ; il y a déjà longtemps que j'ai changé de demeure : je suis maintenant dans la Voie-Sacrée ; et j'ai d'assez bons voisins.

APOLLONIA.

Dis-moi, demeures-tu loin de la femme d'un nommé Catille ?

MYSIS.

Non ; mais tu veux dire Camille ?

APOLLONIA.

Oui, Camille.

MYSIS.

Elle reste à main droite du Capitole, la troisième ou quatrième porte ; je demeure en face, dans une maison neuve où il y a un portique.

APOLLONIA.

Est-ce une belle femme ?

MYSIS.

Pas trop, à mon avis.

APOLLONIA.

Aimable?

MYSIS.

Plût aux dieux qu'elle le fût ; elle ferait revenir son mari de son erreur.

APOLLONIA.

A quel propos ? Est-ce qu'il ne l'aime pas ?

MYSIS.

Non.

APOLLONIA.

D'où cela vient-il?

MYSIS.

De ce qu'il aime ailleurs, comme tant d'autres.

APOLLONIA.

Elle est donc mécontente?

MYSIS.

Peux-tu le demander?

APOLLONIA.

Aime-t-elle à donner au dehors à filer, à tisser, ou à cuire, comme c'est l'usage?

MYSIS.

Non, elle laisse faire toutes ces choses à sa mère.

APOLLONIA.

A quoi s'amuse-t-elle?

MYSIS.

A regarder du matin au soir par la fenêtre, à écouter les nouvelles et les sérénades, à apprendre à faire des pommades, à dormir, et à coudre des gants.

APOLLONIA.

Sa mère fréquente-t-elle beaucoup les temples?

MYSIS.

Peu ; car c'est une excellente ménagère, et qui sait où le diable a la queue.

APOLLONIA.

Son mari vit-il encore?

MYSIS.

Non.

APOLLONIA.

Comment fait-elle donc?

MYSIS.

Comment font toutes celles qui n'en ont plus ? Elle a son intendant qui pourvoit à tous ses besoins, et lorsqu'il lui fait faute, l'ami et le parent ne la laissent manquer de rien.

APOLLONIA.

Est-ce qu'on vit encore aujourd'hui de cette manière ? Je voudrais savoir si elle est interessée.

MYSIS.

Est-ce que tu ne connais pas notre naturel ? Elle accepterait la moindre chose ; elle préférerait cependant les plus grandes.

APOLLONIA.

Est-elle bien avec son gendre ?

MYSIS.

Comme sa fille, qui ne peut le souffrir. Les nouveaux époux se tiennent comme des sangsues ; il sont entre eux comme chien et chat. Mais l'heure du dîner approche, et il n'y a à la maison que le chien qui, comme moi, n'aboie le plus souvent que de faim. Je ne puis rester plus longtemps avec toi ; demeure donc en paix : moi, je vais de ce pas au marché acheter quelques provisions.

APOLLONIA.

Adieu ; j'espère que nous nous reverrons quelquefois.

SCÈNE III.

APOLLONIA, *seule*.

Le bon jour commence le matin, et quand le commencement est bon, d'ordinaire la fin n'est pas mauvaise. Mysis ne pouvait venir plus à propos. Si je ne suis pas une imbécile, j'espère bientôt conclure mon marché ; car la bonne vieille ne pouvait me donner de meilleurs renseignements. Celui que le sort favorise, et qui a le sens commun, vient à bout de tout ce qu'il entreprend. Elle m'a appris tout ce que je voulais savoir. La seule chose qui me déplaise, c'est d'avoir affaire à une étourdie : c'est là ce qui, plus que toute autre chose, me donne à réfléchir ; car avec les personnes de cette espèce on n'est jamais sûr de rien : elles sont si bavardes qu'elles ne peuvent garder un secret ; elles sont bien jalouses, mais elles ne feraient pas un pas pour se venger. Ces coquettes finissent toujours mal, et sont cause que leurs amants finissent mal également : aussi, malheur à qui en devient amoureux ! Il est vrai que, si elles avaient l'ombre de la raison, elles ne prêteraient ni l'oreille ni les yeux au premier venu, comme elles font ; car la femme qui a un grain de cervelle ne saurait souffrir autour d'elle tous ces étourneaux. Ainsi il vaut bien mieux que celle-ci soit un peu légère, si je veux l'amener à mes fins. Je vais aller la trouver, et pour qu'elle me remarque davantage, je lui porterai de la toile et du lin avec une belle quenouille bien longue, parce que c'est un instrument qu'aiment beaucoup les dames et les demoiselles ; j'irai ensuite retrouver Camille. Mais que vient faire ici cet autre avec sa mine allongée. Qui que ce soit, n'importe, je vais continuer mon chemin.

SCÈNE IV.
CATILLE, DROMOS.

CATILLE.

Combien sont aveugles les mortels qui, dans l'espoir de goûter le bonheur, recherchent le commerce des femmes ! Et, pour comble de malheur, chacun met son plaisir à posséder la plus belle. Telle est aujourd'hui la cause de mes chagrins.

DROMOS.

Et pourquoi ?

CATILLE.

Je vais te le dire. J'ai eu aussi la sottise de vouloir une épouse aimable et belle, qui brillât entre toutes les femmes comme le soleil au milieu des autres astres, et je m'en suis repenti déjà mille fois.

DROMOS.

Qui vous forçait à prendre une femme semblable ?

CATILLE.

C'est que je n'en avais jamais vu qui me plût davantage.

DROMOS.

De quoi vous plaignez-vous donc?

CATILLE.

Je me plains de ce qu'elle est si belle qu'on ne peut la voir sans en être charmé, et de ce qu'elle me préfère le premier venu, qu'il soit aimable ou non, ignorant ou savant.

DROMOS.

Ce n'est pas d'elle, mais de vous que vous devez vous plaindre Une belle ordinairement recherche ce qui lui ressemble.

CATILLE.

Je ne suis cependant ni décrépit, ni aveugle, ni boiteux, et j'ai, comme les autres, tous mes membres en bon état.

DROMOS.

Vous n'êtes pas repoussant ; mais j'en ai vu de plus beaux que vous.

CATILLE.

Il est vrai Cependant que me manque-t-il?

DROMOS.

Cette épaule gauche est un peu plus grosse que l'autre ; mais qu'importe? un habit aujourd'hui couvre tous les défauts.

CATILLE.

C'est bien peu de chose : et elle a tant baissé que quand j'irai me baigner on ne s'en apercevra pas.

DROMOS.

Elle s'en ira donc bientôt tout à fait?

CATILLE.

Je m'afflige cependant, mon pauvre Dromos, de ce que ma femme me maltraite ainsi. Si elle ne m'aime pas, elle devrait du moins ne pas me montrer tant d'aversion.

DROMOS.

C'est bien vrai.

CATILLE.

Ni faire ce qu'elle fait.

DROMOS.

Avez-vous aperçu quelque chose ?

CATILLE.

Je ne veux pas parler.

DROMOS.

Hélas ! mon cher maître, vous le savez, il ne faut rien avoir de caché pour un fidèle serviteur ; on doit lui découvrir et le doux et l'amer. Le récit de nos maux nous soulage, et celui de notre joie ajoute encore à notre contentement. N'ayez donc pas de secret pour moi.

CATILLE.

Elle fait la coquette avec tous ceux qui viennent céans, les uns sous prétexte qu'ils sont amis de la maison, et les autres qu'ils sont ses parents ; et moi je ne sais plus à qui me fier.

DROMOS.

Que voulez-vous ? c'est l'usage. Avez-vous autre chose à me raconter ?

CATILLE.

Elle a plus de cassolettes, de flacons, de vases, plus de chiffons rouges, blancs, bariolés, que n'en ont les apothicaires, plus de parfums que n'en renferme l'Arabie ou l'île de Chypre.

DROMOS.

Elle a donc besoin de ces odeurs ?

CATILLE.

Pourquoi ?

DROMOS.

Parce que sans cela peut-être elle ne sentirait pas bon.

CATILLE.

Il lui faut tous les jours au moins une robe et deux garnitures, avec la queue la plus longue qu'il soit possible ; elle veut avoir la tête toujours ornée d'or et de pierreries ; elle me ruine en bijoux : mes revenus ne peuvent y suffire ; et elle a déjà mangé toute sa dot, quoiqu'elle fût assez considérable.

DROMOS.

Ne vous tourmentez pas : il existe une loi qui met un frein à tous ces excès.

CATILLE.

Que parles-tu de frein ? Les femmes ont si peu de retenue, et nous si peu de raison, que nous passons par toutes leurs fantaisies.

DROMOS.

Ne vous plaignez donc pas de la vôtre.

CATILLE.

Je dois donc me plaindre de moi ? Elle sort de bonne heure du logis, rentre tard, et ne daigne pas m'adresser la parole. Est-ce la conduite d'une honnête femme ?

DROMOS.

Demandez-lui d'où elle vient.

CATILLE.

Est-ce que la plus sotte ne sait pas trouver un mensonge ! Elles ont toutes le talent de nous en faire accroire : elles sont allées chez leur père, chez la couturière, au temple, enfin dans tous les lieux qu'on ne peut leur reprocher de fréquenter.

DROMOS.

Il faut gagner la servante qui l'accompagne.

CATILLE.

A quoi bon? elle l'a mise la première dans ses intérêts.

DROMOS.

Il faut la renvoyer.

CATILLE.

Et qui la servira ?

DROMOS.

Une autre servante.

CATILLE.

J'en changerais mille fois qu'elles se gâteraient toutes. Cependant celle-ci m'a dit que ma femme voyait d'un doux œil un certain jeune homme dont elle n'a pas su, ou plutôt dont elle n'a pas voulu me dire le nom. Mais les femmes sont toujours femmes. Je veux que tu la surveilles avec attention, et que tu me fasses part de ce que tu auras vu.

DROMOS.

Je ferai tout ce qui peut vous être agréable.

SCÈNE V.

DROMOS, *seul*.

O quelle chienne de vie que celle des jaloux ! combien de sages elle fait passer pour fous ! Mais a-t-elle quelquefois rendu sage un fou ? On ne peut jamais manger un bon morceau ; il faut toujours vivre seul en loup-garou : il y aurait autant de plaisir à être pendu. Souvent on reste sur pied toute la nuit pour écouter les paroles de sa femme ; car on en a surpris quelques-unes qui redisent en rêvant ce qu'elles ont fait le jour. Les jaloux sont de pauvres imbéciles, ignorants, envieux, récalcitrants, bizarres, et qui n'offrent jamais rien de bon. Si leur femme a mal aux dents, ils croient empêcher qu'on ne les leur arrache. Pauvres insensés ! La femme peut tout ce qu'elle veut. Gardez-la avec soin, enfermez-la sous mille verrous, tenez ouverts sur ses pas tous les mille yeux d'Argus, sa malice est si grande, son caractère si diabolique, la guerre qu'elle vous fait si acharnée. qu'il vous en faudra toujours passer par où elle voudra. Que de mines, que de grimaces elle met en usage contre son mari ! Elle lui sourit gracieusement ; elle semble mourir d'ennui lorsqu'elle ne le voit pas. S'il sort, elle l'attend pour lui mettre son manteau ; elle l'approprie ; elle arrange sa chemise ou ses cheveux, le prend par la main en lui recommandant de revenir bien vite ; et il a la sottise de la croire. O homme sans jugement ! trop souvent votre retour est loin de lui plaire ; mais on ne voit plus rien lorsqu'on est aveuglé. Comme la rouille dévore le fer, et la lèpre l'homme, ainsi la jalousie ronge le jaloux ; et je ne connais pas au monde de vice plus honteux. Le jaloux redoute ce qu'il ne devrait pas craindre, et néglige ce qui lui importe le plus. Tout lui porte ombrage, jusqu'aux mouches ; et ne vous imaginez point que les marchands de lin, de velours ou de toile, ni que le pourvoyeur, l'intendant, ou le prêtre lui-même, puissent mettre le pied dans la maison : la manière un peu rude dont il les reçoit leur fait trop entendre ce qu'il est. Si sa femme désire sa robe, il faut qu'elle fasse la couturière; les souliers ou les pantoufles ne sont jamais faits sur son pied; si elle veut recevoir ses parents ou ses amis, elle n'a d'autre lumière que celle de la lune; elle ne parle jamais à personne; elle ne tient ni les clefs, ni la bourse, ni l'argent, elle ne s'amuse jamais à jouer; elle ne va à aucune fête; elle n'entend de musique que dans les temples; et personne ne se hasarderait à entrer au logis, ou à se présenter même à la porte, s'il ne voulait entendre chanter sur un autre ton. Je sais que mon jaloux se méfie même de moi : pourtant je ne brille point par la figure. S'il m'arrive d'aller lui parler tandis qu'il est au lit, il ne veut pas que je passe le seuil de la porte. O le pauvre sot animal que mon maître, qui ne sait pas que les femmes s'acharnent surtout à obtenir les choses qu'on leur refuse. Mais je vais faire ce qu'il m'a commandé, et je reviens sur-le-champ.

FIN DU PREMIER ACTE

ACTE DEUXIÈME

SCÈNE PREMIÈRE.
SATURIUS, CAMILLE.

SATURIUS.

Mais si Virginie se montre aussi satisfaite que tu le dis, elle a donc dû recevoir quelque bonne nouvelle, et d'un autre que de toi. De plus, les dames jouent volontiers de la prunelle.

CAMILLE.

Et surtout elle. Autant elle voit de galants, autant elle en flatte. Elle les regarde d'un œil si fixe, qu'on dirait qu'elle se fond, qu'elle se consume, qu'elle est dans les flammes. Que fait maintenant Apollonia ?

SATURIUS.

Elle ne reste pas muette.

CAMILLE.

Crois-tu qu'elle parle de moi ?

SATURIUS.

Oui, elle parle de toi.

CAMILLE.

Fera-t-elle pour moi quelque chose ?

SATURIUS.

Et elle ne s'oubliera pas.

CAMILLE.

Je voudrais qu'elle revînt plus promptement.

SATURIUS.

Puisqu'elle ne revient pas, c'est signe que Virginie lui cède.

CAMILLE.

Et moi je crains qu'elle ne cède point ; car une femme ne se rend point ainsi à la première attaque.

SATURIUS.

Toutes les femmes aiment le chatouillement ; mais elles feignent de ne pas vouloir ce qu'elles désirent le plus ; elles font d'abord les sauvages, se montrent fières, honnêtes et pleines de pudeur, ne s'arrêtent jamais que lorsqu'elles y sont forcées ; mais ont-elles une fois cédé à leur amant, elles ne font que se plaindre du temps qu'elles ont perdu.

CAMILLE.

Et d'où sais-tu toutes ces belles choses ?

SATURIUS.

Je ne suis pas un imbécile, et je n'ignore point tout ce que les femmes ont coutume de faire.

CAMILLE.

Je n'en crois rien ; car tu ne fréquentes pas beaucoup leur société. Elles sont fines, il est vrai, mais non aussi fausses que tu le dis.

SATURIUS.

Fussent-elles toutes brûlées pour ce défaut !

CAMILLE.

Sans en excepter Virginie ?

SATURIUS.

Je veux bien l'épargner pour l'amour de toi : mais je ne fais qu'un seul fagot de toutes les autres.

CAMILLE.

Cette Apollonia, comment entend-elle le métier ?

SATURIUS.

Tout doucement : elle n'est bonne qu'à rester à la cuisine.

CAMILLE

Le fait-elle pour de l'argent ou pour son plaisir ?

SATURIUS.

Non ; c'est d'après un vœu qu'elle fit pendant une maladie.

CAMILLE.

Elle sert donc tout le monde.

SATURIUS.

Toute femme, quoique de bonne maison, peut mal servir plus de deux amants à la fois, si elle ne veut pas bientôt être chansonnée par toute la ville.

CAMILLE.

Dis-moi, combien ta messagère remplit-elle de rôles !

SATURIUS.

Autant qu'en a ma voisine A la faveur de son âge et de son habillement, elle veut paraître grave, fidèle et discrète. Elle affecte l'air dévot, a la repartie piquante, la parole facile ; elle est dissimulée, plaisante, pleine d'astuce, et moins on la connaît, meilleure on la trouve.

CAMILLE.

Je suis étonné que mon valet ou Apollonia ne revienne point : cela commence à m'inquiéter.

SATURIUS.

Ton valet n'a pas encore cuvé son vin.

CAMILLE.

Mais si fait bien toi?

SATURIUS.

Est-ce que tu trouves que la cervelle me tourne? Je suis accoutumé dans nos repas à boire de maniere qu'à peine ai-je le vin dans le corps qu'il se trouve cuvé ; et, à te dire vrai, j'ai toujours exercé avec plaisir le métier de boire et de manger. En effet, hors ce bel art, je n'ai trouvé, en ces temps de malheur, rien qui méritât d'être apprécié ; et ce n'est pas sans raison, car il a pour but toute notre existence : l'utile et l'agréable. Si tu t'alambiques le cerveau à chercher la fin de toutes les sciences et de toutes les doctrines, tu verras qu'elle est la même pour toutes. Or celui qui pratique bien la mienne possède toutes les autres ; car le ventre seul, comme dit la satire, est le maître de tous les arts ; lui seul aiguise l'esprit. On se moque aujourd'hui des poètes; les historiens passent pour menteurs ; on ne comprend pas le philosophe ; l'astrologue est plus menteur qu'une pie ; la musique est sans nulle valeur...

CAMILLE, l'interrompant.

Voici Dulippus qui revient ; il me paraît tout joyeux... Tu me rendras service de te taire.

SCÈNE II.
CAMILLE, SATURIUS, DULIPPUS.

DULIPPUS.

Mon cher maître, que le grand Jupiter vous sauve !

ACTE II, SCÈNE II.

CAMILLE.

Quelles nouvelles apportes-tu ? Sont-elles bonnes ?

DULIPPUS.

Excellentes.

CAMILLE.

Remercie ton étoile, si ce que tu dis est vrai.

DULIPPUS.

Vous savez bien que je ne me permettrais pas de vous dire un mensonge.

SATURIUS.

Il veut dire un seul, il s'est exprimé correctement.

CAMILLE.

Parle promptement, enfin ; parle, ne tarde pas davantage.

DULIPPUS.

J'ai vu votre Virginie qui se rendait au temple ; elle était belle comme un astre.

CAMILLE.

Dis plutôt que c'était un soleil. Quel bonheur est le mien si mon affaire est en bon train !

DULIPPUS.

Elle ne peut aller autrement.

CAMILLE.

Et que disait-elle ?

DULIPPUS.

Il m'a été impossible d'entendre ce qu'elle disait : mais, à son air, à ses gestes, au son de sa voix, j'ai compris facilement qu'elle était plus aise qu'à l'ordinaire.

CAMILLE.

A-t-elle prononcé mon nom ?

DULIPPUS.

Je ne crois pas l'avoir entendu.

SATURIUS, à part.

Je suis vraiment étonné qu'il n'ait pas dit oui.

DULIPPUS.

Mais il me semblait bien que ses yeux disaient : Où se trouve maintenant mon aimable seigneur ? où est Camille ?

SATURIUS.

Je n'avais jamais entendu dire que l'on parlât avec les yeux.

CAMILLE.

Qui vois-je là-bas dans la rue ? N'est-ce point Apollonia ?... Non... Oui, c'est bien elle.

DULIPPUS.

Allez à sa rencontre, saluez-la d'un air riant, et placez-la à côté de vous ; prenez-la par la main et serrez-la-lui quelque peu. Tout vieux que l'on soit, on se sent encore : traitez la généreusement, et ne soyez point avare de promesses, car la femme par sa nature veut beaucoup.

SATURIUS, à part.

Il l'endoctrine comme un enfant. Un valet doit bien tout savoir, mais il faut qu'il soit muet ; et celui-ci ne cesse de parler.

SCÈNE III.
CAMILLE, SATURIUS, DULIPPUS, APOLLONIA.

CAMILLE.

Bonjour, tout mon espoir et mon unique salut.

APOLLONIA.

Maître, que le ciel préserve ce que vous aimez le mieux !

SATURIUS, à part

Voyons s'ils s'épargneront les beaux compliments.

CAMILLE.

J'attends avec bien de l'impatience que tu parles.

APOLLONIA.

Et personne plus que moi ne désire vous parler. Quand j'aurais cent langues, elles ne suffiraient pas pour vous dire avec quel art, avec quelles précautions je suis parvenue à aborder la question de votre amour, et quels moyens j'ai employé, pour parvenir à en causer avec elle.

SATURIUS, à part.

Celle-ci du moins commence à mettre les paroles sur l'air.

APOLLONIA.

Elle avait avec elle un tout jeune chien qui est venu me caresser lorsque je me suis approchée ; j'ai regardé cela comme d'un bon augure. Elle était habillée de blanc...

DULIPPUS.

Nous voulons savoir autre chose que la robe.

CAMILLE.

Hélas ! que tout ce qui regarde l'objet aimé a de douceur ! qu'il est doux de connaître et la couleur de ses vêtements, et chaque geste, et chaque mouvement, et ses paroles, et même ses pensées ; de savoir si elle veille ou si elle dort !

SATURIUS, à part

Ne semble-t-il pas que le pauvre aveugle le soit plus que tous les autres ?

CAMILLE.

Saturius, que dis-tu tout bas ?

SATURIUS, haut

Je dis que tu n'es pas aveugle comme les autres amants, et que tu viens de parler à merveille.

APOLLONIA.

Laissez-moi donc en venir à la conclusion. Comme elle ne me connaissait pas, j'ai été obligée de lui dire mon nom, et une infinité de choses qu'il est inutile de répéter.

CAMILLE.

Non, je t'en prie en grâce, répète-nous tout ce que tu lui as dit.

DULIPPUS.

Sont-ce là toutes les nouvelles que tu nous apportes ?

APOLLONIA.

Tu es bien impatient.

CAMILLE.

Laisse-là donc parler.

APOLLONIA.

Tout en causant, tantôt d'un jeune homme, tantôt d'un autre, j'ai prononcé par hasard votre nom. Aussitôt elle fixe les yeux sur moi, change de visage, et pousse un soupir si brûlant, qu'elle m'a presque mis le feu à la figure ; et il m'a semblé qu'en même temps elle a répété votre nom.

SATURIUS, à part.

Il va encore donner dans ce panneau.

CAMILLE.

Et ensuite, elle ne t'a rien dit de plus ?

APOLLONIA.

Elle m'a demandé comment je vous connaissais, s'il y avait longtemps que nous étions amis ; et je lui ai répondu que j'avais été votre chère nourrice.

CAMILLE.

Oh ! quelle réponse adroite et prudente !

SATURIUS, à part.

Elle lui en fait joliment accroire.

APOLLONIA.

Aussitôt elle a baissé la voix, et, sous divers prétextes, elle a éloigné adroitement tous ceux qui se trouvaient près d'elle. Cela m'a donné courage, et j'ai osé lui dire alors : « Camille meurt pour vous d'amour. »

SATURIUS, à part.

Voyez comme elle se tire adroitement d'affaire.

APOLLONIA

Elle m'a répondu : « Son mal me touche infiniment :
» mais je suis bien fâchée de ne pouvoir y apporter re-
» mède. »

SATURIUS, à part.

Allons, je vois que la fête aura lieu.

APOLLONIA.

Je lui ai demandé pourquoi. Elle m'a répondu : « Parce
» que le sort qui nous gouverne, en m'unissant à celui
» que je ne puis souffrir, m'a séparée de ce que j'aurais
» eu de plus cher au monde. » Madame, lui ai-je dit alors, on peut corriger par la prudence la malignité du sort : rien n'est impossible à qui veut fermement ; et d'ailleurs en ce monde, plus on en prend, plus on en a.

CAMILLE.

On ne pouvait pas mieux répondre.

SATURIUS, à part.

Il est bien difficile, en effet, de se faire à soi-même de belles réponses.

CAMILLE, à Saturius.

Mais tais-toi donc un peu. *(A Apollonia.)* Et ensuite ?

APOLLONIA

Elle a poursuivi en ces termes : « Eh quoi ! Camille » ferait une pareille injure à mon mari, lui qui le chérit » comme un autre lui-même ? »

SATURIUS.

Ce n'est pas seulement à ses amis, c'est à ses parents mêmes que l'on s'adresse.

APOLLONIA.

Oh ! Camille est tout amour, ai-je répondu ; et puisqu'il est aimé, il est bien naturel qu'il aime non seulement votre mari, mais vous et vos parents. Et elle : « Je » suis bien sûre qu'il ne voudrait pas que sa femme fît » ce qu'il veut que je fasse. »

SATURIUS.

Qui sait ? Il y a des gens qui aiment qu'on les aide.

APOLLONIA.

J'ai continué de la presser ; et elle m'a répondu : « N'en dites pas davantage, mon honneur me défend de » vous prêter l'oreille. » Je lui ai dit que je ne prétendais pas la souiller, mais que je cherchais seulement à savoir que vous ne lui déplaisiez pas ; à quoi elle m'a répondu : « Que les amants couvraient toujours du voile » de l'honnêteté leurs desseins les moins honnêtes... »

SATURIUS.

La voilà qui embrouille bien l'affaire.

APOLLONIA

« Ils promettent, ils jurent, et ne tiennent ensuite ni » leurs serments, ni leurs promesses. Ils font bien pis » encore, ils vous chansonnent ou vous rendent la fable » d'un chacun, et se vantent à l'un et à l'autre des fa- » veurs qu'ils n'ont souvent jamais obtenues. »

SATURIUS.

Elle parlait là en femme d'une grande expérience.

APOLLONIA.

J'ai tâché de la convaincre que vous étiez discret plus que personne au monde, et qu'elle n'avait rien à redouter avec vous.

SATURIUS.

Loin d'en dire davantage, je n'aurais pu en dire autant.

APOLLONIA.

Elle a ajouté alors : « Il n'y a rien de si caché sous le » ciel qui ne se découvre à la fin. » Oui, quand la chose est mal conduite, répondis-je ; et il faut convenir qu'il n'existe pas une femme qui, quelquefois plus ou moins, n'ait trouvé dans un époux un motif de sécurité..

SATURIUS.

Ainsi ma mère fut une.. Ah! parbleu, cette vieille juge donc des autres par elle-même ?

APOLLONIA.

C'est une chose claire, manifeste et notoire. Mais savez-vous pourquoi l'une passe pour sage, pour raisonnable, pour honnête, pour remplie de mœurs ; l'autre pour folle, légère, sans frein et sans pudeur? C'est que la première est discrète, prudente et dissimulée ; la seconde, babillarde, sans expérience, et sans esprit...

SATURIUS.

Ainsi celles qu'on estime le plus sont celles qui valent le moins.

APOLLONIA.

Mais votre Camille est si aimable ; il vous aime tant qu'il ne peut rien vouloir que ce que vous voulez vous-même. Et pour abréger mon discours...

SATURIUS.

Voyez un peu quel abrégé !

APOLLONIA.

J'ai combattu si bien toutes ses raisons, je l'ai tant pressée, qu'elle a pris le lin et la toile ; et je crois qu'elle prendra encore le manche de la quenouille. Or vous savez que qui accepte s'oblige à faire ce que vous désirez.

CAMILLE.

Je suis parfaitement content.

APOLLONIA.

Je voudrais que vous eussiez entendu ses paroles...

SATURIUS.

Ne va-t-elle pas recommencer?

APOLLONIA.

Et vu tout ce qu'il m'a fallu faire pour la convertir.

CAMILLE.

J'en imagine plus encore que tu ne m'en dis ; mais je te conjure de finir.

APOLLONIA.

A quel propos? Vous imaginez-vous qu'il me reste quelque chose à ajouter?

CAMILLE.

Je conserve encore un scrupule.

APOLLONIA.

Quel scrupule?

CAMILLE.

Dis-moi, es-tu convenue avec elle du moment, de la manière, du lieu où je pourrais l'entretenir?

APOLLONIA.

Je ne lui ai point encore parlé de cela, parce qu'elle veut, pour être plus assurée de votre tendresse, que vous lui écriviez de votre main un petit billet.

CAMILLE.

Je l'aurais déjà fait, et je te l'aurais donné volontiers, si la crainte de déplaire, qui a tant d'empire sur les véritables amants, n'eût arrêté ma main téméraire. Ne le prends donc pas en mauvaise part.

APOLLONIA.

Je l'entends bien ainsi.

SATURIUS.

Camille, tu ne me parais pas fort habile.

CAMILLE.

Pour quelle raison?

SATURIUS.

Pourquoi? Tu devais consulter l'astrologue pour savoir dans laquelle de ses demeures se trouvait Vénus.

APOLLONIA.

A quoi bon?

CAMILLE.

Il a raison : c'est un point extrêmement important. Vénus est la fidèle compagne des amants, comme l'étoile polaire est celle des matelots.

APOLLONIA.

Mais on ne va point ici sur mer, et l'on n'a rien à craindre des écueils, comme vous paraissez le croire : le chemin est tout à fait uni.

CAMILLE.

Ceci n'est point un morceau pour toi. C'est de la faveur ou de la rigueur des cieux que dépend en effet le succès de mon entreprise.

APOLLONIA.

Soyez convaincu, au contraire, que c'est ma langue seule, ainsi que l'amitié que j'ai pour vous, et les petits mensonges que je me permettrai, qui peuvent vous faire réussir.

CAMILLE.

Non, dis-lui plutôt la vérité.

APOLLONIA.

Apprenez-moi ce que vous voulez que je fasse. Faut-il lui dire que vous brûlez?

CAMILLE.

Oui.

APOLLONIA.

Et où se trouve votre flamme?

CAMILLE.

Dans mon sein.

APOLLONIA.

Et qui peut s'en apercevoir?

CAMILLE.

Elle-même.

ACTE II, SCÈNE IV.   129

APOLLONIA.

Comment ?

CAMILLE.

Par mes yeux et par les soupirs que j'exhale.

SATURIUS.

Tu veux donc lui brûler le visage ?

CAMILLE.

Je veux faire fondre les glaces de son indifférence au feu de mes soupirs.

APOLLONIA.

Maître, ce sont des choses fort bonnes à dire à la veillée.

CAMILLE.

Dis-les-lui quand tu le jugeras à propos.

APOLLONIA.

C'est la lettre surtout qui est le point important. Y avez-vous mis tout ce qui est nécessaire ?

CAMILLE.

Si elle peut lire ce qu'elle contient, et qu'elle y fasse attention, les larmes vont couler si abondamment de ses yeux, que tu auras toi-même pitié d'elle.

APOLLONIA.

Je sais que vous n'aimez pas qu'on perde tant de temps ; ainsi je m'en vais.

CAMILLE.

Adieu donc.

APOLLONIA.

Mon cher maître, que le ciel comble vos désirs !

SCÈNE IV.

CAMILLE, SATURIUS, DULIPPUS.

CAMILLE.

Saturius, si je puis réussir dans mon projet, ce jour sera le plus heureux de tous tes jours.

SATURIUS.

Qu'il soit ce qu'il pourra, mon seul chagrin est d'être à jeun. Je suis fâché aussi d'une erreur que tu as commise ; car ta lettre ne produira aucun fruit.

CAMILLE.

Pourquoi ?

SATURIUS.

Je vais te le dire. Que contenait-elle ?

CAMILLE.

J'y parlais de mes larmes, de mes soupirs, de mes espérances, de manière à lui inspirer de la pitié pour mon martyre.

SATURIUS.

Y avait-il autre chose ?

CAMILLE.

J'y peignais l'état de mon misérable cœur.

SATURIUS.

Y parlais-tu d'or ou d'argent ?

CAMILLE.

Non. Est-ce qu'il est d'usage de parler de ces choses-là ?

SATURIUS.

Cela n'eût-il pas achevé de peindre ton amour ? Ne sais-tu pas que, comme un corps ne peut pas vivre sans une âme, ainsi ton billet à Virginie, n'étant point une cédule, ne produira sur elle aucun effet.

CAMILLE.

Qu'en penses-tu, Dulippus ?

DULIPPUS.

Que les femmes, comme je vous l'ai déjà dit, sont avares, quoiqu'il y en ait quelques-unes parmi elles qui dansent sans musique.

SATURIUS.

Tu as bien raison. Mais où s'en trouve-t-il aujourd'hui de semblables ? Je ne puis en faire danser une seule sans argent ; et il ne me sert de rien d'être beau.

DULIPPUS.

Si Narcisse avait été aussi beau que toi, Écho ne pleurerait pas son infortune.

CAMILLE.

Infortuné que je suis ! sort cruel qui me poursuit ! imprudence fatale ! cœur aveugle qui cause tous mes maux! hélas! je perds donc celle que je regardais déjà comme ma conquête! je perds celle qui avait tant objet de grâces à mes yeux, qui faisait tout mon bien, l'unique de mon amour! Hélas! que deviendra désormais mon âme?

DULIPPUS.

Allons, mon cher maître, ne vous mettez pas en peine; vous ne pouvez manquer de réussir. Croyez que celle qui a ouvert l'oreille à un amoureux message a déjà, comme on dit, pris goût au sel.

CAMILLE, à Saturius.

Et toi, qu'en penses-tu?

SATURIUS.

Que c'est assez leur ordinaire; mais qu'il y en a aussi qui se trouvent enveloppées par d'autres dans des intrigues qu'elles ne soupçonnaient pas.

CAMILLE.

Saturius, réponds-moi; mais dis surtout la vérité...

DULIPPUS.

Toute autre chose lui serait moins difficile.

CAMILLE.

Virginie est-elle satisfaite de son mari? Crois-tu que je la contenterai davantage?

SATURIUS.

Veux-tu que je te parle franchement! Je suis persuadé que tu lui plairas beaucoup plus. C'est une femme d'un esprit grand et élevé, qui fait plus de compte du nom de ta maîtresse que si son mari lui eût donné un royaume. Et aujourd'hui, ce n'est pas une bagatelle qu'un amant estimable!

CAMILLE.

Suis-je, par hasard, du nombre?

SATURIUS.

Le premier et le plus excellent.

DULIPPUS, à part.

Celui-ci va gonfler de vent notre maître.

SATURIUS.

Que marmottes-tu entre tes dents?

DULIPPUS.

Je dis que je suis bien aise que Virginie t'aime, et que cela nous sera avantageux.

SATURIUS.

Les serviteurs sont toujours enclins à tomber sur les étrangers ; et Dulippus voit avec chagrin que je vienne manger chez toi.

CAMILLE.

Avant de nous mettre à table, j'ai envie d'aller jusqu'au temple. Cela pourrait te fatiguer ; en attendant mon retour, prépare tout pour le dîner.

SATURIUS.

Tout sera apprêté avec le plus grand soin, Camille. Mais, dis-moi, combien de temps veux-tu que je t'attende?

CAMILLE.

Jusqu'à ce que l'heure du repas soit arrivée.

SATURIUS.

A mon avis, je crois qu'elle est déjà passée.

CAMILLE.

Certainement non, si tu regardes le soleil.

SATURIUS.

C'est mon ventre que je regarde.

DULIPPUS.

Et ton ventre est ton dieu.

SATURIUS.

Quand on se met tard au lit, il faut se lever tard, et dîner tard : c'est ce qui fait que personne ne veut venir manger avec nous ; et cette conduite n'est pas dépourvue d'adresse.

CAMILLE.

Sais-tu que tu m'offenses?

SATURIUS.

Sais-tu que tu ne m'offenses pas moins quand tu veux que je règle mon manger sur les horloges et les étoiles.

CAMILLE.

Dulippus, allons-nous-en.

DULIPPUS.

Allons-nous-en ; car avant que ce raisin mal cuit se

changeât en moût, je ne pourrais m'empêcher de faire fermenter la cuve.

SATURIUS.

Vois à quelles choses désagréables tu m'exposes.

DULIPPUS.

Va, mon maître n'attache de prix qu'à ton départ.

SATURIUS.

Comme si cela n'avait aucune importance pour ton maître ! Ne sait-il pas que la vie et la mort dépendent de cet ordre de la vie, et, que, s'il le suivait sans y manquer, il aurait comme moi la face colorée.

CAMILLE.

Ecoute-moi.

SATURIUS.

Je ne veux plus écouter aucune de tes exhortations.

CAMILLE.

Pourquoi ?

SATURIUS.

Parce que ce serait la même chose.

CAMILLE.

Veux-tu permettre que je te parle ?

SATURIUS.

Non ; parle avec les morts, qui ne pensent plus ni à boire ni à manger.

CAMILLE.

Vas-tu te mettre en colère ?

SATURIUS.

Eh ! qui ne s'y mettrait pas, lorsque je me vois aujourd'hui molester à ce point ? Crois-tu que je n'aie qu'un seul endroit où je puisse aller manger ?

CAMILLE.

Je sais que chacun te reçoit avec plaisir, à cause de ton esprit et de ta gaieté ; et moi, plus qu'aucun autre, je t'apprécie, je t'honore et je t'estime.

SATURIUS.

Tu le prouves bien mal en voulant m'accoutumer ainsi à jeûner.

CAMILLE.

Allons, tranquillise-toi ; tu seras bientôt consolé. Plus on désire manger, et plus ce qu'on mange est agréable et profite.

SATURIUS.

Oui, pour ceux qui ont des estomacs froids et délicats, faibles, remplis de vents, dégoûtés, comme sont ceux de la plupart des savants, qui ont la gravelle, qui sont étiques, et dont la tête est chauve et les yeux chassieux.

CAMILLE.

De parasite, te voilà devenu bien bon médecin. Allons-nous-en, Dulippus, car tu le vois qui bout d'impatience; et le temps s'enfuit comme le vent.

SCÈNE V.
SATURIUS, *seul*.

Quelle vie misérable que celle des amants ! mais bien plus triste encore est celle des malheureux qui ont à supporter leurs caprices ! J'aimerais mieux mourir que d'imiter ces écervelés ! Ils veulent et ne veulent plus ; ils courent et se reposent ; tantôt tristes, tantôt gais, aujourd'hui bien portants, et demain malades. L'amour renferme tous les contrastes : les soupçons, l'injure, l'inimitié, les trêves, les guerres, la paix, la concorde, la colère et les promesses trompeuses. Veut-on le soumettre à la raison ? c'est vouloir tout bonnement se faire regarder par chacun comme un fou. Jamais dépit ne fut si puissant sur un cœur amoureux, qu'un soupir froid et tardif, une seule larme, une prière, un léger signe, un sourire, un salut, un regard dissimulé, ne le changeassent entièrement, et ne parvinssent à l'attendrir : et puis, dites qu'un amoureux a du courage ! Celui qui aime ne peut songer qu'au cher objet de son amour : c'est là qu'est tout son bien, qu'aboutissent tous ses désirs. Il oublie tous les autres soins, toutes ses autres affaires, pour ne s'occuper que de son amour ; et il y en a même qui oublient jusqu'au soin de manger, sans réfléchir

qu'ils se perdent en cherchant à gagner autrui : voilà ce
qui me fait le plus de peine; car mon pauvre corps
souffre le martyre s'il ne se nourrit pas aussitôt que l'appétit me sollicite. Ils ne mangent jamais que lorsqu'ils
y sont forcés; et c'est ainsi que moi et leurs serviteurs
nous portons la peine de leurs folles amours. C'est une
grande folie que d'aimer ici bas quelqu'un plus que soi-
même ; c'est se livrer à de vains désirs, à une ardeur
inutile, aux chagrins, aux espérances trompeuses, à un
malheur certain, au mépris de sa propre existence, que
de suivre plutôt les pas d'un malheureux dont le cœur
est enchaîné, que de celui qui aime à le nourrir et à le
tenir en bon état. Hommes aveugles et insensés, qui
vous laissez imposer le frein le plus dur par une misérable créature, dans laquelle on ne trouve ni vertu ni
esprit! car de la plus laide à la plus belle, il n'y a de difference que la couleur et la grandeur : mais quand la
lumière est éteinte, toutes les beautés se ressemblent et
toutes les femmes sont bâties sur le même patron ; celui qui en essaye une peut se vanter de les avoir toutes
essayées. Mais je rentre au logis; car si Camille ne trouvait pas tout bien apprêté, il me dirait quelques sottises
dont je pourrais me trouver mal.

FIN DU DEUXIÈME ACTE.

ACTE TROISIÈME

SCÈNE PREMIÈRE.

SATURIUS, *seul*.

Quelle chaleur il fait aujourd'hui ! tout est en eau, jusqu'à l'air. Cette saison me paraît à rebours ; car, si je ne me trompe, nous sommes au milieu de l'hiver, et il fait brûlant comme au mois de juillet. Je crois que c'est le bissexte qui est cause de tout ce dérangement. Quel est donc ce soleil qui brille ? Je crois plutôt que c'est la lune. Il me semble que le ciel s'obscurcit; ma tête, mes bras, mes jambes, semblent m'abandonner, tant mes yeux sont appesantis par le sommeil. Je ne suis cependant ni fou ni aveugle ; et si, au premier aspect, je parais un peu échauffé, je suis réellement tout de glace. Oh ! que de monde j'embrasse ! Entendez-vous le tonnerre ? Il me semble qu'il pleut... Que Jupiter puisse arriver, et tous ceux qui sont là haut !... Qui vient de fermer cette porte ? Je voudrais bien le tenir... Que veut dire ceci ? je ne puis me tenir sur mes jambes. Qui me tire ainsi ? Ce n'est pas seulement le ciel, je crois que la terre tourne aussi. J'ai manqué de me jeter par terre. Ne riez pas tant, vous êtes aussi ivres que moi. Allons, chantons une petite chanson: Oh! que le vin était bon ! Vous qui en avez goûté, dites-moi, comment l'avez-vous trouvé? Je sais que ce n'est pas de la piquette, mais de l'excellent muscat ou du malvoisie. Et c'est à ma barbe que l'on dit cela! Je ne sais comment me reposer, et je ne puis me soutenir... Oh! quel son agréable! quel doux concert ! C'est proprement l'onguent bon pour mon mal. Oh! oh! je le disais bien, ma cervelle est en campagne... Mais, comme toutes les fois que le feu s'échappe par en bas la chaleur manque à la marmite, et que l'écume se précipite au fond, ainsi ma cervelle, qui surnageait, revient à sa place, et tout reprend pour moi son aspect ordinaire. Maintenant le soleil me paraît clair et net. Camille sera charmé sans doute que j'aie tout mis en ordre pour le dîner. J'espère en avoir quelque gloire, quoique ce que l'on fait vite soit ordinairement mal fait... Camille ne revient pas encore... Mais qu'il reste tant qu'il lui plaira, mon estomac maintenant me laisse tranquille ; je ne l'entends plus se plaindre, car il cesse de murmurer aussitôt qu'il est bien rempli. Ainsi je ne mourrai pas de faim, car j'ai mangé comme un pauvre diable affamé. Camille s'est bien trompé s'il a cru que je resterais à l'attendre sans manger et sans goûter les plats. Mais il a eu un grand tort, c'est d'avoir fait mettre de si bonne heure le dîner sur le feu. Lorsque le rôti est à son point, il ne faut pas le laisser refroidir : rien ne le gâte plus que de le faire réchauffer ; ce qui doit être succulent et juteux se brûle et se dessèche : c'est un point essentiel dans cet art, et dont il ne faut instruire que les véritables gourmands et les amateurs éclairés. Je n'ai jamais vu de chapons dont les croupions fussent aussi beaux ! N'est-ce pas un véritable péché que de les voir perdre ainsi ? Hélas ! il n'y a plus de remède ! Il faut prendre son mal en patience. Mais Camille n'a pas encore goûté toute l'utilité de cette philosophie, la seule maîtresse du bien vivre. Les princes eux-mêmes recherchent aujourd'hui nos semblables ; et lorsqu'ils ont trouvé quelque homme habile dans ce bel art, ils veulent qu'on ait pour lui l'estime que méritent les personnages les plus éminents : ils ne regardent point au salaire, car l'argent employé pour la table n'est sujet à aucune loi ni à aucune mesure ; et leur principale étude, l'aiguillon qui stimule le plus leur esprit, est de pouvoir vivre au sein des voluptés. Et, pour vous faire part d'un secret connu de peu de monde, le plaisir ne peut loger chez un homme dont l'estomac est vide, attendu que le besoin est le père de la tristesse... Mais quelle est cette femme tout affligée qui, à cette heure, sort de la maison ? Elle doit être fille, ou amoureuse... Si je l'ai bien vue, ce doit être la suivante qui veille si bien sur

Virginie. Cachons-nous près d'ici, afin d'entendre ce qu'elle va dire.

SCÈNE II.

DORIA, *seule*

Que nos maîtresses sont folles ! Elles sont plus vaines et plus légères que la feuille emportée par le vent ; tandis qu'elles pourraient faire tout ce que bon leur semble sans donner lieu à la médisance. Entendent-elles marcher ou cracher derrière elles, vite elles se retournent, comme si on les appelait par leur nom et qu'on les saluât ; les couvrît-on d'or, elles ne sauraient tenir leur amour caché. J'ai vu aujourd'hui au temple des choses... des choses qui n'appartiennent qu'à des amants qui ont perdu la tête : l'un essuyait ses yeux pleins de larmes, l'autre poussait des soupirs enflammés ; celui-ci se frottait le front et les cheveux, celui-là soufflait par la bouche, l'autre par le nez ; plusieurs se mordaient les lèvres, les gants et les doigts, sans faire attention à ceux qui les entouraient. C'est nous qui jouissons des vrais plaisirs de l'amour, parce qu'il nous faut des actions et non des paroles. Lorsque chacun dort, et que nous sommes seules dans la maison, nous introduisons alors l'ami tout doucement, tout doucement ; et il reste à nos côtés jusqu'à ce que le jour paraisse. Il part alors, et ne vient pas tout le long du jour tourner autour de nous, comme on voit des galants auprès de nos maîtresses, pour nous conter des sornettes ; et il n'est pas de ceux qui vont au colombier avec le tambour. Si elles n'entendent pas leur porte retentir chaque jour du bruit des chants et des sérénades, si chaque jour elles ne reçoivent mille messagers, et si elles ne sont courtisées en tout lieu, jamais vous n'obtiendrez d'elles l'objet de vos désirs. Non seulement elles ne veulent pas que vous leviez les yeux sur une autre femme, il faut que vous disiez à chacun que vous vous consumez et que vous mourez pour elles ; car si votre amour n'est connu d'un chacun, n'espérez pas qu'elles aient jamais pitié de vous... Mais, qui sort du logis? N'est-ce point Catille?... C'est lui-même... Malheureuse que je suis? que vais-je faire?... Lui dirai-je la vérité? le tromperai-je? Je ne sais encore quel parti prendre... Cachons-lui tout; mais prenons un air assuré, et ne paraissons point étonnée. Qu'il fasse ce qu'il voudra, je ne dirai rien dont je puisse avoir par la suite à me repentir.

SCÈNE III.
DORIA, CATILLE.

DORIA.

Dieu vous garde, mon maître.

CATILLE.

Que fais-tu ici?

DORIA.

Je rentrais au logis.

CATILLE.

Où est Virginie?

DORIA.

Je viens de la laisser au temple.

CATILLE.

Qui est avec elle?

DORIA.

Sa mère et Lisisca.

CATILLE.

Approche, et parle-moi : mais dis-moi bien franchement la vérité, autrement cela se passera mal entre nous.

DORIA.

Mon maître, si vous me surprenez jamais à vous dire un mensonge, je veux que vous me mettiez sur-le-champ à la porte.

CATILLE.

N'y avait-il pas dans le temple quelque étourneau qui volait autour de ma femme?

DORIA.

Je n'en ai aperçu aucun.

CATILLE.

J'ai bien de la peine à te croire. Mais peut-être me suis-je mal expliqué. Dis-moi, quelqu'un faisait-il les yeux doux à ma femme ?

DORIA.

Oui, j'ai vu quelqu'un la regarder bien souvent.

CATILLE.

Et elle, que faisait-elle ?

DORIA.

Oh ! oh !

CATILLE.

Que faisait-elle ? réponds.

DORIA.

Elle restait tranquille.

CATILLE.

Ah ! tu balances à répondre !... Prends garde que je n'appelle le bâton à mon aide. Regardait-elle quelqu'un ?

DORIA.

Oui, celui qui la regardait.

CATILLE.

Et souvent ?

DORIA.

Souvent.

CATILLE.

Et ensuite, que faisait-elle ?

DORIA.

Je n'ai point vu autre chose.

CATILLE.

Se touchait-elle toujours le visage à la même place, ou lui as-tu vu faire quelque autre signe ?

DORIA.

Il me semble que oui.

CATILLE.

Avec les yeux, la tête ou les mains ?

DORIA.

Je ne me le rappelle pas bien.

CATILLE.

Tu ne veux donc pas parler ?

DORIA.

C'est vous qui me faites perdre la mémoire.

ACTE III, SCÈNE III. 141

CATILLE.

Crachait-elle souvent ?

DORIA.

Oui, quelquefois.

CATILLE.

Et pourquoi ?

DORIA.

Je n'en sais pas la raison : c'est sans doute parce qu'elle en avait besoin.

CATILLE, à part.

Tout ce que me dit cette fille, il semble qu'elle ne le dise que par force. *(Haut.)* Était-elle triste ou gaie ? son visage rougissait-il ou pâlissait-il tour à tour ?

DORIA.

Croyez-vous que j'ai toujours eu les yeux attachés sur elle ? Je m'occupais aussi de mes affaires.

CATILLE.

Et que faisais-tu ?

DORIA.

Ne le devinez-vous pas ? Je disais mes prières. Pourquoi donc va-t-on dans les temples ?

CATILLE.

Aujourd'hui l'on y va pour tout autre chose. C'est là que se font tous ces marchés dont vous savez si bien le métier ; c'est là que toutes les infamies... Mais l'honnêteté m'empêche de dire ce que je ne pourrais répéter sans honte. O Jupiter ! comment peux-tu souffrir qu'on fasse des temples un lieu de prostitution ? Avec qui parlait-elle ?

DORIA.

Avec les personnes qui étaient auprès d'elle.

CATILLE.

Et que disait-elle ?

DORIA.

Ce que les dames ont coutume de dire aujourd'hui entre elles : elle médisait du prochain.

CATILLE.

De qui ? est-ce de moi ?

DORIA.

Non ; mais de telle ou telle femme dont le nom lui venait le premier à la bouche.

CATILLE.

Parlait-elle en secret ?

DORIA.

Certainement, de manière que chacun ne pouvait l'entendre.

CATILLE.

Pourrais-tu maintenant me dire quel est celui qu'on voit toujours rôder autour de ma femme ?

DORIA.

En vérité, mon maître, je ne le connais pas ; et je ne crois pas l'avoir jamais vu ailleurs.

CATILLE.

Te semble-t-il jeune ou vieux ?

DORIA.

C'est un fort beau garçon, et qui paraît avoir vingt ans tout au plus.

CATILLE.

Quelle taille a-t-il ?

DORIA.

Il doit être plus grand que vous d'une palme environ.

CATILLE.

A-t-il la figure pâle ?

DORIA.

Il est frais comme une rose.

CATILLE.

Quelle est la couleur de ses cheveux ?

DORIA.

Parfaitement noire ; et de ma vie je n'en ai vu de si beaux.

CATILLE.

Je veux que tu tâches de savoir son nom.

DORIA.

Comment faudra-t-il m'y prendre ?

CATILLE.

Mets-toi ce soir sur le balcon, questionne Virginie sur

ceux qui passent ; et quand notre galant viendra à paraître, dis-lui : « Voilà bien le jeune homme le plus
» beau et le plus élégant de tous ceux que nous avons
» vus aujourd'hui ; qui est-il ? » Regarde alors si elle
soupire et change de visage, et si elle le suit longtemps
des yeux. Tu pourras même ajouter : Oh ! combien doit
» être heureuse celle qui possède un tel mari ! combien
» ses serviteurs doivent être contents de lui obéir ! »
Prononce ces mots de manière à mériter sa confiance.
Tu peux dire aussi que tu ne crois pas qu'il y ait au
monde une femme capable de lui résister ; fais-lui entendre que tu pardonnerais tout à celle qui l'aimerait,
et que tu lui tiendrais même le sac.

DORIA.

Je le veux bien. Mais sachez que ma maîtresse est
fine.

CATILLE.

Qu'elle le soit autant qu'elle voudra, on est si aveugle quand on aime, qu'on se jette soi-même dans le
piège. D'ailleurs les femmes aiment volontiers à faire
confidence de ce qu'elles font. Connais-tu celle qui vient
de ce côté ?

DORIA, à part.

O ciel ! c'est Virginie. Je n'ai rien de mieux à faire que
de m'en aller. (Elle veut sortir.)

CATILLE, la retenant.

Reste ici, je te prie, et ne t'éloigne pas.

DORIA.

Surtout n'allez pas lui répéter ce que je vous ai dit.

SCÈNE IV.

DORIA, CATILLE, VIRGINIE, SOSTRATE, DROMOS.

VIRGINIE.

Bonjour.

CATILLE.

D'où venez-vous ?

VIRGINIE.

Du temple de Vesta.

CATILLE.

Vous voilà devenue bien dévote.

VIRGINIE.

Je fais ce que je vois faire aux autres.

CATILLE.

Dieu le veuille ainsi !

SOSTRATE.

Ne lui reprochez point sa bonne conduite.

CATILLE.

Et qu'y avez-vous fait ?

VIRGINIE.

Ce qu'on a l'habitude d'y faire.

CATILLE.

Y avait-il quelque chose que vous puissiez désirer ?

VIRGINIE.

Vous savez si j'aime autre chose que vous, vous à qui j'ai donné mon amour et ma foi.

CATILLE.

Si ce que vous me dites était vrai, vous me rechercheriez à toutes les heures du jour, au lieu de m'éviter. Croyez-vous que j'ignore la conduite que vous avez tenue aujourd'hui au temple ?

VIRGINIE.

Malheureuse que je suis ! que viens-je d'entendre ? Quelle faute, dites-moi, quel péché ai-je commis ?

CATILLE.

Vous voyez comme elle fait l'innocente.

SOSTRATE.

C'est parce qu'elle n'a rien à se reprocher.

VIRGINIE.

Il faut avouer que je suis née sous une bien malheureuse étoile ! Plus je m'efforce à me bien conduire, et plus je me vois exposée aux soupçons d'un jaloux. Hélas ! je ne sais plus ce que je dois faire.

CATILLE.

Voyez si ce qu'elle dit ne semble pas partir du fond de son cœur !

VIRGINIE.

Plût au ciel que ce que je dis ne fût pas vrai ! je serais alors plus heureuse qu'aucune autre femme ; tandis qu'il n'en est pas de plus à plaindre et de plus infortunée. J'ai trop d'amour et de respect pour toi ; et je te révère comme une chose sacrée... Mais nous sommes bien folles d'aimer qui ne nous aime pas.

CATILLE.

A-t-on jamais vu plus d'impudence ? A-t-elle changé de visage ou de voix ?

SOSTRATE.

La vérité est toujours bien puissante.

CATILLE.

Si ce qu'elle dit était vrai, elle n'aurait pas la force de nier, et elle resterait muette devant moi. Elle ne me connaît pas.

VIRGINIE.

Je ne te connais que trop pour mon malheur. Plût au ciel que ceux qui m'ont unie à toi t'eussent connu aussi bien ! ils m'auraient noyée de leurs propres mains avant de me faire ta femme ; ils m'auraient donné auparavant du poison ; et je l'aurais accepté avec plaisir plutôt que d'avoir un si fâcheux mari.

CATILLE.

On ne répond à un semblable discours qu'avec le bâton.

SOSTRATE.

C'est son amour qui la fait parler ainsi.

CATILLE.

Dites plutôt son orgueil. Non, je ne sais comment on peut supporter une femme pareille.

DROMOS.

Mon maître, souffrez...

CATILLE.

Que veux-tu que je souffre ? J'aimerais mieux d'abord me jeter à l'eau.

DROMOS.

Calmez un peu votre colère. Éloignez-vous d'ici, et

votre transport se passera lorsque vous ne la verrez plus.

CATILLE.

Sortons, car je sens que je ferais quelque sottise.

DROMOS, à part.

Si tu en faisais une ce ne serait pas la première.

SCÈNE V.
SOSTRATE, VIRGINIE, DORIA.

SOSTRATE.

Que lui as-tu donc fait, ma chère fille, pour l'irriter ainsi contre toi ?

VIRGINIE.

Trop de bien.

SOSTRATE.

Ne parle point ainsi : songe qu'il est ton mari.

VIRGINIE.

Et lui, doit-il oublier que je suis sa femme, et m'accabler chaque jour de mille outrages ?

SOSTRATE.

Crains de te tromper. Ne sais-tu pas, ma chère Virginie, que les femmes doivent être soumises à leur mari ?

VIRGINIE.

Ils ne doivent pas mépriser tous nos désirs.

SOSTRATE.

Sans doute, lorsqu'ils sont justes.

VIRGINIE.

O ma mère, il n'en est pas de plus legitimes ! Mais si tu savais comme il me traite, tu en serais indignée.

SOSTRATE.

Peut-être est-il malade ?

VIRGINIE.

S'il l'était, irait-il courant çà et là, et veillant toute la nuit jusqu'à ce que le jour se lève ?

SOSTRATE.

Plus tu te fâcheras contre lui, plus il cherchera à s'amuser ailleurs. Il vaut mieux t'efforcer de lui plaire. Caresse-le, aie pour lui de l'estime et du respect ; et si tu ne peux l'aimer, feins-le du moins : donne-lui quelquefois des marques d'amour; assieds-toi sur ses genoux, présente-lui son manteau lorsqu'il veut sortir. Lorsqu'il rentre, dis-lui qu'il est le bienvenu : s'il semble fâché, fais-lui bon visage ; s'il murmure contre toi, n'aie pas l'air d'y faire attention.

VIRGINIE.

S'il passe tous ses jours et toutes ses nuits à s'amuser, s'il s'éloigne de moi autant qu'il peut, dis-moi, ma mère, faut-il que je ne m'en plaigne pas ?

SOSTRATE.

Qui sait s'il n'est pas obligé de sortir ? Ne te suffit-il pas qu'il revienne chez lui ? et faut-il qu'il soit toujours à tes ordres ?

VIRGINIE.

Hélas! que je suis loin de l'avoir à mes ordres! Mais je veux bien me taire par modestie. Entre autres bonnes qualités, je ne crois pas qu'il y ait jamais eu au monde un homme plus jaloux. Il a tordu le cou à mon perroquet et à ma pie, parce qu'il craignait qu'ils ne me rapportassent les messages de l'un ou de l'autre ; et il a fait noyer mon petit chien blanc, parce qu'il couchait quelquefois dans mon lit. Et ne croyez pas qu'on trouve seulement dans ma chambre ni lait, ni citron, ni livre, ne plume, ni papier, ni encre, ni écritoire, avec quoi je puisse seulement écrire mon blanchissage.

SOSTRATE.

C'est une marque que lui seul veut jouir de toi.

VIRGINIE.

Que n'a-t-il eu toujours ce désir ! Mais il est jaloux des balles mêmes : il craint qu'elles ne renferment autre chose que de la laine et du vent. Et, puisqu'il faut le dire, il n'y a pas jusqu'à mes frères et sœurs, jusqu'à mes parents, jusqu'à vous même, ô ma mère, dont il ne soit jaloux.

SOSTRATE.

Et que peut-il craindre de moi ?

VIRGINIE.

Il ne croit pas que vous me mettiez en tête de mauvaises pensées : je ne l'imagine pas, du moins ; mais il a dans l'esprit que vous fermez les yeux, ou que vous êtes aveuglée, comme lorsque vous me l'avez donné pour mari.

SOSTRATE.

Ma chère fille, parlons d'autre chose ; car je ne puis croire tout le mal que tu me dis.

VIRGINIE.

Hélas ! ses mauvais traitements ne se bornent pas là ; partout où je vais il attache des espions à mes pas ; et celle-ci le sait bien, elle qui est la cause de tous mes chagrins.

DORIA.

En quoi, je vous prie ?

VIRGINIE.

En lui rapportant sans cesse plus que je n'en dis et plus que je n'en fais.

DORIA.

Je n'ai point l'habitude de faire du mal.

VIRGINIE.

Ah ! vous êtes toutes bavardes comme des cigales. Qui peut lui avoir appris, si ce n'est toi, tout ce que j'ai fait dans le temple !

DORIA.

Je l'ignore. Tout ce que je sais, c'est que je ne lui ai jamais rien dit de semblable.

VIRGINIE.

De quoi parlais-tu avec lui ?

DORIA, hésitant.

Nous parlions...

VIRGINIE.

Je le sais.

DORIA.

Des affaires du ménage.

VIRGINIE.

Voyez comme elle a bientôt trouvé une excuse ! Oserais-tu dire le contraire ?

DORIA.

Sans doute, je le dirais, et je ne serais pas battue pour cela.

VIRGINIE

Tu pourras en faire ton profit, si tu as de la tête. Rappelle-toi bien les paroles que je te dis.

DORIA.

Ma chère maîtresse, apprenez-moi ce que vous voulez que je fasse.

VIRGINIE.

Je sais que tu comprends au premier coup ce que je veux.

DORIA.

Je ne suis cependant pas sorcière.

VIRGINIE.

Il suffit ici que tu n'ouvres plus la bouche.

SOSTRATE.

Ma fille veut dire qu'il n'est pas bien de répéter ce qu'on a vu, surtout lorsqu'on a affaire à des gens trop crédules.

SCÈNE VI.

SATURIUS, DORIA.

SATURIUS.

Ne t'éloigne pas, j'ai deux mots à te dire.

DORIA.

A qui en veut cet original ?

SATURIUS.

Ne le vois-tu pas ? C'est à toi.

DORIA.

Laisse-moi : tu te trompes, sans doute.

SATURIUS.

Crois-tu que je sois fou, aveugle, ou pris de vin ?

DORIA.

Tes actions et ton visage le montrent assez clairement.

SATURIUS.

Ma chère amie, tu as tort de me dire des injures.

DORIA.

Et toi de vouloir me retenir. Je n'ai jamais vu un pareil importun.

SATURIUS.

Demeure encore un instant. A quoi bon tant te presser ?

DORIA.

J'ai affaire.

SATURIUS.

Et moi je cherche à faire ; de grâce, demeure un intant.

DORIA.

Qui es-tu ?

SATURIUS.

Un de tes amis.

DORIA.

Je ne t'ai jamais vu.

SATURIUS.

Tu ne t'en souviens pas ? cela est fâcheux pour moi. Mais tu feins de ne pas me reconnaître.

DORIA.

En vérité, je ne te connais pas.

SATURIUS.

Comment, tu ne remets pas celui qui est ton serviteur, un infortuné qui brûle, qui transit, qui se meurt pour toi?

DORIA.

Tu peux mourir pour quelque autre que moi ; car je ne suis pas aussi belle que tu veux bien le dire.

SATURIUS.

Tout me plaît dans ta personne, tes manières, ton air, tes paroles gracieuses, tes yeux voleurs de cœurs.

DORIA.

Cesse, je te prie, de te moquer de moi.

SATURIUS.

Non, par ma foi. Ne sais-tu pas qu'il n y a de beau que ce qui plaît ?

DORIA.

Explique-toi donc sur ce que tu veux.

SATURIUS.

Laisse-moi prendre cette main, et ne rebute pas ma tendresse, tout indigne que je sois de toi.

DORIA.
Veux-tu quelque autre chose ?
SATURIUS.
Je voudrais être entièrement satisfait.
DORIA.
Parle donc.
SATURIUS.
Sache que mon maître est amoureux fou de ta maîtresse; il l'aime plus que lui-même, et ne saurait vivre un instant sans elle.
DORIA.
Ah ! ah! voilà donc l'amour que tu me portes ! J'avais bien raison de m'étonner des caresses dont tu m'accablais.
SATURIUS.
Je t'en ferai davantage encore, car je prétends te remplir et la bourse et le corps.
DORIA.
Prends garde de me mettre dans un état dont j'aie par la suite à me repentir ; je perdrais l'honneur et l'existence, et tu serais cause de ma ruine.
SATURIUS.
Ne crains rien.
DORIA.
N'ajoutes-tu rien à ces paroles ?
SATURIUS.
Je veux y ajouter tout ce que j'ai de plus cher.
DORIA.
Mon maître est extrêmement brave.
SATURIUS.
Que peux-tu redouter ? l'homme jaloux n'est guère dangereux ; et si ta maîtresse est satisfaite, quel danger peut-il y avoir ?
DORIA.
Je ne redoute rien de sa part. Mais, qui m'assurera que ce que tu me dis soit la vérité ?
SATURIUS.
Le bon visage que ta maîtresse fait à mon maître.

DORIA.

Quant à cela je n'en sais rien.

SATURIUS.

Je ferai en sorte que tu le voies bientôt toi-même.

DORIA.

Mais qui me préservera du courroux de Catille ?

SATURIUS.

Ma foi, que je veux te donner pour gage.

DORIA.

On n'a pas aujourd'hui grande confiance en un pareil gage.

SATURIUS.

Celui qui montre tant de défiance ne conduit jamais bien ses affaires. Consens à ce que je veux, et ne crois pas que tu en deviennes plus pauvre : argent, habits, tout ce que tu désires, tu l'auras avant d'ouvrir la bouche.

DORIA.

Je suis toute disposée : or, sus, que dois-je faire ?

SATURIUS, à part.

Maintenant elle se ferait tuer pour moi. *(Haut.)* Lorsque tu verras Virginie, seule et mécontente, se plaindre de son mari, comme cela arrive souvent à la plupart d'entre vous, dis-lui : *Madame, j'ai à vous faire part d'un secret que je ne voudrais pas, pour tout ce que j'ai de plus cher au monde, que vous répétassiez à votre mari.* Elle te dira aussitôt: *Apprends-moi ce que c'est ;* car toutes les femmes sont avides de s'instruire. Alors tu lui diras que l'aimable Camille soupire et meurt pour elle mille fois le jour ; qu'il ne demande point ce que désirent tous les autres amants, mais qu'il ne veut que pouvoir lui exprimer l'amour excessif qu'il a pour elle, et tous les vœux qu'il fait pour son bonheur.

DORIA.

Cette demande me semble un avis du ciel. Désires-tu quelque autre chose ?

SATURIUS.

Non, pour le moment.

ACTE III, SCÈNE VIII.

DORIA.

Je vais l'instruire de ce dont tu m'as chargé, et je viendrai t'apprendre ce qu'elle m'aura répondu.

SCÈNE VII.

SATURIUS, *seul*.

J'ai su si bien manœuvrer, que j'ai gagné mon écot. Si Doria tient sa promesse, tout ira bien : Camille sera heureux, et je pourrai à mon tour contenter tous mes désirs ; car je remplirai mon estomac d'autre chose que de vent et de belles promesses. Je vais le satisfaire avec des bécasses, des faisans, des cailles, des étourneaux, des ortolans, des perdreaux, des becfigues ; non avec des mets de mendiants, mais avec des tourterelles, des paons, et toutes sortes de bons morceaux. Et comme Vénus est glacée si Cérès ne s'unit souvent à Bacchus, je crois que le rôti vaut mieux que le bouilli, lorsqu'on y joint certains vins pétillants ; quoique dans cette saison un vin franc me paraisse plus sain et plus agréable. Je pourrai donc manger toute la journée ! Oh ! comme je vais engraisser ! Je deviendrai luisant comme un miroir. Non, je ne vieillirai plus ; car les pensées qui accélèrent la vieillesse ne me donneront plus de souci : je vivrai dans les festins et dans la joie ; et Dulippus va en avoir tant de dépit dans le cœur, que j'espère bien qu'il en crèvera. Et tout arrivera à sa barbe ; car je fais sans peine ce qu'il ne parvient à faire qu'à force de fatigue : j'aurai désormais toutes les bonnes grâces du patron, et il verra chaque jour diminuer son crédit. Mais, que vois-je sortir du temple ? On dirait la figure d'Apollonia. Oh ! le sot oiseau ! la ridicule tournure ! Dulippus a été bien imbécile de la prendre pour aide, sourde, aveugle et gauche comme elle est.. Je veux l'attendre, et me moquer d'elle comme elle le mérite.

SCÈNE VIII.

SATURIUS, APOLLONIA.

SATURIUS.

Ma bonne mère, que cherchez-vous ?

9.

APOLLONIA.

Sois sûr que ce n'est pas toi.

SATURIUS.

Je le savais d'avance

APOLLONIA.

Je cherchais quelqu'un dont j'ai oublié le nom.

SATURIUS.

Je le connais : c'est un homme de bien.

APOLLONIA.

Et où se tient-il ?

SATURIUS.

Je ne sais pas trop la maison.

APOLLONIA.

Je crois que tu te moques de moi.

SATURIUS.

Ce n'est pas ici le moment. Vous devez faire ce que vous voulez. Mais, est-il possible que vous ne me connaissiez pas ?

APOLLONIA.

O mon bon Saturius ! je te demande bien pardon ; mais c'est la faute de la vieillesse : je n'y vois plus aussi bien qu'autrefois.

SATURIUS.

C'est-à-dire que tu n'as plus d'yeux que pour Dulippus.

APOLLONIA.

Brisons là-dessus. Et toi, comment cela va-t-il ?

SATURIUS.

Mieux que jamais. Et toi, comment te portes-tu ?

APOLLONIA.

Chaque jour de mal en pis ; car aujourd'hui les maris et les parents nous enlèvent nos meilleurs profits.

SATURIUS.

Aurais-tu pour moi quelque petite chose dont aucun homme ne se fût encore jamais servi ? où je pusse aller à toute heure sans peine, et sans crainte des armes, des pierres, des bâtons, des parents, des amis ?

APOLLONIA.

Il n'en manque pas aujourd'hui ; tu auras ce qu'il te

faut. Mais maintenant je ne puis m'occuper beaucoup de toi. Porte-toi bien ; et une autre fois reviens me trouver

SCENE IX.
APOLLONIA, DULIPPUS.

APOLLONIA.

Je voudrais maintenant avoir cent yeux, pour découvrir Camille en cent endroits, tant j'ai besoin de le rencontrer. Mais je ne puis ici parvenir à le voir. Je n'aperçois entrer ni sortir personne qui puisse m'indiquer où je le trouverai. Quel chemin prendrai-je ?... Celui-ci, ou celui-là... Dans l'incertitude où je me trouve, je ne sais pour lequel me décider. Il m'a semblé que j'entendais cracher son valet. Ah ! voilà justement mon cher Dulippus qui arrive tout à propos.

DULIPPUS.

Bonjour, ma bonne mère Que viens-tu faire ici ? Te voilà bien joyeuse. Apportes-tu quelques bonnes nouvelles ?

APOLLONIA.

Tu les sauras bientôt. Où est Camille ?

DULIPPUS.

Je ne sais ; mais il ne peut tarder bien longtemps à revenir pour dîner. Il vaut mieux que nous rentrions tous les deux au logis, et que nous nous reposions en l'attendant.

FIN DU TROISIÈME ACTE.

ACTE QUATRIÈME

SCÈNE PREMIÈRE.
PAMPHILA, UNE SUIVANTE.

PAMPHILA.

On trouvera peut-être qu'en sortant ainsi je manque à la bienséance, et je serai sans doute blâmée. Mais quelle femme, si vertueuse qu'elle soit, pourrait demeurer au logis, lorsque j'apprends des choses qui me glacent et me font mourir de douleur ? A ma place toute autre ferait pis encore ; elle ne resterait pas une seule minute chez elle. Je doute si je veille ou si je dors ; si j'ai changé de figure, de nom ou de mari ; si j'ai la tête bien saine. Cette lettre est cependant bien de la main de mon mari. Il m'y traite comme sa maîtresse. Il faut sans doute que le porteur se soit trompé de demeure et de nom, et que son cœur brûle pour quelque autre femme. Malheureuse que je suis ! je ne vois que trop maintenant d'où provient son aversion, pourquoi il me fuit, pourquoi il me prive de mes droits d'épouse ! Ah ! c'est son amour pour une autre qui l'aveugle ! Il lui aura promis de le lui prouver par ses actions, tandis que je dois me contenter des paroles ; car le cœur de l'homme ne peut brûler à la fois de deux amours semblables. Ah ! qu'il vaudrait bien mieux pour moi, tandis que je le puis encore, chercher un autre mari ! Si le mien ne peut me souffrir lorsque je suis loin de lui, comment pourra-t-il sans cesse me voir à ses côtés ? Que ferai-je ? Tenterai-je un semblable moyen ? Différons encore, et essayons une dernière épreuve : il n'y a pas de mal sans remède. Comme le hasard nous sert parfois selon nos vœux ! Cette méprise ne pouvait avoir lieu plus à propos. Si le courage et l'habileté ne me manquent pas, je saurai déjouer les projets de mon volage époux ; peut-être même pourrai-je en retirer le fruit qu'il réserve à une autre ; et cette ruse innocente lui sera même profitable. Mais comme reculer tantôt, et tantôt aller en avant fait souvent découvrir la ruse, je me suis rendue sur-le-champ aux désirs de Camille, et je lui ai fait savoir que j'étais disposée à lui consacrer cette nuit. Toutefois, je ne lui ai répondu que de vive voix, parce que si je venais à changer d'avis, je ne voudrais pas avoir contre moi une lettre pour témoin : il ne faut pas agir comme la plupart des femmes, qui s'amusent à écrire des balivernes au premier venu, pour se donner de l'importance ; elles ont souvent sujet de s'en repentir, mais alors il est trop tard. L'aiguille et le fuseau voilà notre métier, et non celui d'écrire. Mais je ne veux pas dire tout ce que je pense de notre sexe, et j'en reviens à ce qui me touche. J'ai indiqué à Camille le signal, l'heure, le lieu et la manière ; et si, comme je l'espère, il vient à la brune me trouver au milieu des sarments, de la paille et du foin, je n'ouvrirai la bouche que lorsque les bêtes de somme resteront tranquilles.

LA SUIVANTE.

Ma chère maîtresse, partons, je vous en conjure. Il ne convient pas que nous restions plus longtemps en cet endroit : il commence à se faire tard, et Camille pourrait encore nous reconnaître.

SCÈNE II.
APOLLONIA, CAMILLE.
APOLLONIA.

Je t'ai dit qu'elle ne pouvait te recevoir chez elle, parce que son mari ne la quitte pas plus que son ombre. Mais tu pourras la voir chez son parent ; car les bons parents se rendent service les uns aux autres ; et comme les chiens poussent la bête dans les filets, ils conduisent de même la beauté dans le piège. Nous sommes les chiens, nous autres, et les parents sont les filets : et vous savez, mesdames, si ce que je vous dis est vrai.

CAMILLE.

Non, il n'exista jamais un plus heureux amant que moi, si ce que tu m'as dit réussit.

APOLLONIA.

Tu n'as rien à craindre ; j'ai bien pris toutes les mesures.

CAMILLE.

Que tout ce que tu me dis m'enchante !

APOLLONIA.

Je crois bien que tu dois être enchanté. Fais en sorte cependant de ne rien négliger. Sois hardi dans tes discours, et prompt dans tes actions ; ne fais pas de cérémonies comme la plupart des amants, car tu pourrais fort bien ne plus obtenir un second rendez-vous.

CAMILLE.

J'aime fort tes conseils. Mais crois-tu que ce soit là le premier combat que j'aie livré ?

APOLLONIA.

Je n'ai pas de peine à croire le contraire.

CAMILLE.

Non, il n'y a pas d'Espagnol aussi ardent à monter sur la brèche d'un château, que je le serai à emporter d'assaut l'objet de mes désirs.

APOLLONIA.

J'en connais beaucoup qui ne sont hardis qu'en paroles.

CAMILLE.

Il est vrai ; mais ce sont des hommes lâches et menteurs Les faits d'ailleurs feront foi de ce que j'avance.

APOLLONIA.

Au revoir donc jusqu'à demain matin.

CAMILLE.

Au revoir. *(La rappelant)* Écoute encore un instant.

APOLLONIA.

Que te manque-t-il ?

CAMILLE.

Crois-tu que je doive mener avec moi quelque ami ?

APOLLONIA.

Pour quelle raison ?

CAMILLE.

Quelqu'un pourrait venir m'attaquer.

ACTE IV, SCÈNE IV.

APOLLONIA.

Tout à l'heure, tu faisais tant le courageux !

CAMILLE.

La prudence ne défend pas de craindre le mal qui peut nous survenir.

APOLLONIA.

Si tu mènes quelqu'un avec toi, n'en dis mot à ta belle, parce que cela pourrait te nuire.

CAMILLE.

Je ne suis pas si sot. Je lui dirai que je me fie à peine à moi-même, et que tout ce que je ferai sera comme caché dans le sein de la terre.

APOLLONIA.

Ah ! c'est ainsi que les pauvres femmes sont toujours vos dupes !

CAMILLE.

Ce n'est pas pour la tromper que j'en agis ainsi.

APOLLONIA.

Je comprends bien que tu le fais à bonne intention. Maintenant dis-moi si tu as encore besoin d'autre chose.

CAMILLE.

Non, pas dans le moment.

APOLLONIA

Je suis toujours à tes ordres.

SCÈNE III.

CAMILLE, *seul.*

Trompé dernièrement par mon horloge, j'ai été mis au croc pour avoir manqué l'heure du rendez-vous que m'avait indiqué ma belle : elle se fâcha de m'avoir attendu, et j'en fus pour ses reproches. Il est vrai que c'est à nous d'attendre ; et je pense que je ferai bien de me mettre en route avant que l'horloge ait marqué l'heure.

SCÈNE IV.

SATURIUS, CAMILLE, DULIPPUS.

SATURIUS.

Maître, je te salue.

CAMILLE.

Eh bien ! qu'y a-t-il de nouveau ?

SATURIUS.

Bonnes nouvelles !

CAMILLE.

J'en suis charmé pour toi.

SATURIUS.

J'ai parlé à la servante de Virginie : à force de prières et de promesses je l'ai disposée à faire tout ce qui pourra te plaire ; et je l'attends ici pour connaître la marche que nous devons suivre.

CAMILLE.

Tu n'en auras pas les étrennes.

SATURIUS.

J'y compte bien, cependant.

CAMILLE.

Tu n'as pas été le premier à me parler.

SATURIUS.

Je suis bien sûr d'être le premier.

CAMILLE.

Comment !... Et Apollonia vient à la minute de m'instruire de tout.

SATURIUS.

Camille, prends-y bien garde ! je crains qu'elle ne s'entende avec ton valet pour te tromper.

DULIPPUS.

Eh ! monsieur le parasite, parlez un peu plus honnêtement, je vous prie.

CAMILLE.

Quelle preuve as-tu de ce que tu m'avances !

SATURIUS.

Je viens de la voir sortir de chez ta femme.

CAMILLE.

Ma femme !

SATURIUS.

Oui, ta femme.

CAMILLE.

Et qu'a-t-elle à faire avec elle

SATURIUS.

C'est ce que j'ignore. Mais je ne pense pas que ce soit dans des vues bien honnêtes. Elle lui aura tout rapporté.

CAMILLE.

Et à quel dessein ?

SATURIUS.

Afin de vous empêcher de vivre en paix, et de l'amener plus facilement à ses fins.

CAMILLE.

Et tu crois que ma femme pourrait me tromper ?

SATURIUS.

Tu la trompes bien toi-même.

CAMILLE.

Je ne puis résister à l'amour.

SATURIUS.

Elle obéira à la rage et au dépit.

CAMILLE.

Il m'est impossible de le croire. Qu'en penses-tu, Dulippus ?

DULIPPUS.

Que c'est cette mauvaise langue qui te trompe et qui te met martel en tête.

CAMILLE.

Saturius, va vite me chercher Apollonia ; amène-la ici ; je veux avoir sur-le-champ une explication avec elle. Il faut que je sache définitivement celui de vous qui cherche à me tromper.

SATURIUS.

As-tu encore d'autres ordres à me donner ?

CAMILLE.

Non, cela me suffit.

DULIPPUS.

Mon maître, si vous trouvez que je ne vous trompe pas, faites-moi le plaisir de chasser ce misérable, et ne vous chargez plus de lui remplir l'estomac.

CAMILLE.

Je le veux bien. Mais si je découvre le contraire...

DULIPPUS.

Je consens à mon tour à être chassé si loin que je ne puisse jamais plus vous voir. Les parasites ont toujours été mal avec les valets ; et je conviens que nous avons pour eux une haine bien cordiale ; mais eux, pour satisfaire leur gourmandise, il n'est pas de mal qu'ils n'inventent.

CAMILLE.

Malheureux que je suis ! à qui dois-je croire désormais ?

DULIPPUS.

Ayez confiance en ceux qui n'ont jamais eu l'habitude de vous tromper ; croyez à ce que vous voyez, et non à de vaines paroles.

CAMILLE.

J'espère bientôt sortir de cette incertitude cruelle ; sans doute qu'Apollonia me dira la vérité.

SCÈNE V.
SATURIUS, CAMILLE, DULIPPUS, APOLLONIA.

SATURIUS.

Te semble-t-il que j'ai été assez prompt à te l'amener ?

APOLLONIA.

C'est parce que j'ai bien voulu venir sans m'arrêter. Mais qu'est-ce que tout cela veut dire ? Ces parasites ne savent jamais que se vanter.

CAMILLE.

Répète-moi un peu où tu es allée de ma part.

APOLLONIA.

J'ai été trouver l'objet de tes désirs.

CAMILLE.

Et où demeure-t-il ?

APOLLONIA.

Dans la rue Sacrée.

CAMILLE.

A quelle distance du Capitole ?

APOLLONIA.

La quatrième porte avant.

ACTE IV, SCÈNE V.

CAMILLE.
C'est justement la maison que je voulais éviter.

APOLLONIA.
C'est cependant bien celle que Dulippus m'a enseignée.

DULIPPUS.
Tu en as menti.

APOLLONIA.
Comment! n'est-ce pas cette rue-là que tu m'as nommée?

DULIPPUS.
Oui, c'est bien la rue en effet.

APOLLONIA.
A main droite?

DULIPPUS.
Je n'en disconviens pas.

APOLLONIA.
Je ne me suis donc pas trompée.

DULIPPUS.
Cela n'en est pas moins sûr. De qui t'ai-je dit qu'elle était la femme?

APOLLONIA.
De Camille.

DULIPPUS.
C'est de Catille, que je t'ai dit.

APOLLONIA.
Non, non, c'est de Camille.

CAMILLE.
Mais Camille est mon nom.

APOLLONIA.
C'est cependant celui qu'il a prononcé.

DULIPPUS.
Cela n'est pas vrai.

APOLLONIA.
Oui, c'est le nom que tu m'as indiqué, misérable valet

DULIPPUS.
Écoutez donc cette vieille sorcière.

APOLLONIA.
Tais-toi, vaurien.

DULIPPUS.

Prends garde que je ne t'arrache les yeux.

APOLLONIA.

Et moi, que je ne te dégage le cerveau de la fumée de ton vin.

CAMILLE.

Allez tous au diable, et qu'aucun de vous ne se hasarde à mettre le pied dans la maison.

SATURIUS.

Ne t'avais-je pas bien dit, Camille, qu'il y aurait quelque tromperie sous jeu.

CAMILLE.

Tais-toi aussi, et ne me tourmente pas davantage.

SCÈNE VI.

CAMILLE, *seul*.

Un amant est toujours la proie des valets, des messagers, des suivantes : il ne peut éviter de confier son secret ; et lorsqu'il est réduit à cette extrémité, il est bien rare qu'il ne soit pas trompé. Oui, j'ai plus de dépit de ce que Dulippus se soit moqué de moi, que de n'avoir pu atteindre le but de mes désirs. Mais c'est ce qui sans cesse arrive à tout amant.

SCÈNE VII.

CAMILLE, SATURIUS, DORIA.

SATURIUS.

Quelles nouvelles apportes-tu ?

DORIA.

Celles que je t'ai promises, les meilleures que ton maître entendit jamais.

SATURIUS.

Réfléchis bien à tes paroles.

DORIA.

Oh ! j'y ai bien pensé.

SATURIUS.

Ne me fais pas voir la lune en plein midi.

DORIA.

Je suis folle, peut-être ?

SATURIUS.

Je te crois une bonne tête, puisque tu ne te fâches pas de certains souvenirs. Mais je veux que tu racontes à Camille tout ce qui en est.

CAMILLE.

Qui est là ?

SATURIUS.

Quelqu'un qui t'aime, une de tes vraies amies. Approche.

CAMILLE.

Il ne manquait plus que cela.

DORIA.

Je suis donc venue à propos.

CAMILLE.

Pour me faire quelque histoire.

DORIA.

Ce n'est pas là mon usage.

CAMILLE.

Ce serait un vrai miracle.

DORIA.

Je ne pouvais vous apporter une nouvelle plus heureuse.

CAMILLE.

Le mal se déguise souvent sous l'apparence du bien ; mais l'homme l'éviterait sans peine, s'il se montrait sous la forme du mal.

DORIA.

Je puis vous jurer que je ne vous trompe pas ; je ne suis pas de ces femmes à la tête légère. Si vous ressentez en effet pour ma maîtresse tout ce qu'elle éprouve pour vous, vous serez aisément au comble de vos vœux.

CAMILLE.

Eh quoi ! ne lui ai-je pas dit que je brûle à toutes les heures de la vie ?

DORIA.

La pauvrette de son côté se consume et dépérit. Elle ne dort plus.

CAMILLE.

Et moi je mange à peine.

DORIA.

Elle ne fait que penser à vous.

CAMILLE.

Et moi je la porte en mon cœur.

DORIA.

Pour cela, Dieu le sait.

CAMILLE.

Qu'est-ce que tu veux dire ?

DORIA.

Que vous avez plus d'amourettes à vous seul que le mois de mai ou que le printemps ne produit de fleurs.

CAMILLE.

Tu as tort.

DORIA.

Dites-moi; croyez-vous que je ne voie pas, lorsque vous êtes au temple, vers combien d'endroits vous dirigez vos regards, et à combien de belles vous faites des signes?

CAMILLE.

Tu as pu, il est vrai, te l'imaginer ; mais si je regarde tantôt l'une et tantôt l'autre, c'est pour que tout le monde ne s'aperçoive pas de mon amour.

DORIA.

Cette raison est fort bonne pour ceux à qui elle plaît. Quant à moi, je suis venue pour vous faire plaisir, et non pour vous faire de la peine. Je vous dirai donc que Virginie est prête à tout ce que vous désirez, et même, si vous y consentez, à vous prendre pour époux.

CAMILLE.

Et comment cela pourrait-il être ? N'a-t-elle pas resté trois années avec Catille ?

DORIA.

Oui ! mais il n'y a pas la moindre différence entre elle et ta nouvelle épouse.

CAMILLE.

Quoi ! serait-il possible que tu dises la vérité ?

DORIA.

Rien n'est plus certain, quoique cependant le cas soit assez rare.

CAMILLE.
Je suis fâché qu'elle ait perdu en vain autant de temps; mais je vois avec plaisir qu'elle en soit encore là aujourd'hui.
DORIA.
Il faut toujours prendre en bonne part ce qui nous arrive.
CAMILLE.
Je veux que tu m'instruises de tout en détail.
DORIA.
Je ne suis venue que dans ce dessein.
CAMILLE.
Il vaut mieux alors que nous rentrions au logis.
DORIA.
Entrons. Mon seul désir est de vous satisfaire.

FIN DU QUATRIÈME ACTE.

ACTE CINQUIÈME

SCÈNE PREMIÈRE

CATILLE, *seul.*

Est-il un plus grand malheur que de posséder une belle femme, et de ne pouvoir en disposer à son gré? Chose vraiment étonnante! depuis que je suis marié, je n'ai jamais su lui faire agréer ces petits services qu'une épouse trouve si doux, et qu'un mari est dans l'usage de rendre à sa femme : aussi n'est-ce pas sans un véritable chagrin que je vois qu'elle ne trouve aucun plaisir à la moindre de mes actions. On a beau tout faire pour elles, les femmes n'aiment qu'une seule chose : ce qui leur plaît à chaque instant du jour, c'est la paix et surtout l'union ; voilà le véritable amour, voilà le véritable lien qui unit tous les époux, et qui les rapproche davantage. Malheureusement je ne puis rien de tout cela. Aussi je suis dans des transes continuelles qu'il ne m'ait été jeté quelque sort, ou par ceux qui portent envie au bien que je possède, ou par les amants de ma femme, ou par ma femme elle-même, qui doit désirer autre chose de moi car je sais qu'il y en a quelques-unes avec lesquelles je fais assez bien mon devoir. Mais j'ai bien vu dès le premier jour que je l'ai prise qu'elle me regardait avec dépit. Il lui aurait fallu un beau jeune homme, qui fût toujours droit auprès d'elle, et qui ne se reposât jamais ; qui consumât tout le jour à son service, et, qui plus est, même la nuit; qui ne se retirât jamais sans sa permission, et qui lui fût soumis comme les jeunes enfants le sont à leurs père et mère. Malheur à ceux qui possèdent une pareille femme! Ils peuvent se plaindre jusqu'à la mort ; car il n'y a pas, je crois, de fardeau plus pesant au monde que d'obéir à quelqu'un qui ne peut vous souffrir. Je crois qu'à mon âge j'eusse mieux fait de prendre une femme difforme, qu'une femme jeune et belle ; j'aurais passé avec elle une vie bien plus heureuse. Maintenant il est temps que je m'en aille. Mais voici Chremès.

SCÈNE II.
CHREMÈS, CATILLE.

CHREMÈS.
Salut, Catille.

CATILLE.
Sois le bienvenu, Chremès.

CHREMÈS.
J'ai entendu une partie de tes plaintes, et je suis prêt, si tu veux, à mettre fin aux chagrins de Pamphila, ma nièce, et à apaiser en partie le mécontentement que tu éprouves.

CATILLE.
Ton discours me fait plaisir ; mais, dis-moi, comment as-tu appris ce que tu sais ?

CHREMÈS.
Les jeunes gens se plaisent à divulguer leur amour ; les femmes ne sont pas plus prudentes, parce que tous ceux qui aiment sont légers ; et de même qu'un chagrin qu'on épanche devient moins violent, ils s'imaginent ainsi augmenter leur plaisir en le confiant à quelque ami. Il n'est donc pas étonnant que les parents apprennent enfin ce que tant de personnes savent déjà.

CATILLE.
Ah ! cela n'est que trop vrai ; car Virginie a déjà rempli de ses plaintes tout le voisinage. Voilà le véritable chagrin qui me dévore, le crève-cœur que j'éprouve. Elle aurait beau me fuir et en chercher un autre, je ne m'en plaindrais pas si sa conduite n'était sue de tout le monde : on supporte sans peine un péché que l'on cache. Mais comment mettras-tu un terme à nos chagrins ?

CHREMÈS.
Écoute, et agis ensuite comme tu le jugeras pour le mieux. Il faut que tu divorces avec Virginie : je sais qu'elle ne demande pas mieux, puisqu'elle reçoit des présents, des lettres et des messages de la part de Ca-

mille, son amant, qui a épousé ma nièce. Je conviens que cette conduite mériterait non seulement que l'on divorçât avec elle, mais qu'on la répudiât.

CAMILLE.

Et que je ne la visse jamais plus, sans parler du reste. Je suis disposé à suivre tes conseils, Chremès, avec plus de plaisir que je n'obéirais à mon père.

CHREMES.

Est-ce que je ne t'ai pas toujours regardé comme un fils ?

CAMILLE.

Je te rends bien des grâces ; et pour ne pas perdre de temps, je vais rentrer chez moi pour instruire ma femme et ma belle-mère.

CHREMÈS.

Tu feras bien. Tu pourras mieux encore t'expliquer avec Camille, que je vois entrer au Forum.

SCÈNE III.

CHREMÈS, CAMILLE, SATURIUS.

CHREMES.

Je ne pouvais faire ici une rencontre plus agréable que la tienne.

CAMILLE.

Je suis charmé que ma présence te fasse plaisir.

CHREMÈS.

Il est vrai que j'en suis enchanté ; mais je t'avouerai, d'un autre côté, que la manière un peu dure avec laquelle tu traites Pamphila me fait de la peine. Tu sais combien elle m'est chère, moins à cause des liens du sang qui m'attachent à elle, qu'à cause de son aimable caractère.

CAMILLE.

Chremès, prends bien garde qu'on ne t'ait mal instruit de ma conduite : je n'ai jamais manqué à mes devoirs envers ma femme.

CHREMÈS.

Comment donc te conduis-tu avec elle ?

CAMILLE.
En bon mari.
CHREMÈS.
Que je la plains, si tous les bons maris te ressemblent !
CAMILLE.
Elle ne manque ni d'argent ni de robes.
CHREMÈS.
De l'argent de son père.
CAMILLE.
Ah ! Chremès, ne parle pas ainsi.
CHREMÈS.
Dis-moi ; pourquoi ne veux-tu pas lui donner l'anneau nuptial ? pourquoi ne pas faire la noce et tout ce qui s'ensuit ? N'a-t-elle pas une assez belle dot ?
CAMILLE.
Son trousseau n'est point encore terminé, et mon appartement n'est pas arrangé de la manière que je désire.
CHREMÈS.
Tes excuses me paraissent bien faibles : ce n'est pas là qu'est le siège de ton mal. Mais, comme je m'aperçois que ce discours pourrait t'offenser, je vais te faire part d'un projet que j'ai conçu, et qui, si tu veux le suivre, servira du moins de voile à ta conduite.
SATURIUS, bas à Camille.
Empresse-toi de l'écouter, Camille ; mais ne réponds qu'après avoir bien réfléchi.
CHREMÈS.
Que dis-tu là tout bas, Saturius ? N'aie pas peur que je cherche à t'enlever ta portion du plat.
SATURIUS.
Tout le monde s'imagine que toutes nos pensées n'ont que la bouche pour objet.
CHREMÈS.
Cela te semble-t-il un miracle ? N'est-ce point ce qui nous fait vivre ?
SATURIUS.
Vous avez bien raison. Aussi je ne connais pas de vertu

plus digne d'estime : cela est si vrai, qu'elle etend son pouvoir jusque sur les princes.

CHREMÈS.

Camille, un premier amour a tout pouvoir sur le cœur de la jeunesse. J'ai appris que tu négligeais ma chère Pamphila parce que tu aimais auparavant Virginie : on ne peut faire deux fois le même don, s'il ne nous revient entre les mains.

CAMILLE.

Chremès, c'est une calomnie.

CHREMÈS.

Un moment de silence. Celui qui me l'a dit ne l'eût pas fait si ce n'était la vérité. Il est naturel que, ne l'aimant pas, elle n'ait pas pour toi tout l'amour que tu serais en droit d'en exiger ; car l'amour ne s'allume dans notre cœur que par l'espoir qu'il trouvera du retour. Je crois donc que tu la quitterais sans peine ; et je ne pense pas que cette résolution pût lui causer un grand chagrin.

CAMILLE.

Quoi ! je pourrais abandonner ma propre épouse ! une femme belle, noble, aimable !... Non, jamais je n'y consentirai.

CHREMÈS.

Aimes-tu mieux perdre Virginie ?... Eh quoi ! tu restes muet ?

CAMILLE.

J'ai besoin d'un peu de réflexion.

CHREMES.

Il faut prendre conseil de l'oracle.

CAMILLE.

Hélas ! on laisse plus de temps à celui qu'on conduit au supplice.

SATURIUS, à Camille.

Ne va pas dire oui.

CHREMÈS.

Voilà donc en quoi consiste ta vie ! Et tu ne rougis pas de proférer de semblables paroles ?

ACTE V, SCÈNE III.

SATURIUS, à Camille.

Montre du caractère.

CHREMÈS.

Il faut pourtant en laisser une, et choisir celle qui te convient davantage.

CAMILLE.

Je laisserai Virginie.

CHREMÈS.

Quelle est celle que tu viens de dire?

SATURIUS.

Il veut laisser Pamphila.

CHREMÈS.

Je le crois volontiers.

CAMILLE.

Non, c'est Virginie que j'ai nommée.

SATURIUS.

Tu es donc fou?

CHREMÈS.

Et quand? quand?

CAMILLE.

Avec le temps.

CHREMÈS.

Nous serons tous morts auparavant. Il est bien difficile d'extirper l'amour du cœur de l'homme lorsqu'il y a jeté de profondes racines : s'il parvient à l'en bannir, il ressemble au fer rouge, qui conserve longtemps sa chaleur. Laisse Pamphila, je te le conseille, car si tu t'obstines à vivre avec elle, tu n'auras plus un seul jour heureux. Elle ne t'aime pas ; tu ne peux la souffrir ; et il n'est pas de peine plus cruelle ni de guerre plus funeste que les querelles domestiques. Ainsi, crois-moi, prends Virginie, ce soleil qui te fait vivre.

SATURIUS.

Mon cher maître, laisse-toi persuader.

CAMILLE.

Saturius, sois convaincu que le parti que j'embrasse est bien pénible pour moi.

10.

CHREMÈS.

Prépare-toi désormais à laisser Pamphila, puisque tous les parents veulent bien y consentir.

SATURIUS.

Ne sois donc pas si entêté : accepte promptement cette proposition.

CHREMES.

Prends celle qui veut bien de toi, et fuis celle qui te fuit, si tu ne veux pas que nous nous brouillions ensemble.

CAMILLE.

Puisque je vois clairement que tu consens que je laisse Pamphila, je ne veux pas choquer tes volontés, et j'accepte de bon cœur, pourvu que tu me donnes l'assurance que Pamphila n'y mettra point d'obstacle...

CHREMES.

Elle va au contraire en lever les mains au ciel, de joie.

CAMILLE.

Et que Catille consentira à ce que Virginie devienne ma légitime épouse.

CHREMÈS.

Avant de partir, Catille t'en accordera la permission. Vous changerez l'un l'autre de femmes ; et de la sorte vous serez tous satisfaits.

SCÈNE IV.

CAMILLE, CHREMÈS, CATILLE.

CAMILLE.

Arrange cette affaire avec Catille ; je ne veux pas me trouver avec lui : je crois l'avoir trop offensé, quoique cependant il me paraisse tranquille.

CATILLE, à Chremes.

Je quitte ma belle-mère et ma femme ; elles ne demandent pas mieux que d'obéir à tes ordres.

CHREMES.

J'en suis véritablement bien aise.

CATILLE.

Camille ! eh, Camille ! ne t'éloigne donc pas. Écoute un seul moment ; écoute.

CAMILLE.

Qui m'appelle ?

CATILLE.

C'est un de tes amis, qui veut te dire deux mots.

CAMILLE.

O mon cher Catille, c'est par égard pour toi que je m'éloignais. Pardonne-moi...

CATILLE.

Laisse là ces idées ; je te pardonne d'autant plus volontiers tous tes torts, que tu me délivres à la fois et de ma femme et de mes inquiétudes.

CAMILLE.

Je te remercie de tes offres ; mais je ne puis reconnaître un tel présent ; qu'il te suffise que je sois ton ami pour la vie.

CHREMÈS

Je prétends donc que Pamphila soit ton épouse, et que Virginie soit celle de Camille. Et maintenant que vous êtes tous deux satisfaits, je vous engage à ne pas différer les noces ; car le temps nous échappe, et l'esprit des hommes change facilement ; à quoi peuvent servir les délais ? Que non seulement Junon et l'Hyménée, mais encore tous les dieux, jettent sur cette union un regard favorable. Pour n'avoir point à vous repentir, vous, de vos nouvelles épouses, elles, de leurs nouveaux époux, songez dans les commencements à vous conduire avec prudence : c'est là le point vraiment important. Il faut les accoutumer à des manières que vous puissiez améliorer sans cesse, et ne pas vous exposer à être obligés de revenir sur vos pas. Faites en sorte qu'elles ne se livrent à l'oisiveté ni seules, ni en compagnie d'autres femmes ; car une mauvaise femme suffit en peu d'instants pour en gâter mille bonnes. Ne leur refusez aucune honnête distraction, mais ne leur accordez rien d'inconvenant ; honorez-les sans cesse en public, mais au logis exigez qu'elles vous soient soumises ; et si vous ne voulez pas être trompés, n'ajoutez foi ni à leur rire, ni à leurs larmes, ni à leurs paroles. L'homme est le chef de la femme, qui n'est

qu'une partie de lui-même, puisque c'est de lui qu'elle
est née : ainsi l'homme doit la conduire et la diriger de
manière qu'elle reconnaisse sans cesse qu'elle n'est que
sa chair. Dieu a donné à l'homme ce qui manque à la
femme, afin de suppléer à ses défauts dans tout ce qui
n'est pas de son ressort : mais c'est comme un bon maître,
et non comme un tyran. Que votre conduite et vos mœurs
soient telles que vous désirez que soient les leurs ; car
un mari est la règle vivante de sa femme, et pour ainsi
dire son miroir. Soyez toujours avec elles joyeux et bien-
veillants, jamais chagrins ni bourrus ; graves et sérieux,
et non inconstants et volages ; prompts à faire le bien,
lents à les contrarier ; pleins de douceur et de modestie,
mais par-dessus tout remplis d'égards. S'il survient
entre vous quelque sujet de plainte, comme il n'arrive
que trop souvent, s'il s'agit de quelque affaire importante qui intéresse votre sûreté, votre fortune, votre honneur ou votre réputation, reprochez-le-leur en face, et
sans détour. Dans les choses moins importantes, il est
bon quelquefois de céder ; souvent même il est de la prudence d'un mari de laisser compter trois pains pour deux.
Parmi les bienfaits que le dieu du ciel a accordés aux
misérables mortels, la paix est celui qui l'emporte de
beaucoup sur tous les autres : je parle de celle que, parmi
ses trésors, ses pompes et ses délices, le monde voit si
rarement de nos jours, de celle que fait naître en nos
cœurs un caractère aimable et doux, et un amour véritable et sincère. Que cet amour, que cette véritable paix
vous unisse, vous enlace et vous enchaîne ; et que le
temps ne puisse jamais en rompre les nœuds. Que tous
vos jours soient longs et heureux, si longs et si heureux
que vos yeux puissent voir vos enfants et les enfants de
vos enfants. Et quand votre dernier jour sera venu,
puissiez-vous, et c'est tout ce que je demande au ciel,
n'avoir jamais à vous repentir de cette union qui fait
aujourd'hui l'objet de tous vos vœux.

SCÈNE V.

DULIPPUS, CAMILLE, SATURIUS, CATILLE.

DULIPPUS.
Mon cher maître, puisque je vous vois si satisfait, permettez-moi d'être joyeux à mon tour, et faites-moi la grâce de me pardonner si j'ai pu vous offenser, car ce n'a jamais été mon intention : l'erreur que j'ai commise, c'est Apollonia seule qui en est coupable. Puissé-je donc rentrer en grâce avec vous !

CAMILLE.
Je t'accorde ton pardon, puisque toutes nos inquiétudes ont obtenu une heureuse fin.

SATURIUS.
Je ne puis pas non plus m'empêcher de prendre la main de mon bon maître et du bon Catille, et de me réjouir de votre double union.

CAMILLE.
Saturius, nous sommes bien persuadés de toute la joie que tu ressens : et pour te prouver combien nous sommes heureux de faire quelque chose qui te soit agréable, c'est sur toi seul que nous comptons pour le repas de noces.

CATILLE.
Vois quel honneur nous te faisons.

CAMILLE.
N'épargne ni crédit, ni argent, ni peine, ni industrie, ni amis, ni aucune chose enfin.

CATILLE.
Tu n'as pas besoin d'autres explications ? Fais en sorte que tout le monde soit satisfait.

SATURIUS seul.
Allez en paix : c'est là mon vrai métier. Tout va naître à mon commandement ; et je dirigerai les noces avec tant de talent, que chacun sera forcé de convenir que jamais on n'en a vu de plus joyeuses et de plus splendides, et qu'il n'y a pas d'homme de mon espèce. Et

vous, qu'attendez-vous, ô spectateurs ? La comédie est finie. Quelqu'un d'entre vous désirerait-il venir à la noce ? Mais ce serait rogner ma portion. Il vaut bien mieux que vous vous en alliez souper chez vous. Applaudissez donc, et portez-vous bien.

DE L'ENTREMETTEUSE MALADROITE.

CLIZIA

COMÉDIE

EN CINQ ACTES ET EN PROSE.

AVANT-PROPOS

La *Clizia* de Machiavel est imitée de la *Casina* de Plaute, qui lui-même avait emprunté sa comédie à la pièce du poète grec Diphile, intitulée Οἱ ϰληρούμενοι. La *Clizia*, dans laquelle se retrouvent toutes les libres situations et quelques-unes des plaisanteries hasardées de la pièce latine, n'en fut pas moins imprimée à Florence en 1537 avec toutes les permissions, et mise par les académiciens de la Crusca au rang des textes de langue, comme la *Mandragore*. Il est naturel de penser qu'elle fut aussi représentée. M. Napoli Signorelli conjecture qu'elle le fut en 1506, et il se fonde sur ce que dans la première scène, Cleandre dit à Palamede « Il y a douze ans, lorsque le roi Charles traversa Florence, en 1494, pour aller avec son armée à la conquête de Naples, etc. »

CHANSON

CHANTÉE PAR UNE NYMPHE ET DEUX PASTEURS.

Pour sentir combien est agreable le jour qui nous permet de montrer et de célébrer la memoire des evénements anciens, examinez toutes les personnes amies qui se sont reunies dans cette enceinte. Nous, qui consumons notre vie au milieu des bois et des forêts, nous sommes venus aussi, moi nymphe, et nous pasteurs, tout en chantant ensemble nos amours. Jours tranquilles et sereins ! heureux et beau le pays ou nous faisions entendre le son de nos chants ! C'est pourquoi, pleins d'une joie delicieuse, nous venons mêler la douce harmonie de nos voix aux actions que vous allez représenter ; et nous repartirons ensuite, moi nymphe, et nous pasteurs, pour retourner à nos antiques amours.

PROLOGUE

Si les mêmes hommes reparaissaient au monde, comme les mêmes évenements s'y reproduisent, il ne s'ecoulerait jamais cent ans sans que nous nous trouvassions une autre fois ensemble, à faire les mêmes choses qu'en ce moment. Je vous dis ceci, parce que jadis, dans Athènes, ancienne et célèbre ville de la Grèce, il y avait un gentilhomme qui, n'ayant qu'un fils unique, recueillit au hasard dans sa maison une jeune fille qu'il éleva dans les meilleurs principes, jusqu'à l'âge de dix-sept ans. Il arriva alors que son fils et lui en devinrent tout à coup amoureux. Cette rivalité en amour fit naître une foule d'incidents bizarres. Lorsque le fils en eut triomphe, il epousa la jeune fille, et ils vécurent longtemps dans une felicité parfaite. Que diriez-vous si ce même événement s'était renouvelé dans Florence il y a peu d'années ? Notre auteur, voulant vous représenter l'un de ces deux événements, a choisi celui qui s'est passé dans cette ville, persuade que vous y prendriez plus de plaisir qu'à l'autre, attendu qu'Athènes est detruite, et qu'on n'y reconnaît ni les maisons, ni les places, ni aucun lieu. Ensuite, les habitants parlaient grec, et vous n'entendriez pas ce langage. Ecoutez donc l'aventure arrivée dans Florence ; mais n'esperez y reconnaître ni la famille ni les personnages, car l'auteur, pour eviter les reproches, a changé les vrais noms en des noms supposés. Mais il veut bien que vous voyiez d'abord les acteurs avant que la comedie commence, afin que vous les reconnaissiez mieux pendant le cours de la représentation (*Aux acteurs*) Venez tous dehors, que le peuple vous voie. (*Aux spectateurs*) Les voilà, voyez comme ils viennent avec soumission. — Mettez-vous ici à la file l'un de l'autre. Regardez : le premier est Nicomaque, vieillard rempli d'amour ; celui-ci, qui est à côté de lui, est Cléandre, son fils et son rival, l'autre se nomme Palamède, ami de Cléandre, ces deux qui suivent sont, l'un Piro, valet, l'autre Eustazio, intendant : chacun d'eux voudrait être le mari de la maîtresse de son maître ; cette dame qui vient ensuite est Sofronia, femme de Nicomaque ; celle que vous voyez à côté est Doria, sa servante ; de ces deux derniers qui restent, l'un est Damon, l'autre Sostrata, sa femme. Il y a bien une autre personne ; mais comme il faut qu'elle arrive de Naples, on ne peut encore vous la montrer. Je crois que cela suffit, et que vous les avez assez vus. — Le peuple vous donne congé, rentrez. — Cette pièce se nomme Clizia, du nom de la jeune fille qu'on se dispute. N'espérez pas la voir, parce que Soronia, qui l'a élevée, ne veut point, par modestie, qu'elle vienne dehors. Cependant, si quelqu'un en était amoureux, qu'il prenne patience. Il me reste à vous dire que, comme l'auteur de cette comédie est un homme de bonnes mœurs, il se saurait mauvais gré que, dans le cours de la représentation, vous trouvassiez quelques licences. Il ne pense pas qu'il y en ait ; cependant si vous y en trouvez, voici comment il s'excusera : La comédie a été inventée pour amuser et pour plaire aux spectateurs ; elle est vraiment utile à tous les hommes, et particulièrement aux jeunes gens, en leur faisant connaître l'avarice d'un vieillard, les transports d'un amoureux, les fourberies d'un valet, la gourmandise d'un parasite, la perversité d'un pauvre, l'ambition d'un riche, les pièges que tend une matrone, et le peu de sincérité de tous les hommes : ces exemples sont l'essence de la comédie, et il n'en est aucun qu'on ne puisse représenter avec la plus grande décence. Mais lorsque l'on veut plaire, il est nécessaire d'exciter le rire du spectateur ; et comment y réussir, si l'on conserve un parler grave et sévère ? car les paroles qui provoquent le rire sont ou sottes, ou piquantes, ou amoureuses. Il faut donc mettre en scène des personnages imbéciles, ou médisants, ou amoureux ; aussi les comédies qui renferment ces trois conditions excitent à coup sûr le rire, tandis que celles qui en sont privées ne trouvent personne dont le rire les accompagne. Notre auteur donc, jaloux de vous plaire et d'exciter quelquefois la gaieté du spectateur, mais ne voulant pas introduire dans sa comédie de personnage ridicule, et s'abstenant de dire du mal, a dû nécessairement recourir aux amants et aux incidents que l'amour fait naître. Ainsi donc, s'il se présente quelque parole un peu leste, elle sera dite de manière que ces dames pourront l'écouter sans rougir. Veuillez nous prêter une oreille favorable, et si vous nous satisfaites par votre manière d'écouter, nous ferons en sorte de vous contenter par notre représentation.

CLIZIA

PERSONNAGES

CLÉANDRE, jeune homme, fils de Nicomaque.
PALAMEDE, jeune gentilhomme.
NICOMAQUE, vieillard.
PIRRO, valet du precedent.
EUSTAZIO, intendant
SOFRONIA, femme de Nicomaque.
DAMON, bourgeois.
DORIA, servante.
SOSTRATA, femme de Damon
RAIMONDO, napolitain, pere de Clizia.

La scene se passe à Florence

ACTE PREMIER

SCÈNE PREMIÈRE.
PALAMÈDE, CLÉANDRE.

PALAMÈDE.
Te voilà de bien bonne heure hors de chez toi.

CLÉANDRE.
Et toi, d'où viens-tu si matin?

PALAMEDE.
Je viens de terminer une affaire.

CLÉANDRE.
J'en vais faire une aussi, ou, pour mieux dire, je vais en essayer une ; car je n'ai point encore la certitude de réussir.

PALAMÈDE.
Est-ce une chose que l'on puisse dire?

CLEANDRE.
Je l'ignore ; ce que je sais seulement, c'est qu'elle présente bien des difficultés.

PALAMÈDE.

Je vais donc te laisser, car je m'apercois que ma présence te gêne ; aussi ai-je toujours évité ta société, car je t'ai toujours trouvé capricieux et mal disposé envers moi.

CLÉANDRE.

Capricieux, non ; mais amoureux, oui.

PALAMEDE.

A la bonne heure ; tu m'expliques enfin ta conduite.

CLÉANDRE.

Mon cher Palamède, tu ignores la moitié des choses : j'ai toujours vécu malheureux, et maintenant plus que jamais.

PALAMÈDE.

Et comment cela ?

CLÉANDRE.

Je veux te découvrir ce que je t'ai caché jusqu'à présent, puisque j'en suis réduit au point d'employer le secours du premier venu.

PALAMÈDE.

Si je répugnais d'abord à demeurer avec toi, j'y resterais bien moins à présent ; car j'ai toujours entendu dire qu'il fallait fuir trois sortes d'hommes, les chanteurs, les vieillards et les amoureux. Si vous abordez un chanteur, et que vous lui racontiez une de vos affaires, au moment où vous pensez qu'il vous écoute, il vous lâche un *ut, re, mi, fa, sol, la*, et chantonne un air entre ses dents. Êtes-vous avec un vieillard, il met le nez dans toutes les églises qu'il rencontre en chemin, et va d'autel en autel marmotter un *Pater noster*. Mais l'amoureux est le pire de tous : car il ne lui suffit pas, lorsqu'on lui parle, de vous écouter d'un air plein de distraction. il faut qu'il vous remplisse les oreilles de ses lamentations et de ses chagrins, jusqu'à ce que vous soyez enfin forcé de vous attendrir avec lui. S'il aime une beauté facile, ou elle le dépouille, ou elle l'a chassé de chez elle ; il y a toujours quelque chose à dire. Aime-t-il une dame honnête, mille envies, mille jalousies, mille dépits le dévorent ; il trouve sans cesse l'occasion de se plaindre. Ainsi, mon cher Cléandre, je te servirai si tu en as besoin ; mais j'éviterai d'entendre le récit de tes plaintes.

CLÉANDRE.

Je t'ai caché jusqu'à présent la passion que j'éprouve, pour ne point te voir me fuir comme ennuyeux, ou persifler comme ridicule ; je sais fort bien que, sous prétexte de nous plaindre, on nous fait parler, afin de mieux se moquer de nous en arrière. Mais, puisque la fortune m'a mis au point de ne pouvoir plus espérer de remède à mes maux, je veux te les confier, pour soulager mon cœur, et afin que tu me prêtes ton secours si je venais à en avoir besoin.

PALAMÈDE.

Puisque tu le veux, je suis prêt à tout écouter, et à ne fuir aucun péril pour te secourir.

CLÉANDRE.

J'en suis persuadé. Je crois que tu as entendu parler de cette jeune fille que nous avons élevée ?

PALAMÈDE.

Je l'ai vue. D'où est-elle venue ?

CLÉANDRE.

Tu vas le savoir. Il y a douze ans, lorsque le roi Charles traversa Florence, en 1494, pour aller avec son armée à la conquête de Naples, nous logeâmes un gentilhomme de la compagnie du duc de Foix, nommé Bertrand de Gascogne ; mon père le reçut honorablement, et comme c'était un homme bien né, il nous traita à son tour avec distinction ; et, tandis que la plupart de nos compatriotes se brouillaient avec les Français qu'ils avaient chez eux, mon père et son hôte contractèrent la plus étroite amitié.

PALAMÈDE.

Vous avez été bien plus heureux que tous les autres ; car ceux que nous reçûmes chez nous nous firent passablement de mal.

CLÉANDRE.

Je le crois ; mais ce malheur ne nous arriva pas. Ce

Bertrand s'en alla donc à Naples avec son roi. Charles, comme tu sais, après avoir conquis le royaume, fut contraint de l'abandonner par le pape, l'empereur, les Vénitiens, et le duc de Milan, qui s'étaient ligués contre lui. Laissant une partie de son armée à Naples, il marcha vers la Toscane avec le reste. Arrivé à Sienne, il apprit que la ligue avait rassemblé une forte armée sur le Taro, pour l'attaquer à la descente des montagnes. Il crut ne devoir point perdre un temps précieux en Toscane : il laissa Florence de côté, et descendit en Lombardie par la route de Pise et de Pontremoli. Bertrand, ayant entendu parler du projet des ennemis, et persuadé, ce qui en effet eut lieu, qu'il faudrait livrer bataille, résolut de soustraire au péril cette jeune fille qu'il avait reçue en partage dans le butin fait à Naples. Elle pouvait alors avoir cinq ans, et se faisait déjà remarquer par sa beauté et la douceur de son caractère. Il chargea un serviteur de confiance de l'amener à mon père, le priant, au nom de l'amitié qu'il lui portait, de la garder jusqu'à ce que des temps plus heureux lui permissent de la réclamer. Il ne nous dit point si elle était noble ou non ; il nous fit seulement savoir qu'elle se nommait Clizia. Mon père et ma mère, qui n'avaient pas d'autre enfant que moi, en devinrent subitement épris.

PALAMEDE.

Et tu auras fait comme eux ?

CLEANDRE.

Laisse-moi achever. Ils la traitèrent comme une fille chérie. J'avais alors dix ans, et je commençai par me livrer avec elle à mille jeux innocents, comme font les enfants entre eux. J'éprouvai bientôt pour elle un ardent amour, qui ne fit que croître avec l'âge ; de sorte que, lorsqu'elle fut parvenue à douze ans, mon père et ma mère commencèrent à avoir les yeux sur mes mains ; et lorsque je lui parlais tête à tête, toute la maison était sens dessus dessous. Cette contrainte redoubla mon amour ; car toujours le désir s'accroît par les difficultés ; et enfin il m'a fait et me fait encore une guerre si cruelle,

que je suis plus tourmenté que si j'étais en enfer.
PALAMÈDE
Et Bertrand l'a-t-il jamais réclamée?
CLÉANDRE.
Nous n'en avons plus entendu parler, et nous croyons qu'il a été tué à la journée du Taro.
PALAMÈDE.
Cela paraît vraisemblable Mais, dis-moi, que prétends-tu faire? A quel terme en es-tu? Veux-tu l'épouser, ou n'en faire qu'une maîtresse? Quels obstacles te retiennent, puisque tu loges sous le même toit? Serait-il possible qu'il n'y eût plus pour toi de remède?
CLÉANDRE.
J'ai d'autres choses à t'avouer qui me font rougir; cependant je veux ne rien te cacher.
PALAMÈDE.
Explique-toi toujours.
CLÉANDRE.
J'aurais envie de rire, comme dit l'autre; et cependant j'ai du mal. Mon père en est aussi devenu amoureux.
PALAMÈDE.
Nicomaque?
CLÉANDRE.
Nicomaque lui-même.
PALAMÈDE.
Et le bon Dieu le permet?
CLÉANDRE.
Oui, le bon Dieu et ses saints.
PALAMEDE.
Oh! voilà la plus belle chose que j'aie jamais entendue! rien que le dérangement de toute une famille! Comment vivez-vous ensemble? Que faites-vous? A quoi pensez-vous? Ta mère est-elle instruite de tout?
CLÉANDRE.
Ma mère, les servantes, les valets, personne ne l'ignore: c'est un labyrinthe que notre aventure!
PALAMÈDE.
Dis-moi où tu en es, enfin.

CLÉANDRE.

Je vais te le dire. Mon père, quand il n'en serait pas amoureux, me la refuserait pour femme, car il est avare, et elle est sans dot; il craint aussi qu'elle ne soit pas noble. Pour moi, je la prendrai pour femme, ou pour maîtresse, n'importe, pourvu que je la possède. Mais ce n'est pas de cela qu'il s'agit maintenant; je veux seulement te dire où nous en sommes.

PALAMEDE.

Je t'écoute bien volontiers.

CLÉANDRE.

Aussitôt que mon père en fut devenu amoureux, il y a environ un an, désirant satisfaire au désir qui le rend presque fou, il réfléchit que le meilleur moyen était de la marier à un homme avec lequel il pût entrer en partage, trouvant criminel et malhonnête de tenter de l'avoir avant son mariage. Ne sachant de quel côté se tourner, il a choisi notre valet Pirro, comme le plus propre à lui rendre ce service. Il a conduit son plan avec tant de secret, qu'il n'a tenu qu'à un fil qu'il réussît avant que personne s'en aperçût. Mais ma mère Sofronia, qui s'était doutée de cet amour, a découvert le piège; et, excitée par la jalousie, elle a mis tous ses soins à détourner le danger. Tout ce qu'elle a pu faire de mieux, c'est de mettre en avant un autre mari, de blâmer le choix du premier, et de dire qu'elle voulait la donner à Eustazio, notre intendant. Quoique Nicomaque ait l'autorité en main, l'adresse de ma mère, que nous aidons en secret de tous nos moyens, a tenu la chose en suspens depuis plusieurs semaines. Toutefois Nicomaque nous presse fortement; et il a arrêté, malgré vent et marée, de conclure aujourd'hui cette alliance : il veut que Pirro épouse Clizia dès ce soir; et à cet effet il a loué la petite maison qu'habite Damon, notre voisin; il a promis de l'acheter, de la garnir de meubles, d'ouvrir une boutique à ce Pirro, et enfin d'enrichir ce maraud.

PALAMÈDE.

Et que t'importe que Pirro l'ait plutôt qu'Eustazio ?

CLÉANDRE.

Comment, que m'importe ? Ce Pirro est le plus fieffé coquin qui soit dans tout Florence. Outre le marché qu'il a conclu avec mon père, je sais qu'il me déteste : aussi aimerais-je mieux la voir la femme du grand diable d'enfer. J'ai écrit hier à l'intendant de venir à Florence, et je suis étonné qu'il ne soit pas arrivé dans la même soirée. Je veux rester ici pour découvrir si je le vois arriver. Et toi, que vas-tu faire ?

PALAMÈDE.

J'irai terminer une affaire.

CLÉANDRE.

Va donc, et que Dieu t'accompagne.

PALAMÈDE.

Adieu. Prends patience le mieux que tu pourras ; et si tu veux quelque chose de moi, tu n'auras qu'à parler.

SCÈNE II.

CLÉANDRE, *seul*.

Véritablement, celui qui a dit que le soldat et l'amoureux se ressemblent a dit une grande vérité : le capitaine veut que ses soldats soient jeunes ; les dames exigent que leurs amants ne soient pas vieux. C'est une chose choquante qu'un vieux soldat ; un vieil amoureux l'est davantage. Les soldats redoutent la colère de leurs chefs ; les amants ne craignent pas moins celle de leur dame. Les soldats dorment à la belle étoile, couchés sur la dure ; les amants périssent sur les murs. Les soldats poursuivent leurs ennemis jusqu'à la mort, ainsi que les amants leurs rivaux. Les soldats, dans l'obscurité de la nuit, par les plus grandes rigueurs de l'hiver, vont à travers la boue, exposés à la pluie et aux vents, pour remporter un avantage qui leur procure la victoire ; les amants, par les mêmes chemins et par des tourments semblables, et même plus grands, s'efforcent de conquérir leur maîtresse. Dans l'art de la guerre et dans celui d'aimer, le secret, la fidélité, le courage, sont également nécessaires ; les périls sont égaux, et l'issue le plus souvent en est la même. Le soldat meurt dans un fossé ; l'amant dans le désespoir. Je crains que ce malheur ne m'arrive. J'habite la même maison que ma maîtresse, je la vois quand je veux, je mange tous les jours avec elle ; et je crois que tout cela ne sert qu'à accroître mon tourment ; car plus on se trouve à portée de ce qu'on souhaite avec ardeur, plus le désir s'accroît, et plus on souffre de le voir s'échapper. Maintenant, il faut que je songe à rompre ce mariage : les événements qui vont suivre m'apporteront peut-être de meilleurs conseils et une nouvelle fortune. Serait-il possible qu'Eustazio ne revînt pas de la campagne ? ne lui ai-je pas écrit d'arriver hier au soir ? Mais je le vois paraître de ce côté. Eustazio ! holà, Eustazio !

SCÈNE III.
CLÉANDRE, EUSTAZIO.

EUSTAZIO.
Qui m'appelle ? Ah ! c'est Cléandre !

CLÉANDRE.
Tu as eu bien de la peine à arriver.

EUSTAZIO.
Je suis ici depuis hier au soir ! mais je me suis caché, parce que, aussitôt après avoir recu ta lettre, il m'en est parvenu une de ton père, qui me chargeait d'une montagne d'affaires ; et je ne voulais pas paraître devant lui avant de t'avoir vu.

CLÉANDRE.
Tu as bien fait. Je t'ai recommandé de venir, parce que Nicomaque presse autant qu'il le peut les noces de Pirro, qui déplairaient, tu le sais, à ma mère ; parce que, si l'union de cette jeune fille doit être utile à quelqu'un, elle voudrait qu'on la donnât à celui qui la mérite le plus ; et, à vrai dire, tu lui conviens mieux, sous tous les rapports, que ce fripon de Pirro, qui, soit dit entre nous, est un franc vaurien.

EUSTAZIO.
Je te remercie infiniment. Je n'avais point dans l'idée

de prendre une femme ; mais, puisque ta mère et toi vous le voulez, je m'y décide sans peine. Il est vrai que je ne voudrais pas me faire un ennemi de Nicomaque ; car enfin c'est lui qui est le maître.

CLÉANDRE.

Ne crains rien, ma mère et moi nous ne t'abandonnerons pas, et nous te soustrairons à tous les périls. Mais je voudrais bien que tu te rappropriasses un peu ; ton manteau ne tient pas sur tes épaules, ta figure est toute couverte de poussière, et ta barbe est d'une longueur démesurée. Va chez le barbier, lave-toi le visage, brosse tes habits, et que ta malpropreté n'inspire point de dégoût à Clizia.

EUSTAZIO.

Il me convient bien de faire le blondin.

CLÉANDRE.

Fais d'abord ce que je te dis, et puis va m'attendre dans cette église voisine ; je rentrerai au logis, pour voir à quoi pense notre vieillard.

INTERMÈDE DU Ier ACTE.

CHANSON.

Celui qui ne ressent pas ton pouvoir, ô Amour, espère en vain éprouver réellement quel est le bien le plus précieux qui nous vienne du ciel ; il ne sait ni comment l'on vit et l'on meurt ensemble, comment on fuit le mal, comment on fait le bien, comment on s'aime moins que l'objet aimé, comment la crainte et l'espoir glacent tour à tour et consument le cœur ; il ne sait pas non plus jusqu'à quel point les hommes et les dieux redoutent les armes que tu portes.

FIN DU PREMIER ACTE.

ACTE DEUXIÈME

SCÈNE PREMIÈRE.
NICOMAQUE, seul.

Qu'ai-je donc aujourd'hui dans les yeux ? Il me semble avoir des éblouissements qui m'empêchent d'y voir clair ; et hier soir j'aurais découvert un poil sur un œuf. Aurais-je trop bu ? Cela se pourrait bien. O Dieu ! que la vieillesse entraîne de maux à sa suite ! Cependant je ne suis pas encore si vieux, que je ne puisse rompre une lance avec Clizia. Est-il possible que je me sois amouraché à ce point ? Ce qu'il y a de pis, ma femme s'en est aperçue, et elle a deviné pourquoi je veux donner cette jeune fille à Pirro. Enfin cela ne me va plus de tracer un sillon droit. Cependant il faut que je surmonte mon étoile. Pirro ! holà, Pirro ! dépêche-toi de sortir.

SCÈNE II.
NICOMAQUE, PIRRO.

PIRRO.
Me voilà !

NICOMAQUE.
Pirro, je veux à tout prix que tu te maries ce soir.

PIRRO.
A l'instant, si vous voulez.

NICOMAQUE.
Un peu de patience. Chaque chose à son tour, dit le proverbe. Il faut agir de manière à ne point mettre toute la maison sens dessus dessous. Tu vois que ma femme n'est pas contente de ce mariage ; Eustazio, de son côté, veut épouser Clizia ; et il me semble que Cléandre le protège ; mais il s'est mis à dos le bon Dieu et le diable. Si tu as bien dans l'idée de l'obtenir, ne crains rien, je leur tiendrai tête à tous ; car au premier signe qu'ils feront, je te la donne en dépit d'eux ; et qui voudra alors se fâcher se fâche.

PIRRO.

Au nom de Dieu, dites-moi ce que vous voulez que je fasse.

NICOMAQUE.

Que tu ne t'éloignes pas d'ici, afin que je puisse t'avoir sous la main.

PIRRO.

Cela suffit. Mais j'oubliais de vous dire une chose.

NICOMAQUE.

Laquelle ?

PIRRO.

Eustazio est à Florence.

NICOMAQUE.

Comment, à Florence ! Qui te l'a dit ?

PIRRO.

Messer Ambrozio, notre voisin de campagne. Il m'a dit qu'il s'était rencontré avec lui, hier au soir, à la porte de la ville.

NICOMAQUE.

Comment, hier au soir ! Et où a-t-il passé la nuit ?

PIRRO.

Qui le sait ?

NICOMAQUE.

A la bonne heure ! Va-t'en, et fais ce que je t'ai dit. Sofronia aura envoyé chercher Eustazio ; et ce misérable aura eu plus d'égard pour ses lettres que pour les miennes ; car je lui avais écrit de faire mille choses qui me ruinent s'il les a négligées. Ah ! par Dieu, il le payera cher ! Si je savais du moins où il est et ce qu'il fait ! Mais voici Sofronia qui sort du logis.

SCÈNE III.

SOFRONIA, NICOMAQUE.

SOFRONIA.

J'ai enfermé Clizia et Doria dans leur chambre. Il faut que je préserve cette jeune fille de mon fils, de mon mari, et du valet ; car chacun l'assiège de son côté.

NICOMAQUE.

Sofronia, où vas-tu ?

SOFRONIA.

A la messe.

NICOMAQUE.

Nous sommes pourtant en carnaval ; pense donc à ce que tu feras en carême.

SOFRONIA.

Je crois qu'on doit faire le bien en tout temps, et plus particulièrement encore lorsque tous les autres font mal. Mais il me paraît que nous nous y prenons du mauvais côté pour faire le bien.

NICOMAQUE.

Que veux-tu dire ? et que veux-tu qu'on fasse ?

SOFRONIA.

Qu'on ne s'amuse point à des niaiseries, et que l'on pense que nous avons chez nous une jeune fille, belle et bonne, bien élevée, et dont l'éducation nous a donné assez de mal, pour ne pas songer aujourd'hui à la marier aussi mal ; car si chacun jusqu'à ce jour nous a donné son approbation, on nous blâmerait maintenant, en voyant que nous livrons Clizia à un misérable, dépourvu de sens commun, qui n'a d'autre talent que de savoir quelque peu raser, talent qui suffirait à peine pour faire vivre une mouche.

NICOMAQUE.

Tu te trompes, ma chère Sofronia ; c'est un jeune homme d'une mine avenante. S'il est ignorant, il a des dispositions pour apprendre : il veut du bien à cette jeune fille, et ce sont trois bien grandes qualités dans un mari, que la jeunesse, la beauté et l'amour. Il me semble qu'on ne peut rien désirer au delà, et que de semblables partis ne se rencontrent pas à chaque porte. S'il n'a point de bien, tu sais que le bien vient et va ; et il est un de ces hommes propres à le faire venir. D'ailleurs je ne l'abandonnerai pas ; et j'ai formé le projet, pour te dire vrai, de lui acheter la maison que j'ai louée à Damon, notre voisin, de la meubler ; et bien plus, quand il de-

vrait m'en coûter quatre cents florins pour les établir...
SOFRONIA.
Ah ! ah ! ah !
NICOMAQUE.
Tu ris ?
SOFRONIA.
Et qui ne rirait pas ?
NICOMAQUE.
Que veux-tu dire ? Oui, pour les établir en boutique, je ne suis pas homme à y regarder de si près.
SOFRONIA.
Est-il donc possible que tu veuilles, par ce moyen étrange, ravir à ton fils plus qu'il ne convient, et donner à cet autre plus qu'il ne mérite ? Je ne sais qu'en penser ; et je crains qu'il n'y ait quelque chose de caché là-dessous.
NICOMAQUE.
Que veux-tu qu'il y ait ?
SOFRONIA.
S'il y avait quelqu'un qui l'ignorât, je le lui dirais ; mais comme tu le sais, je ne te le dirai pas.
NICOMAQUE.
Et que sais-je ?
SOFRONIA.
Laisse-moi tranquille. Qu'est-ce qui t'excite à la lui donner ? Ne pourrait-on pas, avec cette dot, et même avec une bien moindre, la marier plus avantageusement ?
NICOMAQUE.
Je le crois. Cependant ce n'est que l'amour seul que je porte à l'un et à l'autre qui me fait agir : je les ai élevés tous deux, et je crois leur être encore utile en les unissant.
SOFRONIA.
Si tels sont tes motifs, n'as-tu pas également élevé Eustazio, ton intendant ?
NICOMAQUE.
Sans doute ; mais que veux-tu qu'elle fasse d'un pareil mari, dépourvu de bonnes manières, et accoutumé

seulement à vivre à la ferme, au milieu de ses bœufs et de ses moutons ? Oh ! si nous la lui donnions, elle en mourrait de douleur.

SOFRONIA.

Et avec Pirro elle mourra de faim. Souviens-toi que les charmes d'un homme consistent à posséder au moins quelques bonnes qualités, à savoir faire quelque chose, comme Eustazio, par exemple, qui est entendu dans les affaires, connaît les marchés, sait faire des économies, et avoir un soin particulier des intérêts d'autrui et des siens ; enfin c'est un homme qui vivrait sur l'eau. Et d'ailleurs tu sais qu'il a de bons capitaux ; tandis que Pirro, de son côté, ne fait que fréquenter la taverne et le jeu : c'est un écervelé qui mourrait de faim au milieu de l'abondance.

NICOMAQUE.

Ne t'ai-je pas dit que je voulais lui faire ce cadeau ?

SOFRONIA.

Ne t'ai-je pas répondu que c'était le jeter par la fenêtre ? Or, voici, comme je conclus, Nicomaque : Tu as beaucoup dépensé pour nourrir cette jeune fille ; je n'ai pas eu moins de peine à l'élever ; ainsi, puisque j'ai participé à son éducation, je prétends savoir pour mon compte comment doivent aller les choses ; ou je dirai tant de mal, je ferai tant de bruit, que tu ne t'en trouveras pas bien, et que j'ignore comment tu oseras lever les yeux. Va, tu ne devrais parler de tout cela qu'avec un masque.

NICOMAQUE.

Que veut dire ceci ? Es-tu folle ? C'est maintenant que tu me confirmes dans le projet de la lui donner à tout prix ; et c'est pourquoi je veux qu'il l'épouse ce soir ; et il l'épousera, quand tu devrais t'arracher les yeux.

SOFRONIA.

Ou il l'épousera, ou il ne l'épousera pas.

NICOMAQUE.

Ah ! tu me menaces de ton bavardage ! Fais en sorte que je ne parle pas. Tu crois peut-être que je suis aveugle, et que je n'ai pas découvert ton jeu ? Je savais bien que les mères avaient du faible pour leurs fils ; mais je ne croyais pas qu'elles pussent prêter les mains à leurs désordres.

SOFRONIA.

Que veux-tu dire ? De quels désordres s'agit-il ?

NICOMAQUE.

Ah !... ne me fais pas parler. Tu me comprends, et je te comprends. Chacun de nous sait dans combien de jours est la Saint-Blaise. Par ma foi, soyons d'accord ; car si nous entrons une fois en querelles, nous deviendrons la risée de la ville.

SOFRONIA.

Entre où tu veux entrer. Cette fille ne doit pas être sacrifiée de la sorte, ou je mettrai sens dessus dessous la maison et tout Florence.

NICOMAQUE.

Sofronia ! Sofronia [1] ! celui qui t'a donné ce nom ne rêvait point, car tu es un véritable soufflet qui n'est rempli que de vent.

SOFRONIA.

Au nom de Dieu... je veux aller à la messe !... Nous nous reverrons.

NICOMAQUE.

Écoute un instant. Ne pourrions-nous pas terminer cette affaire de manière à ne pas passer pour des fous ?

SOFRONIA.

Des fous, non ; mais des misérables.

NICOMAQUE.

Il y a dans la ville tant de gens de bien ; nous avons tant de parents ; on y voit tant d'honnêtes religieux : consultons-les sur ce qui nous divise ; et par ce moyen, ou toi, ou moi, nous serons désabusés.

SOFRONIA.

Veux-tu commencer à publier nos folies ?

NICOMAQUE.

Si nous ne voulons consulter ni un ami ni un parent,

1. Jeu de mot sur *Sofronia* et *soffiona*, soufflet.

prenons un religieux ; elles ne deviendront pas publiques ; et remettons-lui la décision de cette affaire sous le sceau de la confession.

SOFRONIA.

A qui aurons-nous recours ?

NICOMAQUE.

Nous ne pouvons mieux choisir que fra Timoteo, le confesseur de notre maison : c'est un petit saint, et qui a déjà fait quelques miracles.

SOFRONIA.

Lequel ?

NICOMAQUE.

Comment, lequel ? Ne sais-tu pas que, grâce à ses raisons, dame Lucrezia, la femme de messer Nicia Calfucci, qui était stérile, est devenue grosse ?

SOFRONIA.

Beau miracle, qu'un moine rende une femme grosse ! Le miracle serait qu'une femme lui eût fait cet enfant.

NICOMAQUE.

Est-il possible que tu veuilles toujours me traverser dans mon chemin avec tes belles observations ?

SOFRONIA.

Je veux aller à la messe, et je ne veux confier mes affaires à personne.

NICOMAQUE.

Va donc, je t'attendrai au logis. *(A part.)* Je crois que je ferai bien de ne pas trop m'éloigner, afin qu'ils ne fassent pas sauver Clizia de quelque côté.

SCÈNE IV.

SOFRONIA, *seule*.

Celui qui a connu Nicomaque il y a un an, et qui le fréquente aujourd'hui, doit être bien étonné en voyant le grand changement qui s'est opéré en lui. Il passait pour un homme grave, actif et prudent ; il employait son temps d'une manière honorable ; il se levait de bon matin, entendait sa messe, et faisait la provision pour la journée ; ensuite, s'il avait quelque affaire en ville, au marché, chez les magistrats, il la faisait. Quand il n'avait rien à faire, ou il s'amusait à causer de choses sérieuses avec quelque voisin, ou il rentrait dans son bureau, pour y repasser ses écritures et régler ses comptes ; ensuite il dînait agréablement en famille ; et après le dîner il s'entretenait avec son fils, lui donnait des conseils, lui faisait connaître les hommes, et lui enseignait à bien vivre, par quelque exemple tiré des anciens ou des modernes. Il allait faire un tour de promenade, et employait le reste de la journée à ses affaires, ou à des amusements graves et honnêtes. Lorsque le soir arrivait, l'*Angelus* le trouvait toujours au logis : il demeurait un instant avec nous au coin du feu, si c'était en hiver ; rentrait ensuite dans son cabinet, pour y repasser ses affaires ; et vers la troisième heure il soupait gaiement. Ce genre de vie servait d'exemple dans la maison ; on aurait eu honte de ne pas l'imiter ; et les choses suivaient leur train d'une manière agréable et régulière. Mais depuis qu'il s'est mis en tête cette jeune fille, ses affaires s'embrouillent, ses fermes se dégradent, son commerce se ruine ; il crie sans cesse, et ne sait pourquoi ; il entre et sort mille fois par jour de la maison sans savoir pour quelle affaire ; il ne rentre jamais à l'heure fixe pour le dîner ou le souper. Si on lui parle, il ne répond pas, ou répond de travers. Les valets, en voyant tout cela, se moquent de lui ; son fils a cessé de le respecter ; chacun se conduit à sa tête ; et enfin personne ne craint de faire ce qu'il lui voit faire à lui-même ; en sorte que je crains que cette pauvre maison ne se ruine si Dieu n'y porte remède. Je veux pourtant aller à la messe, et me recommander à Dieu de toutes mes forces. Mais je vois Eustazio et Pirro qui se disputent ; beaux maris qu'on destine à cette pauvre Clizia !

SCÈNE V.
PIRRO, EUSTAZIO.

PIRRO.
Que fais-tu à Florence, mauvais garnement ?

EUSTAZIO.

Je n'ai point de comptes à te rendre.

PIRRO.

Te voilà bien paré ; tu me sembles un sépulcre blanchi.

EUSTAZIO.

Tu as si peu de cervelle, que je m'étonne toujours que les enfants ne te jettent point de pierres.

PIRRO.

Nous verrons bientôt qui de nous deux a le plus de cervelle.

EUSTAZIO.

Prie le bon Dieu que notre maître vive, car tu pourrais quelque jour aller mendiant.

PIRRO.

As-tu vu Nicomaque ?

EUSTAZIO.

Pourquoi veux-tu savoir si je l'ai vu ou non ?

PIRRO.

C'est de ton intérêt de le savoir ; car s'il n'a pas changé d'idée, et que tu ne retournes pas de toi-même aux champs, il pourrait t'y faire aller par force.

EUSTAZIO.

Ma présence à Florence te cause donc bien de l'inquiétude ?

PIRRO.

Elle pourrait en causer davantage à d'autres qu'à moi.

EUSTAZIO.

Laisses-en donc le souci aux autres.

PIRRO.

Cependant la chose parle.

EUSTAZIO.

Tu regardes, et tu ris sous cape.

PIRRO.

Je regarde si tu ne serais pas le beau mari.

EUSTAZIO.

C'est bon. Sais-tu ce que je veux dire ? Le duc aussi

se fortifiait de murs [1] ! Si elle te prend, elle fera bientôt son métier au coin de la borne. Qu'il vaudrait bien mieux que Nicomaque la noyât dans son puits ! au moins la pauvre malheureuse mourrait d'un seul coup.

PIRRO.

Va, vilain paysan, parfumé de fumier ! Crois-tu avoir une mine à coucher avec une fille aussi délicate ?

EUSTAZIO.

Elle sera bien mieux avec toi : car si son triste sort te la donne, une année ne se passera pas sans qu'elle devienne une femme perdue, ou qu'elle meure de douleur. Quant au premier point, tu t'entendras parfaitement avec elle ; et il n'y a pas de doute que tu ne sois un cocu complaisant.

PIRRO.

Laisse faire ; chacun aiguise ses outils comme il l'entend : nous verrons qui parlera le mieux. Mais je veux rentrer au logis, car il faudrait te casser la tête.

EUSTAZIO.

Et moi je vais retourner à l'église.

PIRRO.

Tu fais bien de ne pas sortir des lieux de franchise.

[1] Allusion au duc d'Athenes, qui, malgré les forteresses dont il avait entouré son palais a Florence, fut cependant expulsé par les habitants de cette ville, révoltés contre lui.

INTERMÈDE DU IIe ACTE.
CHANSON.

Autant l'amour est aimable dans le cœur des jeunes gens, autant il est inconvenant dans celui qui a passé la fleur de l'âge. L'amour tire tout son prix de son rapport avec les années : dans la fraîcheur de l'adolescence, il peut être louable ; dans la vieillesse il ne vaut rien, ou peu de chose. Il vaudrait donc bien mieux, ô vieillards amoureux ! laisser le champ libre à l'ardente jeunesse, qui, plus capable d'une vigoureuse entreprise, peut faire aussi un plus grand honneur à son maître.

FIN DU DEUXIÈME ACTE.

ACTE TROISIÈME

SCÈNE PREMIÈRE.
NICOMAQUE, CLÉANDRE.

NICOMAQUE.

Cléandre ! Holà, Cléandre !

CLEANDRE.

Mon père.

NICOMAQUE.

Viens çà, te dis-je. Que fais-tu toute la journée céans ? N'as-tu pas honte de donner tant de tracas à cette pauvre enfant ? En carnaval, les jeunes gens de ton âge se plaisent à aller voir les masques, en se promenant, ou à jouer une partie de ballon. Mais tu es un de ces hommes qui ne savent rien faire, et tu ne me parais ni mort ni vivant.

CLÉANDRE.

Tous ces amusements ne sont pas de mon goût ; ils ne m'ont jamais plu ; et j'aime mieux rester seul que de me trouver en pareille compagnie. Je demeure d'autant plus volontiers au logis, que vous y restez vous-même, et je veux, si vous désirez quelque chose, pouvoir le faire sur-le-champ.

NICOMAQUE.

Voyez quelle attention ! Que tu es un bon fils ! Je n'ai pas besoin de t'avoir tout le jour à mes trousses. J'ai deux valets et un intendant, pour n'avoir rien à te commander.

CLEANDRE

Au nom de Dieu, est-ce que tout ce que je fais n'est pas pour le mieux ?

NICOMAQUE.

J'ignore les motifs de ta conduite ; mais je sais bien que ta mère est une folle qui ruinera cette maison ; tu ferais mieux d'y chercher remède.

ACTE III, SCÈNE I.

CLÉANDRE.

C'est elle, ou un autre.

NICOMAQUE.

Qui, un autre ?

CLÉANDRE.

Je ne le sais.

NICOMAQUE.

Il me semble bien que tu ne le sais pas. Mais, que dis-tu de toutes ces tracasseries de Clizia ?

CLÉANDRE, à part.

Voilà que nous y arrivons.

NICOMAQUE.

Que dis-tu ? Parle haut, que je t'entende.

CLÉANDRE.

Je dis... que je ne sais que dire.

NICOMAQUE.

Ne te semble-t-il pas que ta mère se trompe étrangement quand elle ne veut point que Clizia soit la femme de Pirro ?

CLÉANDRE.

Je n'en sais rien.

NICOMAQUE.

Je sais à quoi m'en tenir. Tu as pris son parti, et il y a là-dessous autre chose que des histoires. Te semblerait-il par hasard qu'elle serait mieux avec Eustazio ?

CLÉANDRE.

Je n'en sais rien, et je n'y entends rien.

NICOMAQUE.

Et à quoi diable t'entends-tu ?

CLÉANDRE.

Point à ces choses-là.

NICOMAQUE.

Tu les as cependant bien entendues pour faire venir Eustazio à Florence et le cacher, afin de m'empêcher de le rencontrer, et de me tendre un piège pour rompre ce mariage ; mais toi et lui, je vous ferai renfermer entre quatre murs ; je rendrai sa dot à Sofronia, et je la mettrai à la porte, parce que je veux être le maître chez moi.

Que chacun de vous ouvre bien les oreilles : je veux que ces noces se terminent ce soir, ou moi-même, s'il n'y a pas d'autre moyen, je mettrai le feu à la maison. Je vais attendre ici ta mère, pour voir si je lui ferai entendre raison : mais si je ne puis y parvenir, je saurai, bon gré mal gré, conserver mon honneur ; car je n'entends pas que les oisons mènent boire les oies. Si tu désires ton bien et la paix de la maison, va surtout la prier de faire à ma guise. Tu la trouveras à l'église ; j'attendrai au logis que tu reviennes avec elle. Si tu vois ce maraud d'Eustazio, dis-lui de venir me trouver ; autrement il fera de mauvaises affaires.

CLÉANDRE.

J'y vais.

(Nicomaque sort.)

SCÈNE II.
CLÉANDRE, seul.

Triste destinée des amoureux ! dans quels chagrins continuels je consume mes jours ! Je sais bien que lorsqu'on aime un objet aussi beau que Clizia, on trouve de nombreux rivaux qui font naître mille chagrins sous vos pas ; mais je n'ai jamais entendu dire qu'on pût avoir son père pour rival. Hélas ! lorsque tant de jeunes gens trouvent dans leur père un appui, je trouve dans le mien le fondement et la cause de mon mal ; et si ma mère me favorise, ce n'est point par intérêt pour moi, mais seulement pour nuire au dessein de mon père. Voilà ce qui m'empêche de me découvrir franchement ; car elle s'imaginerait aussitôt que j'ai fait avec Eustazio les mêmes arrangements que mon père avec Pirro ; et si cette idée lui entrait dans la tête, elle croirait obéir à sa conscience en laissant l'eau suivre son cours ; elle cesserait alors de s'en occuper ; je serais tout à fait ruiné ; et j'en éprouverais tant de douleur, que je ne sais si je n'en perdrais pas la vie. Mais j'aperçois ma mère qui sort de l'église ; je veux lui parler pour savoir ce qu'elle a projeté, et connaître quels obstacles elle prétend opposer aux desseins de notre vieillard.

SCÈNE III.
CLEANDRE, SOFRONIA.

CLEANDRE.

Dieu vous bénisse, ma mère.

SOFRONIA.

Oh ! Cléandre, viens-tu de la maison ?

CLÉANDRE.

Oui, ma mère.

SOFRONIA.

Y es-tu resté tout le temps depuis que je t'y ai laissée ?

CLEANDRE.

Oui.

SOFRONIA.

Nicomaque, où est-il ?

CLÉANDRE.

Il est au logis ; et il n'en serait pas sorti, quelque chose qui pût arriver.

SOFRONIA.

Laisse-le faire, au nom de Dieu ! Qui compte sans son hôte compte deux fois [1]. T'a-t-il dit quelque chose ?

CLÉANDRE.

Il m'a accablé d'injures ; et je crois qu'il a le diable au corps. Il veut me renfermer, ainsi qu'Eustazio, vous rendre votre dot et vous mettre à la porte ; il menace de brûler la maison, rien que cela. Il m'a ordonné de vous trouver, et de vous persuader de consentir à ce mariage ; autrement il ne fera pas bon pour vous.

SOFRONIA.

Et toi, qu'en dis-tu ?

CLÉANDRE.

Je dis comme vous, car j'aime Clizia comme une sœur, et je serais fâché jusqu'au fond de l'âme qu'elle tombât entre les mains de Pirro.

SOFRONIA.

Je ne sais de quelle manière tu l'aimes ; et je te dis

---

1. Le texte porte : Le gourmand compte d'une manière, et l'aubergiste d'une autre.

clairement que, si je croyais l'ôter des mains de Nicomaque pour la mettre dans les tiennes, je ne me mêlerais plus de rien. Mais je pense qu'Eustazio ne la veut que pour lui, et que ton amour pour ton épouse (car nous sommes sur le point de t'en donner une) pourra effacer Clizia de ton esprit.

CLÉANDRE.

C'est fort bien pensé. Veuillez, je vous prie, employer tous vos efforts pour que ces noces n'aient pas lieu. Si on ne peut s'empêcher de la donner à Eustazio, qu'il l'épouse ; mais, si cela était possible, il serait mieux, selon moi, de la laisser tranquille ; car elle est bien jeune, et le temps ne la presse point encore. Le ciel pourrait lui faire retrouver ses parents ; et si elle était noble, ils vous auraient bien peu d'obligation de la trouver mariée à un valet ou à un campagnard.

SOFRONIA.

Tu as raison. J'y avais bien pensé ; mais la rage de ce vieillard m'a toute bouleversée. Je roule dans ma tête une foule de projets, et j'espère en trouver un enfin qui rompra ses desseins. Je veux rentrer au logis, car je vois Nicomaque rôder autour de la porte. Toi, cours à l'église, et dis à Eustazio qu'il vienne, et qu'il ne craigne rien.

CLÉANDRE.

J'y cours.

SCÈNE IV.
NICOMAQUE, SOFRONIA.

NICOMAQUE.

Voilà ma femme qui revient ; je veux la cajoler un peu, pour voir si les bonnes paroles me profiteront. *(A Sofronia.)* Ma fille, devrais-tu te montrer ainsi toute triste lorsque tu vois l'objet de tes plus chères affections ? Demeure un moment avec moi.

SOFRONIA.

Laisse-moi aller.

NICOMAQUE.

Demeure, te dis-je.

ACTE III, SCÈNE IV.

SOFRONIA.

Je ne veux pas : tu me parais pris de vin.

NICOMAQUE.

Je te suivrai partout.

SOFRONIA.

Es-tu fou ?

NICOMAQUE.

Fou, parce que je te veux trop de bien.

SOFRONIA.

Il ne me plaît pas, ton bien.

NICOMAQUE.

Cela est-il possible ?

SOFRONIA.

Tu me fais mourir ; ouf ! l'ennuyeux !

NICOMAQUE.

Je voudrais bien voir que tu disses la vérité.

SOFRONIA.

Je te pric de le croire.

NICOMAQUE.

Eh ! regarde-moi un peu, m'amour.

SOFRONIA.

Je te vois, et je te flaire aussi. Quelles bonnes odeurs ! Ma foi, tu ne t'y prends pas mal.

NICOMAQUE, *à part.*

Oh ! oh ! elle s'en est aperçue. *(Haut.)* Que maudit soit le maraud qui me les a apportées.

SOFRONIA.

D'où te sont venus ces parfums que tu as sur toi, vieil imbécile.

NICOMAQUE.

Il est passé par ici quelqu'un qui en vendait ; je les ai visités, et l'odeur en est restée après moi.

SOFRONIA.

L'histoire n'est pas mal trouvée. Ne rougis-tu pas de ce que tu fais depuis un an ? On te voit sans cesse avec des jeunes gens : tu vas à la taverne, tu reçois chez toi des femmes, et tu dépenses tout ton argent dans les lieux où l'on joue : bel exemple que tu donnes là à ton fils !

NICOMAQUE.

Ah ! ma femme, pas tant de reproches à la fois ! réserve quelque chose pour demain. Dis-moi, n'est-il pas plus raisonnable que j'agisse à mon idée qu'à la tienne ?

SOFRONIA.

Oui, pour les choses honnêtes.

NICOMAQUE.

Et n'est-il pas honnête de marier une jeune fille ?

SOFRONIA.

Oui. quand on la marie convenablement.

NICOMAQUE.

Ne sera-t-elle pas bien avec Pirro ?

SOFRONIA.

Non.

NICOMAQUE.

Pourquoi ?

SOFRONIA.

Pour les raisons que je t'ai dites cent fois.

NICOMAQUE.

Je suis plus au fait de ces choses-là que toi. Mais si je faisais tant auprès d'Eustazio qu'il ne la voulût plus ?

SOFRONIA.

Et si je faisais tant auprès de Pirro qu'il la refusât également.

NICOMAQUE.

Dès ce moment que chacun de nous essaye de son côté, et que celui qui réussira gagne la partie.

SOFRONIA.

Je le veux bien. Je vais à la maison parler à Pirro ; toi, parle à Eustazio. Tiens, le voilà qui sort de l'église.

NICOMAQUE.

Soit fait comme il est dit.

SCÈNE V.
NICOMAQUE, EUSTAZIO.

EUSTAZIO.

Puisque Cléandre m'a dit de rentrer au logis et de ne

rien craindre, je veux prendre un peu de courage et y aller.

NICOMAQUE.

Je voulais dire une charretée de sottises à ce maraud, et je ne le pourrai, puisqu'il faut que je le prie. Eustazio !

EUSTAZIO.

Mon maître !

NICOMAQUE.

Depuis quand es-tu à Florence ?

EUSTAZIO.

D'hier au soir.

NICOMAQUE.

Tu as eu bien de la peine à te laisser voir ! Où es-tu resté si longtemps ?

EUSTAZIO.

Je vais vous le dire. Hier matin en me levant je me suis senti tout mal à mon aise ; j'avais mal à la tête, je souffrais extrêmement de la gorge, et il me semblait que je n'étais pas sans fièvre ; comme il est fortement question de la peste en ce moment, je craignais de l'avoir gagnée. Je vins donc hier soir à Florence ; mais je m'arrêtai à l'auberge, ne voulant pas me présenter céans de peur de causer quelque malheur à vous ou à votre famille, si j'avais eu la peste en effet ; mais, grâce à Dieu tout a disparu, et je me sens entièrement rétabli.

NICOMAQUE, à part.

Il faut que je fasse semblant de le croire. *(Haut.)* Tu as bien fait. Et maintenant, es-tu bien guéri de ton mal ?

EUSTAZIO.

Oui, messer.

NICOMAQUE, à part.

Mais non de ta méchanceté. *(Haut.)* Je suis fort aise que tu sois ici. Tu sais la querelle qui existe entre ma femme et moi, relativement au mari de Clizia. Elle veut te la donner, et je voudrais la donner à Pirro.

EUSTAZIO.

Vous voulez donc plus de bien à Pirro qu'à moi ?

12.

NICOMAQUE.

Au contraire, c'est à toi que je veux plus de bien qu'à lui. Écoute un peu. Que veux-tu faire d'une femme? Tu as tout à l'heure trente-huit ans, et une enfant ne peut te convenir. Il est à croire que lorsqu'elle aura vécu quelques mois seulement avec toi, elle cherchera quelqu'un de plus jeune, et te voilà malheureux pour toute la vie. Je ne pourrai plus alors me fier à toi ; tu perdras la tête, tu te ruineras, et tu seras réduit à aller mendier avec elle.

EUSTAZIO.

Dans ce pays, celui qui possède une belle femme ne devient jamais pauvre. On peut être libéral de son feu et de sa femme avec tout le monde, parce que plus on en donne, plus il en reste.

NICOMAQUE.

Ainsi tu veux contracter ce mariage pour me faire de la peine ?

EUSTAZIO.

Du tout ; c'est pour me faire plaisir que je veux le conclure.

NICOMAQUE.

Sauve-toi donc, et rentre à la maison. J'étais un imbécile d'espérer d'un paysan comme toi une réponse agréable. Je changerai de gamme avec toi. Prépare-toi à me remettre tes comptes, et va-t'en au diable. Songe bien que me voilà devenu ton plus grand ennemi, et que je te ferai le plus de mal que je pourrai.

EUSTAZIO.

Cela m'embarrasse fort peu, pourvu que j'obtienne Clizia.

NICOMAQUE.

Tu auras la corde, que je te souhaite !

(Eustazio sort)

SCÈNE VI.
PIRRO, NICOMAQUE.

PIRRO, sortant de la maison.

Avant que je fasse ce que vous voulez, je me laisserai plutôt écorcher.

NICOMAQUE à part.

Cela va bien, Pirro garde sa parole. *(Haut)*. Qu'as-tu ? Avec qui en as tu, Pirro ?

PIRRO.

Je combats maintenant avec qui vous combattez sans cesse.

NICOMAQUE.

Que dit-elle ? que veut-elle ?

PIRRO

Elle me prie de ne pas prendre Clizia pour femme.

NICOMAQUE.

Que lui as-tu répondu ?

PIRRO.

Que je me laisserais plutôt assommer que de refuser.

NICOMAQUE.

Bien répondu.

PIRRO.

Si j'ai bien répondu, je crains d'avoir mal fait ; car je me suis rendu ennemis votre femme, votre fils, et toute la maison.

NICOMAQUE.

Que t'importe ? Sois bien avec le bon Dieu, et moque-toi de ses saints.

PIRRO.

C'est bien dit : mais si vous veniez à mourir, les saints me traiteraient fort mal.

NICOMAQUE.

Ne crains rien ; je te ferai un sort si beau, que les saints te causeront peu de tort ; et quand même ils le tenteraient, les juges et les lois sont là pour te défendre, pourvu toutefois que tu me procures le moyen de coucher avec Clizia.

PIRRO.

Je crains bien que vous ne puissiez en venir à bout, tant je vois votre femme enflammée contre vous.

NICOMAQUE.

J'ai réfléchi qu'il serait peut-être bon, pour sortir de

cet embarras, de tirer au sort à qui Clizia appartiendra ; ma femme ne pourrait pas s'y refuser.

PIRRO.

Et si j'ai le sort contre moi ?

NICOMAQUE.

J'espère en Dieu que cela ne t'arrivera pas.

PIRRO, à part.

Oh ! le vieux fou, qui veut que Dieu tienne la main à ses turpitudes ! *(Haut.)* Je crois, si Dieu toutefois se mêle de semblables affaires, que Sofronia doit également espérer en son aide.

NICOMAQUE.

Qu'elle y espère ! Sache que lors même que le sort me serait contraire, j'ai déjà trouvé le remède. Va, appelle-la, et dis-lui qu'elle vienne avec Eustazio.

PIRRO.

Sofronia, venez avec Eustazio ; mon maître veut vous parler.

SCÈNE VII.

PIRRO, NICOMAQUE, EUSTAZIO, SOFRONIA.

SOFRONIA.

Me voici ; qu'y a-t-il de nouveau ?

NICOMAQUE, à part.

Tâchons de donner couleur à notre proposition. *(Haut.)* Puisque aucun de ces deux marauds ne veut céder, il convient que ce soit nous qui tombions d'accord ensemble.

SOFRONIA.

Je ne comprends rien à ta rage ; ce qu'on ne fait pas aujourd'hui, on le fera demain.

NICOMAQUE.

Je le veux faire aujourd'hui.

SOFRONIA.

A la bonne heure. Voilà les deux prétendants. Quelle est ton idée ?

NICOMAQUE.

J'ai réfléchi que, puisque nous ne pouvions nous accorder, il fallait s'en remettre au sort.

ACTE III, SCÈNE VII.

SOFRONIA.

Comment, au sort !

NICOMAQUE.

Mettons leurs noms dans une bourse ; dans une autre, le nom de Clizia et un billet blanc : tirons d'abord le nom d'un de ces deux rivaux ; que celui à qui Clizia tombe en partage la prenne, et que l'autre s'arrange, Qu'en penses-tu ? Tu ne dis mot ?

SOFRONIA.

Allons. J'y consens.

EUSTAZIO.

Réfléchissez bien à ce que vous faites.

SOFRONIA.

J'y pense ; et je sais bien ce que je fais. Va au logis, écris les billets, apporte les deux bourses ; je veux enfin sortir de toutes ces tracasseries, ou l'on en verra bien d'autres.

EUSTAZIO.

J'y vais.

NICOMAQUE.

De la sorte, nous serons enfin d'accord. Pirro, prie bien Dieu pour toi.

PIRRO.

Pour vous.

NICOMAQUE.

Tu as raison de dire pour moi : ce sera pour moi une grande consolation si tu peux l'obtenir.

EUSTAZIO.

Voilà les bourses et les billets.

NICOMAQUE.

Donne ici. Celui-ci, que dit-il ? Clizia. Et cet autre ? Il est blanc. Cela va bien. Mets-les dans la bourse que voilà. Celui-ci, que dit-il ? Eustazio. Et cet autre ? Pirro. Reploie-les, et mets-les dans cette autre bourse. Ferme-les, et tiens bien les yeux dessus, Pirro, que tout ne s'en aille pas dans la gibecière. Il y en a qui savent jouer des gobelets.

SOFRONIA.

Il n'y a que les trompeurs qui se méfient des autres.

NICOMAQUE.

Ce ne sont là que des mots. Tu sais bien qu'il n'y a de trompés que ceux qui se fient à autrui. Qui tirera le sort ?

SOFRONIA.

Qui tu voudras.

NICOMAQUE, appelant un enfant.

Eh, l'enfant ! approche un instant.

SOFRONIA.

Il serait nécessaire qu'il fût vierge.

NICOMAQUE.

Vierge ou non, je n'y ai pas tenu la main. Tu vas tirer un billet de cette bourse, aussitôt que j'aurai terminé mon oraison. O sainte Apolline, je te prie, ainsi que tous les saints et les saintes protectrices du mariage, d'accorder à Clizia la grâce de voir sortir de cette bourse le billet de celui qui doit nous être le plus agréable. — Tire, au nom de Dieu... Donne ici... Hélas ! Je suis mort !... Eustazio ! ! !

SOFRONIA.

Qu'as-tu donc ? O mon Dieu, fais encore un miracle pour le désespérer !

NICOMAQUE.

Tire de celle-ci... Donne-le-moi... — Blanc !... — Ouf ! je suis ressuscité ; nous l'emportons. Pirro, grand bien te fasse ; Eustazio est mort... Sofronia, puisque Dieu a voulu que Clizia appartînt à Pirro, y consens-tu, de même ?

SOFRONIA.

Je ne m'y oppose plus.

NICOMAQUE.

Prépare les noces.

SOFRONIA.

Te voilà bien pressé ; ne pourrait-on pas les retarder jusqu'à demain !

NICOMAQUE.

Non ! non ! non ! n'entends-tu pas que je dis non !

Eh quoi! veux-tu avoir le temps de machiner quelque nouvelle ruse?

SOFRONIA.

Voulons-nous agir comme des brutes? Ne faut-il pas que la pauvre enfant assiste à la messe de mariage?

NICOMAQUE.

La messe de la fève? elle peut l'entendre un autre jour. Ne sais-tu pas que l'on donne également l'absolution à celui qui se confesse après, comme à celui qui se confesse avant?

SOFRONIA.

Je ne crois pas qu'elle ait l'ordinaire des dames.

NICOMAQUE.

Elle se servira de l'extraordinaire des hommes. Je veux qu'il l'épouse ce soir. Eh bien! ne m'entends-tu pas?

SOFRONIA.

Qu'il l'épouse donc pour son malheur. Rentrons à la maison, et fais toi-même cette ambassade auprès de cette pauvre enfant.

NICOMAQUE.

Allons, rentrons [1].

EUSTAZIO.

Je ne veux pas les suivre; je vais aller trouver Cléandre, pour qu'il cherche s'il n'y aurait pas quelque remède à ce mal.

1. Il y a ici une équivoque sur les mots *calze* et *calzoni*, trop indécente pour être traduite.

INTERMÈDE DU IIIe ACTE.
CHANSON.

Bien fou est celui qui ayant, à tort ou à raison, offense une dame, espère obtenir d'elle sa grâce ou par ses pleurs ou par ses prières. Lorsqu'elle descend dans cette vie mortelle, avec son âme également sujette à la mort, l'orgueil, la ruse, la rancune, la fourberie et la cruauté, l'accompagnent et lui prêtent un si ferme appui, qu'il lui suffit de désirer pour réussir: qu'un dépit cruel la fasse agir, ou que la jalousie la tourmente, sa force l'emporte sur toutes celles des mortels.

FIN DU TROISIÈME ACTE.

ACTE QUATRIÈME

SCÈNE PREMIÈRE.
CLÉANDRE, EUSTAZIO,

CLÉANDRE.

Comment est-il possible que ma mère ait eu assez peu de prévoyance pour s'en remettre ainsi au sort sur une affaire qui ternit tout l'honneur de notre maison ?

EUSTAZIO.

La chose est comme je te l'ai dite.

CLÉANDRE.

Je suis bien malheureux, bien infortuné. Je trouve tout à point quelqu'un qui m'a retenu si longtemps, que ce mariage s'est conclu à mon insu, que les noces ont été fixées, et que tout s'est passé selon les désirs de notre vieillard. Cependant, ô Fortune, tu es ordinairement, comme femme, l'amie des jeunes gens ; et cette fois tu t'es montrée amie de la vieillesse. Comment n'as-tu pas honte qu'un visage aussi charmant soit souillé par les baisers d'une bouche aussi dégoûtante ; que des appas aussi délicats soient touchés par des mains tremblantes et par des membres ridés et repoussants ? Non, ce n'est point Pirro, mais Nicomaque, comme j'en suis persuadé, qui la possédera. Tu ne pouvais me faire une plus cruelle injure, que de me ravir à la fois ma maîtresse et mon bien ; car si cet amour dure, c'est à Pirro, plutôt qu'à moi, que Nicomaque livrera ce qu'il a de plus précieux. Il me semble qu'il y a une éternité que je n'ai vu ma mère, pour me soulager en déplorant avec elle le parti qu'on a pris.

EUSTAZIO.

Rassure-toi, Cléandre. Il m'a semblé qu'elle rentrait au logis en souriant, aussi je suis certain que notre bonhomme n'en viendra pas à ses fins, comme il l'espère, Mais le voici qui sort avec Pirro ; ils sont tout joyeux.

ACTE IV, SCÈNE II.

CLÉANDRE.

Eustazio, rentre au logis. Je veux rester à l'écart pour voir si je ne pourrais pas tirer profit de leurs projets.

EUSTAZIO.

J'y vais.

SCÈNE II.
CLÉANDRE, NICOMAQUE, PIRRO.

NICOMAQUE.

Oh! comme tout s'est bien passé! As-tu remarqué comme tout le monde est affligé ; comme ma femme paraît désespérée? Tout ce que je vois augmente ma joie. Mais que je serai bien plus heureux encore quand je tiendrai Clizia dans mes bras, quand je la toucherai, l'embrasserai, la presserai! O douce nuit, arriveras-tu jamais ? Cette obligation que je te dois, je veux te la payer double.

CLÉANDRE, à part.

Oh! vieux fou!

PIRRO.

Je le crois ; mais je ne pense pas que vous puissiez rien faire ce soir ; il n'y a aucune commodité pour cela.

NICOMAQUE.

Comment rien ? Je vais te dire la manière dont j'ai dessein d'arranger l'affaire

PIRRO.

Je vous écoute de tout mon cœur.

CLÉANDRE, à part.

Et moi plus volontiers encore, car je pourrais entendre quelque chose qui dérangerait leurs affaires et arrangerait les miennes.

NICOMAQUE.

Tu connais Damon, notre voisin, dont j'ai loué la maison pour ton compte ?

PIRRO.

Oui, je le connais.

NICOMAQUE.

J'ai pensé que tu devais mener ce soir Clizia dans

cette maison, quoiqu'elle soit encore habitée par Damon ; mais je ferai entendre à ce dernier que je veux que tu y conduises ta femme pour y demeurer désormais.

PIRRO.

Et qu'en résultera-t-il ?

CLÉANDRE, à part.

Ouvre toutes tes oreilles, Cléandre.

NICOMAQUE.

J'ai ordonné à Sofronia d'appeler Sostrata, la femme de Damon, pour l'aider à faire les noces et à habiller la nouvelle épouse, et je conseillerai à Damon d'engager sa femme à y aller. Après le souper, ces dames mèneront l'épousée à la maison de Damon, elles la conduiront dans la chambre et la mettront au lit avec toi. Je dirai que je veux rester à l'auberge avec Damon, et Sostrata reviendra ici avec Sofronia. Resté seul dans ta chambre, tu éteindras la lumière, et tu te démèneras en faisant semblant de te déshabiller. Pendant ce temps je viendrai à pas de loup dans la chambre, j'ôterai mes habits, et je me coucherai à côté de Clizia. Tu pourras te mettre sans bruit sur le lit de repos. Le matin, avant le jour, je sortirai du lit sous quelque prétexte ; je me rhabillerai, et tu iras prendre ma place.

CLÉANDRE, à part.

Oh ! vieil impudent ! Que je suis heureux d'avoir entendu ton projet, et que je te plains de me l'avoir découvert !

PIRRO.

Il me semble que vous avez bien arrangé toute la chose. Cependant, il est convenable que vous vous armiez de manière à paraître jeune ; car je crains que la vieillesse ne se reconnaisse, même dans l'obscurité.

CLÉANDRE, à part.

Ce que j'ai entendu me suffit. Je veux aller en instruire ma mère. *(Il sort.)*

NICOMAQUE.

J'ai pensé à tout. Je compte, à te dire vrai, souper avec Damon ; et j'ai ordonné un souper à mon goût. Je boirai d'abord un coup d'un élixir que l'on appelle *satyrion*.

PIRRO.

Quel diable de nom est-ce là ?

NICOMAQUE.

Les effets en sont bien plus bizarres encore : c'est un breuvage qui, dans le cas où je me trouve, fait rajeunir non seulement un homme de soixante-dix ans comme moi, mais un de quatre-vingt-dix. Après avoir pris cet élixir, je mangerai peu de choses, mais toutes substantielles : d'abord une salade d'oignons cuits, ensuite un mélange de fèves et d'épiceries.

PIRRO.

Et à quoi bon ?

NICOMAQUE.

A quoi bon ? Les oignons, les fèves et les épices, qui sont toutes choses échauffantes et venteuses, feraient faire voile à une caraque génoise. De plus, il est nécessaire d'avoir un jeune pigeon gras, rôti bien à point, et qui soit un peu saignant.

PIRRO.

Prenez garde que cela ne vous dérange l'estomac. Il faudra qu'on vous le mâche ou que vous l'avaliez tout entier, car je ne vous vois dans la bouche des dents ni assez nombreuses ni assez fortes.

NICOMAQUE.

Ce n'est pas ce que je crains ; et, bien que je n'aie pas beaucoup de dents, j'ai des mâchoires de fer.

PIRRO.

Je pense que quand vous serez parti, et que je serai entré au lit, je pourrai me dispenser de toucher Clizia, car je crois bien que je trouverai la pauvre enfant toute brisée.

NICOMAQUE.

Qu'il te suffise que j'aie fait toute ta besogne, et celle encore d'un manœuvre.

PIRRO.

Je rends grâce à Dieu de ce qu'il m'a donné une femme

bâtie de manière à ne me point donner de fatigue pour lui faire des enfants ou pourvoir à sa dépense.

NICOMAQUE.

Rentre au logis, presse les noces ; et moi je vais parler un instant à Damon, que je vois sortir de chez lui.

PIRRO.

J'y cours.

SCÈNE III.
NICOMAQUE, DAMON.

NICOMAQUE.

Le moment est arrivé, Damon, de me montrer si tu m'aimes en effet. Il faut que tu débarrasses ta maison, et que tu n'y laisses ni femme ni valets, pour que je puisse mener mon affaire comme je te l'ai déjà dit.

DAMON.

Je suis prêt à tout pour te faire plaisir.

NICOMAQUE.

J'ai recommandé à ma femme d'appeler Sostrata pour venir l'aider à arranger la noce ; fais en sorte qu'elle s'y rende aussitôt qu'on l'appellera, et surtout que ta servante la suive.

DAMON.

Tout est prêt, et tu peux l'appeler quand tu voudras.

NICOMAQUE.

Je vais aller jusque chez l'apothicaire pour une petite affaire ; je serai de retour sur-le-champ. Attends que ma femme sorte et qu'elle appelle la tienne. Voilà Sofronia qui s'approche ; tiens-toi sur tes gardes. Adieu.

SCÈNE IV.
SOFRONIA, DAMON.

SOFRONIA.

Je ne suis pas étonnée si mon mari me pressait tant d'appeler la femme de Damon : il voulait le champ libre pour joûter à son aise. Mais voilà Damon : ô miroir de cette cité et colonne de son quartier, qui souffre que sa maison serve à une entreprise aussi honteuse et aussi blâmable! Je vais le recevoir de manière que nos deux vieux ne pourront jamais se voir sans rougir, et commencer par me moquer un peu de celui-ci.

DAMON, a part.

Je m'étonne que Sofronia reste plantée là, et ne vienne pas appeler ma femme. Mais la voici qui approche. (*Haut*.) Dieu vous garde, Sofronia.

SOFRONIA.

Et vous aussi, Damon. Où est votre femme?

DAMON.

Elle est chez elle, prête à venir quand vous l'appellerez, car votre mari m'en a prié. Irai-je l'appeler?

SOFRONIA.

Non, non ; elle doit avoir des affaires.

DAMON.

Aucune, absolument.

SOFRONIA.

Laissez-la tranquille, je ne veux point la déranger, je l'appellerai lorsqu'il en sera temps.

DAMON.

Ne préparez-vous pas les noces?

SOFRONIA.

Oui, nous les préparons.

DAMON.

N'avez-vous pas besoin de quelqu'un qui vous aide?

SOFRONIA.

J'ai une troupe de personnes en ce moment.

DAMON, a part.

Que faire maintenant? J'ai commis une lourde sottise par rapport à ce vieux fou, baveux, chassieux et édenté. Il me conseille d'offrir ma femme pour aider sa femme qui n'en veut pas. Elle va croire que je mendie un dîner, et elle me tiendra pour un misérable.

SOFRONIA, à part.

Je renvoie celui-ci bien habillé. Voyez comme il s'en va tout resserré dans son manteau! Maintenant amusons-nous un peu de mon mari ; le voilà qui revient du marché. Je veux mourir s'il n'a pas acheté quelques drogues pour se parfumer et paraître vigoureux.

SCÈNE V.

NICOMAQUE, SOFRONIA

NICOMAQUE.

J'ai acheté l'électuaire et une certaine pommade propre à ressusciter un mort. Quand on va à la guerre bien armé on en a la moitié plus de courage. Mais j'aperçois ma femme. Peste ! elle m'aura entendu.

SOFRONIA, à part.

Oui, je t'ai entendu ; et ce sera pour ton malheur et ta honte, si je vis jusqu'à demain matin.

NICOMAQUE.

Tout est-il arrangé? As-tu appelé la voisine pour t'aider?

SOFRONIA.

Je l'ai appelée comme tu me l'avais dit ; mais ton cher ami lui a soufflé je ne sais quoi dans l'oreille, de sorte qu'elle m'a répondu qu'elle ne pourrait venir.

NICOMAQUE.

Cela ne m'étonne pas, car tu es un peu grossière, et tu ne sais jamais t'y prendre avec les personnes quand tu veux d'elles quelque-chose.

SOFRONIA.

Fallait-il lui prendre le menton ? Je ne suis point accoutumée à faire des caresses aux maris des autres. Va, appelle-la toi-même, puisque tu te plais à poursuivre les femmes d'autrui ; et moi je rentrerai au logis pour mettre tout en ordre.

SCÈNE VI.

DAMON, NICOMAQUE

DAMON, à part.

Voyons si notre amoureux est de retour du marché. Le voilà devant sa porte. (*A Nicomaque.*) Je venais pour te parler.

NICOMAQUE.

Et moi également, homme sur lequel on ne peut compter. De quoi t'avais-je prié? Que t'ai-je demandé? Tu m'as bien servi, en vérité.

DAMON.

Qu'y a-t-il donc?

NICOMAQUE.

Tu as bien envoyé ta femme! Tu as vidé ta maison, que c'est un plaisir! Tu es cause que je suis mort et ruiné.

DAMON.

Va te promener. Ne m'as-tu pas dit que ta femme appellerait la mienne?

NICOMAQUE.

Elle l'a appelée, et la tienne n'a pas voulu venir.

DAMON

C'est moi qui la lui ai offerte, et c'est elle qui n'a pas voulu qu'elle vînt. Tu es cause que l'on se moque de moi, et c'est toi qui te plains. Que le diable t'emporte, toi, les noces, et tout le monde !

NICOMAQUE.

Enfin, veux-tu qu'elle vienne ?

DAMON.

Eh oui! par tous les diables! elle, la servante, le chat, et tout ce qui se trouve céans. Va-t'en si tu as autre chose à faire. Je rentre à la maison, et je te l'amène à l'instant par le jardin.

(Il sort.)

NICOMAQUE.

Maintenant tu es mon ami, et les choses iront bien. Oh! oh! quel est ce bruit que j'entends au logis?

SCÈNE VII.

DORIA, NICOMAQUE.

DORIA.

Je suis morte! je suis morte! Sauvez-vous! sauvez-vous! Arrachez-lui ce couteau des mains! Sauvez-vous, Sofronia!

NICOMAQUE.

Qu'as-tu, Doria? Qu'est-il arrivé?

DORIA.

Je suis morte !

NICOMAQUE.

Pourquoi es-tu morte ?

DORIA.

Je suis morte, et vous êtes perdu.

NICOMAQUE.

Dis-moi donc ce que tu as.

DORIA.

La frayeur m'en empêche. Je suis en eau ; éventez-moi un peu avec votre manteau.

NICOMAQUE.

Ah ! dis-moi ce que tu as, ou je te casserai la tête.

DORIA.

O mon maître ! vous êtes bien cruel.

NICOMAQUE.

Qu'as-tu, enfin, et que se passe-t-il au logis ?

DORIA.

Pirro avait donné l'anneau à Clizia ; il était allé accompagner le notaire jusqu'à la porte de derriere, lorsque Clizia, poussée par je ne sais quelle rage, s'est emparée d'un couteau, et, tout échevelée, toute furieuse, s'est mise à crier : *Où est Nicomaque ? où est Pirro ? je veux les poignarder.* Cléandre, Sofronia et moi, nous voulons en vain la retenir : elle s'est placée dans un coin de la chambre, et crie qu'elle veut absolument vous tuer ; et chacun, pressé par la peur, s'enfuit de son côté : Pirro s'est sauvé dans la cuisine, où il s'est caché derrière la cage aux chapons ; et l'on m'envoie ici pour vous avertir de ne point rentrer dans la maison.

NICOMAQUE.

Je suis le plus malheureux des hommes ! Et l'on ne peut lui arracher ce poignard des mains ?

DORIA.

Non, pas encore.

NICOMAQUE.

Qui menace-t-elle ?

DORIA.

Vous et Pirro.

NICOMAQUE.

Ah ! mon Dieu, quel malheur ! Hélas ! ma chère fille, je t'en prie, rentre à la maison, et tâche, par de bonnes paroles, de lui faire sortir cette folie de la tête : qu'elle laisse de côté ce poignard, et je promets de t'acheter une paire de souliers et un mouchoir. Allons, va, mon amour.

DORIA.

J'y vais ; mais ne rentrez pas que je ne vous appelle.
(Elle sort.)

NICOMAQUE.

O misère ! ô malheur ! que de choses viennent à la traverse pour troubler cette nuit, dont j'espérais tant de bonheur ! *(A Doria qui rentre.)* A-t-elle quitté son couteau ? entrerai-je ?

DORIA, sous la porte.

Pas encore ; n'entrez pas.

NICOMAQUE.

O Dieu ! qu'arrivera-t-il ? Puis-je venir maintenant ?

DORIA.

Venez ; mais n'allez pas dans la chambre où Clizia se trouve : faites en sorte qu'elle ne vous voie pas ; allez dans la cuisine auprès de Pirro.

NICOMAQUE.

J'y vais.

SCÈNE VIII.
DORIA, *seule*.

De quelle manière nous nous moquons de ce pauvre vieillard ! C'est une vraie comédie de voir tous les embarras de cette maison : le bonhomme et Pirro sont tout tremblants dans la cuisine ; dans la salle sont ceux qui préparent le souper ; dans la chambre se trouvent les femmes, Cléandre et le reste de la famille. On a déshabillé Siro, l'un de nos valets, et l'on a revêtu Clizia de ses habits, tandis que lui a pris ceux de Clizia, qu'il doit aussi remplacer au lit ; et pour que notre maître et Pirro ne découvrent pas cette fraude, on les a confinés dans la cuisine. Quel plaisir ! oh ! quel bon tour ! Mais voici Nicomaque et Pirro.

SCÈNE IX.
NICOMAQUE, DORIA, PIRRO.

NICOMAQUE.

Que fais-tu ici, Doria ? Clizia est-elle apaisée ?

DORIA.

Oui, notre maître ; et elle a promis à Sofronia de faire tout ce que vous voudrez. Il est vrai que Sofronia ne pense pas qu'il soit à propos que vous ni Pirro vous paraissiez devant elle, afin que sa colère ne se rallume pas ; mais lorsqu'une fois elle sera au lit, si Pirro ne sait pas l'apprivoiser, tant pis pour lui.

NICOMAQUE.

Sofronia a raison, et nous suivrons son conseil. Maintenant, entre au logis, et puisque tout est prêt, fais hâter le souper. Pirro et moi, nous souperons chez Damon : lorsqu'on aura fini, fais conduire Clizia dehors. Dépêche-toi, Doria, pour l'amour de Dieu ; la troisième heure a déjà sonné, et il ne faut pas rester toute la nuit dans cet embarras.

DORIA.

Vous dites bien vrai : j'y vais.

NICOMAQUE.

Toi, Pirro, reste ici ; je vais boire un coup avec Damon ; ne rentre pas au logis, de crainte que Clizia ne redevienne furieuse. S'il arrive quelque chose de nouveau, viens me le dire sur-le-champ.

PIRRO.

Allez ; je ferai tout ce que vous m'ordonnez. *(Seul.)* Allons, puisque mon maître veut que je reste sans femme et sans souper, je le veux bien aussi. Mais je ne crois pas qu'il se passe autant d'événements en une année qu'il en est survenu aujourd'hui ; et je crains bien qu'il ne m'arrive aussi quelque malheur; car j'ai entendu là-dedans certains éclats de rire qui ne me plaisent pas du tout. Mais je vois paraître un flambeau: c'est la noce qui sort sans doute; l'épousée ne peut tarder à paraître : je cours avertir notre bonhomme. Nicomaque ! Damon ! descendez, descendez ; voilà l'épouse qui vient.

SCÈNE X.

NICOMAQUE, DAMON, SOFRONIA, SOSTRATA, SIRO, *habillé en femme, et feignant de pleurer.*

NICOMAQUE.

Nous voilà. Va-t'en, Pirro, rentre au logis : il est bon, je pense, qu'elle ne te voie pas. Toi, Damon, avance-toi, et parle à ces dames : les voilà toutes dehors.

SOFRONIA.

O pauvre enfant ! comme elle pleure ! Tu vois qu'elle n'ôte pas son mouchoir de dessus ses yeux.

SOSTRATA.

Elle rira demain, comme font toutes les jeunes filles. Dieu vous donne le bonsoir, Nicomaque et Damon !

DAMON.

Soyez les bienvenues, mesdames. Montez là-haut, mettez au lit cette pauvre enfant, et descendez ensuite. Pendant ce temps-là Pirro s'apprêtera de son côté.

SOSTRATA.

Allons, et que Dieu nous assiste.

SCÈNE XI.

NICOMAQUE, DAMON.

NICOMAQUE.

Elle s'en va d'un air bien triste... As-tu remarqué comme elle paraît grande ? Cela provient sans doute de ses patins.

DAMON.

Elle me semble, en effet, plus grande qu'à l'ordinaire. O Nicomaque ! tu es bien heureux ! tu as conduit ta barque à bon port : comporte-toi bien, autrement tu ne pourras plus y revenir.

NICOMAQUE.

Ne te mets pas en peine, je saurai faire mon devoir. Depuis que j'ai mangé, je me sens brave comme une épée. Mais voici nos femmes qui reviennent.

SCÈNE XII.
NICOMAQUE, SOSTRATA, SOFRONIA, DAMON.

NICOMAQUE.

L'avez-vous mise au lit?

SOSTRATA.

Oui, nous l'y avons mise.

DAMON.

C'est bon; nous ferons le reste. Sostrata, va coucher avec Sofronia; Nicomaque restera avec moi.

SOFRONIA.

Allons-nous-en, notre présence leur est à charge.

DAMON.

Il en est de même de la nôtre pour vous. Prenez garde de vous faire mal.

SOSTRATA.

Gardez-vous vous-mêmes, car vous avez les armes, et nous sommes désarmées.

DAMON.

Rentrons au logis.

SOFRONIA.

Et nous aussi. Va, va, Nicomaque, tu trouveras à qui parler, car ta femme sera comme les cruches de Santa Maria in Pruneta.

INTERMÈDE DU IVᵉ ACTE.
CHANSON.

Le stratagème conduit au but que l'on a en vue et auquel tendent nos désirs, cause un si vif plaisir, qu'il fait disparaître les chagrins, et change l'amertume en douceur. O remède puissant et précieux! tu montres le vrai chemin aux âmes égarées; c'est toi dont la douce puissance nous fait regarder comme un trésor la tendresse de l'objet aimé; et tu peux vaincre par tes conseils sacrés les pierres, les poisons et les enchantements.

FIN DU QUATRIÈME ACTE.

ACTE CINQUIÈME

SCÈNE PREMIÈRE.

DORIA, *seule*.

Je n'ai jamais ri de si bon cœur, et je crois que je ne rirai jamais autant. Ici nous n'avons fait autre chose que rire toute la nuit : Sofronia, Sostrata, Cléandre, Eustazio, chacun riait. On a passé le temps à compter les minutes, et nous disions : Maintenant Nicomaque entre dans la chambre ; maintenant il se déshabille ; maintenant il se couche auprès de la mariée ; maintenant il lui livre bataille ; maintenant il est vigoureusement repoussé. Pendant que nous plaisantions ainsi, Siro et Pirro sont entrés, et notre rire a redoublé ; mais ce qu'il y avait de plus beau à voir, c'était Pirro qui riait plus encore que Siro : aussi je ne crois pas qu'aucun de nous puisse éprouver cette année un plaisir plus vif et plus complet. Comme il est déjà grand jour, ces dames m'ont envoyée à la découverte pour voir ce que fait Nicomaque, et la manière dont il supporte son malheur. Mais le voici qui sort avec Damon. Je veux me tenir à l'écart pour les entendre, et trouver matière à rire de nouveau.

SCÈNE II.

DAMON, NICOMAQUE, DORIA, *cachée*.

DAMON.

Qu'est-il arrivé cette nuit ? comment la chose s'est-elle passée ? Tu ne dis mot. Quel remue-ménage avez-vous donc fait, en vous habillant, en ouvrant les portes, en montant et en descendant du lit ? Vous n'êtes pas restés une minute en repos. Moi, qui étais couché au rez-de-chaussée au-dessous de vous, je n'ai pu fermer l'œil ; je me suis levé tout dépité ; et je te trouve sortant, la mine toute renversée. Tu ne parles pas, tu sembles mort ; que diable as-tu ?

NICOMAQUE.

Ami, je ne sais où fuir, où me cacher, où dérober à tous les yeux la honte que je me suis attirée par ma faute. Je suis déshonoré pour l'éternité ; il n'y a plus de remède, et je n'oserai jamais reparaître devant ma femme, mon fils, mes parents et mes valets ; j'ai moi-même cherché mon déshonneur, et ma femme m'a aidé à le trouver ; enfin, je suis un homme perdu. Et ce qui ajoute à mes chagrins, c'est que tu es pour moitié dans ce qui m'arrive, parce que chacun saura que tu y prêtais les mains.

DAMON.

Qu'est-il donc arrivé ? As-tu cassé quelque chose ?

NICOMAQUE.

Que veux-tu que j'aie cassé ? Me fussé-je cassé le cou !

DAMON.

Que s'est-il passé ? Que ne parles-tu ?

NICOMAQUE, pleurant.

Uh ! uh ! uh ! J'en ressens une si vive douleur que je ne crois pas pouvoir te l'exprimer.

DAMON.

Allons donc, tu fais l'enfant ! Que diable cela peut-il être ?

NICOMAQUE.

Tu sais l'arrangement convenu ? Selon cet arrangement je suis entré dans la chambre, et après m'être déshabillé en silence, je me suis couché, sans lumière, à côté de la mariée, à la place de Pirro, qui s'était mis à dormir sur le lit de repos.

DAMON.

Fort bien. Qu'est-il ensuite arrivé ?

NICOMAQUE.

Uh ! uh ! uh ! Je me suis approché de Clizia, suivant la coutume des nouveaux mariés, et j'ai voulu lui mettre la main sur le sein ; mais elle me l'a prise avec l'une des siennes, et n'a pas voulu me lâcher. J'ai cherché à l'embrasser, mais avec l'autre main elle m'a repoussé la figure en arrière. J'ai voulu me précipiter sur elle, et elle m'a présenté un genou qui m'a presque enfoncé une côte. Quand j'ai vu que la force ne suffisait pas, je me suis mis à la prier, et, avec des paroles pleines de douceur et d'amour (mais à voix basse, pour ne pas être reconnu), je l'ai priee de me laisser contenter mes desirs. Je lui disais : Helas ! ma chère âme, pourquoi me déchires-tu ? helas ! mon cher bien, pourquoi ne m'accordes-tu pas de bon gré ce que les autres femmes ne refusent jamais à leur mari ? Uh ! uh ! uh !

DAMON.

Essuie-toi un peu les yeux.

NICOMAQUE.

Mon désespoir est si grand que je ne sais où j'en suis, et que je ne puis retenir mes larmes. J'ai eu beau vouloir jaser avec elle, elle n'a pas fait plus signe de vouloir parler que de faire toute autre chose. Ayant vu cela, je me suis avisé alors de la menacer : j'ai commencé à lui dire des injures, et que je ferais, et que je dirais... Bien imaginé ! car tout à coup elle replie ses jambes et me donne un si furieux coup de pied, que si la couverture du lit ne m'eût retenu, elle me jetait au milieu de la chambre.

DAMON.

Cela est-il possible ?

NICOMAQUE.

Sans doute, puisque cela est. Après m'avoir ainsi traité, elle s'est couchée sur l'estomac, et s'est cramponnée au matelas avec tant de vigueur, que toutes les machines de l'Opéra n'auraient pu la retourner Voyant que force, prières ni menaces ne me servaient de rien, dans mon dépit, je lui ai tourné le dos, et j'ai résolu de la laisser tranquille, persuadé que vers le point du jour elle pourrait bien changer d'idée.

DAMON.

Voilà du moins qui est bien pensé. Tu devais d'abord prendre ce parti, et ne pas vouloir de quelqu'un qui ne se souciait pas de toi.

NICOMAQUE.

Sois tranquille, tout n'est pas encore fini ; c'est maintenant qu'est le beau de l'affaire. Étant ainsi tout chagrin, je commençais pourtant à sommeiller un peu, tant par suite de mon mal que par l'effet de ma fatigue, quand soudain je me sens frappé dans le côté, tandis que l'on me donne en même temps, là, au-dessous des reins, cinq ou six coups de possédé. Réveillé en sursaut, j'y porte la main, et je trouve une chose dure et pointue. M'imaginant que ce pouvait être le poignard dont Clizia avait menacé de me frapper pendant le jour, je saute soudain hors du lit, saisi d'épouvante. A ce bruit, Pirro qui dormait se lève ; et moi, poussé par la peur plus que par la prudence, je lui dis d'aller chercher de la lumière ; que sa femme s'était armée pour nous assassiner tous deux. Pirro court, et revient avec de la lumière ; et, au lieu de Clizia, nous voyons Siro, mon valet, qui pour se moquer (uh ! uh ! uh), me faisait la moue (uh ! uh ! uh), et me montrait les cornes par derrière.

DAMON, riant.

Ah ! ah ! ah !

NICOMAQUE.

Quoi ! Damon, cela te fait rire ?

DAMON.

Ton malheur m'afflige beaucoup ; cependant je ne puis m'empêcher d'en rire.

DORIA, a part

Allons instruire ma maîtresse de ce que je viens d'entendre, afin d'augmenter sa gaieté.

NICOMAQUE.

Ce qui fait toute ma peine, c'est que chacun se moquera de moi, et que je ne pourrai qu'en pleurer de rage. Pirro et Siro se disaient devant moi des injures, puis se mettaient à rire ; puis, s'étant habillés tout en désordre, ils sont sortis pour aller, je crois, trouver les dames, avec lesquelles ils doivent bien se réjouir. Et tandis que chacun rit, il faut que Nicomaque pleure.

DAMON.

Je crois que tu es persuadé de tout le chagrin que j'éprouve et pour toi et pour moi, qui par amitié me suis jeté dans cet embarras.

NICOMAQUE.

Que me conseilles-tu de faire ? Ne m'abandonne pas, pour l'amour de Dieu.

DAMON.

Il me semble, si tu ne vois rien de mieux, qu'il faut t'en remettre entièrement à ta femme, et lui dire que désormais elle fasse de Clizia et de toi tout ce qu'elle voudra. Elle est plus intéressée que toute autre à ton honneur ; car, comme son mari, tu ne peux éprouver rien de honteux qu'elle n'y participe à son tour. La voilà qui sort. Va, parle-lui. Je vais aller à la place et au marché pour voir si j'entendrai parler de cette aventure, et je démentirai tous les bruits du mieux que je pourrai.

NICOMAQUE.

Va, je t'en prie.

SCÈNE III.
SOFRONIA, NICOMAQUE.

SOFRONIA, à part

Doria est venue me dire que Nicomaque est sorti, et que c'est pitié de le voir. Je voudrais lui parler pour savoir ce qu'il pourra me dire de ce nouvel accident. Mais le voilà. Ho ! Nicomaque !

NICOMAQUE.

Que me veux-tu ?

SOFRONIA.

Où vas-tu de si bon matin ? Veux-tu sortir du logis sans dire un mot à la mariée ? Sais-tu comment elle a passé la nuit avec Pirro ?

NICOMAQUE.

Je l'ignore.

SOFRONIA.

Qui peut le savoir, si tu ne le sais, toi qui as mis sens dessus dessous tout Florence pour conclure ce mariage ?

Maintenant qu'il est conclu, tu fais l'ignorant et le mécontent.

NICOMAQUE.

Ah! laisse-moi en repos ; ne viens pas me tourmenter.

SOFRONIA.

C'est toi qui me tourmentes : quand tu devrais me consoler, c'est moi qui te console ; quand tu devrais avoir soin d'eux, c'est moi qui m'en charge : tu vois que je leur porte des œufs.

NICOMAQUE.

Je crois qu'il serait bien de ne pas tant te moquer de moi : qu'il te suffise de l'avoir fait toute cette année, et hier, et cette nuit plus que jamais.

SOFRONIA.

Je n'ai jamais voulu me faire un jeu de toi ; c'est toi qui as voulu nous prendre pour ton jouet, et qui as fini par devenir le nôtre. Comment n'as-tu pas honte, après avoir donné dans ta maison à une jeune fille une éducation honnête, et telle qu'il convient à une personne bien née, de vouloir ensuite la marier à un valet méchant et vaurien, parce qu'il consentait à la laisser coucher avec toi ? Croyais-tu avoir affaire à des aveugles ou à des personnes qui ne sauraient pas rompre tes desseins malhonnêtes ? J'avoue que c'est moi qui ai dirigé tous les tours que l'on t'a joués, parce que le seul moyen de te faire raviser etait de te faire prendre sur le fait par tant de témoins, que tu fusses forcé d'en rougir, et que la honte te contraignît à faire ce que n'aurait pu toute autre chose. Maintenant voilà où nous en sommes. Si tu veux revenir sur tes pas, et être le même, Nicomaque, que tu étais il y a un an, nous y reviendrons tous également, et rien ne transpirera de ce qui s'est passé. Si par hasard on le savait, il est naturel de se tromper et de se repentir.

NICOMAQUE.

Ma chère Sofronia, fais ce que tu voudras ; je suis disposé à suivre tes conseils, pour que cette aventure ne se répande pas.

ACTE V, SCÈNE IV.

SOFRONIA.

Si tu le veux sincèrement, tout peut s'arranger.

NICOMAQUE.

Où est Clizia ?

SOFRONIA.

Aussitôt après souper je l'ai envoyée dans un couvent sous les habits de Siro.

NICOMAQUE.

Que dit Cléandre ?

SOFRONIA.

Il est tout joyeux que ce mariage ait manqué ; mais il est bien chagrin de ne point savoir comment il pourra obtenir Clizia.

NICOMAQUE.

Je t'abandonne entièrement les intérêts de Cléandre. Cependant, tant qu'on ne saura pas qui elle est, il me semble qu'il ne faudrait pas la lui donner

SOFRONIA.

C'est bien aussi mon avis. Mais il convient de ne pas la marier avant qu'on ait appris quelque chose de ce qui la concerne, ou que cette fantaisie soit sortie de la tête de Cléandre. En attendant, il faut faire annuler le mariage de Pirro.

NICOMAQUE.

Gouverne la chose comme tu l'entendras. Je veux rentrer un instant pour me reposer, car tout le mal que j'ai eu cette nuit m'empêche de me tenir sur mes jambes ; et je vois paraître Cléandre et Eustazio, avec lesquels je ne me soucie pas de m'entretenir. Parle-leur, dis ce dont nous sommes convenus ; qu'il leur suffise de l'avoir emporté, et qu'ils ne me rompent plus la tête de cette aventure.

SCÈNE IV.

SOFRONIA, CLEANDRE, EUSTAZIO.

CLÉANDRE, à Eustazio.

Tu as entendu comme mon père est rentré tout silencieux au logis. Ma mère doit lui avoir donné son compte ;

il me semble tout honteux. Approchons-nous pour savoir ce qui s'est passé. Dieu vous garde, ma mère. Que dit Nicomaque ?

SOFRONIA.

Le pauvre homme est tous confus ; il craint d'être bafoué. Il m'a donné carte blanche, et veut que désormais je mène toute cette affaire à ma guise.

EUSTAZIO.

Elle ira bien. J'aurai sans doute Clizia.

CLÉANDRE.

Un peu de patience ; ce n'est point un morceau pour toi.

EUSTAZIO.

Voilà qui est bien. Je croyais maintenant avoir gagné, et j'aurai perdu comme Pirro.

SOFRONIA.

Ni toi ni Pirro vous ne l'aurez ; ni toi non plus, Cléandre, parce que je veux que cela soit ainsi.

CLEANDRE.

Faites du moins qu'elle revienne au logis, et que je ne sois pas privé du plaisir de la voir.

SOFRONIA.

Elle y reviendra ou n'y reviendra pas, c'est comme je l'entendrai. Allons tout remettre en ordre dans la maison ; et toi, Cléandre, regarde si tu ne vois pas Damon : il serait bon de lui parler, pour convenir de la manière dont on pourra cacher tout ce qui s'est passé.

CLEANDRE.

Je suis bien malheureux !

SOFRONIA.

Tu seras plus heureux une autre fois.

SCÈNE V.

CLÉANDRE, *seul*.

Lorsque je croyais toucher au port, la fortune me repousse en pleine mer, au milieu des vagues troublées par la tempête. Je combattais d'abord l'amour de mon père, j'ai maintenant affaire avec l'ambition de ma mère.

J'avais son appui contre le premier ; maintenant je me trouve seul, et dans cet état j'y vois moins clair qu'auparavant. Que j'ai droit de me plaindre du sort qui m'a fait naître pour ne jamais être heureux ! Je peux dire que depuis que Clizia est entrée dans notre maison je n'ai connu d'autre plaisir que celui de la voir ; et ces plaisirs ont été si rares, que je pourrais facilement compter les jours où il m'a été permis d'en jouir. Mais qui vient de ce côté ? Est-ce Damon ? C'est lui-même ; il paraît tout joyeux. Qu'y a-t-il, Damon? Quelles nouvelles apportez-vous ? D'où vous vient tant de joie ?

SCÈNE VI.
DAMON, CLÉANDRE.

DAMON.

Je ne pouvais apprendre de meilleures ni de plus heureuses nouvelles et que j'apportasse plus volontiers.

CLÉANDRE.

Quelles sont-elles ?

DAMON.

Le père de votre Clizia vient d'arriver dans cette ville. Il se nomme Raimondo ; il est gentilhomme napolitain, très riche, et ne vient ici que pour retrouver sa fille.

CLÉANDRE.

Comment savez-vous cela ?

DAMON.

Je le sais parce que je lui ai parlé, qu'il m'a tout conté, et qu'il ne peut y avoir aucun doute.

CLÉANDRE.

Comment cela est-il arrivé ? J'en perds la tête de plaisir.

DAMON.

Je veux que tu l'apprennes de lui-même. Appelle Nicomaque et ta mère Sofronia.

CLÉANDRE.

Sofronia ! Nicomaque ! descendez, Damon vous demande.

SCÈNE VII.

NICOMAQUE, DAMON, SOFRONIA, RAIMONDO.

NICOMAQUE.
Nous voici. Quelles bonnes nouvelles ?

DAMON.
Sachez que le père de Clizia, nommé Raimondo, gentilhomme napolitain, vient d'arriver à Florence pour réclamer sa fille. Je lui ai parlé ; et déjà je l'ai disposé à la donner pour femme à Cléandre, pourvu que tu y consentes.

NICOMAQUE.
Si cela est ainsi, je le veux bien volontiers. Mais où est-il ?

DAMON.
A la Couronne, et je lui ai dit qu'il vienne ici. Le voici qui approche ; c'est lui qui a derrière lui ces valets. Allons un peu au-devant de lui.

NICOMAQUE.
Allons. Dieu vous garde, homme de bien.

DAMON.
Raimondo, voici Nicomaque et sa femme : ce sont eux qui ont élevé votre fille avec tant de soin ; ce jeune homme est leur fils, et ce sera votre gendre dès que vous le voudrez.

RAIMONDO.
Soyez tous les bienvenus. Je rends grâce à Dieu de m'avoir accordé la faveur de revoir ma fille avant de terminer mes jours, et de pouvoir récompenser ces honnêtes gentilshommes qui l'ont traitée si honorablement. Quant au mariage, rien ne peut m'être plus agréable que de voir l'amitié qui a commencé entre nous par des services se maintenir par une semblable alliance.

DAMON.
Rentrons, pour apprendre de Raimondo toute cette aventure, et pour ordonner ces noces bienheureuses.

SOSTRATA.
Allons. Et vous, spectateurs, vous pouvez retourner

chez vous, parce que ces nouvelles noces se feront sans qu'il soit nécessaire de sortir ; et cette fois-ci elles seront femelles, et non mâles comme celles de Nicomaque.

CHANSON.

O vous, âmes vertueuses, qui avec tant d'attention et de silence avez écouté dans cet exemple honnête et modeste une règle sage et aimable pour vous conduire dans la vie, qui avez appris par là quelles sont les choses à suivre et celles à éviter, pour obtenir le suprême bonheur, et qui sous ce voile transparent avez vu bien au delà de ce que de longs discours vous auraient fait apercevoir, ous prions le Ciel que vous en retiriez tout le fruit que mérite votre grande courtoisie.

FIN DE CLIZIA.

II

POÉSIES

L'ANE D'OR

AVERTISSEMENT

On sait que l'antiquité nous a légué deux compositions littéraires qui portent le même titre que le poème qu'on va lire. L'une, la plus célèbre, a été écrite par Apulée, philosophe, rhéteur et romancier latin, né en Afrique, dans la colonie romaine de Madaure, l'an 114 de Jésus-Christ ; elle est intitulée, tantôt *Métamorphoses*, tantôt *les Milésiennes*, et le plus souvent *l'Ane d'or* ; la seconde, dans des proportions beaucoup plus restreintes, a pour titre *la Luciade ou l'Ane*. Elle est attribuée par les uns à Lucien, par les autres à Lucius de Patras. Si nous rappelons ici ces souvenirs classiques, c'est pour constater que le poème de Machiavel n'a rien de commun avec les romans que nous venons de citer, et qu'il faut plutôt en chercher l'idée première dans Plutarque au dialogue intitulé : *Les animaux de terre ont-ils plus d'adresse que ceux de mer ?* Nous ajouterons que La Fontaine et Fénelon se sont, comme Machiavel, inspirés de Plutarque ; La Fontaine, dans *les Compagnons d'Ulysse*, Fénelon, dans le dialogue qui a titre : *Ulysse et Gryllus*. Plutarque, La Fontaine et Fénelon ont eu pour but de développer cette pensée ou plutôt ce paradoxe satirique, à savoir : Que la condition des animaux est supérieure à celle des hommes. Machiavel, au contraire, semble avoir circonscrit davantage son sujet, en enfermant la satire dans les limites mêmes de son pays. Voici ce que dit Voltaire :

« On connaît peu *l'Ane* de Machiavel. Les dictionnaires qui en parlent disent que c'est un ouvrage de sa jeunesse ; il paraît pourtant qu'il était dans l'âge mûr, puisqu'il parle des malheurs qu'il a essuyés autrefois et très longtemps. L'ouvrage est une satire de ses contemporains. L'auteur voit beaucoup de Florentins, dont l'un est changé en chat, l'autre en dragon, celui-ci en chien qui aboie à la lune, cet autre en renard qui ne s'est pas laissé prendre. Chaque caractère est peint sous le nom d'un animal. Les factions des Medicis et de leurs ennemis y sont figurées sans doute ; et qui aurait la clef de cette apocalypse comique saurait l'histoire secrète du pape Léon X et des troubles de Florence. Ce poème est plein de morale et de philosophie [1]. »

Le poème de l'*Ane d'or* se compose de huit *capitoli*, qui ont à peu près le même nombre de vers. Le rythme est le même que celui de la *Divine comédie*, Machiavel ayant adopté la mesure des *terzine* de Dante, qu'il imite souvent et auquel il emprunte quelques vers.

---

1. Voltaire, *Dictionnaire philosophique*, au mot *Ane*

L'ANE D'OR

CHANT PREMIER.

Je chanterai, pourvu que la Fortune le veuille, les diverses aventures, les peines et les douleurs que j'ai éprouvées sous la forme d'un âne.

Je ne demande pas que l'Hélicon répande pour moi une autre onde que la sienne, et que Phébus dépose son arc et son carquois pour accompagner mes chants avec sa lyre;

Parce qu'on n'obtient point en ces temps une semblable faveur, et que je suis convaincu qu'il n'est pas besoin qu'une lyre s'unisse au braire d'un âne.

Je ne recherche ni prix, ni récompense, ni mérite; je me soucie encore fort peu d'être mordu par un détracteur caché ou decouvert;

Car je sais combien la reconnaissance est sourde aux prières de ceux qui l'implorent, je sais aussi combien un âne conserve le souvenir des bienfaits.

Je n'attache plus autant d'importance qu'autrefois aux morsures et aux bastonnades, ayant pris le caractère de celui que je chante.

Si l'on me pressait plus que je n'ai coutume de l'être, de prouver ce que je vais raconter, je répondrais que j'obéis à l'âne sous la forme duquel j'ai vécu.

Jadis toute la ville de Sienne voulut en faire boire un dans la fontaine Branda; et c'est à grande force si on put lui faire avaler une simple goutte d'eau.

Mais si le Ciel ne fait pas tomber sur ma tête de nou-

14.

veaux malheurs, on entendra braire ces mots dans tout l'univers : Malheur à qui me touche !

Toutefois, avant que je commence à vous raconter les diverses aventures de mon âne, qu'il ne vous déplaise pas d'écouter un petit conte.

Il y avait jadis à Florence, parmi les anciens habitants de cette ville, un certain jeune homme dont la famille n'est point encore éteinte.

En avançant en âge, il lui vint une manie qui le forçait à courir sans motifs à travers les rues, et sans être arrêté par aucun temps.

Son père s'affligeait d'autant plus de cet accident, qu'il était moins instruit des causes de son mal.

Il voulut connaître les diverses opinions d'un grand nombre de sages ; et, à diverses époques, il lui administra mille remèdes de mille espèces.

On dit même qu'il le voua, mais inutilement : tous les remèdes furent vains ; et le jeune homme continua à courir par tous les temps et dans tous les lieux.

Enfin un certain charlatan, comme on en voit chaque jour un si grand nombre, promit à son père de lui rendre la santé.

Or il arrive que l'on croit toujours ceux qui nous promettent quelque bien ; c'est pourquoi on ajoute tant de foi aux belles espérances des médecins.

Quoique souvent, en croyant à leur science, l'homme perde le bien, et qu'il semble que cette secte soit la seule, parmi toutes les autres, qui vive et se repaisse du mal d'autrui.

Ainsi donc notre homme ne forma pas le moindre doute, et remit cette cure entre les mains de ce charlatan, plein de confiance dans ses paroles.

Celui-ci ordonna au malade cent fumigations par les narines, lui tira du sang de la tête, et crut alors lui avoir fait perdre l'envie de courir.

Après avoir fait tous ses remèdes, il rendit le fils à son père, en l'assurant qu'il était guéri, mais sous les conditions que je vais vous dire :

Que pendant l'espace de quatre mois on ne le laisserait jamais sortir seul, et qu'il aurait toujours avec lui quelqu'un qui, dans le cas où il prendrait son vol,

Pût le retenir par quelque moyen convenable, en le faisant apercevoir de son erreur, et en l'engageant à avoir soin de son honneur.

Cela alla fort bien pendant un mois : plein de douceur et de sagesse, il ne sortait qu'avec deux de ses frères, pour lesquels il témoignait beaucoup d'égards et de crainte.

Mais, arrivant un jour dans la rue des Martelli, à l'endroit où l'on peut apercevoir la Grand'rue, ses cheveux commencèrent à se hérisser.

Notre jeune homme, à la vue de cette rue droite et spacieuse, ne put s'empêcher de retomber dans son ancien plaisir ;

Et mettant de côté toute considération, la fantaisie de courir lui revint en tête, pareil à la meule du moulin, qui ne se repose jamais.

Arrivé au bout de la rue, il laissa tomber son manteau par terre, et se mettant à crier : *Le Christ lui-même ne pourrait me retenir*, il s'enfuit comme un trait.

Depuis il ne cessa de courir tout le temps qu'il vécut ; et son père en fut ainsi pour son argent, et le médecin pour sa science ;

Parce que notre esprit, toujours disposé à suivre son penchant naturel, ne peut se défendre ni contre l'habitude ni contre la nature.

C'est ainsi que moi, après m'être habitué à mordre celui-ci et celui-là, je suis resté pendant longtemps en repos, plein de douceur et de patience.

N'observant plus les défauts d'autrui, cherchant à m'instruire d'une autre manière, de sorte que je m'imaginais être guéri.

Mais les temps où nous vivons sont si remplis de méchanceté et de corruption, que, sans avoir les yeux d'Argus, on aperçoit plus facilement le mal que le bien.

Si donc j'exhale maintenant un peu de venin, quoique j'aie perdu l'habitude de dire du mal, ce sont les temps qui m'y forcent, en m'en donnant une ample matière.

Et notre âne, qui a promené ses pas dans un si grand nombre de ports de ce monde, afin d'examiner les esprits divers des humains,

Si l'on observait les longs voyages qu'il a faits à travers tant de routes différentes, le Ciel lui-même ne pourrait pas l'empêcher de braire.

Ainsi, que personne n'ose approcher de cette bête grossière et têtue, s'il ne veut pas entendre des plaisanteries asines.

Car personne n'ignore, et c'est une des lois de sa nature, qu'un des jeux auxquels il se montre le plus adroit, est de lancer une paire de ruades, et de lâcher deux pets.

Que chacun jase et médise à son gré, qu'il possède tant qu'il veut la fumée et le faste, il faut désormais que cet âne s'occupe de nous.

On entendra à quel point le monde est corrompu ; car je veux qu'il vous le dépeigne avec exactitude, et avant qu'il ait mangé son frein et son bât :

Quiconque veut le prendre en mal, tant pis pour lui.

CHANT DEUXIÈME.

Au retour de la saison brûlante, lorsque le printemps, ennemi de la froidure, des glaces et des neiges, a chassé l'hiver rigoureux,

Le ciel montre un front plus riant, et Diane, avec ses nymphes, recommence à chasser au sein des bois.

Le jour brille avec plus de splendeur, surtout quand le soleil enflammé se montre entre les deux cornes du céleste taureau.

Le soir, alors, on entend quelquefois les ânes se mettre à braire ensemble en se rencontrant, lorsqu'ils retournent à l'étable.

C'est ainsi que l'on écoute ceux même qui parlent mal : de là est venue, je crois, l'ancienne coutume de dire une chose une seconde fois.

Souvent l'un d'entre eux, d'une voix tout à la fois grave et aiguë, se met à braire ou à rire, s'il voit ou s'il respire quelque chose qui lui plaise.

A cette époque donc, et à ce moment où le jour se sépare de la nuit, je me trouvai dans un lieu aussi aride que l'on en vit jamais.

Je ne pourrais vous dire comment j'y parvins ; je ne sais même pour quel motif je tombai dans un lieu où je devais laisser toute ma liberté.

Je ne pouvais faire un pas, tant ma crainte était grande ; et la nuit était si obscure que je ne voyais nullement où j'allais.

Mais ma frayeur s'accrut encore lorsque j'entendis un bruit de cor dont le son etait si perçant et si formidable que c'est à peine si je suis rassuré en ce moment.

Il me semblait voir à mes côtés la mort avec sa faux, peinte de ces couleurs dont sont peints ceux qu'elle a choisis pour époux.

L'air était obscurci par un brouillard épais et sombre, le chemin rempli de rochers, de broussailles et de mauvaises herbes, et mes forces se trouvaient anéanties et vaincues.

A peine avais-je eu le temps de m'appuyer sur le tronc d'un arbre, que mes yeux furent soudain frappés d'une lueur entièrement semblable à celle qui jaillit du feu des éclairs.

Mais elle ne disparut pas de même ; bien au contraire : elle ne fit qu'augmenter ; et elle me parut plus considérable et plus brillante en s'approchant de moi.

J'avais fixé sur elle mon regard, et j'entendais un certain murmure, comme le bruit du feuillage, qui paraissait la suivre.

J'étais pour ainsi dire privé de tout sentiment ; et,

épouvanté d'un spectacle aussi nouveau, je tenais mon visage tourné du côté où j'entendais ce bruit.

Soudain une femme, éclatante de beauté, pleine de fraîcheur et de vivacité, vint frapper mes yeux ; des tresses blondes flottaient en désordre sur ses épaules.

Dans sa main gauche, elle portait un grand flambeau dont elle éclairait la forêt ; dans la droite elle tenait un cor dont elle faisait retentir les sons.

Autour d'elle, au milieu de cette plaine solitaire, se pressait une foule innombrable d'animaux qui venaient en troupe derrière elle.

C'étaient des ours, des loups, des lions furieux et brutaux. des cerfs et des blaireaux ; et parmi une infinité d'autres bêtes sauvages, on voyait un grand nombre de sangliers.

Ce spectacle ne fit qu'accroître ma frayeur ; et j'aurais pris la fuite, couvert de pâleur et presque sans vie, si le pouvoir avait répondu à la volonté.

Mais quelle étoile m'aurait montré le port? et où serais-je allé, moi, pauvre misérable? Qui m'aurait indiqué mon chemin?

Toutes mes pensées étaient confuses. Je balançai si je devais attendre qu'elle m'abordât, ou si je devais aller au-devant d'elle avec respect.

Mais avant que j'eusse quitté le tronc de mon arbre, elle s'approcha de moi, et me souriant d'un air malin : « Bonsoir, me dit-elle. »

Son salut était si familier, son abord si rempli de grâce, qu'elle n'en eût pas fait davantage quand elle m'aurait vu pour la millième fois.

Cet accueil me rassura entièrement ; et ce qui ajouta encore à ma sécurité, c'est qu'après sa première parole elle m'appela par mon nom en me saluant.

Elle ajouta ensuite, en souriant de nouveau : « Dis-
» moi un peu maintenant, comment es-tu tombé dans
» cette vallée, dont le sein n'est cultivé ni dompté par
» aucun habitant? »

Mes joues, qui jusqu'alors étaient restées pâles et décolorées, changèrent soudain de couleur et devinrent enflammées, et je baissai la tête sans répondre.

J'aurais voulu lui dire : « Mon imprudence, une vaine
» espérance, une trompeuse idée, m'ont, pour ma ruine,
» amené dans ce lieu. »

Mais il me fut impossible de lui adresser ce peu de mots, tant j'avais tout à la fois honte et pitié de moi-même.

Elle ajouta alors, d'un air plus gracieux encore :
« Eh ! pourquoi crains-tu de t'expliquer au milieu de ces
» déserts ? Parle, et dis-moi ce qui trouble ton cœur.

» Quoique je conduise cet immense troupeau au
» milieu de ces collines solitaires, il y a déjà bien
» du temps que je connais toutes les actions de ta
» vie.

» Mais comme tu pourrais ignorer qui nous sommes,
» je te ferai connaître les lieux dans lesquels tu es
» tombé, et le pays où tu te trouves.

» Lorsque dans les temps passés, et avant que Jupi-
» ter prît en main les rênes de l'empire du monde,
» Circé se vit contrainte d'abandonner son antique de-
» meure,

» Ne pouvant trouver aucun asile fidèle, ni aucun
» mortel qui voulût la recevoir, tant la renommée de
» son infamie était partout répandue !

» Fuyant l'approche des humains, elle choisit sa de-
» meure au sein de ces sombres et épaisses forêts, et y
» éleva son palais.

» C'est ainsi que, toujours ennemie des hommes, elle
» habite au milieu des rochers solitaires, et se nourrit
» des larmes de ce troupeau infortuné.

» Et comme aucun de ceux qui pénètrent en ces lieux
» ne saurait en sortir, c'est ce qui fait qu'on n'a jamais
» su, et qu'on ne sait point encore de ses nouvelles.

» Elle a, pour la servir, un grand nombre de jeunes
» filles, qui seules l'aident dans le gouvernement de ses
» États ; et je suis une d'entre elles.

» L'éternel emploi qui m'est assigné, est de mener ce

» troupeau paître dans la forêt, et de le ramener à sa
» caverne.

» C'est pour cela que je tiens en main ce flambeau et
» ce cor : tous deux me sont utiles lorsqu'il arrive que
» le jour vient à s'éteindre tandis que je suis dehors.

» L'un me montre le chemin ; je fais retentir l'autre,
» afin que, si quelqu'une de ces bêtes se trouvait égarée
» dans la profondeur du bois, elle pût savoir où je suis.

» Et si tu me demandais quel est ce troupeau, je te
» répondrais : Sache que tous ces animaux que tu vois,
» lorsqu'ils habitaient le monde, étaient comme toi des
» hommes.

» Si tu ne veux point ajouter foi à mes paroles, re-
» garde un moment comme ils se pressent autour de toi,
» comme les uns te regardent, comme les autres te lè-
» chent les pieds.

» Sais-tu ce qui les porte à te regarder de cette ma-
» nière ? C'est que tous sont affligés de ton malheur, et
» du sort funeste qui t'attend.

» Chacun d'eux, comme toi, fut étranger à ces forêts ;
» et c'est ma souveraine qui depuis les a métamorphosés
» de cette manière.

» C'est du Ciel qu'elle a reçu le pouvoir de transmuter
» un homme sous diverses formes, aussitôt qu'elle ar-
» rête son regard sur son visage.

» Je te conseille donc de venir avec moi, et de suivre
» la trace de ce troupeau, si tu ne veux point expirer au
» milieu de ces bois.

» Et pour que Circé ne puisse voir la forme de ton
» corps, et que tu parviennes à te dérober à ses yeux,
» tu marcheras à quatre pattes au milieu du troupeau. »

Elle se mit en chemin alors avec un visage riant ; et
moi, ne voyant aucun autre remède, paissant avec les
bêtes sauvages, je me mis à la suivre, ayant à mes côtés
un cerf et un ours.

CHANT TROISIÈME.

Au milieu de ce troupeau épais d'animaux, je marchais donc, les épaules tournées vers le ciel, et je suivais les pas de ma conductrice.

Tantôt une chaleur subite, tantôt une sueur froide, courait par tout mon corps ; tantôt je tâtais en tremblant tous mes membres, pour voir s'ils n'avaient pas changé ou de poil ou de peau.

Je regardais à la dérobée mes mains et mes genoux. O vous qui marchez quelquefois à quatre pattes, songez, je vous en prie, à la position dans laquelle je me trouvais.

Il y avait à peu près une heure que je cheminais de la sorte au milieu de ces bêtes féroces, lorsque nous arrivâmes sur les bords d'un fossé qui se trouvait entre deux grands vallons.

Nous ne pouvions rien voir au-devant de nous, parce que nous étions éblouis par la lueur du flambeau que portait notre conductrice ;

Quand soudain nous entendîmes un sifflement qui se joignit au bruit que fait une porte qui s'ouvre, et dont les deux battants crient en tournant sur leurs gonds.

Alors s'offrit à nos regards l'aspect d'un vaste et superbe palais, d'une hauteur admirable.

L'espace qu'il embrassait était immense et magnifique ; mais, pour y arriver, il fallait passer à gué l'eau du fossé sur le bord duquel nous étions.

Une poutre formait un petit pont, que traversa celle qui nous escortait ; mais les animaux ne pouvaient y passer.

Lorsque nous fûmes arrivés auprès du seuil de l'autre porte, j'entrai, le cœur dévoré d'angoisses, confondu avec ce troupeau, plus malheureux que s'il eût été mort.

Cependant une circonstance diminua mon épouvante : ma conductrice en entrant dans ce lieu avait éteint son flambeau, afin que j'eusse moins à craindre.

C'est pour cela que je n'avais pu voir d'où était venu le sifflement que j'avais entendu, ni qui nous avait ouvert la porte à notre arrivée.

C'est ainsi qu'inconnu au milieu de ces nombreux animaux, je me trouvai dans une cour immense, le cœur serré de tristesse, et caché à tous les yeux.

Et ma belle, grande et aimable conductrice, fut occupée pendant plus d'une heure à renfermer toutes ces bêtes dans leur étable.

Ensuite, toute brillante de joie, elle me prit par la main et me mena dans sa chambre, où elle alluma de sa propre main un grand feu.

Elle m'en fit approcher avec courtoisie pour sécher l'eau dont j'avais été inondé quand il m'avait fallu traverser le fossé.

Dès que je me fus séché et que j'eus oublié les chagrins et les fatigues que j'avais endurés pendant cette nuit,

Je commençai à lui parler de la sorte : « Ma dame,
» mon silence ne provient pas de ce que je ne sais point
» apprécier le service que tu m'as rendu et le plaisir que
» tu m'as fait.

» J'étais certainement parvenu au dernier instant de
» ma vie, au milieu de ces déserts obscurs et ténébreux,
» lorsque je fus atteint par la nuit.

» Pour me sauver, tu m'as conduit avec toi. C'est donc
» à toi que je suis redevable de ma vie et de tout le bon-
» heur qui peut encore y être attaché.

» Mais le souvenir de l'obscurité de la forêt et la beauté
» de ton visage m'ont fait rester muet ; car j'y vois tout
» à la fois et mon mal et mon bien ;

» Et c'est ce qui m'a rendu alternativement triste et
» joyeux ; triste, à cause du malheur qui d'abord m'était
» arrivé ; joyeux, par le bonheur qui n'a pas tardé à le
» suivre.

» Voilà ce qui a empêché ma voix de s'expliquer, jus-
» qu'à ce que j'aie pu me reposer un peu de mes longues
» fatigues.

» Mais toi, dans le sein de qui je m'abandonne, et
» dont la bonté ne saurait être payée par aucun
» don,

» Mets le comble à ta courtoisie, en ne regardant pas
» comme une tâche pénible de m'apprendre quelles sont
» les circonstances de ma vie dont tu peux être in-
» struite. »

« Parmi les hommes des temps anciens et modernes,
» me dit-elle alors, aucun ne fut la victime d'une plus
» noire ingratitude et ne supporta tant de maux.

» Mais ce n'est pas toi-même que tu dois en accuser,
» ainsi qu'il est arrivé à un grand nombre d'entre eux :
» c'est le sort qui lui seul s'est toujours opposé à tes
» bonnes œuvres ;

» C'est lui qui a fermé devant toi toutes les portes de
» la pitié ; c'est lui seul aussi qui t'a conduit dans ce
» lieu terrible et inaccessible.

» Mais comme les pleurs sont honteux pour l'homme,
» on doit opposer un œil sec aux coups de la fortune
» ennemie.

» Contemple les étoiles et le ciel, regarde la lune,
» vois toutes les autres planètes poursuivre éternelle-
» ment leur course, tantôt s'élevant, tantôt s'abaissant,
» et ne prenant jamais de repos.

» Tantôt le ciel est couvert de ténèbres, tantôt il brille
» de tous les feux du jour ; de même sur la terre rien
» ne persévère dans le même état.

» C'est de là que naissent la paix et la guerre ; c'est
» de là que proviennent ces haines qui s'élèvent entre
» ceux que renferment une même muraille et un même
» fossé.

» C'est de là qu'est venu ton premier malheur ; c'est
» là seulement ce qui a enfanté ces fatigues sans repos
» que tu éprouves.

» Le ciel n'a point encore changé pour toi, et il ne

» changera point d'aspect, tant que les destins épuise-
» ront sur toi leur barbarie.

» Cette influence qui t'a été si contraire et si ennemie
» n'est point encore dissipée ; non, elle ne l'est point en-
» core.

» Mais lorsque les racines du mal seront enfin dessé-
» chées, lorsque le ciel se montrera plus doux, alors les
» temps deviendront pour toi plus heureux que jamais.

» Ils deviendront si agréables et si riants, que le sou-
» venir de tes maux passés et la crainte des maux futurs
» seront pour toi des motifs même de joie.

» Peut-être même te laisseras-tu séduire par une fausse
» gloire, en faisant aux uns et aux autres le long récit
» de tes infortunes.

» Mais avant que les étoiles se montrent bienfaisantes
» envers toi, il faut que tu erres quelque temps dans le
» monde, caché sous une peau nouvelle

» Tels sont les décrets de cette divine Providence qui
» dirige l'univers, et qui veut que tu soutiennes ce mal-
» heur pour ton plus grand bien.

» Il faut donc que tu perdes entièrement la figure
» humaine, et que, privé de tes traits actuels, tu viennes
» paître sous ma conduite avec les autres animaux.

» On ne peut rien changer à cet astre cruel. En t'a-
» menant ici, je n'ai que différé ton mal ; je ne l'ai point
» fait disparaître.

» Il t'est seulement permis de demeurer avec moi le
» temps nécessaire pour connaître ces lieux et les habi-
» tants qu'ils renferment.

» Ne te laisse donc point abattre ; mais porte résolu-
» ment ce fardeau sur tes robustes épaules : tu te trou-
» veras bien dans la suite de l'avoir porté. »

CHANT QUATRIÈME.

Dès que la dame eut cessé de parler, je me levai debout, et restai tout troublé du discours qu'elle venait de me tenir.

Toutefois je lui répondis : « Je n'accuse ni le Ciel ni
» personne ; je ne me plaindrai pas non plus de la ri-
» gueur de mon sort, car je suis plus accoutumé au
» mal qu'au bien.

» Mais si je ne pouvais parvenir au bonheur que tu
» m'as prédit qu'en passant par les portes de l'enfer, je
» les franchirais avec plaisir ; à plus forte raison les che-
» mins que tu m'as indiqués.

» Que la Fortune fasse donc de ma vie tout ce qu'elle
» veut et croit devoir faire ; je sais trop bien qu'elle n'a
» jamais eu de moi le plus léger souci. »

A ces mots ma dame m'ouvrit ses bras, et de l'air le plus riant et le plus aimable elle m'imprima plus de dix baisers sur les joues.

Puis elle me dit d'un air joyeux : « Cœur plein de dis-
» crétion, ce voyage que tu vas entreprendre, cette nou-
» velle fatigue que tu vas éprouver, seront chantés par
» un poete ou par un historien.

» Mais comme je m'apercois que la nuit va terminer
» sa course, je veux que nous goûtions quelque consola-
» tion, et que nous changions d'entretien.

» D'abord nous allons prendre un léger repas ; car, si
» ton corps n'est pas de fer, je crois que tu dois en avoir
» un grand besoin.

» Et nous jouirons ici tous les deux de ce plaisir. »
Elle dit ; et à l'instant elle étendit une petite nappe sur une table qui se trouvait près du feu

Elle tira ensuite d'une armoire une cassette dans laquelle il y avait du pain, des verres, des couteaux, un poulet, une salade bien épluchée et bien arrangée,

Et tout ce qui est nécessaire pour l'accommoder. Elle se tourna alors vers moi, et me dit : « Une demoiselle
» m'apporte chaque soir un souper semblable.

» Elle m'apporte également cette cruche pleine d'un
» vin qui, si tu le goûtes, te paraîtra le même que celui
» que produit ou le Val-di-Grève ou Poppi.

» Jouissons ainsi que font les sages : songe que le bon-
» heur peut encore revenir, et que qui est debout doit à
» la fin nécessairement tomber.

» Lors donc que vient le mal, et il vient à toute heure,
» avale-le comme une medecine ; car celui-là est un fou
» qui le goûte et qui le savoure.

» Livrons-nous maintenant à la joie, jusqu'à ce que
» demain arrive le moment où je dois sortir avec mon
» troupeau pour obéir aux ordres de ma puissante
» reine. »

Mettant de côté les chagrins et les peines, nous soupâmes ensemble gaiement, et nous entremêlâmes notre entretien de chants et de mille propos d'amour.

Puis, lorsque nous eûmes fini de souper, elle se dépouilla de ses vêtements, et me fit partager son lit, comme si j'eusse été son amant ou son mari.

C'est ici qu'il faut laisser aux Muses l'entreprise de décrire sa beauté ; sans leur secours je le tenterais vainement.

Ses cheveux, aussi blonds que l'or, tombaient en boucles épaisses, et ressemblaient aux rayons d'une étoile ou du chœur des bienheureux.

Chacun de ses yeux paraissait une petite flamme, si brillante, si claire et si vive, que le regard le plus perçant ne pouvait en soutenir l'éclat.

Sa belle tête avait une grâce si attirante, que je ne sais à quoi la comparer, parce que l'œil s'oubliait en la regardant.

Ses sourcils étaient fins, noirs et bien marqués ; tous les dieux, tous les conseils célestes et empyrés, avaient présidé à leur arrangement.

Je voudrais dire de ce qui accompagnait tant de beautés quelque chose qui s'approchât de la vérité ; mais je le tais, parce que je ne saurais l'exprimer.

Je ne sais pas qui put fendre sa bouche ; mais si Jupiter ne la fit pas de sa main divine, je ne crois pas qu'une autre main eût osé l'entreprendre.

Ses dents étaient plus éclatantes que l'ivoire ; et entre

ces dents et les lèvres on voyait s'agiter une langue vermeille, plus rapide qu'un serpent.

Il en sortait un langage capable d'arrêter les vents et de faire marcher les arbres, tant le son en était doux et harmonieux.

On voyait encore son menton et son cou, et tant d'autres charmes, que leur vue aurait suffi pour rendre heureux l'amant le plus misérable et le plus infortuné.

Je ne sais si je dois taire ce qui survint ensuite ; car souvent la vérité se tourne contre celui qui l'a dite.

Toutefois je la dirai, laissant tout le risque à ceux qui voudraient me blâmer : ce n'est pas jouir d'un plaisir entier que d'en taire les délices.

Mon œil put bien parcourir toutes les beautés de son corps jusqu'à son sein, dont l'éclatante blancheur m'enflamme encore par le seul souvenir ;

Mais la vue de ses autres charmes me fut interdite par la couverture riche et éclatante de blancheur dont était revêtue notre étroite couche.

Étonné et incertain, mon âme restait froide, triste, timide, et dans le doute, ignorant jusqu'à quel point la voie m'était ouverte.

Et telle que, la première soirée, la nouvelle épouse repose auprès de son époux, languissante, honteuse et enveloppée dans son linceul ;

Ainsi, dans mon trouble, je m'étais entouré de la couverture du lit, semblable à un homme qui n'a aucune confiance dans son propre courage.

Mais au bout de quelque temps que ma dame s'était amusée à me regarder, elle me dit en souriant : « Serais-
» je par hasard armée d'orties ou d'épines ?

» Tu peux avoir ce qui a fait pousser en soupirant plus
» d'un cri à qui a voulu le posséder, et a causé mille
» plaintes et mille querelles.

» Et toi qui, pour te trouver avec moi, ne craindrais
» pas de pénétrer dans un lieu rempli de dangers, et qui,
» comme Léandre, traverserais en nageant la mer qui
» sépare Sestos d'Abydos,

« Pourquoi as-tu si peu de courage, que tu te laisses
» faire la guerre par ces draperies qui sont entre nous,
» et pourquoi t'es-tu couché si loin de moi? »

Comme, lorsqu'on a renfermé dans une prison un criminel qui craint pour sa vie, et qui reste immobile, les yeux attachés sur la terre,

Si tout à coup la grâce qu'il sollicitait lui est accordée par son seigneur, il secoue toutes ses noires idées et recouvre son courage et sa fierté :

Tel j'étais d'abord, et tel je devins en entendant ces paroles bienveillantes ; et je m'approchai d'elle en glissant à travers les draps une main encore glacée par la crainte.

A peine eus-je touché son corps, que je sentis dans mon cœur une volupté si douce, que je ne crois pas en avoir jamais goûté une semblable.

Ma main ne resta point oisive à la même place ; mais, parcourant tous ses charmes, je retrouvai bientôt la vertu que j'avais un moment perdue.

Oubliant désormais toute ma timidité, je soupirai doucement, et je lui adressai la parole en ces mots : « Que
» ta beauté soit bénie!

» Soit bénie également l'heure à laquelle je mis le
» pied dans la forêt, et celle à laquelle j'ai pu faire ou
» écrire quelque chose qui ait touché ton cœur ! »

M'abandonnant alors, du geste et de la voix, aux transports de l'amour, et tout entier plongé dans ses beautés angéliques, qui me faisaient oublier toutes les choses humaines,

Mon cœur fut inondé d'un plaisir si grand, que je me sentis défaillir, et que je goûtai les dernières voluptés, étendu sur son sein charmant.

CHANT CINQUIÈME.

Déjà la froide nuit s'évanouissait ; on voyait les étoiles

disparaître les unes après les autres, et le ciel blanchissait de tous les côtés.

La clarté de la lune cédait à celle du soleil, lorsque ma dame me dit : « Il faut, puisque tel est l'arrêt de la
» Fortune,
» Et si je ne veux pas m'attirer quelque honte, que
» je retourne vers mon troupeau, et que je le remène
» aux lieux où il doit aller chercher sa nourriture ac-
» coutumée.
» Tu resteras seul dans cette chambre écartée ; et ce
» soir, à mon retour, je te conduirai dans un endroit
» d'où tu pourras voir à ton gré toute ma demeure.
» Mais retiens bien l'avis que je te donne : garde-toi
» de sortir ou de repondre si quelqu'un t'appelait ; cette
» faute a causé la perte d'un grand nombre. »

Elle me quitta alors ; et moi, dont toutes les pensées n'avaient pour objet que ce visage amoureux qui brillait à mes yeux plus que tous les autres visages,

Me voyant resté seul dans cette chambre, je me levai de mon lit pour tâcher d'éteindre l'incendie qui dévorait mon sein.

A peine étais-je éloigné d'elle que je sentis se réveiller les douleurs de la blessure dont elle avait su me guérir.

J'étais comme un homme dans l'attente de plusieurs événements, et qui reste plongé dans le doute, n'osant espérer un bonheur qu'il désire.

Et comme une pensée est enchaînée à une autre pensée, mon esprit se mit à poursuivre les événements passés dont le temps ne nous cache point encore le souvenir.

Laissant errer çà et là ma pensée, je me rappelai ces antiques nations si élevées et si fameuses, que la Fortune s'est plu tantôt à caresser et tantôt à déchirer.

Ces événements me parurent si merveilleux, que je voulus examiner avec moi-même les causes des révolutions des affaires humaines.

Ce qui plus qu'autre chose renverse les royaumes de leurs sommets les plus élevés, c'est que les puissants ne sont jamais assez rassasiés de puissance.

15.

De là vient que ceux qui perdent ne sont jamais satisfaits, et qu'il s'amasse des ferments de discorde pour renverser ceux qui sont restés vainqueurs.

De là vient que l'un s'élève tandis que l'autre succombe ; et que celui qui s'élève se détruit lui même en se livrant à de nouvelles ambitions ou à ses craintes.

Voilà ce qui renverse les États ; et l'on ne peut trop s'étonner que personne n'échappe à cette erreur, quoique personne ne l'ignore.

Saint-Marc, toujours impétueux, toujours importun, et se flattant d'avoir toujours le vent en poupe, ne s'embarrassa pas de travailler à la ruine de chacun ;

Il ne s'aperçut pas qu'une puissance trop considérable est nuisible, et qu'il vaudrait bien mieux tenir sous l'eau et sa croupe et sa queue.

Combien n'ont pas pleuré les États qu'ils possédaient ! et après l'événement ils se sont aperçus que ce n'était que pour leur ruine et leur malheur qu'ils s'étaient agrandis.

Athènes et Sparte, qui ont rempli l'univers de leur renommée, ne furent renversées que lorsqu'elles eurent dompté les États qui les environnaient.

Mais, de nos jours, chacune des villes de l'Allemagne vit dans la sécurité, parce qu'aucune n'a un territoire de six milles d'étendue.

Henri et toutes les forces de l'Empire ne purent effrayer notre cité quand ses limites étaient bornées pour ainsi dire à nos murailles.

Maintenant qu'elle a étendu sa domination loin autour d'elle, et qu'elle est devenue une grande puissance, ce ne sont pas seulement les nombreuses armées qu'elle craint ; il n'est rien dont elle ne s'épouvante.

Car la force qui suffisait pour soutenir un corps, quand ce corps est seul, ne suffit plus pour porter un poids plus considérable.

Celui qui veut embrasser l'un et l'autre pôle tombe par terre entre les deux, comme Icare dans son vol insensé.

Il est vrai qu'un État subsiste plus ou moins longtemps, selon que ses lois et ses institutions sont plus ou moins bonnes.

Un État que sa vertu ou la nécessité force à agir saura toujours s'élever au-dessus des autres.

Au contraire, elle sera toujours remplie de ronces et d'herbes sauvages, elle changera de maître de l'hiver à l'été,

Jusqu'à ce qu'elle succombe enfin ; et elle verra tous ses projets échouer, cette cité qui a de bonnes lois, mais des mœurs corrompues.

Celui qui lit les événements passés n'ignore pas que les empires commencent par Ninus et finissent par Sardanapale.

Le premier était regardé comme un homme divin ; l'autre fut trouvé au milieu de ses servantes, occupé, comme une femme, à leur distribuer le lin pour filer.

Le courage donne la tranquillité aux États ; la tranquillité enfante ensuite la mollesse, et la mollesse ravage les pays et les villes.

Quand ensuite un État a été pendant quelque temps enveloppé dans les révolutions, la vertu revient ordinairement y fixer sa demeure une seconde fois.

Celui qui gouverne l'univers permet cet ordre de choses, afin que rien ne soit ou ne puisse être stable sous le soleil.

On a vu, on voit, et l'on verra toujours le mal succéder au bien, et le bien remplacer le mal ; et toujours l'un sera la cause de l'autre.

Il est vrai que je regarde comme un principe de mort pour les royaumes, et comme la source de leur destruction, la luxure ou le péché de la chair.

Et que ce qui produit leur élévation et les maintient dans ce haut degré de prospérité, ce sont les jeûnes, l'aumône et la prière.

Toutefois certains sages, plus éclairés peut-être, soutiennent que le mal que j'ai indiqué ne suffit pas pour renverser les États, non plus que ce bien pour les maintenir.

Croire que sans toi Dieu combatte pour toi, tandis que tu restes en repos et à genoux, a été pour beaucoup de royaumes et d'États la cause de leur perte.

Les prières sans doute sont une chose très nécessaire ; et celui-là est tout à fait insensé qui empêche le peuple de suivre ses cérémonies et de remplir ses dévotions

Il semble, en effet, que c'est d'elles que naissent l'union et le bon ordre, qui produit à son tour une bonne et heureuse fortune ;

Mais il ne doit y avoir personne assez dépourvu de cervelle pour croire que si sa maison vient à s'écrouler, Dieu lui-même la sauvera sans le secours d'aucun autre étai, car il mourrait écrasé sous ses ruines.

CHANT SIXIÈME.

Tandis que mon esprit, accablé par la douleur, était plongé dans ces réflexions, le soleil avait parcouru la moitié de son tour,

C'est-à-dire la moitié de notre hémisphère ; de sorte que le jour commençait à fuir loin de nous, et que l'orient devenait plus obscur.

Soudain je reconnus, aux sons prolongés du cor et aux mugissements du malheureux troupeau, que ma dame faisait son retour.

Quoique livré tout entier aux pensées qui m'avaient occupé pendant toute la journée, et qui avaient chassé de mon âme tout autre souci,

Cependant, à peine l'eus-je réellement entendue, que je reconnus combien tout le reste était vain, excepté celle dont j'avais adopté les chaînes.

En arrivant dans l'asile où je me trouvais, elle passa

d'un air gracieux un de ses bras autour de mon cou, et de l'autre elle saisit ma main, que je tenais éloignée.

La rougeur alors colora mon visage, et il me fut impossible de lui adresser une parole, tant était doux le sentiment qui s'était emparé de moi !

Toutefois, après quelques moments de silence, nous nous mîmes, elle et moi, à nous entretenir d'une infinité d'objets, avec cette intimité de deux amis qui causent ensemble.

Dès qu'elle eut reposé ses membres fatigués, et réparé ses forces par sa nourriture accoutumée, ma dame m'adressa cette proposition :

« Je t'ai déjà promis de te mener dans un endroit d'où
» tu pourras connaître tout notre sort.

» Si donc cela te plaît, apprête-toi à me suivre, et tu
» verras des gens avec lesquels autrefois tu fus long-
» temps lié, et que tu as beaucoup fréquentés. »

Elle se leva alors, et je marchai derrière elle, ainsi qu'elle me l'avait prescrit ; mais ce n'était pas sans frayeur : toutefois je tâchais de ne paraître ni gai ni triste.

Déjà la nuit avait répandu toutes ses ténèbres : en conséquence ma conductrice prit en main une lanterne dont elle pouvait à son gré découvrir ou cacher la lumière.

Arrivés à quelque distance, je crus entrer dans un vaste dortoir semblable à ceux qu'on voit dans les couvents.

C'était proprement un long corridor comme les leurs ; et de chaque côté on distinguait des portes dont le travail n'avait rien de remarquable.

Alors ma dame, se tournant vers moi, me dit que son grand troupeau reposait renfermé derrière ces portes ;

Et comme leur condition n'était pas la même, leur demeure était également différente, et chacun d'eux avait auprès de lui un compagnon.

» La première porte à main droite, me dit-elle aussitôt
» qu'elle eut repris la parole, renferme les lions aux
» dents tranchantes et aux ongles recourbés.

» Quiconque porte un cœur magnanime et plein
» d'honneur prend, à la voix de Circé, la forme de ce
» monstre sauvage ; mais il y en a bien peu de ton
» pays ;

» Car tes plaines sont toutes devenues désertes ; elles
» ont perdu tout le feuillage qui faisait leur gloire, en
» cachant leur aridité et les rochers qui hérissent leur
» sein.

» Si quelqu'un se livre à ses fureurs et à ses emporte-
» ments, s'il mène une vie brutale et violente, il est
» placé vers les ours dans la seconde enceinte.

» Dans la troisième, si je ne me trompe, sont les loups
» voraces et affamés, qu'aucune nourriture ne peut as-
» souvir.

» C'est dans la quatrième enceinte que demeurent et
» les buffles et les bœufs ; et si quelqu'un des tiens se
» trouve parmi ces animaux, j'en suis fâché pour lui.

» Celui qui ne songe qu'à faire bonne chère, qui dort
» quand il faut veiller auprès du feu, demeure avec les
» boucs dans le cinquième troupeau.

» Je ne veux point te décrire chaque enceinte en par-
» ticulier ; car si j'entreprenais de parler de toutes, mon
» discours serait trop long, et le temps qui nous reste
» trop court.

» Qu'il te suffise de savoir que devant, derrière et de
» côté, il se trouve des cerfs, des panthères, des léo-
» pards, et des animaux plus énormes encore que des
» éléphants.

» Mais tâche de regarder un peu en arrière cette porte
» immense qui fait face à celles-ci, et par laquelle nous
» allons passer, quoiqu'il soit déjà tard »

Avant que j'eusse pu lui répondre, elle se mit en marche en me disant : « Il faut toujours faire plaisir
» quand cela ne coûte rien.

» Mais afin qu'une fois entré, tu puisses connaître
» l'influence du lieu, et mieux observer tout ce que tu
» verras,

» Sache que sous le toit de chacune de ces enceintes

CHANT SIXIÈME. 267

» habite, comme je viens de te le dire, une espèce d'ani-
» maux.

» Dans cet endroit seulement cette obligation n'est
» pas de rigueur ; et comme il arrive dans votre Malle-
» vato, où toute espèce de prisonnier va habiter,

» Ainsi dans ce lieu que je vais te montrer, chacun des
» animaux que renferment les cellules de ce cloître peut
» aller s'amuser en liberté ;

» De sorte qu'en voyant ce lieu seul, tu pourras te
» faire une idée de toutes les autres, sans être obligé de
» les passer en revue une à une, ce qui nous ferait
» perdre trop de pas.

» D'ailleurs c'est là aussi que se réunissent certaines
» bêtes douées de connaissances plus étendues, d'un rang
» plus élevé, et d'une fortune plus considérable.

» Et si, sous leur apparence, tu crois voir des bêtes,
» tu en reconnaîtras quelques-unes, en partie à leurs
» habitudes, à leur allure, à leur regard, à leur seule
» présence. »

Tout en parlant, nous nous approchions de l'endroit
où la porte se montrait tout entière à nos yeux et jusque
dans ses plus petits détails.

Une figure en marbre, qui paraissait animée, frappait
d'abord la vue, et s'élevait au-dessus du grand arc qui
couronnait le portique.

Pareille à Annibal sur son éléphant, il semblait qu'elle
s'avançât en triomphe ; ses vêtements étaient ceux d'un
homme grave, fameux et imposant.

Il avait sur la tête une guirlande de laurier ; son visage paraissait joyeux et riant, et la foule qui l'entourait
semblait lui faire fête.

» Voilà le grand abbé de Gaète, me dit ma dame, celui
» qui, comme tu ne dois pas l'ignorer, fut autrefois cou-
» ronné poète.

» Son image, comme tu le vois, a été placée ici par
» les dieux eux-mêmes, ainsi que la foule de ceux qui
» sont à ses pieds ;

» Afin que quiconque s'approcherait de ce lieu pût,

» sans qu'il fût besoin d'autre explication, juger quels
» sont les êtres renfermés dans son enceinte.

» Mais faisons en sorte de ne pas perdre tant de temps
» à contempler l'image de ce grand homme, et que
» l'heure du retour ne vienne pas nous surprendre.

» Viens donc avec moi ; et si je me suis montrée affa-
« ble envers toi, je te le paraîtrai bien plus cette fois,
« en te faisant connaître ces lieux obscurs et inconnus,
« si toutefois le Ciel ne me ravit pas cette faveur. »

CHANT SEPTIÈME.

Déjà notre pied touchait le seuil de cette porte, et ma dame avait fait naître en moi le désir de pénétrer dans l'intérieur.

Mon desir se trouva enfin satisfait ; car à l'instant la porte s'ouvrit d'elle-même, et manifesta à nos yeux l'enceinte qu'elle renfermait ;

Et pour que je pusse mieux contenter ma curiosité, ma conductrice découvrit en entrant la lumière qu'elle avait cachée sous son vêtement.

A l'apparition imprévue de cette vive clarté, plus de deux mille bêtes, ainsi qu'il arrive toujours lorsqu'on aperçoit une chose nouvelle, levèrent soudain la tête.

« Regarde bien maintenant, si tu as envie de voir, me
« dit ma dame : regarde le vaste troupeau qui se trouve
« réuni dans cette enceinte.

« Mais que ce spectacle ne te semble pas une chose à
« dédaigner ; car tous les animaux qui sont ici ne sont
« pas des animaux terrestres : il existe aussi parmi eux
« quelques oiseaux. »

Je levai alors la vue, et j'aperçus une si grande quantité de bêtes brutes, que je ne crois pas qu'il soit possible de dire ni leur nombre ni leur espèce.

CHANT SEPTIÈME. 269

Comme il serait ennuyeux de décrire tous ceux que je vis, je me bornerai à parler de quelques-uns dont l'aspect frappa mes yeux de plus d'étonnement.

Je vis un chat, par un excès de patience, laisser échapper sa proie, et en demeurer tout confus, quoiqu'il ne manquât pas de sagesse et qu'il fût d'une bonne race.

Je vis ensuite un dragon, livré à la plus vive agitation, se tourner, sans jamais trouver le moindre repos, tantôt sur le côté droit, et tantôt sur le gauche.

J'aperçus un renard méchant et importun qui jusqu'à présent n'a pu trouver un filet qui l'ait pris ; et un chien corse qui aboyait à la lune.

Je vis un lion qui s'était arraché lui-même et ses griffes et ses dents, trompé par des conseils perfides et imprudents.

Un peu plus loin j'aperçus tout cois, quelques animaux mutilés qui se cachaient : les uns n'avaient plus de queue, les autres plus d'oreilles.

Je m'approchai de quelques-uns d'entre eux, et j'en reconnus plusieurs ; et, si j'ai bonne mémoire, ils offraient un mélange du lapin et du bouc.

Encore un peu plus loin, et à l'écart également, je vis un autre animal qui ne ressemblait point à ces derniers, mais que la nature avait formé avec plus d'art.

Sa toison était précieuse et délicate, son aspect paraissait fier et courageux ; de sorte que la fantaisie me prit de le flatter.

Il ne pouvait témoigner la générosité de son cœur : il avait les ongles et les dents enchaînés ; aussi, dans son indignation, semblait-il vouloir éviter tous les regards.

Je vis une . . . .
. . . .
. . . .
Je vis. . . . .
. . . .
. . . .

J'aperçus ensuite une girafe qui baissait le cou devant

chaque personne ; et à l'un de ses côtés un ours fatigué qui ronflait profondément.

J'apercus un paon qui, fier de son éclatant plumage, marchait en faisant la roue, et ne se souciait nullement que le monde allât sens dessus dessous.

Plus loin venait un animal dont on ne pourrait dire l'espèce, tant la peau qui couvrait ses épaules était de couleurs variées ; sur sa croupe était perchée une corneille.

Je vis un énorme animal couvert d'un poil roux, c'était un bœuf sans cornes : ce qui fut cause que je me trompai, et que de loin je le pris pour un grand cheval.

J'apercus ensuite un âne si mal en point, qu'il ne pouvait porter autre chose que son bât, et qui, à proprement parler, ressemblait à une citrouille du mois d'août.

Je vis un lévrier qui avait la vue en mauvais état, et auquel Ciré aurait attaché la plus grande importance, si, comme un aveugle, il n'eût pas été obligé de marcher à tâtons.

Je vis ensuite un souriceau qui ne pouvait se consoler d'être si petit, et qui, tâchant de faire l'important, poursuivait tantôt un animal et tantôt un autre.

J'apercus ensuite un braque qui allait flairant tantôt le museau de celui-ci, tantôt l'épaule de celui-là, comme s'il eût été inquiet de son maître.

Mais le temps qui s'est écoulé, et ma mémoire trompeuse, ne me permettent pas de vous raconter exactement tout ce que je vis dans ces étables pendant tout un jour.

Je me souviens pourtant d'avoir vu un buffle qui me fit une belle peur en me regardant de travers, et en poussant un long mugissement.

J'apercus ensuite un cerf agité par la crainte, et qui changeait son chemin de côté et d'autre, tant il avait peur de la mort !

J'aperçus ensuite sur une poutre une hermine qui ne

voulait se laisser voir par aucun œil, ni toucher par aucune main, et qui était tout proche d'une alouette.

Je vis dans un grand nombre de trous plus d'une centaine de chats-huants, ainsi qu'une oie blanche comme neige, et un singe qui faisait ses grimaces.

J'aperçus tant d'animaux, que ce serait une tâche qui n'en finirait pas de vous décrire leur condition, quoique le temps que j'ai mis à les regarder ait été fort court.

Combien d'entre eux que jusque alors j'avais regardés comme des Fabius et des Catons, et qui, depuis que je les ai vus là, n'ont plus été pour moi que de franches pécores !

Combien d'entre eux vont paître dans ces lieux escarpés, qui siègent avec fierté sur les plus hauts *sommets!* Combien de nez aquilins qui ne sont que des crécerelles !

Quoique je fusse plongé dans un océan de chagrins, j'aurais bien voulu pouvoir adresser la parole à quelques-uns de ces animaux, s'il y avait eu des interprètes.

Mais ma conductrice n'eut pas plutôt connu le désir qui agitait ma pensée, qu'elle me dit : « Ne doute pas
» que ton désir ne soit rempli.

» Regarde un peu là, à cet endroit que mon doigt t'in-
» dique, et où tu arriveras en faisant un seul pas le long
» de ce mur. »

Alors, dès que j'eus dirigé mon regard de ce côté, j'aperçus dans un lieu enfoncé un pourceau bien gras se vautrant dans la fange.

Je ne vous dirai point à qui il ressemblait ; qu'il vous suffise de savoir qu'il aurait bien pesé trois cents livres et plus, si on l'eût mis dans la balance.

Ma conductrice me dit : « Allons là-bas près de ce
» porc, si tu es curieux de savoir ce qu'il veut, et d'en-
» tendre ses paroles.

» Si tu voulais le retirer de cette fange en le faisant
» redevenir homme, il ne voudrait point y consentir ;
» car il est là comme un poisson dans une rivière ou
» dans un lac.

» Et comme on pourrait douter de ce que j'avance,
» pour que tout le monde en demeure convaincu, tu
» n'as qu'à lui demander s'il voudrait sortir de là ? »

Alors ma dame s'avança de ce côté ; et pour ne point me séparer d'elle d'un seul pas, je saisis sa main, qu'elle me présentait, jusqu'à ce que je fusse arrivé près de ce pourceau.

CHANT HUITIÈME.

A notre approche, l'animal leva un grouin tout souillé d'immondices et de boue, dont l'aspect me fit bondir le cœur.

Et comme je lui étais connu depuis longtemps, il se tourna vers moi en me montrant les dents, tandis que le reste de son corps demeurait immobile.

Je lui adressai alors la parole du ton le plus affable :
« Dieu te donne un meilleur sort, lui dis-je, si tu le dé-
» sires ; Dieu te conserve celui dont tu jouis, si tu es sa-
» tisfait.

» Si tu voulais t'entretenir un moment avec moi, j'en
» aurais bien du plaisir ; et pour peu que tu le veuilles,
» il ne tient qu'à toi de te satisfaire.

» Et si je te parle librement et d'une manière ouverte,
» c'est avec la permission de ma conductrice, qui m'a
» indiqué ce chemin que personne ne fréquente.

» Les dieux m'ont accordé cette faveur inappréciable,
» qu'elle n'a pas regardé comme une peine de me sauver
» et de me préserver des malheurs où je te vois plongé.

» Elle veut encore que je t'annonce de sa part qu'elle
» est prête à te délivrer de tes maux, si tu veux reprendre
» ton ancienne forme. »

A ces paroles, mon pourceau se leva debout sur ses pieds de derrière, et ce fangeux animal, tout troublé, me fit la réponse suivante :

CHANT HUITIÈME.

« Je ne sais vraiment pas de quel pays tu arrives ; mais
» si tu n'es venu ici que dans la seule intention de m'en
» tirer, tu peux t'aller promener.

» Je ne veux plus vivre avec les humains, et je rejette
» ta proposition. Je vois bien que tu es plongé dans la
» même erreur qui m'a si longtemps possédé.

» C'est votre amour-propre qui vous séduit tous : vous
» vous imaginez qu'il n'existe d'autre bien que l'espèce
» humaine et la vertu.

» Mais si tu veux me prêter un peu ton attention,
» j'espère parvenir, avant que tu t'éloignes de ma pré-
» sence, à te faire abandonner cette erreur.

» Je commencerai d'abord par la prudence, excellente
» vertu qui fait que les hommes accroissent encore leur
» propre excellence.

» Mais ceux-là savent bien mieux suivre ses lois, qui,
» sans autre règle, poursuivent d'eux-mêmes ce qu'ils
» regardent comme un bien, et évitent de même le
» mal.

» J'affirme donc et je confesse, sans crainte d'être dé-
» menti, que notre partage de ce côté est supérieur au
» vôtre ; et toi-même, à l'instant, tu vas être forcé d'en
» convenir.

» Quel est le maître qui nous enseigne l'herbe qui
» nous est propice ou nuisible? Ce n'est aucune étude,
» ce n'est point votre ignorance.

» Nous changeons de contrées de rivage en rivage, et
» nous quittons sans regret une demeure, pourvu que
» nous puissions vivre dans l'abondance et le plaisir.

» L'un tâche d'éviter les frimas, l'autre les feux du
» soleil ; et chacun se livre à la manière de vivre qui lui
» est chère, comme le veut la nature elle-même, qui est
» notre maîtresse ;

» Tandis que vous autres, bien plus infortunés que je
» ne puis le dire, vous errez de pays en pays, non pour
» trouver un climat ou plus froid ou plus chaud,

» Mais parce que la soif infâme d'acquérir agite à tout
» moment votre cœur, et que vous ne pouvez vous ré-

» soudre à vivre avec économie, et d'une manière civile
» et modeste.

» Souvent vous vous transportez dans des régions cor-
» rompues et malsaines, abandonnant un air pur et favo-
» rable, loin de chercher à défendre votre vie.

» Nous autres, nous ne fuyons que l'air ; vous, c'est la
» pauvreté; cherchant avec avidité ces richesses qui ont
» intercepté toutes les voies du bien agir.

» Voulons-nous ne parler que de la force, notre supé-
» riorité en ce point brille, comme le soleil, de sa propre
» clarté.

» Un taureau, un fier lion, un éléphant, et une infi-
» nité d'autres animaux qui existent dans ce monde,
» peuvent-ils voir l'homme entrer en comparaison avec
» eux ?

» Est-il nécessaire de parler de l'âme ? Tu verras que
» nous avons reçu en partage des cœurs plus généreux,
» plus forts, plus invincibles

» Nous avons parmi nous de hauts faits, des actions
» généreuses, qui ne sont point excités par l'espoir du
» triomphe ni de la gloire, comme ces Romains, qui jadis
» ont été si célèbres.

» On voit briller dans le lion la gloire des actions géné-
» reuses ; on le voit chercher à éteindre entièrement la
» mémoire des honteuses actions.

» On a vu quelquefois parmi nous des bêtes féroces
» qui, pour fuir les chaînes et la prison, ont acquis par
» leur mort la gloire et la liberté.

» Et leur cœur renferme un courage si indomptable,
» que, lorsqu'elles ont une fois perdu leur liberté, elles
» ne peuvent plus soutenir le poids de la vie.

» Si nous examinons maintenant la tempérance, on
» verra encore que, même à ce jeu, notre espèce l'em-
» porte sur la vôtre.

» Nous ne dépensons avec Vénus que peu d'instants,
» qui même ne reviennent que rarement ; tandis que,
» sans aucune mesure, vous la poursuivez en tout temps
» et en tout lieu.

» Notre espèce ne recherche pour sa nourriture que
» ce que le Ciel a produit sans le secours de l'art ; tan-
» dis que vous ne voulez que ce que la nature ne peut
» faire.

» Vous ne vous contentez pas d'un seul mets, comme
» nous ; mais, pour satisfaire votre honteux appétit,
» vous allez les chercher jusque dans les royaumes d'O-
» rient.

» Ce qui se recueille sur la terre ne vous suffit pas ;
» vous vous plongez dans le sein de l'Océan pour vous
» rassasier de ses dépouilles.

» Mon discours n'aurait pas de fin si je voulais faire
» voir combien vous êtes plus malheureux qu'aucun des
» animaux qui existent sur la terre.

» Il semble que la nature se montre pour nous une
» meilleure amie, et qu'elle nous a comblés d'une plus
» grande portion de ses dons, puisqu'elle vous fait men-
» dier le moindre de ses biens.

» Si tu veux en être convaincu, examine seulement
» nos sens, et tu seras aisément persuadé du contraire
» de ce que tu penses peut-être en ce moment.

» L'œil de l'aigle, l'oreille et le nez du chien, et même
» notre goût, se montrent supérieurs aux vôtres, si le tact
» est resté plus particulièrement votre partage.

» Or, ce don ne vous a pas été fait pour votre honneur,
» mais seulement pour que l'ardeur des plaisirs de Vénus
» vous donnât plus de peines et de tourments.

» Parmi nous, chaque animal naît couvert d'un vête-
» ment qui le défend des rigueurs de l'air, sur quelque
» rivage qu'il habite.

» L'homme seul naît dépourvu de toute espèce de dé-
» fense ; il n'a ni cuir, ni piquants, ni plume, ni laine,
» ni soies, ni écaille, qui lui serve de bouclier.

» Ses pleurs commencent avec sa vie, et il fait enten-
» dre ses plaintes en naissant, d'une voix faible et entre-
» coupée ; de sorte que c'est une chose pitoyable à le voir
» seulement.

» Si l'on examine les progrès de l'âge, sa vie est bien

» peu de chose, sans doute, si on la compare à la lon-
» gueur de celle dont jouit un cerf, une corneille et même
» une oie.

» La nature, il est vrai, vous a donné la main et la
» parole ; mais en même temps elle vous a donné l'am-
» bition et l'avarice, qui effacent tous les avantages d'un
» pareil don.

» A combien d'infirmités vous assujettit la nature d'a-
» bord, et ensuite la Fortune, qui vous promet une foule
» de biens, sans jamais vous tenir ses promesses ?

» Vous avez en partage l'ambition, la luxure, les lar-
» mes et l'avarice, qui sont comme une lèpre dévorante
» attachée à cette existence dont vous faites tant de
» cas.

» Il n'est aucun animal dont la vie soit aussi fragile
» et qui possède un aussi grand désir de vivre, qui se
» laisse troubler autant par la crainte, et dont la rage
» soit aussi ardente.

» Un pourceau ne tourmente pas un autre pourceau,
» un cerf laisse le cerf en paix : il n'y a que l'homme
» qui massacre l'homme, qui le crucifie, et qui le dé-
» pouille.

» Regarde si tu veux que je redevienne homme, main-
» tenant que je me trouve à l'abri de toutes les misères
» auxquelles j'étais en proie tandis que je fus homme.

» Et si parmi les humains quelques-uns d'entre eux
» te semblent divins, heureux et satisfaits, ne t'en laisse
» point trop imposer ; car je vis bien plus heureux qu'eux
» dans ce bourbier, où je me plonge et me vautre sans
» me tourmenter de vaines pensées [1]. »

---

[1] Ce passage a été imité par Voltaire dans les vers suivants, où c'est aussi un pourceau qui parle :

> Animaux à deux pieds, sans vêtements, sans armes,
> Point d'ongle, un mauvais cuir, ni plume, ni toison
> Vous pleurez en naissant, et vous avez raison,
> Vous prévoyez vos maux, ils méritent vos larmes
> Les perroquets et vous ont le droit de parler

CHANT HUITIÈME.

La nature vous fit des mains industrieuses,
Mais vous fit-elle, helas ! des âmes vertueuses ?
Et quel homme en ce point nous pourrait egaler ?
L'homme est plus vil que nous, plus mechant, plus sauvage ;
Poltrons ou furieux, dans le crime plonges,
Vous eprouvez toujours ou la crainte ou la rage.
Vous tremblez de mourir, et vous vous egorgez.
Jamais de porc a porc on ne vit d'injustices.
Notre bauge est pour nous le temple de la paix.
Ainsi, que le bon Dieu me preserve a jamais
De redevenir homme et d'avoir tous tes vices.

CHAPITRE DE L'OCCASION [1]

A FILIPPO NERLI.

Qui es-tu, toi, qui ne parais pas une femme mortelle, tant le Ciel t'a ornée et comblée de ses grâces? Pourquoi ne te reposes-tu point? Pourquoi as-tu des ailes à tes pieds ?

« Je suis l'Occasion ; et bien peu me connaissent: la
» raison en est que je suis toujours en mouvement, et que
» je tiens un pied sur une roue.

» Il n'y a point de vol si rapide qui puisse égaler ma
» course ; et je ne garde des ailes à mes pieds que pour
» éblouir ceux qui me regardent courir.

» Je reunis sur le devant de mon front tous mes che-
» veux épars, et je m'en recouvre le sein et la figure,
» pour qu'on ne puisse me reconnaître lorsque j'arrive.

Derrière la tête je n'ai pas un seul cheveu ; et celui
» qui m'aurait laissée passer, ou devant lequel je me se-
» rais détournée, se fatiguerait en vain à me saisir. »

« — Dis-moi : Qui est celui qui marche sur tes pas ? —
« C'est le Repentir. — Ainsi, fais-y bien attention : celui
» qui ne peut me retenir ne saisit que lui.

» Et toi, tandis que tu perds le temps à me parler, livré
» tout entier à tes vaines pensées, tu ne t'aperçois pas,
» malheureux, et tu ne sens pas que je me suis déjà
» échappée de tes mains. »

---

1 Cette piece est imitee de Pausydippe Voici la traduction du morceau de l'auteur grec

« Toi, qui es-tu ? — L'Occasion — Qui t'a sculptee ? — Lysippe. — De quel pays ? — De Sicyone — Pourquoi te tiens-tu sur la pointe des pieds ? — J'aime a courir. — Pourquoi tes pieds ont-ils des ailes ? — Je vole empor- tee par un tourbillon de vent. — Pourquoi as tu à la main ce rasoir ? — Il montre aux hommes que je coupe avec le tranchant le plus aigu. — Pourquoi ces cheveux au front ? — Par Jupiter, pour qu'on me saisisse quand on me rencontre — Pourquoi es-tu chauve par derriere ? —Pour que personne ne puisse me saisir quand je suis passee Etranger, voila comme le sculpteur m'a formee, afin qu'ainsi, devant cette porte, je servisse d'instruction aux hommes. »

CHAPITRE DE LA FORTUNE

A GIOVAN BATISTA SODERINI

De quelles rimes, de quels vers pourrai-je jamais me servir pour chanter le royaume de la Fortune, et ses aventures prospères, et ses adversités ?

Et pour dire comment, tout injurieuse et importune que nous la jugeons, elle rassemble tout l'univers à l'entour de son trône ?

Giovan Batista, les seules blessures que tu puisses ou que tu doives redouter, sont celles qui proviennent de ses coups.

En effet, cette créature ondoyante et diverse est accoutumée le plus souvent à opposer ses plus grandes forces là où elle voit que la nature en déploie davantage.

Sa puissance renverse tous les obstacles, et sa domination n'est jamais sans violence, si une excessive vertu n'en amortit les traits.

Je te prie donc d'être satisfait, si, après avoir examiné ces vers, tu y découvres quelque chose qui te paraisse digne de toi.

Que cette déesse cruelle tourne un moment vers moi ses yeux inhumains, qu'elle lise ce que je vais chanter d'elle-même et de son empire.

Et quoique, du haut du trône où elle est assise au-dessus de l'univers, elle commande et règne impérieusement, qu'elle abaisse son regard sur celui qui ose faire de ses États l'objet de ses chants.

La multitude lui donne le nom de Toute-Puissante, parce que quiconque reçoit la vie dans ce monde éprouve tôt ou tard sa puissance.

Souvent elle tient les bons abattus sous ses pieds,

tandis qu'elle élève les méchants ; et si parfois elle fait une promesse, jamais elle ne la tient.

Elle renverse de fond en comble les états et les royaumes, au gré de son unique caprice, et elle ravit aux bons le bien dont elle est prodigue envers les méchants

Cette déesse inconstante, cette divinité mobile, place souvent ceux qui en sont indignes sur un trône où ceux qui le mériteraient n'arriveraient jamais.

Elle dispose du temps au gré de sa volonté ; elle nous élève, elle nous renverse sans pitié, sans loi et sans raison.

Elle n'aime à favoriser quelqu'un, ni toujours ni dans tous les temps ; elle n'accable pas sans cesse non plus celui qui est au bas de sa roue.

Personne ne sait ni de qui elle est fille ni de quelle race elle est née : ce qu'il y a de certain seulement, c'est que Jupiter lui-même redoute son pouvoir.

Elle a établi le siège de son empire dans un palais ouvert de tous côtés, et dont elle n'interdit l'entrée à personne ; mais la sortie n'en est point également certaine.

Tout l'univers se rassemble à l'entour, désireux de voir des choses nouvelles, et tout entier livré à son ambition et à ses désirs.

Elle demeure au sommet de ce palais, et jamais elle ne refuse à personne de se montrer à sa vue, mais en un clin d'œil elle change d'aspect et de figure.

Cette antique magicienne a deux visages, l'un farouche, l'autre riant ; et tandis qu'elle tourne, tantôt elle ne vous voit pas, tantôt elle vous menace, tantôt elle vous invite.

Elle écoute avec bienveillance tous ceux qui veulent entrer ; mais elle se fâche ensuite contre eux lorsqu'ils veulent sortir, et souvent même elle les en empêche.

Dans l'intérieur on est entraîné par le mouvement d'autant de roues qu'il y a de degrés différents pour monter aux objets sur lesquels chacun a jeté ses vues.

Les soupirs, les blasphèmes, les injures sont les seuls accents que l'on entende sortir de la bouche de tous les êtres que la Fortune a réunis autour de son trône.

Et plus ils sont comblés de richesses et de puissance, plus on voit leur méchanceté se manifester, tant ils sont peu reconnaissants de ses faveurs !

En effet, c'est à elle seule qu'on impute tous les malheurs qui nous accablent ; tandis que si un mortel éprouve quelque bonheur, il s'imagine ne le tenir que de son propre mérite.

Au milieu de cette foule diverse et toujours nouvelle de courtisans que sa cour renferme, c'est l'audace et la jeunesse qui obtiennent le plus de succès.

On y voit la Crainte sans cesse courbée vers la terre, et si remplie de soupçons et de doutes qu'elle ne sait absolument rien. A ses côtés le Repentir et l'Envie lui font une guerre continuelle

L'Occasion est la seule qui s'amuse dans ce lieu ; et l'on voit cette naïve enfant courir à l'entour de toutes ces roues, en riant, et les cheveux épars.

Elle tourne sans cesse nuit et jour, parce que le Ciel, aux décrets duquel rien ne résiste, veut que l'Oisiveté et la Nécessité la suivent sans cesse.

L'une répare le monde que l'autre ravage ; et l'on voit à chaque instant et à chaque pas combien vaut la Patience, et combien elle suffit

Les riches et les puissants jouissent en toute hâte de l'Usure et de la Fraude : au milieu de ces deux compagnes, on voit la Libéralité couverte de lambeaux et accablée d'outrages.

Au-dessus des portes qui, comme je l'ai dit, ne sont jamais fermées, on voit assis le Hasard et le Destin, privés d'yeux et d'oreilles

La Puissance, la Gloire, la Richesse, la Santé, sont offertes pour récompenses ; pour châtiments, la Servitude, l'Infamie, la Maladie et la Pauvreté.

C'est avec cette dernière famille que la Fortune manifeste son courroux à ceux auxquels elle en veut ; elle présente elle-même l'autre à ceux qui ont obtenu son amour.

Parmi la foule qui remplit sans cesse cette demeure, celui-là suit le conseil le plus sage, qui choisit sa roue conformément aux vues de la souveraine du lieu ;

Car, selon que l'inclination qui a déterminé votre choix s'accorde avec la sienne, elle est la source de votre félicité ou de votre malheur.

Ce n'est pas toutefois qu'il faille vous fier à elle, ni vous imaginer que vous puissiez éviter sa cruelle morsure et ses coups imprévus et terribles ;

Car, tandis que vous êtes porté sur le sommet d'une roue heureuse et favorable, en ce moment elle change tout à coup de direction au milieu de son mouvement.

Comme vous ne pouvez changer votre personne, ni vous dérober aux décrets dont le Ciel a fait votre partage, la Fortune vous abandonne au milieu du chemin.

Si cela était bien connu et bien compris, celui-là serait toujours heureux, qui pourrait sauter de roue en roue.

Mais, comme cette faculté nous a été refusée par la vertu secrète qui nous gouverne, notre sort change avec le cours de notre roue.

Rien dans ce monde n'est éternel : ainsi le veut la Fortune, qui se divertit de la sorte afin que son pouvoir se manifeste avec plus d'éclat.

Ainsi donc il faut tâcher de la prendre pour notre étoile, et, autant qu'il dépend de nous, nous accommoder sans cesse à ses changements.

Au dedans et au dehors on voit son palais orné de peintures où sont représentés les triomphes dont elle s'honore le plus.

Dans le premier tableau, on aperçoit comment autrefois tout l'univers fut soumis et courbé sous le joug de l'Égypte ;

Comment elle le tint longtemps enchaîné dans les délices de la paix ; et comment ce pays renferme tout ce que l'on a écrit de beau sur la nature.

CHAPITRE DE LA FORTUNE.

On voit comment elle fit ensuite monter les Assyriens à la suprême domination, quand elle ne voulut plus que l'Egypte régnât davantage ;

Puis, comment elle se tourna toute joyeuse vers les Mèdes, puis des Mèdes aux Perses ; et comment elle orna le front des Grecs de la gloire qu'elle enlevait à ces derniers.

C'est là que l'on aperçoit tour à tour subjuguées, Memphis, Thèbes, Babylone, Troie, Carthage, Jérusalem, Athènes, Sparte et Rome.

Ces cités montrent jusqu'à quel point elles furent belles, élevées, riches et puissantes, et comment à la fin la Fortune en fit la proie de leurs ennemis.

C'est là qu'on voit les faits immortels de l'empire romain, et comment il écrasa l'univers entier sous le poids de ses ruines.

Semblable à un torrent rapide qui, tout orgueilleux de l'amas de ses eaux, brise et renverse tous les objets qu'il rencontre sur son passage ;

Tantôt élevant le terrain d'un côté, tantôt l'abaissant de l'autre, changeant et ses rivages, et son lit, et son cours, et faisant trembler la terre partout où il passe :

Ainsi la Fortune, dans sa course impétueuse, va changeant, tantôt ici, et tantôt là, la face de ce monde.

Si ensuite vous portez plus loin votre regard, vous apercevez les portraits d'Alexandre et de César parmi ceux des mortels qui furent heureux pendant leur vie.

Il est facile de voir par cet exemple combien elle aime, combien lui sont agréables ceux qui la choquent, qui la saisissent, qui la poursuivent sans relâche.

Et toutefois le premier ne put aborder au port où tendaient tous ses vœux ; et l'autre, percé de nombreuses blessures, fut immolé à l'ombre de son ennemi.

Plus loin, on aperçoit cette foule innombrable d'ambitieux que la déesse n'a fait monter au plus haut rang que pour les en précipiter avec plus d'éclat.

C'est là qu'on voit vaincus, prisonniers et expirants,

Cyrus et Pompée, après avoir été portés jusqu'au ciel par la Fortune.

Auriez-vous jamais vu quelque part comment un aigle s'élance dans les profondeurs des cieux, chassé par la faim et par le jeûne ;

Et comment il emporte dans son vol rapide une tortue, afin de la briser en la laissant tomber, et de pouvoir se rassasier ainsi des chairs de sa proie expirée ?

C'est ainsi que la Fortune élève un mortel, non pour qu'il demeure dans son élévation, mais pour se réjouir de sa ruine et le voir pleurer en tombant.

On aperçoit ensuite les exemples de ceux qui, du sein de la bassesse, se sont élevés à la grandeur, et les vicissitudes continuelles dans lesquelles la vie s'écoule.

C'est là qu'on voit comment elle a tourmenté et Cicéron et Marius, et combien de fois elle a éteint ou rallumé les rayons de leur gloire.

On y voit enfin que dans tous les temps les heureux ont été peu nombreux, et que ce sont ceux qui sont morts avant que leur roue retournât en arrière, ou que, dans son cours, elle les précipitât au fond de l'abîme.

CHAPITRE DE L'INGRATITUDE

A GIOVANNI FOLCHI.

Giovanni Folchi, les chagrins dont la dent de l'Envie qui me déchire, empoisonne ma vie, augmenteraient bien davantage mes peines et mes tourments,

Si les cordes harmonieuses qui se trouvent à ma lyre, et dont les sons retentissent avec douceur, n'engageaient les Muses à n'être point sourdes à mes chants.

Ce n'est pas que j'attende d'elles une brillante couronne ; ce n'est pas que je croie pouvoir ajouter une seule goutte aux eaux de l'Hélicon.

Je n'ignore pas combien la route qui mène vers elles est longue ; et je sais bien que je n'ai point l'haleine assez vigoureuse pour arriver au sommet de cette colline qui fait l'objet de mes vœux.

Toutefois, dans le désir qui me conduit, je me flatte de pouvoir du moins recueillir en chemin une branche d'un de ces arbrisseaux dont toute la plaine est semée.

C'est ainsi qu'en chantant j'espère chasser de mon cœur et refréner cette douleur de mes adversités, qui poursuit avec fureur chacune de mes pensées

Aujourd'hui la matière de mes vers sera que les années passées à être utile sont des années perdues, comme lorsque l'on sème dans le sable ou dans l'onde.

Quand la gloire des vivants déplut aux astres, et que le Ciel ne put la voir sans dépit, c'est alors que le monde vit naître l'Ingratitude.

Elle est fille de l'Avarice et du Soupçon ; elle fut nourrie dans les bras de l'Envie ; et elle vit dans le cœur des princes et des rois.

C'est là principalement qu'elle a fixé le siège de son

empire ; c'est de là qu'avec le poison de sa perfidie elle colore les actions de tous les autres mortels.

Il n'est point de lieu où ce fléau ne se fasse sentir : car la dent pleine de rage de sa nourrice mord et déchire tout ce qu'elle peut atteindre.

Si quelqu'un, d'abord, se nomme heureux en se voyant comblé des faveurs d'un ciel doux et propice, il ne le redit pas longtemps,

Lorsqu'il voit qu'on ne le récompense de son sang et de ses sueurs prodiguées, et de la fidélité avec laquelle il sert, que par l'outrage et la calomnie.

Ce monstre, semblable à la peste, ne manque jamais d'arriver. A son flanc est suspendu un carquois dans lequel il place toujours l'une après l'autre.

Trois flèches cruelles, trempées dans un poison subtil, et dont la pointe ne manque jamais d'atteindre tous ceux contre lesquels elle dirige ses coups.

Le premier trait qu'elle lance a la vertu de faire parler des services d'un homme, mais de les avouer sans les récompenser.

Le second qu'elle décoche, est cause que l'homme oublie le bienfait qu'il a reçu, mais se contente de le nier ans y ajouter l'injure.

Le dernier enfin est tel, que l'homme qu'il atteint, loin de se souvenir ou de récompenser jamais un bienfait, déchire et mord au contraire autant qu'il peut son bienfaiteur.

Ce coup pénètre jusqu'au fond des os ; cette troisième blessure est la plus mortelle : cette flèche vole avec plus de force que les autres.

Jamais rien ne peut étouffer ce fléau cruel ; et s'il meurt une seule fois. il renaît mille autres, parce que son père et sa mère sont immortels.

Ainsi que je l'ai dit, l'Ingratitude triomphe dans le cœur de tous ceux qui possèdent le pouvoir : mais c'est surtout dans le cœur du peuple qu'elle se délecte, lorsque le peuple a en main la puissance.

Chacun des traits qu'elle lance frappe ce dernier bien

plus cruellement, parce qu'il arrive toujours que moins on est éclairé plus on est soupçonneux.

Tous ceux qui en font partie, sans cesse en proie à l'envie, tiennent sans relâche le Soupçon éveillé ; et le Soupçon, à son tour, a toujours les oreilles ouvertes à la calomnie.

De là vient que souvent on voit un citoyen vertueux recueillir une moisson toute contraire à celle dont il avait ensemencé ses champs.

La paix et le repos fuyaient le sein de l'Italie, depuis que le fer carthaginois désaltérait sa soif dans les flots du sang italien.

Mais alors aussi les murs de Rome avaient vu naître, ou plutôt ils avaient reçu du Ciel un mortel divin, et tel que son semblable n'exista ni n'existera jamais.

Ce héros, à peine sorti de l'enfance, sauva sur les bords du Tésin les jours de son père, en lui faisant un bouclier de sa poitrine : premier présage de ses illustres destins !

Et lorsque Cannes plongea tant de Romains dans les fers, on le vit seul, animé d'une vertueuse colère, défendre, le glaive en main, qu'on abandonnât l'Italie.

Plus tard le sénat voulut qu'il allât venger sur le sol de l'Espagne et les communs désastres et ses douleurs privées.

Il transporta ensuite ses drapeaux en Espagne ; et après avoir vaincu Syphax, il détruisit et la fortune et la patrie d'Annibal.

C'est alors que ce grand barbare prit la fuite devant lui, et que tout le sang, dont le Carthaginois avait inondé les vallons de l'Italie, fut vengé par sa défaite.

De là, il accompagna son frère en Asie, et sa prudence et son humanité lui méritèrent d'obtenir dans Rome le triomphe de l'Asie.

Dans toutes les villes, dans toutes les provinces qu'il parcourut, partout il laissa de nombreux exemples de piété, de courage et de continence.

CHAPITRE DE L'INGRATITUDE.

Quelle langue pourra jamais suffire aux louanges qu'il mérite ? Quel œil pourra soutenir l'éclat de tant de gloire ? O Romains fortunés ! ô temps heureux !

C'est cet illustre et invincible héros qui a fait voir à l'univers quel est le chemin qui conduit les mortels aux sommets les plus élevés de la gloire.

Jamais on ne vit et l'on ne verra dans le cœur d'aucun homme, quelque sublime, quelque glorieux, quelque divin qu'il soit, tant de courage et tant de vertu.

Parmi les mortels qui ont vécu, et ceux qui vivent encore, parmi les peuples antiques et les peuples modernes, il ne s'en trouve point qui approche de Scipion.

Et cependant l'Envie, dans sa rage, ne craignit pas de lui montrer les dents, et de le menacer de sa prunelle enflammée par la colère.

La barbare le fit accuser devant le peuple, et voulut qu'une grande injure devînt la récompense des plus grands services.

Mais quand ce héros vit s'armer contre lui ce vice commun à tous les hommes, il résolut de s'exiler volontairement de son ingrate patrie.

Il laissa le champ libre à la fureur de ses rivaux dès qu'il vit qu'il fallait que Rome perdît ou sa liberté, ou lui.

Son cœur ne s'arma point d'une autre vengeance : il se borna à ne point laisser dans sa patrie ses os qu'elle ne méritait pas de posséder.

C'est ainsi qu'il termina loin du berceau paternel le cercle de ses jours ; c'est ainsi qu'il recueillit un fruit contraire à celui qu'il avait semé.

Rome cependant ne fut pas la seule cité ingrate. Que l'on regarde Athènes : c'est là que l'Ingratitude établit son empire ; c'est là qu'elle se montra plus hideuse que partout ailleurs.

Il ne servit de rien de s'armer contre elle du bouclier de tant de lois créées pour réprimer son humeur cruelle et féroce.

CHAPITRE DE L'INGRATITUDE.

Cette république fut d'autant plus insensée, que l'on voit sans cesse qu'elle connaissait son erreur, et qu'elle s'obstinait à la suivre.

Miltiade, Aristide, Phocion, et les tristes destinées de Thémistocle, sont des témoins irrécusables du pouvoir de l'Ingratitude.

Ils avaient illustré leur pays par leurs actions éclatantes et courageuses : les triomphes qu'ils en obtinrent furent la prison, l'exil, les outrages et la mort.

Chez le vulgaire, ordinairement les villes prises, le sang versé, les blessures honorables, peuvent effacer la honte d'une faute légère :

Mais les calomnies injustes et sans frein, dirigées contre un citoyen vertueux, rendent souvent tyrannique un cœur jusque-là doux et humain.

Souvent un citoyen devient tyran, et franchit les bornes de la commune égalité, pour ne point ressentir les atteintes de l'Ingratitude.

C'est elle qui rendit César l'usurpateur de l'empire ; et ce que l'Ingratitude ne voulut point lui accorder, il l'obtint d'une juste colère et d'un juste dépit.

Mais laissons de côté les intérêts du peuple. J'en reviens aux princes et aux modernes, dans le sein desquels la nature a mis également un cœur ingrat.

Le pacha Acomat, peu de temps après avoir donné l'empire à Bajazet, expira, le lacet serré autour du cou.

Gonzalve a abandonné les campagnes de la Pouille, et il vit en proie aux soupçons de son roi ; digne récompense des défaites qu'il a fait éprouver aux Francais !

Parcourez toutes les contrées de l'immense univers, et si vous lisez tout ce qu'on a écrit de ces princes, vous trouverez que peu d'entre eux ont été reconnaissants ;

Et vous verrez que ceux qui ont changé la face des empires, ou qui ont donné des royaumes, en ont toujours été récompensés ou par l'exil ou par la mort.

Si tu as su changer un État, celui que tu en as rendu le prince tremble toujours que tu ne lui ravisses ce que tu as pu lui donner.

Il n'observe avec toi ni la foi donnée ni les traités, parce que, dans son cœur, la peur qu'il a de toi est plus puissante que l'obligation qu'il a contractée.

Et cette terreur ne trouve point de terme tant qu'il ne voit pas toute ta race éteinte, et le tombeau renfermer oi et les tiens.

Aussi arrive-t-il souvent que l'on se fatigue à servir fidèlement, et qu'on ne retire de tant de fidélité qu'une vie misérable et une mort violente.

Ainsi, puisque l'Ingratitude n'est point morte, que chacun fuie les cours et le pouvoir : c'est le chemin qui conduit le plus rapidement l'homme à pleurer d'avoir obtenu ce qu'il désirait même avec le plus d'ardeur.

CHAPITRE DE L'AMBITION

A LUIGI GUICCIARDINI

Luigi, si tu t'étonnes de l'événement qui vient d'arriver dans la Sienne, il me semble que tu ne prends point le monde par son véritable côté.

Et si ce que tu as appris te paraît neuf, comme tu me l'as témoigné par écrit, réfléchis un peu mieux sur la nature de l'homme.

En effet, du soleil de la Scythie à celui de l'Égypte, des rivages de l'Angleterre aux rivages opposés, on voit partout germer des crimes semblables.

Quelle contrée ou quel empire ne les a pas vu commettre? Quel bois, quelle humble cabane en est exempte? Quel est le lieu où ne pénètrent point l'Ambition et l'Avarice?

Lorsque l'homme naquit dans ce monde, elles y prirent en même temps naissance; et si elles n'avaient point existé, notre sort aurait été bien heureux.

Dieu venait à peine de créer les étoiles, le ciel, la lumière, les éléments et l'homme; et il avait fait ce dernier le souverain de toutes ces merveilles.

Mais l'Orgueil, vainqueur des anges eux-mêmes, rendit Adam rebelle aux ordres de Dieu dans les jardins du Paradis, en lui faisant manger, ainsi qu'à sa femme, la pomme fatale.

Déjà Caïn et Abel étaient nés, et ils vivaient heureux sous leur humble toit avec leur père, supportant les fatigues sans murmure,

Lorsqu'une puissance occulte, qui s'alimente dans le cercle des étoiles que le ciel renferme dans sa sphère immense, et qui est l'ennemie du genre humain,

Pour nous priver de la paix et nous mettre en guerre,

pour nous ravir toute tranquillité et tout bonheur, envoya deux furies habiter sur la terre.

Toutes deux sont nues, toutes deux s'avancent d'un air si aimable, qu'elles paraissent aux yeux de la multitude remplies de grâce et de volupté.

Mais chacune d'elles a quatre visages et huit mains ; et voilà pourquoi elles peuvent saisir tous ceux vers lesquels elles se tournent.

A leur suite, et remplissant l'univers de leur souffle empoisonné, marchent l'Envie, la Paresse et la Haine, qu'accompagnent à leur tour la Cruauté, l'Orgueil et la Fourberie.

Ces monstres poursuivent en tous lieux la Concorde ; et pour mieux faire voir leur volonté sans limites, elles portent dans leurs mains une urne sans fond.

C'est par elles que le repos et les plaisirs qui habitaient sous le toit d'Adam en furent bannis avec la Paix et la Charité.

Elles infestèrent le cœur de Caïn de leur mortel poison, et armèrent son bras contre son frère innocent.

Quelle preuve plus grande pouvaient-elles donner de leur puissance, puisqu'elles purent, même dans les premiers jours du monde, rendre un cœur ambitieux et avare ;

Lorsque les hommes vivaient nus, et libres des biens de la fortune, et lorsqu'on ne savait point encore ce qu'étaient la pauvreté et la richesse ?

Oh ! esprit de l'homme, insatiable, orgueilleux, artificieux et inconstant, et par-dessus toute chose, malin, méchant, emporté et cruel,

Puisque c'est par les conseils de l'Ambition que la première mort violente épouvanta le monde, et que l'herbe fut ensanglantée pour la première fois,

Cette fatale semence ayant grandi, et les causes du mal s'étant multipliées, y a-t-il quelque raison de se repentir de mal faire ?

De là vient que l'un descend et que l'autre s'élève ; de

CHAPITRE DE L'AMBITION.

là dépendent ces révolutions sans lois et sans traités qui changent la face des empires.

C'est là ce qui bien des fois a entraîné le roi de France ; c'est là ce qui a ruiné les États des rois Alphonse et Louis, et ceux de Saint-Marc.

Ce n'est pas seulement le bien réel que possède notre ennemi, mais ce qui n'en est que l'apparence (car le monde, anciennement comme aujourd'hui, a toujours été le même),

Que chacun envie et que chacun espère surpasser, en opprimant tantôt l'un, tantôt l'autre, plutôt qu'en s'appuyant sur sa propre vertu.

Chacun ne voit qu'avec peine le bonheur d'autrui, et en revanche il veille sans relâche et avec anxiété pour tâcher de le détruire.

C'est notre instinct naturel qui, par son propre mouvement et sa propre passion, nous conduit à ce point, s'il n'est enchaîné par l'autorité des lois et par une force invincible.

Mais si l'on voulait savoir pourquoi une nation commande tandis que l'autre est dans les pleurs, quand l'Ambition règne également en tous lieux ;

Et pourquoi la France demeure victorieuse tandis que de l'autre côté toute l'Italie est battue par les tempêtes d'un océan de douleurs ;

C'est parce que cette dernière contrée renferme dans son sein tous les germes des fléaux qui produisent l'Avarice et l'Ambition,

Si l'Ambition habite dans un cœur courageux et en même temps armé de vertu, il y a peu à craindre alors de sa propre perversité.

Quand un pays vit naturellement au sein des troubles et du désordre, et que quelque évenement lui donne de bonnes lois et de bonnes institutions.

L'Ambition use contre les nations étrangères cette fureur que ni les lois ni le monarque ne lui permettent pas d'user contre elle-même.

Aussi n'est-il pas rare de voir alors cesser le mal qui

l'eût déchirée : mais elle se plaît à aller troubler les contrées où cette fureur qui la dirige a placé son enseigne.

Par un sort contraire, ce pays sera toujours esclave, toujours exposé aux malheurs, toujours livré aux outrages, dans lequel habite un peuple ambitieux mais sans courage.

Si la Lâcheté et le Désordre y siègent auprès de l'Ambition, les désastres et la ruine ne tardent pas à fondre sur ce pays.

Et si l'on faisait un reproche à la nature de ce que notre Italie si malheureuse, et fatiguée de ses maux, ne produit aucun peuple aussi courageux et aussi endurci,

Je répondrais que cela n'excuse ni n'affranchit notre Italie, parce que l'éducation peut toujours suppléer aux défauts de la nature.

C'est elle qui jadis rendit l'Italie si florissante ; c'est elle qui lui donna l'audace d'étendre sa domination sur l'univers entier.

Maintenant elle vit (si l'on peut appeler vivre, verser toujours des pleurs) accablée sous le sort et les désastres que lui a mérités sa longue oisiveté.

La Lâcheté, ainsi que les autres compagnes de l'Ambition, sont les plaies qui ont éteint tout germe de vie dans les diverses provinces de l'Italie.

Laisse là les querelles fraternelles de Sienne, ô Luigi, et tourne tes regards vers ces lieux et parmi ces nations étonnées et plongées dans l'affliction ;

Tu verras l'Ambition se servir d'une double industrie ; tu verras l'un dérober, et l'autre se plaindre de voir ses biens enlevés et dispersés.

Quiconque veut voir tous les maux d'autrui n'a qu'à jeter les yeux sur ces contrées ; et qu'il regarde si le soleil a jamais éclairé tant de barbarie.

L'un pleure son père expiré, l'autre son époux ; celui-ci, tout affligé, se voit arracher nu de son lit par la force, et accabler de coups.

Combien n'a-t-on pas vu de fois le père qui pressait

son fils entre ses bras, expirer avec lui, le sein percé tous deux du même coup !

Celui-ci abandonne le berceau paternel, accusant les dieux de cruauté et d'ingratitude, et traînant avec lui sa famille désolée.

O exemples que jamais le monde n'avait offerts ! chaque jour voit naître des enfants arrachés par le fer du sein de leurs mères expirantes !

La mère, noyée dans les larmes et marchant derrière sa fille, s'écrie : « A quel malheureux hymen, à quel cruel « époux, t'ai-je réservée ! »

Les ruisseaux, les fossés sont souillés de sang, et remplis de têtes, de jambes, de mains et de membres déchirés et mutilés !

Les oiseaux de proie, les bêtes féroces, les chiens avides, sont maintenant devenus les tombeaux des enfants de notre patrie : ô tombeaux cruels, exécrables et étranges !

Tous les visages portent l'empreinte de l'épouvante et de la pâleur, et sont semblables à celui d'un homme qui, tout effrayé, regarde d'un œil immobile les nouveaux dangers qui le menacent, ou qu'une peur soudaine vient de saisir.

Partout où le regard s'arrête, il voit la terre inondée de sang et de larmes ; partout l'air retentit de hurlements, de sanglots et de gémissements.

Si quelqu'un dédaigne d'apprendre d'autrui comment il faut en agir avec l'Ambition, le triste exemple de ces infortunes le lui enseignera assez.

Puisque l'homme ne peut de lui-même la bannir, un esprit sage et sain doit voir qu'il faut la faire suivre de l'ordre et du courage.

Saint-Marc a connu à ses dépens, et peut-être trop tard, qu'il faut tenir en main l'épée et non le livre.

Autrement on se fatigue en vain, la plupart du temps, pour conserver l'empire ; et plus on acquiert, plus on perd vite et avec plus de honte.

Si donc un événement soudain et inattendu frappe

tout à coup les yeux, et jette le trouble et la terreur dans tous les cœurs,

Il ne faut point s'en émerveiller, parce que la majeure partie de ce bas monde est gouvernée par la Fortune.

Hélas ! tandis que mon esprit et mes paroles se plongent dans les malheurs d'autrui, je me sens oppressé par une crainte bien plus grande :

J'apprends que l'Ambition, avec cette escorte cruelle que le ciel lui donna en partage à la naissance du monde, a dirigé son vol vers les monts de la Toscane,

Et qu'elle a déjà allumé tant d'étincelles parmi les habitants de cette malheureuse contrée, toujours si pleine d'envie, qu'elle brûlera et leurs villes et leurs campagnes, si la miséricorde du ciel, ou un meilleur ordre, ne parvient à étouffer cet incendie.

CHAPITRE PASTORAL [1]

Tandis que, protégé par l'ombrage de ce laurier, je vois paître mon troupeau autour de moi, je veux commencer une plus haute entreprise.

Pipeaux harmonieux, si jamais vos accents ont pu attirer les rochers, faire marcher les arbres, arrêter les fleuves, et imposer silence au souffle des vents,

Montrez aujourd'hui tout ce que vous valez ; que la terre charmée reste dans l'admiration, et que le ciel se réjouisse de nos chants.

Une autre voix et d'autres vers seraient sans doute nécessaires : car pour louer dignement une beauté aussi éclatante il faut un esprit plus élevé que le mien.

Il convient, en effet, pour célébrer les louanges d'un jeune homme divin et qui n'a rien de terrestre, dont toutes les actions sont élevées et les mœurs célestes, il convient d'être plus qu'un mortel.

O Phébus, éclaire-moi de tes rayons ; et si jamais tu fus sensible aux prières d'un mortel, viens dissiper aujourd'hui les ténèbres de mon esprit.

Je vois ton front divin qui brille d'une splendeur plus éclatante que de coutume ; aucun souffle, aucun nuage ne dérobe l'éclat du jour.

---

1. Nous ne saurions dire à quel personnage Machiavel fait allusion dans cette pièce, mais on a tout lieu de croire que l'auteur a eu pour but d'adresser un hommage détourné à quelque jeune prince italien, peut-être à l'un des membres de la famille des Médicis, lorsque cette famille vint prendre possession de Florence après la révolution qui renversa le gouvernement républicain. L'influence de la littérature antique est très évidente dans ce morceau, et Machiavel, en le composant, s'est évidemment souvenu de la quatrième églogue de Virgile :

Sicelides musæ, paulo majora canamus.

O divin Apollon, soutenu par ta céleste influence et ta force sacrée, je veux passer tout ce jour à faire honneur à ton Hyacinthe.

Hyacinthe, c'est ton nom que j'ai coutume de célébrer, et, pour le faire vivre dans la mémoire de tous les mortels, je me plais à le graver sur chaque tronc, sur chaque rocher.

J'y grave également les charmes de ta beauté divine, et tes actions, capables de combler de gloire quiconque seulement les raconte ou les écrit.

Le ciel voulut signaler sa puissance quand il nous fit un don aussi merveilleux, quand il nous fit entrer ainsi en partage de ses plus rares beautés.

Quel est l'éclat qui ne s'éclipse devant le tien, lorsque d'abord on regarde cette chevelure, digne de toutes les couronnes et de tous les diademes.

Lorsque l'on contemple ensuite attentivement la splendeur qui règne sur ce front, nous y voyons éclater toute la puissance de la nature.

Voyez comme chez lui tout répond à ces dons précieux, écoutez ensuite cette douce voix, dont les accents éloquents peuvent donner la vie au marbre et à la pierre.

La terre sourit partout où tu portes tes pas, et l'air se réjouit partout où il est frappé des sons harmonieux de ta parole.

T'éloignes-tu, l'herbe qui fleurissait se sèche ; elle semble s'affliger de ton départ, et l'écho se plaint de ne plus entendre tes accents.

Mais une vertu qui n'est pas moins digne d'être célébrée que tes autres mérites, c'est ce désir naturel d'acquérir la renommée, qui sera pour toi la source d'une gloire certaine.

Aussi, grand Jupiter, puissé-je, au milieu de toutes les trompettes de la Renommée qui vont le célebrer, faire entendre à mon tour les sons de mes pipeaux rustiques.

Tous les pasteurs qui habitent au sein de ces forêts,

sans faire attention à ton âge si tendre encore, ont remis en tes mains tous leurs différends.

Usant avec art de ton esprit et de ton influence, tu sais, par divers moyens et d'innocents artifices, les renvoyer joyeux au sein de leurs bergeries.

Entends-tu parler d'un berger que la fortune ennemie ou que l'amour ait rendu malheureux, tu sais, par tes douces paroles, lui rendre le bonheur.

Tu ne te contentes pas d'être la gloire des pasteurs ; mais semblable aux dieux qui les habitent, tu es l'ornement de nos bois.

Ne vous affligez donc plus si Diane fixe son séjour dans le ciel, ô forêts ! ne vous inquiétez plus si Apollon va de nouveau garder les troupeaux d'Admète.

N'appelez plus ni le fils d'Hercule, ni Céphale, ni Atalante ; car vous êtes avec Hyacinthe bien plus contentes et plus heureuses

Je vois toutes les vertus réunies en toi : faut-il s'en étonner, puisque ta naissance n'a pu être l'ouvrage d'un seul dieu ?

Lorsque le ciel voulut te créer, le premier soin en fut confié à Vulcain, afin que tu fusses plus beau, plus agréable et plus riant.

A peine Jupiter t'eut-il vu naître, que Ganymède craignit un moment pour lui, en apercevant la joie qui éclata sur son front divin.

Alors Minerve renferma dans cette argile mêlée d'eau un esprit tel que ni le temps ni l'étude ne pourraient en former un semblable.

Vénus ensuite réunit autour de ton visage ses grâces immortelles ; et elle ajouta ces paroles : « Tu vivras » pour être chéri des pasteurs, et pour les rendre heu» reux. »

Les Heures, toutes joyeuses, s'empressèrent de cueillir des violettes blanches, et répandirent sur toi leurs sucs colorés et leurs parfums embaumés.

L'indomptable Mars, pour ajouter encore à l'éclat de

ta gloire, mit dans ton sein généreux un cœur pareil à celui de César et des plus illustres guerriers.

Mercure te doua de la prévoyance : et ce don te permet d'ouvrir ou de fermer à ton gré la porte à la bonne fortune et aux chagrins soucieux.

Junon, sous les dépouilles d'un simple mortel, plaça une âme digne de commander aux plus puissants empires; et Saturne t'accorda les ans de Nestor.

Céleste present de tant de divinités, daigne me recevoir parmi tes sujets les plus fidèles, si tu ne rougis pas d'avoir un pareil serviteur.

Si je puis croire que mes chants te plaisent, ces vallons et ces collines ne cesseront de retentir de tes glorieuses louanges.

Toutes les pensées de mon âme sont tendues avec tant de force vers le désir de te plaire, que mon seul besoin est de t'obéir ; tout ton soin doit être de commander.

Quoique je sois né au milieu de ces pasteurs grossiers, je sais élever mon vol bien plus haut que de coutume lorsque je parle de toi.

Tes yeux me verront encore prendre un essor plus hardi, si je puis penser que tu me voies avec plaisir venir réciter tes louanges.

Mais ce n'est pas là le seul don que j'ose t'offrir : vois-tu ce troupeau ? il est à toi ; ces pauvres brebis t'appartiennent encore.

Mais voici deja presque l'heure où les animaux demandent à prendre du repos ; la seule chauve-souris se montre dans les airs.

Je renfermerai donc l'amour que je porte dans mon cœur, et j'irai avec mon troupeau retrouver mon humble chaumière, espérant revenir un jour, plus glorieux, et surtout plus satisfait, pour chanter tes louanges.

SÉRÉNADE

I.

Salut, ô dame, choisie entre toutes les dames, modèle, sur cette terre, de toutes les beautés ; unique Phenix, âme parfaite, qui renfermes toutes les perfections, écoute ce que ton serviteur va te raconter, puisque tes yeux lui ont déclaré une guerre si cruelle ; et si tu veux être heureuse, crois à la vérité de ce qu'il te dit.

II.

Que sert d'avoir un génie grand et sublime ; que sert d'être puissant ; que sert d'avoir la valeur en partage, si l'on ne cède au pouvoir plus grand encore de la belle Vénus et de son fils Amour ? C'est d'eux seuls que l'on doit redouter les dédains, la colère et les implacables fureurs ; car l'une est femme, l'autre est un jeune homme sans frein ; et ils ont ravi à une multitude de mortels jusqu'à leur propre existence.

III.

Ah ! ce n'est point pour adoucir la cruauté de mon sort, ce n'est point pour dissiper les chagrins dont je soutiens l'assaut, ce n'est point pour découvrir la flamme qui dévore mon cœur, et que je n'éteins pas par mes larmes : mais c'est pour te conjurer de fuir la colère de cette déesse, que je viens te rappeler un exemple qui t'apprenne à éviter le cruel filet dans lequel Anaxarète demeura enveloppée.

IV.

Avant que la valeur italienne eût placé sous les auspices les plus favorables le siege de son empire sur les sept collines, avant que l'on connût les travaux des Romains et leur éclatante renommée, tous les vallons du voisinage furent possédés par différents rois, jusqu'à ce que Palatinus, sur ces bords heureux, parvint à la couronne. C'est sous son empire que la belle Pomone vit le jour.

V

Aucune nymphe dans ces belles contrées n'aimait autant qu'elle à prodiguer ses soins aux fruits ; et c'est à cet amour qu'elle dut son nom. On la voyait tantôt émonder les arbres avec le tranchant de sa serpette, tantôt verser une eau vive sur ceux dont les rayons d'un soleil brûlant dévoraient le tendre feuillage, tantôt tailler les rameaux vagabonds ou tortueux ; elle n'aimait enfin que les fruits et les vergers.

VI.

C'était là qu'elle avait placé toutes ses amours, se dérobant avec soin aux filets de Vénus, et aux flèches cruelles de son fils, dont elle dédaignait et les prières et les menaces. Et comme son sexe lui faisait craindre que quelque homme n'employât contre elle la violence, elle avait entouré son jardin de murailles et de haies, et n'avait laissé aucune ouverture par laquelle un mortel pût entrer.

VII.

Les plus jeunes satyres d'alentour venaient danser auprès d'elle afin de l'adoucir. Pan et Silène, épris de ses charmes, s'approchèrent souvent pour tâcher de la rencontrer, et ils la trouvèrent toujours froide et insensible. Mais parmi ces nombreux amants, celui qu'on regardait comme le plus enflammé, c'était Vertumne ; et cependant il n'était pas plus heureux que les autres.

VIII.

Il avait reçu de la nature le don de changer de figure à son gré. Tantôt il prenait la forme d'un laboureur qui vient à l'instant même de délivrer ses bœufs du joug ; tantôt c'était un soldat ; tantôt c'était un jardinier qui cultivait des fruits : c'est ainsi qu'à chaque instant il changeait de figure pour pouvoir contempler seulement la beauté qu'il aimait.

IX.

Enfin, pour amortir la flamme qui le brûle, et pour atteindre le but auquel tendent tous ses désirs, il prend la forme d'une femme accablée par l'âge : il a son front ridé et ses cheveux blanchis. Alors il entre dans le jardin de Pomone, à travers les pommiers et les autres arbres chargés de fruits, qui paraissaient divins ; il la salue, et lui dit : « Ma belle fille, tu serais bien plus belle si tu
» étais sensible.

X.

» Tu peux bien te dire heureuse entre toutes les au-
» tres femmes, puisque ces fruits peuvent faire ton
» bonheur. » Alors il l'embrassa, et elle put sentir que ce n'était pas la des baisers de vieille femme. Et feignant de ne pouvoir aller plus avant, il s'assit sur une pierre, et reprit ainsi la parole : « Écoute-moi, ma fille, si cela
» ne te déplaît pas, et reste un moment avec moi à con-
» sidérer cet orme que tu vois là devant toi.

XI.

» Vois-tu encore cette vigne qui l'embrasse, et qui,
» serpentant à travers ses rameaux, l'enveloppe et l'en-
» ferme de toutes parts : sans cet orme elle ramperait
» sur la terre, et ne se couronnerait pas de l'honneur de
» tant de fruits. L'orme, de son côté, sans la vigne à la-
» quelle il prête son appui, ne montrerait que des bran-
» ches et des feuilles ; et tous deux, privés du secours
» qu'ils se prêtent mutuellement, ne seraient qu'un
» tronc sans utilité, qu'un bien stérile.

XII.

» Néanmoins tu demeures orgueilleuse et cruelle, et
» cet exemple même ne peut t'attendrir ; tu ne te sou-
» cies nullement de choisir un amant qui soit un digne
» appui pour ta jeunesse. Et quoiqu'une foule d'adora-
» teurs ressentent pour tes charmes de profonds chagrins,

» et souffrent par eux un cruel martyre, si tu veux
» croire à mes avis, je te conseille de prendre Vertumne
» pour amant.

XIII.

» Aie confiance en moi, car je le connais. Il t'aime
» plus que la vie, et toi seule es l'objet unique de tous
» ses désirs : c'est toi seule qu'il brûle de posséder dans
» cet univers ; c'est toi seule qu'il cherche sous le soleil.
» Partout il s'honore du titre de ton esclave ; c'est de toi
» seule qu'il parle ; c'est toi seule qu'il adore. Tu as son
» premier amour ; et, si tu y consens, il te consacrera
» sa vie entière.

XIV.

» Il est en outre dans la vigueur de l'âge, et il peut
» prendre la figure qui lui plaît le plus. Il paraîtra de-
» vant tes yeux sous la forme que tu préféreras, pourvu
» que tu cèdes au flambeau de l'Amour. Ainsi que toi,
» il aime à cultiver les fruits. Il fréquente sans cesse les
» vallées, les fontaines et les collines d'alentour.

XV.

» Et quoiqu'il aime avec ardeur et les fruits et les
» jardins, il abandonne néanmoins ses plaisirs les plus
» chers pour jouir de l'aspect de tes charmes, et trouver
» dans ta vue des forces capables d'adoucir la flamme
» qui le consume. Crois aux exhortations d'une vieille
» que le temps a courbée ; aie pitié de celui qui brûle
» pour toi : on ne cède jamais trop tôt au pouvoir de
» l'Amour.

XVI.

» Si jamais la cruauté s'empara de toi, si elle t'asservit
» encore, et inonde ton cœur d'un fiel plein d'amer-
» tume, je te raconterai ce qui est arrivé dans Chypre
» à une beauté qui, comme toi, fut cruelle. Elle se
» montrait rebelle aux lois de l'Amour ; son orgueil éga-
» lait sa cruauté et son humeur farouche ; mais la ven-
» geance terrible et inouïe dont elle fut punie doit servir
» d'exemple à toutes les beautés.

XVII.

» Le jeune et charmant Iphis aimait la belle et insen-
» sible Anaxarète ; son cœur brûlait dans son sein,
» comme l'on voit brûler un flambeau : les traits char-
» mants qui l'occupaient sans cesse ne faisaient que re-
» doubler sa soif amoureuse. Il essaya maintes fois
» d'éprouver si ce feu pouvait s'éteindre de lui-même.

XVIII.

» Mais quand il vit que la raison était impuissante
» contre tant de fureur, il vint un jour sur le seuil de
» la porte de celle qu'il aimait, et la, les yeux en larmes,
» et se jetant à genoux, il lui fit l'aveu de son amour.
» D'une voix humble et pitoyable, il cherchait à adoucir
» sa barbarie ; et on le voyait tantôt avec la nourrice,
» tantôt avec les esclaves de sa maîtresse, leur raconter
» les maux dont il était la proie.

XIX.

» Quelquefois il lui écrivait une lettre, et la lui en-
» voyait apres y avoir exprimé tous ses chagrins Sou-
» vent il suspendait à sa porte des fleurs et des guir-
» landes qu'il avait baignées de ses larmes. Souvent,
» pour lui prouver à quel point il brûlait pour elle, il se
» couchait sur le seuil de sa demeure, et ne donnait
» pour lit à son corps souffrant et amoureux qu'un rocher
» dur et glacé.

XX.

» Mais Anaxarète était plus inexorable encore que la
» mer lorsqu'elle est soulevée par les vents et par la
» tempête ; plus dure encore que le fer qu'a rougi le feu
» de la Norique, ou que le rocher renfermé dans le sein
» de la terre ; et ses paroles et ses actions montraient
» tout le mépris qu'elle avait pour Iphis : tant cette
» beauté était insensible.

XXI

» L'infortuné jeune homme ne put supporter davan-
» tage la lenteur d'un tel supplice ; et, tout baigné de

» larmes, il resta longtemps sur le seuil de la porte de
» sa maîtresse, le cœur livré à son désespoir. Enfin il
» s'écria d'une voix lamentable : « Tu as vaincu, Anaxa-
» rète ; je meurs avec plaisir, afin que tu ne sois plus fa-
» tiguée de mes plaintes, et que tu puisses remporter la
» victoire.

XXII.

» Couronne ton front d'un vert laurier ; triomphe de
» la guerre que je t'ai déclarée : tu es satisfaite ; et moi
» je meurs également satisfait, puisque je n'ai pas
» d'autre moyen de te plaire. Ah ! puisque mes tour-
» ments n'ont pu t'attendrir, et que tu es aussi dure
» pour moi que le fer ou le rocher, réjouis-toi de ce que
» le sort me contraint aujourd'hui à perdre la lumière
» du jour.

XXIII.

» Et pour que personne ne soit pour toi l'heureux
» messager de ma mort, tu me verras suspendu devant
» tes yeux, et ta joie sans doute en sera redoublée. Ac-
» cepte, cruelle, ce cruel présent que ta barbarie a si
» bien mérité; et vous, divinités célestes, qui voyez cet
» horrible spectacle, peut-être ressentirez-vous quelque
» pitié des maux auxquels je succombe.

XXIV.

» Si jamais les prières d'un mortel vous furent agréa-
» bles, si jamais vous cédâtes aux désirs des hommes,
» faites que le souvenir de mes maux et de mon trépas
» dure éternellement, et que la Renommée du moins
» me donne ce que la cruauté d'une beauté inhumaine
» me ravit. » Il dit ; et, dans le désespoir qui le trans-
» porte, il entoure son cou d'un lien funeste.

XXV.

» Et, les yeux inondés de larmes brûlantes, il lève
» vers le ciel son regard désespéré, et s'écrie : « Cruelle,
» voilà les fleurs, voilà les guirlandes dont tu veux voir
» ta porte ornée. » Soudain, pour mettre un terme aux
» douleurs qui l'accablent, il se précipite de tout le
» poids de son corps, et reste suspendu ; et l'on dit que

» lorsqu'il tomba la porte poussa un gémissement,
» comme si elle eût été sensible à son malheur.

XXVI.

» Son corps inanimé fut porté à sa mère, qui le pleura
» amèrement, et qui, dans son désespoir, accusait le
» ciel d'avoir détruit tout son bonheur en lui enlevant
» son fils d'une manière si cruelle : elle ne voulut en-
» tendre aucune consolation ni aucune prière, tant la
» douleur que lui causait une mort aussi prématurée
» irritait encore son désespoir. Cependant elle s'occupa
» de lui donner la sépulture.

XXVII.

» Le corps inanimé d'Iphis devait passer devant la de-
» meure d'Anaxarète pour arriver à son tombeau. Lors-
» qu'il fut parvenu à cet endroit, la cruelle, entendant
» le corps qui passait, ne put résister au désir de le con-
» templer par sa fenêtre : mais comme elle regardait le
» visage du malheureux, la cruelle fut soudain changée
» en rocher ; et, ô spectacle effrayant ! tout son corps
» devint aussi dur que l'était son cœur.

XXVIII.

» Que la crainte d'un destin semblable chasse du
» moins l'orgueil qui règne dans ton âme. Suis l'empire
» de Vénus et son aimable cour. O Pomone, si tu veux
» croire mes conseils, ouvre à ton amant les portes que
» tu lui as fermées jusqu'à ce jour ; écoute la pitié, tu
» la trouveras à ton tour. » A peine la vieille achevait-
elle ces paroles, qu'elle fit place à un jeune homme aimable et beau.

XXIX.

Aussi Pomone, soit qu'elle fût saisie par la crainte,
soit plutôt qu'elle se laissât attendrir par le visage charmant de Vertumne, ne tarda point à dépouiller sa sé-
vérité si longtemps obstinée, et bannit entièrement la
cruauté qui régnait dans son cœur ; et désormais tranquille et heureuse, elle s'abandonna volontairement aux
transports de son amant, avec lequel elle vécut long-

temps heureuse, si l'on doit en croire celui qui a écrit cette aventure.

XXX.

Beauté céleste pour qui nous faisons retentir nos chants, et vous, beautés d'alentour qui pouvez nous entendre, imitez l'exemple de Pomone, fuyez la cruauté d'Anaxarète. C'est ton esclave qui verse des larmes, qui te supplie, et qui est dévoré de l'unique désir de contempler ton beau visage. Je t'en conjure, que le malheur d'autrui soit un miroir pour toi, et daigne prêter un instant l'oreille à ses prières.

XXXI

La vieillesse n'a point encore mûri son âge; son rang n'est point si inférieur au tien; la nature ne l'a pas si disgracié en le créant, que tu aies des raisons de rejeter ses vœux. Regarde son visage qu'inondent les larmes que repandent ses yeux : le cœur le plus sauvage s'en laisserait attendrir ; et il adoucirait la fureur d'un tigre d'Hyrcanie.

XXXII.

C'est ton adresse et ton esprit qui furent les filets amoureux auxquels je me suis laissé prendre. Qu'un signe favorable me fasse connaître que tu ne m'es point contraire ; ce signe, tu me le dois : sinon tu me verras, transporté de colère et de dédain, ne laisser devant ta porte qu'un cadavre glacé par la mort ; et Vénus elle-même vengera mon infortune par ta honte et ton malheur.

XXXIII.

De toutes parts il n'est rien qui ne te presse, ô beauté cruelle, de repondre au cri de mes désirs. D'un côté, tu es contrainte par la crainte de la vengeance qui attend celle qui ne répond point à l'amour que l'on ressent pour elle ; et de l'autre, par la récompense promise à celle qui veut obéir aux lois de l'Amour : dépose donc toute volonté trop fière ou trop rebelle, et fais ton propre bonheur en faisant celui de l'amant qui t'adore.

CHANTS DE CARNAVAL[1]

I.

CHANT DES DIABLES.

Nous fûmes autrefois des esprits heureux, aujourd'hui nous ne le sommes plus ! Notre orgueil nous a précipités des hauteurs du ciel, et nous avons pris le gouvernement de votre cité, parce qu'on y voit régner, plus que dans l'enfer même, et la discorde et la perfidie.

Nous avons peu à peu introduit dans ce monde, et donné en partage à chaque mortel, la faim, la guerre, le sang, et la glace, et le feu. Nous venons, durant ce carnaval, demeurer avec vous, parce que nous avons été et que nous serons toujours le principe de tout mal.

Celui-ci est Pluton, celle-là est Proserpine : c'est elle

---

1. Ginguené, en retraçant l'histoire du théâtre italien, dit qu'à la fin du quinzième siècle et au commencement du seizième, à la renaissance de la comédie régulière les mimes continuèrent d'exercer leur art et le gardèrent, dans toute son originalité primitive, en rivalité avec le spectacle nouveau. L'habitude tout à fait populaire des représentations scéniques fit que, dans les mascarades elles-mêmes, les personnes travesties qui prenaient part à ces divertissements y goûtaient comme un plaisir nouveau des jeux dramatiques. Dans les fêtes qui avaient lieu dans les grandes villes, à l'occasion du carnaval, les troupes de masques récitaient des chants qui se liaient entre chaque troupe par une espèce d'action scénique. Ces troupes, placées sur des chars de triomphe, représentaient les choses à la fois les plus profanes et les plus saintes. C'est à l'occasion de l'une de ces étranges mascarades que Machiavel composa les *Chants du Carnaval*, mais jusque dans ces compositions singulières on retrouve son génie satirique ; ce qui a fait dire à M. de Sismondi que les plaisanteries de Machiavel sont presque toujours mêlées de fiel, qu'il ne tenait de la race humaine qu'en lui manquant son mépris, et qu'en faisant précéder les chœurs joyeux des masques de Florence par un groupe de diables, il appelait encore l'auteur du *Prince* par cette façon amère et triste « d'introduire une réjouissance annuelle et populaire. »

qui est assise à ses côtés, et dont la beauté l'emporte sur celle de toutes les femmes de l'univers. Amour, qui triomphe de toute chose, a su triompher de lui ; car jamais il n'a de repos jusqu'à ce que tout le monde fasse ce que lui-même a fait.

Tout plaisir, tout chagrin d'amour, est engendré par nous, et les pleurs, et les ris, et les chants, et la douleur. Quiconque est amoureux obéisse à nos lois, et il sera satisfait ; car notre unique plaisir est de faire le mal.

II

CHANT D'AMANTS DÉSESPÉRÉS ET DE DAMES.

LES AMANTS.

Écoutez, amants, nos plaintes lamentables. En proie à notre désespoir, nous nous laissons conduire par les démons au centre obscur et effrayant de leur immonde empire ; car tant que nous avons vécu, nous avons éprouvé de si cruels tourments en aimant les beautés que vous voyez, que pour fuir leur rigueur nous leur préférons les enfers.

Nos prières, nos larmes, nos sanglots, nos soupirs, tout a été le jouet des vents. Sans cesse nous avons trouvé leurs désirs prompts à nous tourmenter : de sorte que, maintenant que nous avons rejeté loin de nous ces pensées brûlantes, nous trouvons, dans notre nouvel esclavage, que hors le leur il n'existe point de cruauté.

LES DAMES

Notre amour n'a pas été moins grand que le vôtre ; mais comme nous ne l'avons pas manifesté autant que vous, l'honneur en a fait son profit. L'amant ne doit pas regarder cela comme une injure ; dans ce monde, celui-là doit s'attendre à une aussi dure condamnation, qui a plus de fureur que de patience.

Mais comme nous aurions trop à souffrir de vous perdre, nous voulons vous suivre en chantant, en jouant des instruments, en vous prodiguant les douces paroles, et en apaisant les esprits infernaux ; afin que, detournés de votre funeste voyage, ils nous laissent les arbitres de votre liberté, ou qu'ils ne fassent de vous et de nous qu'une seule et même proie.

LES AMANTS.

Le temps de la miséricorde ne nous est plus accordé ; nous vous prions donc de vous taire. Celui qui n'agit point lorsqu'il en a le loisir, se repent en vain après, et c'est en vain qu'il prie. Et puisque nous allons avec les démons, d'une volonté unanime, toutes vos prières sont inutiles ; ce qui nous a plu une fois ne saurait nous déplaire.

LES DAMES.

Puisqu'il en est ainsi, ô Dames, si vous avez mis quelques amants dans vos chaînes, et que vous ne vouliez pas vous trouver errantes, comme nous, fuyez tout respect humain, et ne les envoyez pas dans ce royaume maudit ; car celui qui est cause de la damnation d'autrui est condamné par le ciel à une semblable peine.

III

CHANT DES ESPRITS BIENHEUREUX

Nous sommes des esprits bienheureux, qui, du haut des parvis célestes, descendons en ces lieux pour nous montrer à la terre. Ayant vu le monde livré à tant de maux, et se faisant une guerre cruelle pour les motifs les plus légers, nous avons voulu montrer à ceux qui s'égarent combien Notre Seigneur verrait avec plaisir que l'on déposât les armes et qu'on restât en paix.

Le martyre cruel et sans relâche des misérables mortels, leur long supplice, et leurs maux sans remèdes ; les pleurs que leur font verser les douleurs infinies qui les assiegent nuit et jour ; les sanglots, le désespoir, les exclamations, les cris douloureux que pousse chaque mortel en implorant pour soi la miséricorde divine :

Voilà ce qui ne peut être agréable à Dieu, et qui ne saurait même l'être à quiconque aurait la moindre étincelle d'humanité ; voilà pourquoi il nous a envoyés, pour que l'on connaisse combien sont justes sa colère et son mépris à la vue de son empire exposé à périr peu à peu, ainsi que son troupeau, si le nouveau pasteur n'y apporte remède.

La soif de goûter les delices de cette contrée qui donna la première des lois à tout l'univers est si grande, que vous ne vous apercevez pas que vos discordes en ouvrent le chemin à vos ennemis. Le maître de la Turquie aiguise ses armes, et semble brûler du désir d'inonder de toutes parts vos heureuses campagnes.

Levez donc le bras contre cet ennemi cruel, et secourez vos peuples affligés. O chrétiens, déposez vos antiques haines, et tournez vos armes invincibles contre l'ennemi commun ; sinon le ciel lui-même vous ravira vos forces accoutumées, lorsqu'il verra la piété et le zèle morts entièrement dans votre cœur.

Chassez bien loin la crainte, les inimitiés, les rancunes, l'avarice, l'orgueil et la cruauté ; réveillez dans votre âme l'amour de la justice et du véritable honneur ; et que le monde retourne aux premiers jours de son enfance ; c'est par là que vous ouvrirez le chemin du royaume des bienheureux, et que toutes les flammes de la vertu ne seront point éteintes.

IV

CHANT DES ERMITES

Nous sommes moines et ermites, et nous habitons les hauts sommets de vos Apennins. Nous voici venus aujourd'hui dans cette cité, parce que, d'après ce que nous apprenons de toutes parts, vous vous laissez effrayer par tout astrologue qui menace d'un temps horrible et étrange, et qui prédit la peste, le déluge, la guerre, la foudre la tempête, les tremblements de terre et la destruction, comme si le monde touchait déjà à sa fin.

Ils prétendent surtout que les étoiles, par leur influence, doivent faire tomber tant de pluie, que l'univers entier en sera tout couvert. D'après cela, dames aimables et gracieuses, si vous avez jamais éprouvé quelque plaisir à sentir quelque chose sous vous, qu'aucune ne se découvre pour se mettre à l'abri de l'eau; car le ciel est tout à fait serein, et vous promet un joyeux carnaval. Et quiconque soutient le contraire ne sait ce qu'il dit.

Ces eaux ne sont autre chose que les larmes de tous ceux qui meurent pour vous, beautés véritablement élues; les tremblements de terre et les ruines sont les chagrins qu'ils endurent; les tempêtes, les guerres, ne sont que les effets de l'amour; les foudres, les tonnerres sont vos beaux yeux qui les font expirer; ne craignez nul autre malheur; les choses seront toujours les mêmes. Le ciel veut nous sauver. Et d'ailleurs celui qui voit le diable véritablement, le voit beaucoup moins noir et avec moins de cornes.

Toutefois, si le ciel voulait punir les péchés des mortels et leurs honteuses actions, et détruire l'engeance humaine tout entière, il confierait de nouveau le char du soleil aux mains de Phaéton, pour qu'il vînt incendier le monde : ainsi, que le bon Dieu vous rassure contre l'eau; ne craignez que le feu. Ce jugement doit vous effrayer bien plus que tout le reste, si le ciel mesure le châtiment à l'offense.

Cependant, si vous ajoutez foi à ces vaines rumeurs, venez avec nous sur la cime de nos rochers élevés: là vous habiterez nos humbles ermitages; vous verrez pleuvoir ensuite ; vous verrez tous les bas lieux noyés sous les eaux; et vous y mènerez une aussi joyeuse vie qu'en aucun autre lieu; et nous nous soucierons bien peu qu'il pleuve : car celles qui seront conduites là-haut ne craindront pas l'eau qui pourra tomber sous elles.

V

CHANT DES VENDEURS DE POMMES DE PIN

Qui veut des pommes de pin pleines de beaux pignons qui se détachent sans peine aussitôt que la main les touche ?

La pomme de pin, Mesdames, est la seule, entre tous les fruits, qui ne redoute ni la pluie ni la grêle. Et que direz-vous s'il découle du pin une liqueur qui en pénètre toutes les noix ?

Nous montons sur les pins qui en produisent, et les dames sont dessous pour les recevoir. Quelquefois il en tombe quatre, et même jusqu'à six. Vous voyez donc qu'il faut avoir sans cesse les yeux sur le pin.

L'une dit : « Je veux celles-ci, mon petit mari ; l'autre, « je veux celles-là, et puis cette autre. » Et si on leur répond : monte sur le pin, comme moi, elles tournent le dos et font la moue.

Elles disent que les pommes de pin ne sont pas grenues. Pour vous en assurer, lorque vous en achèterez, maniez-les un peu avec la main, afin que quelque fripon ne vous trompe.

Celles-ci sont solides, grosses, et parfaitement belles ; j'en ferai cadeau à celles qui n'ont pas d'argent : si elles vous plaisent, venez les chercher ; ce n'est point une affaire que la bagatelle de deux baïoques.

C'est à vous de les bien tenir, parce que le pignon voudrait s'échapper. Il faut le tenir étroitement serré, puis le frapper ; et ne craignez pas qu'il reste longtemps dans la coque.

VI

CHANT DES CHARLATANS

Nous sommes des charlatans qui trompons par nature, Mesdames, et qui allons cherchant aventure.

Nous descendons de la famille de saint Paul, qui est bien éloignée de ce pays; mais nous sommes venus dans cette contrée, attirés par les charmes de votre nature amoureuse.

Nous naissons tous marqués en dessous d'un signe; et celui d'entre nous qui l'a le plus grand est le plus savant. Si vous pouviez le voir, vous connaîtriez soudain quelles sont les belles choses que la nature sait faire.

Veuillez donc apprendre de nous le mal que ces serpents peuvent vous causer, et quel remède vous devez employer pour empêcher qu'il en résulte quelque malheur.

Cette couleuvre si courte et si ramassée, que vous voyez, se nomme *scorzoni*; mais lorsqu'elle est en chaleur, ou qu'on la met en colère, elle percerait une armure d'acier.

Le sourd aspic est un méchant animal, que chacun attaque par devant et par derrière: mais quand le nôtre vient par devant, il fait beaucoup moins de mal, quoiqu'il fasse une bien plus grande peur.

Ce lézard si gros et si bien ramassé prend plaisir à bien regarder l'homme en face; quant à vous, Mesdames, il s'en soucie fort peu; et c'est une des qualités que lui a données la nature.

Nous possédons aussi de petits scorpions qui attaquent en traître par derrière; si au premier aspect ils n'inspirent pas la crainte, leur piqûre finit par être dangereuse.

Lorsque vous voyez ce serpent s'allonger, il vous échappe si vous le serrez entre vos doigts: d'ailleurs cela ne sert guère d'en tenter l'épreuve, parce qu'il ne peut aller contre sa nature en faisant du mal.

Cette espèce de serpent se tient au milieu de l'herbe, ou sous une pierre, ou dans quelque fente étroite. Cette énorme couleuvre seulement se plaît à habiter les marais, ou quelque grande crevasse.

Lorsque l'une de vous vient à s'asseoir, il faut qu'elle

fasse beaucoup d'attention, dans la crainte de recevoir dans les reins quelque blessure d'une mauvaise nature.

Mais si vous voulez être sans crainte de ce côté, il n'y a qu'à boire du vin que voici, et tenir toujours sur vous cette pierre, en ayant bien soin de ne jamais la laisser tomber.

Lorsque vous serez ainsi bien munies, vous pourrez vous asseoir partout où vous voudrez ; et plus le serpent que vous rencontrerez sera gros, plus vous regarderez cette trouvaille comme un grand bonheur.

POÉSIES DIVERSES

ODE OU CHANSON.

Si tu avais l'arc et les ailes, ô jeune Jules, tu serais le dieu qui attaque tous les mortels.

Les paroles qui sortent de ta bouche sont ton arc et tes flèches; et il n'existe sous le soleil aucun homme que tu ne blesses si tu viens à le viser. Un seul de tes regards suffit pour enchaîner chaque mortel.

Tu possèdes la chevelure blonde et éclatante du divin Apollon; tes yeux ont le pouvoir de ceux de Méduse. Quiconque te regarde devient aussitôt un rocher; celui que tu vois ou que tu touches éprouve le même sort. Les sages et les insensés, tous, se laissent prendre à tes doux gluaux. Non, je n'ose te donner un égal dans ce monde.

O Jupiter, si tu abaisses tes yeux pour contempler ce jeune mortel qui, seul dans l'univers, montre une pareille beauté, tu connaîtras trop tard combien tu t'es trompé en ravissant Ganymède. Il l'emporte sur tout ce qui existe, comme le soleil sur l'ombre, et les animaux mêmes en le voyant ne peuvent s'empêcher de tressaillir de joie.

STANCE.

J'espère, et mon espoir augmente mon tourment; je pleure, et mes larmes servent d'aliment à mon cœur affligé; je ris, mais le rire ne passe pas mes lèvres; je brûle, mais ma flamme ne paraît point au dehors; je crains tout ce que je vois et tout ce que j'entends: la moindre chose m'apporte une douleur nouvelle. C'est ainsi qu'au sein de l'espérance je pleure, je ris et je brûle, et que j'ai peur de tout ce que j'entends ou que je vois.

AUTRE STANCE.

Chaque bête féroce cache l'arme avec laquelle elle blesse : ainsi le serpent se dérobe sous l'herbe ; l'abeille porte dans sa bouche et la cire et le miel, et renferme dans son sein son petit aiguillon ; la panthère détourne son horrible face, et ne montre que son dos orné de vives couleurs. C'est ainsi que tu montres un visage compatissant, mais que tu caches dans ton sein un cœur impitoyable.

SONNET.

Si je pouvais vivre un seul moment sans penser à vous, je nommerais cette année-là heureuse ; les chagrins qui m'accablent deviendraient un peu plus doux, si je pouvais vous convaincre des peines que j'endure.

Oui, je vivrais heureux, si vous pouviez croire aux peines qu'à chaque instant me causent vos beaux yeux. Ces bois ne les ont-ils pas crues, eux qui sont déjà fatigués d'entendre mes plaintes ?

On se console enfin de la fuite des richesses et de la mort d'un fils ; on se console même de la perte d'un trône : tout chagrin, toute passion a son terme.

Mais, ô tourment de ma vie, qui surpasse tous les autres, il faut que je pleure seul, et que je pense à vous, et que mes pleurs ne puissent tarir, et qu'on ne veuille point y croire.

III

MÉLANGES EN PROSE

NOUVELLE TRÈS PLAISANTE

DE

L'ARCHIDIABLE BELPHÉGOR.

AVERTISSEMENT

« La contrée d'Italie, dit Ginguené, qui semble avoir été la plus féconde en conteurs, et s'être, pour ainsi dire, approprié le genre du conte, c'est la Toscane et surtout Florence. Là il prit naissance, là il établit son empire. Ce fut Machiavel qui rouvrit le premier la carrière quelque temps abandonnée, en publiant sa nouvelle de *Belphegor*.. On a prétendu qu'il n'était point heureux chez lui, et qu'il avait écrit cette ingénieuse nouvelle tout exprès pour y peindre le caractère de sa femme dans celui de cette madame Honesta, dont l'humeur diabolique força le diable à se replonger avant le temps dans *l'autre enfer*. moins insupportable pour lui que l'enfer d'un tel menage. Cela paraît contredit par les expressions de tendresse dont il se sert et par la confiance absolue qu'il professe pour elle, surtout dans son premier testament... Quoi qu'il en soit, il est du moins constant que c'est la satire la plus piquante contre toutes les femmes . Cette nouvelle, qui est traduite ou paraphrasée dans toutes les langues, prouve une fois de plus la flexibilité du génie de l'auteur, qui ne brille pas moins dans ce genre qu'en d'autres bien plus importants. Elle a paru aux académiciens de la Crusca écrite avec tant de pureté qu'ils l'ont citée dans leur vocabulaire comme un des textes de langue, honneur qu'ils n'ont pas accordé à tous les ouvrages de Machiavel. Mais ce qui vaut mieux encore, elle est rédigée avec tant d'intérêt qu'on regrette en la lisant que l'auteur n'en ait pas composé un plus grand nombre. Si l'on en croit Matteo Bandello, Machiavel lui en aurait raconté une autre, ce qui nous ferait conjecturer qu'il passait aussi de son vivant pour conteur Peut-être dans ses loisirs composait-il, en effet, de ces productions légères qu'il aura ensuite négligées ou dédaigné de recueillir, mais que se seront appropriées des auteurs moins graves et moins difficiles qui les auront publiées sous leur nom C'est ce qui arriva au sujet de *Belphegor*. Le Brevio, quoique prélat, ne se fit point scrupule de la publier en 1545 comme une de ses productions, et le plagiaire aurait peut-être triomphé, si Bernard Junte, en 1549, et plus encore François Doni, en 1551, n'eussent évidemment prouvé le plagiat, et rendu à Machiavel ce qui lui appartenait. »

La nouvelle de *Belphegor* a été traduite en français par Tannegui Lefebvre, en 1665, et imitée, sous le même titre, par La Fontaine, qui d'ailleurs ne cache pas sa reconnaissance envers le grand écrivain qui l'a inspiré, et qui dit dans son épître à Huet, en date du 5 février 1687 :

> Je chéris l'Arioste et j'estime le Tasse ;
> Plein de Machiavel, entêté de Boccace,
> J'en parle si souvent qu'on en est étourdi

NOUVELLE TRÈS PLAISANTE

DE

L'ARCHIDIABLE BELPHÉGOR

ARGUMENT.

L'archidiable Belphégor est envoyé dans ce monde par Pluton, avec l'obligation d'y prendre femme. Il arrive, se marie, mais, ne pouvant supporter la hauteur de sa moitié, il aime mieux retourner en enfer que de se rejoindre à elle.

Voici ce qu'on lit dans les anciennes chroniques de Florence : Un très saint homme, dont la vie à cette époque édifiait tout le monde, raconte que, plongé un jour dans ses pieuses méditations, il vit, grâce à ses prières, que la plupart des âmes des malheureux mortels qui mouraient dans la disgrâce de Dieu, et qui se rendaient en enfer, se plaignaient toutes, ou du moins en grande partie, de n'être condamnées à cette éternelle infortune que pour avoir pris femme. Minos et Rhadamante, ainsi que les autres juges d'enfer, ne pouvaient trop s'étonner de ces plaintes, et ne voulaient point croire que les calomnies dont les damnés accablaient le sexe féminin eussent le moindre fondement ; cependant, comme ces reproches se répétaient chaque jour, ils en firent rapport à Pluton, qui décida que tous les princes de l'enfer se rassembleraient pour examiner mûrement cette affaire, et délibérer sur le parti le plus propre à en découvrir la fausseté ou à en démontrer l'évidence ; en conséquence, le conseil ayant été convoqué, Pluton s'exprima en ces termes :

« Mes très chers amis, quoique je sois le maître
« de cet empire par une disposition céleste et la vo-

» lonté irrévocable du Destin, et que par conséquent
» je ne puisse être soumis au jugement ni de Dieu ni
» des hommes, cependant, comme la plus grande
» preuve de sagesse que sauraient donner ceux qui peu-
» vent tout est de se soumettre aux lois, et de s'appuyer
» sur le conseil d'autrui, j'ai résolu de vous consulter
» aujourd'hui sur la conduite que je dois tenir dans une
» affaire qui pourrait être honteuse pour cet empire.
» En effet, les âmes de tous les hommes qui arrivent
» dans notre royaume disent dans leurs plaintes que
» les femmes en sont cause ; et comme cela me paraît
» hors de toute croyance, je crains, si nous rendons
» notre jugement d'après ces plaintes, qu'on ne nous
» taxe de trop de cruauté, et si nous ne le rendons pas,
» qu'on ne nous regarde comme trop peu sévères et
» trop peu amateurs de la justice. Et comme de ces
» manières d'agir, l'une est le défaut des hommes lé-
» gers, l'autre, celui des hommes injustes, et que nous
» voulons éviter les inconvénients qui pourraient résul-
» ter de l'une et de l'autre, n'en ayant point trouvé le
» moyen, nous vous avons fait appeler en notre présen-
» ce, afin que vous nous aidiez de vos conseils, et que cet
» empire qui, par le passé, a toujours subsisté sans honte,
» vive également sans honte à l'avenir. »

Le cas parut, à chacun des princes de l'enfer, de la plus grande importance, et digne d'un examen approfondi ; mais si tous étaient d'accord sur la nécessité de découvrir la vérité, tous différaient sur les moyens. Ceux-ci voulaient que l'on envoyât l'un d'entre eux dans le monde, sous une forme humaine, afin de savoir par lui-même ce qui en était ; ceux-là, qu'on y en envoyât plusieurs. Les uns pensaient qu'il etait inutile de prendre tant de peine, et qu'il suffirait d'obliger quelques âmes à confesser la vérité à force de tourments variés ; cependant, comme la majorité penchait pour que l'on envoyât un démon, on s'arrêta enfin à ce parti ; mais personne ne se souciant de prendre volontairement sur soi une pareille entreprise, on décida de s'en rapporter au sort.

Il tomba sur l'archidiable Belphégor, qui avant d'avoir été précipité du ciel était archange. Quoique peu disposé à se charger de ce fardeau, il se soumit toutefois à l'ordre de Pluton, et se prépara à exécuter ce que l'assemblée venait d'arrêter. Il s'obligea à suivre exactement et de tous points les conditions qui avaient été solennellement convenues entre eux. Voici en quoi elles consistaient : on devait donner immédiatement à celui auquel cette commission serait confiée une somme de cent mille ducats, avec laquelle il devait venir dans ce monde sous une forme humaine, y prendre femme, vivre pendant dix ans avec elle, feindre au bout de ce temps de mourir, revenir en enfer, et rendre compte à ses supérieurs, par sa propre expérience, des inconvénients et des désagréments du mariage. Il fut convenu, en outre, que durant ce laps de temps il serait exposé à toutes les incommodités, et à tous les maux auxquels les hommes sont sujets, et qu'entraînent à leur suite la pauvreté, la prison, les maladies et toutes les autres infortunes, à moins qu'il ne parvînt à les éviter par son adresse ou son esprit.

Belphégor, ayant donc accepté les conditions et l'argent, s'en vint dans le monde, et, accompagné d'une suite brillante de valets et de gens à cheval, il entra dans Florence de la manière la plus honorable. Il avait fait choix de cette ville entre toutes les autres, parce qu'elle lui parut plus indulgente pour ceux qui aiment à faire valoir leur argent par l'usure. Ayant pris le nom de Roderigo di Castiglia, il loua une maison dans le quartier d'Ognissanti. Pour qu'on ne pût découvrir qui il était, il sema le bruit qu'il avait quitté l'Espagne tout jeune encore pour se rendre en Syrie, et que c'était à Alep qu'il avait gagné tout ce qu'il possédait ; qu'il était parti de ce pays pour venir en Italie, afin de se marier dans une contrée plus humaine, plus civilisée, et plus conforme à sa manière de penser.

Roderigo était un très bel homme, qui paraissait âgé d'une trentaine d'années ; le bruit de ses richesses se répandit en peu de jours ; toutes ses actions dénotaient un caractère doux et généreux ; aussi beaucoup de nobles citoyens qui avaient des filles et peu d'argent s'empressèrent de les lui offrir. Parmi toutes celles qui lui furent présentées, Roderigo fit choix de la plus belle, que l'on nommait Honesta, et qui était fille d'Amerigo Donati ; ce dernier avait en outre trois autres filles presque en âge d'être mariées, et trois fils déjà hommes faits. Quoique de la première noblesse, et jouissant dans Florence de la meilleure réputation, toutefois Amerigo était très pauvre, eu égard à sa nombreuse famille et à sa condition. Roderigo fit des noces splendides et magnifiques, et ne négligea rien de tout ce que l'on exige en pareilles circonstances ; car au nombre des obligations qui lui avaient été imposées au sortir de l'enfer, se trouvait celle d'être soumis à toutes les passions humaines. Il se plut aux honneurs et aux pompes du monde, et attacha du prix aux louanges des hommes, ce qui le jeta dans de grandes prodigalités. D'un autre côté, il n'eut pas demeuré longtemps avec madame Honesta, qu'il en devint éperdument amoureux, et qu'il ne pouvait plus vivre lorsqu'il la voyait triste ou ennuyée.

Avec sa noblesse et sa beauté, madame Honesta avait apporté dans la maison de Roderigo un orgueil si démesuré, que Lucifer n'en eut jamais un pareil. Roderigo, qui pouvait comparer l'un et l'autre, regardait celui de sa femme comme infiniment supérieur ; mais il devint plus grand encore lorsqu'elle s'aperçut de l'amour que son mari ressentait pour elle : croyant en être de tout point l'absolue maîtresse, elle lui donnait ses ordres sans égard et sans pitié ; et s'il lui refusait quelque chose, elle ne balançait pas à l'accabler de reproches et d'injures. Tout cela était pour le pauvre Roderigo la source des chagrins les plus vifs. Toutefois, par considération pour son beau-père, pour ses frères, pour sa famille, pour les devoirs du mariage et l'amour qu'il portait à sa femme, il prenait son mal en patience. Je ne parlerai pas des dépenses considérables qu'il faisait pour l'habiller à la mode, lui donner de nouvelles parures, attendu que, dans notre cité, on a l'habitude de changer assez fréquemment ; mais, pressé par ses importunités, il fut obligé, pour vivre sans noise avec elle, d'aider son beau-père à marier ses autres filles: nouveau gouffre où s'engloutit une portion de ses richesses.

Bientôt après, pour conserver la paix du ménage, il fallut envoyer un des frères de sa femme dans le Levant, avec des marchandises, ouvrir à l'autre, dans Florence, une boutique de batteur d'or ; opérations dans lesquelles il vit passer la majeure partie de sa fortune.

Ce n'est pas tout : lorsque venait le carnaval ou la Saint-Jean, époque où toute la ville se met en fête, et où les citoyens nobles et riches se font réciproquement les honneurs de chez eux, en s'invitant à des repas splendides, madame Honesta, qui ne voulait pas paraître au-dessous des autres dames, exigeait que son Roderigo se distinguât par sa magnificence. Les raisons que j'ai déjà rapportées lui faisaient tout supporter avec beaucoup de patience ; et il n'en aurait ressenti aucune peine, quoique la charge fût bien lourde, s'il en avait vu naître la paix de sa maison, et s'il avait pu attendre tranquillement le moment de sa ruine. Mais il éprouva tout le contraire ; car aux dépenses insupportables se joignirent les humeurs plus insupportables encore de sa femme: aussi n'y avait-il dans la maison ni valet ni servante, qui, au bout de quelques jours, pût se décider à y rester plus longtemps. Il en résultait pour Roderigo les inconvenients les plus graves: il ne pouvait garder un domestique sur la fidelité duquel il pût compter et qui prît à cœur ses intérêts. Les diables mêmes qu'il avait amenés avec lui, et qui faisaient partie de sa maison, imitèrent les autres, et aimèrent mieux revenir brûler en enfer que de vivre dans ce monde sous les ordres d'une pareille femme.

Au milieu de cette vie tumultueuse et agitée, Roderigo, grâce à ses prodigalités désordonnées, ayant mangé tout l'argent qu'il avait en réserve, commença à vivre sur l'espoir des rentrées qu'il attendait du ponant et du levant. Comme il jouissait encore d'un excellent crédit, il se mit à emprunter pour faire honneur à ses affaires ; mais, ayant été obligé de recourir à un grand nombre de prêteurs, il fut bientôt connu de tous ceux qui exerçaient ce métier sur la place. Il n'y avait que fort peu de temps qu'il avait eu recours à cet expédient, lorsque tout à coup on reçut du Levant la nouvelle que l'un des frères de madame Honesta avait perdu au jeu tout l'avoir de Roderigo, et que l'autre, revenant sur un vaisseau chargé de marchandises qu'il avait négligé de faire assurer, avait fait naufrage, et s'était perdu corps et biens. A peine ce bruit se fut-il répandu, que tous les créanciers de Roderigo tinrent une assemblée ; ils le soupçonnaient bien d'être ruiné ; mais ne pouvant encore s'en assurer, attendu que l'échéance de ses billets n'était point arrivée, ils convinrent entre eux de l'observer adroitement, afin qu'il ne pût, aussitôt dit que fait, se sauver en cachette.

Roderigo, de son côté, ne voyant aucun remède à son mal, et sachant à quoi les lois de l'enfer le contraignaient, pensa à fuir à tout prix ; un beau matin il monta donc à cheval et sortit par la porte de Prato, voisine de sa demeure. On ne se fut pas plu tôt aperçu de sa fuite, que le bruit s'en répandit parmi ses créanciers, qui s'adressèrent soudain aux magistrats, et qui non seulement mirent les huissiers aux trousses du fugitif, mais le poursuivirent eux-mêmes en tumulte

Roderigo, quand on apprit sa fuite, était à peine à un mille de la ville ; de sorte que, se voyant dans un mauvais pas, il prit le parti, pour fuir plus secrètement, de quitter le grand chemin, et de chercher fortune à travers champs ; mais les nombreux fossés dont le pays est coupé retardaient infiniment sa marche. Voyant alors qu'il lui était impossible d'aller à cheval, il se mit à se sauver à pied, laissant sa monture sur la route ; et, après avoir longtemps marché à travers les vignes et les roseaux qui couvrent la contrée, il arriva près de Peretola, à la maison de Giov. Matteo del Bricca, l'un des laboureurs de Giovanni del Bene. Heureusement, il trouva Giov. Matteo qui revenait au logis pour donner à manger à ses bœufs : il se recommanda à lui, et promit, s'il le sauvait de ceux qui le poursuivaient pour le faire mourir en prison, de le rendre riche à jamais, et de lui en donner à son départ une marque si évidente, qu'il ne pourrait se refuser d'y croire ; lui permettant, s'il manquait à sa parole, de le livrer lui-même aux mains de ses ennemis. Quoique paysan, Giov. Matteo ne manquait pas de finesse : jugeant qu'il ne risquait rien, il promit de sauver Roderigo ; et, l'ayant fait monter sur un tas de fumier, il le recouvrit avec des roseaux et d'autres broussailles qu'il avait ramassés pour faire du feu.

A peine Roderigo avait-il fini de se cacher, que ceux qui le poursuivaient arrivèrent ; mais, quelques menaces qu'ils fissent à Giov. Matteo, ils ne purent arracher de lui l'aveu qu'il l'eût aperçu. Ils poussèrent donc plus loin ; et après avoir cherché vainement toute la journée et le lendemain, ils s'en revinrent à Florence, accablés de fatigue.

Cependant tout bruit ayant cessé, Giov. Matteo tira Roderigo de sa cachette, et le somma de tenir sa parole. » Frère, lui dit ce dernier, tu m'as rendu un bien grand
» service, et je veux à tout prix t'en témoigner ma re-
» connaissance ; et, pour que tu ne puisses douter de ma
» promesse, tu vas apprendre qui je suis. » Là, il lui fit connaître en détail la nature de son être, les conditions qui lui avaient été imposées à sa sortie de l'enfer, et la femme qu'il avait épousée. Il l'instruisit en outre de la manière dont il voulait l'enrichir. Voici en quoi elle consistait : lorsqu'il entendrait dire qu'une femme était possédée, il ne devait pas douter que ce ne fût lui qui l'obsédât; et il lui promettait de ne sortir du corps de la possédée que lorsque lui, Giov. Matteo, viendrait l'en tirer ; ce qui lui fournirait le moyen de se faire payer comme il l'entendrait par les parents de la fille. Lorsqu'ils eurent convenu ainsi de leur fait, Belphégor disparut soudain.

Quelques jours après le bruit se répandit dans Florence qu'une des filles de messer Ambrogio Amadei, mariée à Buonajuto Tebalducci, était possédée du démon. Les parents ne négligèrent aucun des remèdes dont on use en pareil cas : ils mirent sur sa tête le chef de san Zanobi et le manteau de san Giovanni Gualberto ; mais Roderigo se moquait de tout. Cependant, pour que chacun demeurât convaincu que c'était un esprit qui tourmentait la jeune femme, et non un mal d'imagination, il parlait latin, soutenait des thèses de philosophie, et révélait les péchés cachés des autres : il découvrit entre autres celui d'un moine qui avait tenu pendant plus de quatre années dans sa cellule une femme habillée en novice ; tout le monde en était émerveillé.

Messer Ambrogio était donc extrêmement chagrin, et après avoir inutilement essayé tous les remèdes, il avait perdu tout espoir de guérir sa fille, lorsque Giov. Matteo vint le trouver, et lui promit de la rendre à la santé s'il voulait lui donner cinq cents florins pour acheter une métairie à Peretola. Messer Ambrogio accepta le marché. Alors Giov. Matteo, ayant fait dire d'abord un certain nombre de messes, et exécuté toutes les simagrées nécessaires pour embellir la chose, s'approcha de l'oreille de la jeune femme, et dit : « Roderigo, je suis venu te » trouver pour te sommer de me tenir promesse. » Roderigo lui répondit : « Je ne demande pas mieux ; mais » cela ne suffit pas pour t'enrichir ; en conséquence, » aussitôt que je serai parti d'ici, j'entrerai dans le » corps de la fille du roi Charles de Naples, et je n'en » sortirai point sans toi. Tu te feras donner alors la ré- » compense que tu voudras ; mais j'espère alors que tu » me laisseras tranquille. » Après ces mots il abandonna la possédée, au grand plaisir et au grand étonnement de toute la ville de Florence.

Il y avait très peu de temps que ceci venait de se passer, lorsque toute l'Italie fut instruite du malheur arrivé à la fille du roi Charles. Tous les remèdes des

moines furent sans vertu ; et le roi, ayant eu connaissance de Giov. Matteo, l'envoya chercher à Florence. Notre homme, étant arrivé à Naples, après quelques feintes cérémonies guérit la jeune princesse. Mais Roderigo, avant de s'éloigner, dit à Giov. Matteo : « Tu vois
» bien que j'ai tenu ma promesse de t'enrichir ; main-
» tenant que je me suis acquitté, je ne te dois plus rien.
» En conséquence, je te conseille de ne plus paraître
» devant moi ; car autant je t'ai fait de bien, autant par
» la suite je pourrais te faire de mal. »

Giov. Matteo retourna donc à Florence extrêmement riche, car le roi lui avait donné plus de cinquante mille ducats, et il ne pensa plus qu'à jouir en paix de ses richesses, ne pouvant croire que Roderigo pensât jamais à lui faire tort. Mais cette idée fut bientôt troublée par le bruit qui se répandit qu'une des filles du roi de France Louis VII était devenue possédée. Cette nouvelle bouleversa l'esprit de Giov. Matteo, quand il vint à penser à la puissance d'un aussi grand roi, et aux menaces que Roderigo lui avait faites. En effet, le roi, n'ayant pu trouver de remède au mal de sa fille, et ayant eu connaissance de la vertu que possédait Giov. Matteo, l'envoya d'abord chercher simplement par un de ses huissiers ; mais Giov. Matteo ayant prétexté quelque indisposition, le roi fut obligé de recourir à la seigneurie, qui contraignit Giov. Matteo à obéir.

Ce dernier se rendit donc à Paris tout chagrin, et exposa au roi qu'il était bien vrai qu'il avait guéri autrefois quelques possédées, mais que ce n'était pas une raison pour qu'il sût ou qu'il pût les guérir toutes ; qu'il s'en trouvait dont le mal était d'une nature si maligne, qu'elles ne craignaient ni les menaces, ni les exorcismes, ni la religion même ; que toutefois il était prêt à faire son devoir, mais qu'il le priait de lui pardonner s'il ne parvenait à réussir. Le roi irrité lui répondit que s'il ne guérissait pas sa fille, il le ferait pendre. Cette menace épouvanta Giov. Matteo, qui, ayant fait venir la possédée en sa présence, s'approcha de son oreille et se recommanda humblement à Roderigo, en lui rappelant le service qu'il lui avait rendu, et en lui faisant sentir quel exemple d'ingratitude il donnerait s'il l'abandonnait dans un péril aussi grave. Mais Roderigo lui répondit : « Eh quoi ! vilain traître, tu ne crains pas de paraître » devant moi ! Crois-tu pouvoir te vanter d'avoir été » enrichi par mes mains? Je veux te faire voir, ainsi » qu'à tout le monde, que je sais donner et ôter à mon » gré ; et avant que tu puisses partir d'ici, sois sûr que » je te ferai pendre. »

Giov. Matteo, se voyant alors sans ressource, chercha à tenter fortune par une autre voie ; et, ayant fait éloigner la possédée, il dit au roi : « Sire, ainsi que je » vous l'ai dit, il y a un grand nombre d'esprits qui sont » si malins, qu'il est impossible d'en avoir bon parti ; » et celui-ci est du nombre. Je veux pourtant faire une » dernière épreuve : si elle réussit, Votre Majesté et moi » nous aurons atteint notre but : si elle est sans résul- » tat, je serai en votre pouvoir. et vous aurez de moi la » miséricorde que mérite mon innocence. Votre Majesté » fera donc dresser, sur la place de Notre-Dame, un » vaste échafaudage capable de contenir tous vos ba- » rons et tout le clergé de cette ville ; vous ferez orner » cet échafaudage de tentures d'or et de soie, et au mi- » lieu vous ferez placer un autel. Je demande que di- » manche prochain, dans la matinée, Votre Majesté, » avec tout son clergé, ainsi que tous les princes et les » grands du royaume, vous vous rendiez avec une » pompe royale, et couverts de vos parures les plus » magnifiques, sur cette place, où, apres avoir fait célé- » brer d'abord une messe solennelle, vous ferez venir » la possédée. Je veux en outre qu'il y ait à l'un des » coins de la place une vingtaine de musiciens au » moins, avec des trompettes, des cors, des tambours, » des cornemuses, des cymbales, et autres instruments » bruyants, lesquels, lorsque je lèverai mon chapeau, se » mettront à faire retentir leurs instruments, et s'avan- » ceront vers l'échafaudage. J'espère que ce moyen,

» joint à quelques autres remèdes secrets, aura la force
» de faire partir le démon. »

Le roi donna soudain les ordres nécessaires ; et, le dimanche suivant arrivé, l'échafaudage se trouva bientôt rempli de hauts personnages, et la place de peuple : on célébra la messe, et la possédée fut amenée sur l'échafaudage par deux évêques et une foule de seigneurs. Quand Roderigo vit cette foule immense réunie, et tout cet appareil, il en demeura tout stupéfait, et se dit en lui-même : « Quel est donc le dessein de ce misérable
» manant ? Croit-il me faire peur avec toute cette
» pompe ? Ne sait-il pas que je suis accoutumé à voir les
» magnificences du ciel et les supplices de l'enfer ? Je
» le châtierai comme il le mérite. »

Giov. Matteo s'étant alors approché de lui, et l'ayant supplié de vouloir bien sortir, il lui répondit : « Oh ! oh !
» tu as eu là une excellente idée ! Qu'espères-tu faire
» avec tout ce grand apparat ? Crois-tu par là te dérober
» à ma puissance et à la colère du roi ? Vilain manant,
» tu n'éviteras pas d'être pendu. » L'autre le supplia de nouveau, et Roderigo ne lui répondit que par de nouvelles injures. Alors Giov. Matteo, jugeant inutile de perdre plus de temps, donna le signal avec son chapeau, et les gens qu'il avait chargé de faire du bruit se mirent à sonner de leurs instruments et s'avancèrent vers l'échafaudage avec une rumeur qui s'élevait jusqu'au ciel. A ce tapage Roderigo ouvrit de grandes oreilles ; et ne sachant ce que cela voulait dire, dans son étonnement il demanda, plein de trouble, à Giov. Matteo, ce que tout ce tumulte signifiait. Giov. Matteo, feignant une grande frayeur, lui répondit aussitôt :
« Hélas ! mon cher Roderigo, Dieu me pardonne, c'est
» ta femme qui vient te trouver. » C'est vraiment merveille de voir à quel point l'esprit de Roderigo fut épouvanté en entendant prononcer le seul nom de sa femme : sa frayeur fut si grande, que, sans réfléchir s'il était possible ou raisonnable que ce fût elle, sans répondre un seul mot, il s'enfuit tout tremblant, délivrant ainsi

la jeune fille, et aimant mieux retourner en enfer rendre compte de ses actions, que de se soumettre de nouveau aux ennuis, aux désagréments et aux dangers qui accompagnent le joug matrimonial. C'est ainsi que Belphégor, de retour aux enfers, put rendre témoignage des maux qu'une femme amène avec elle dans une maison ; et que Giov. Matteo, qui en sut plus que le diable, s'en revint bientôt tout joyeux chez lui.

RÈGLEMENT

POUR

UNE SOCIÉTÉ DE PLAISIR [1].

Une société d'hommes et de dames s'étant réunie en diverses occasions pour se divertir, très souvent on y a fait des choses amusantes, et très souvent des choses desagréables, mais sans pouvoir jusqu'ici trouver le moyen de rendre les premières plus amusantes et les secondes moins désagréables : on a imaginé des plaisanteries, qui n'ont point eu leur effet, par la négligence de celui qui les avait imaginées ; en conséquence, quelqu'un qui ne manque pas de cervelle, et qui possède une certaine expérience des hommes et des femmes, a cru convenable d'ordonner, c'est-à-dire de régler cette société de manière que chacun puisse inventer et exécuter ensuite ce qu'il croira pouvoir faire plaisir, soit aux dames, soit aux hommes, soit aux uns et aux autres en général. En conséquence, il est arrêté que ladite compagnie est

---

[1] On a voulu voir dans le *Règlement pour une société de plaisir* un petit ouvrage composé dans un accès de gaieté bouffonne. En jugeant ainsi, on s'est, nous le croyons, étrangement trompé. Ce qu'on a pris pour de la bouffonnerie n'est qu'une satire très amère des mœurs et des ridicules de la société italienne du seizième siècle, et, dans cette satire, on trouve bien des traits qui peuvent s'appliquer aux sociétés de tous les âges. L'alliance si fréquente de la galanterie et de la dévotion, l'indiscrétion, la médisance, la fatuité, l'égoïsme, tous les vices de ce qu'on appelle bien souvent à tort la bonne compagnie, y sont vivement fustigés. On y sent à chaque ligne cette verve cynique et railleuse dont Aristophane est dans l'antiquité le plus parfait modèle, cette verve qui se perpétue à travers le moyen âge dans la littérature par Boccace et les trouvères, dans les fêtes de la vie civile par les enfants de l'abbé Maugouverne, par les sujets du *Prince des sots* et de *la Mère sotte*, verve douloureuse et poignante dans sa gaieté même, qui inspirera *Candide* au dix-huitième siècle, après avoir inspiré au seizième *la Mandragore* et *Gargantua*.

et demeure soumise aux articles ci-après, délibérés et acceptés d'un commun consentement :

ARTICLE PREMIER.

Nul homme ne pourra être admis dans ladite société qu'il n'ait trente ans accomplis ; les dames y seront reçues à tout âge.

ART. II.

Il sera nommé un chef ou président, soit homme, soit femme, dont les fonctions dureront huit jours. Parmi les hommes, on choisira la première fois pour président celui qui aura le plus grand nez, et parmi les dames, celle qui aura le plus petit pied.

ART. III.

Quiconque, soit homme, soit dame, qui pendant un seul jour ne répéterait pas tout ce qui s'est passé dans ladite société, sera puni de la manière suivante : si c'est une dame, on placera ses pantoufles dans un endroit où tout le monde puisse les voir, avec un billet sur lequel sera inscrit le nom de la coupable ; si c'est un homme, on pendra ses culottes retournées dans un lieu élevé où chacun pourra les apercevoir.

ART. IV.

On devra sans cesse médire les uns des autres ; et si l'on admet un étranger dans la société, on dira publiquement tout ce qu'on peut avoir appris de ses péchés, sans être retenu par aucune considération.

ART. V.

Aucun membre de la société, soit homme, soit femme, ne pourra se confesser dans d'autre temps que pendant la semaine sainte ; et quiconque contreviendrait à cette défense sera condamné, si c'est une femme, à porter le président ; et si c'est un homme, à être porté par lui de la manière qu'il jugera à propos. On devra choisir un confesseur aveugle ; et si l'on peut en trouver un qui ait en même temps l'ouïe un peu dure, cela n'en vaudra que mieux.

ART. VI.

Il est expressément défendu de dire du bien les uns des autres, sous les peines ci-dessus déterminées contre les délinquants.

ART. VII.

Si un homme ou une femme s'imaginait l'emporter sur les autres en beauté, et qu'il se trouvât deux témoins de ce fait, la dame sera obligée de montrer sa jambe nue jusqu'à quatre doigts au-dessus du genou; et si c'est un homme, il devra faire voir à la société s'il porte dans sa culotte un mouchoir ou autre chose semblable.

ART. VIII.

Les dames seront dans l'obligation d'aller aux Servites au moins quatre fois par mois, et de plus, toutes les fois qu'elles en seront requises par quelqu'un de la société, sous peine d'encourir une double punition.

ART. IX.

Quand un homme ou une dame de la société aura commencé à raconter une histoire, et que les autres la lui auront laissé achever, ces derniers seront condamnés à la punition déterminée par celui ou celle qu'on n'aurait pas interrompu.

ART. X.

Toutes les délibérations de la société seront prises à la minorité des membres présents; et ceux qui obtiendront le moins de suffrages seront toujours ceux qui l'emporteront.

ART. XI.

Si un secret était confié à un membre de la société par un de ses frères, ou par toute autre personne, et qu'il ne fût pas divulgué au bout de deux jours, l'homme ou la dame qui se sera rendu coupable de cette discrétion sera condamné à ne rien faire qu'au rebours, sans pouvoir jamais s'en exempter directement ni indirectement.

ART. XII.

Il est défendu à qui que ce soit, dans les assemblées de la société, de garder un seul moment le silence : plus on babillera, plus on parlera tous à la fois, plus on méritera de louanges ; et celui qui le premier cessera de parler devra être tourmenté par tous les membres de la société, jusqu'à ce qu'il dise les motifs qui l'ont obligé à se taire.

ART. XIII.

Nul sociétaire ne devra ni ne pourra rendre un service quelconque à un autre membre : et s'il est prié par l'un d'eux de faire une commission, il doit la faire toujours en sens contraire.

ART. XIV.

Chacun sera tenu d'envier le bonheur d'autrui, et de lui donner par conséquent tous les désagréments qui dépendront de lui ; et s'il en avait la possibilité, et qu'il ne le fît pas, il sera puni suivant le bon plaisir du président.

ART. XV.

En tout temps, et en quelque lieu qu'il se trouve, sans être retenu par aucune considération, chacun sera obligé de se retourner s'il entend rire, ou cracher, ou à tout autre signe, et de répondre de la même manière, sous peine de ne pouvoir rien refuser de tout ce qui lui serait demandé pendant la durée d'un mois entier.

ART. XVI.

Voulant en outre que chacun ait ses aises, il sera pourvu à ce que chaque homme ou dame couche quinze jours au moins dans le mois, l'un sans sa femme, l'autre sans son mari, sous peine d'être condamnés à coucher ensemble deux mois de suite sans interruption.

ART. XVII.

Celui ou celle qui débitera le plus de paroles pour ne

rien dire sera le plus honoré, et l'on en fera le plus grand cas.

ART. XVIII.

Tous les membres de la société, tant hommes que femmes, doivent aller à tous les pardons, à toutes les fêtes, à toutes les cérémonies qui se célèbrent dans les églises ; ils doivent également se trouver à tous les festins, collations, soupers, spectacles, veillées, et autres divertissements qui ont lieu dans les maisons, sous peine, si c'est une dame, d'être reléguée dans un couvent de moines, et si c'est un homme, dans un monastère de religieuses.

ART. XIX.

Les dames seront obligées de passer les trois quarts de leur temps à la fenêtre ou sur la porte, sur le devant ou sur le derrière, comme elles le jugeront à propos, et les hommes devront se présenter devant elles au moins douze fois par jour.

ART. XX.

Aucune dame de la société ne pourra avoir de belle-mère ; et si quelqu'une d'entre elles l'avait encore, elle devra, dans les six mois qui suivront, s'en délivrer avec de la scammonée, ou autre remède semblable : elles pourraient également user de la même médecine envers leurs maris, s'ils ne faisaient pas bien leur devoir.

ART. XXI.

Aucune dame de la société ne pourra porter sous elle ni panier ni autre habillement qui embarrasse ; les hommes, de leur côté, devront tous aller sans boucles, et ne se servir en place que d'épingles, qui sont expressément défendues aux dames, sous peine d'être condamnées à regarder le géant de la place avec des lunettes sur le nez.

ART. XXII.

Chacun, soit homme, soit femme, afin de se mettre mieux en crédit, devra se vanter de ce qu'il n'a pas et de ce qu'il ne fait pas : s'il vient à dire la vérité, et à découvrir ainsi sa misère, ou toute autre chose, il sera puni suivant le bon plaisir du président.

ART. XXIII.

On ne manifestera jamais par aucun signe extérieur ce que l'on éprouve dans l'âme: on s'efforcera de faire tout le contraire ; et celui qui saura le mieux dissimuler ou débiter des mensonges méritera le plus d'éloges.

ART. XXIV.

On passera la majeure partie de son temps à se parer et à faire sa toilette, sous peine, pour le contrevenant, de n'être regardé par aucun des membres de la société.

ART. XXV.

Quiconque, en rêvant, répéterait ce qu'il aurait dit ou fait dans la journée, sera condamné à rester une demi-heure le derrière en l'air, et chacun de la société devra lui donner un coup de fouet.

ART. XXVI.

Quiconque, en entendant la messe, ne regardera pas à tout moment autour de lui, ou qui se placera dans un endroit où il ne puisse être vu de tout le monde, sera puni comme criminel de lèse-majesté.

ART. XXVII.

Tout homme ou toute dame, et surtout ceux qui désirent avoir des enfants, devront commencer par se chausser du pied droit, sous peine d'avoir à marcher pieds nus pendant un mois et plus, selon qu'il paraîtrait convenable au président.

ART. XXVIII.

Personne, en s'endormant, ne pourra fermer les deux yeux à la fois ; il devra le faire l'un après l'autre : il n'y a pas de meilleur remède pour conserver la vue.

ART. XXIX.

Les dames, en marchant, devront tenir leurs pieds de

manière qu'on ne puisse s'apercevoir si elles sont colletées haut ou bas.

ART. XXX.

Personne ne pourra se moucher lorsqu'on le regardera, si ce n'est en cas de nécessité.

ART. XXXI.

Chacun sera obligé, *in forma cameræ,* de se gratter quand cela lui démangera.

ART. XXXII.

On se nettoiera les ongles des pieds et des mains au moins tous les quatre jours.

ART. XXXIII.

Les dames seront tenues, lorsqu'elles s'assiéront, de se mettre toujours quelque chose sous elles, afin de paraître plus grandes.

ART. XXXIV ET DERNIER.

On choisira pour la société un médecin qui ne passe pas vingt-quatre ans, afin qu'il puisse remédier aux accidents, et résister à la fatigue.

DESCRIPTION
DE
LA PESTE DE FLORENCE [1]
(EN 1527)

Je n'ose poser sur le papier ma main tremblante pour traiter un si déplorable sujet ; ce n'est pas tout ; et plus je réfléchis sur cet amas de misères, plus l'horrible description que je vous ai promise m'épouvante. Quoique j'aie tout vu, le récit renouvelle mes larmes amères : je ne sais par où commencer, et si je le pouvais, j'abandonnerais mon entreprise ; néanmoins le désir extrême que j'ai de savoir si vous vivez encore bannira toute crainte.

Notre malheureuse Florence offre aujourd'hui un spectacle semblable à celui d'une ville que les infidèles auraient prise de vive force et ensuite abandonnée. Une partie des habitants, imitant votre exemple, a fui devant le fléau mortel, et s'est réfugiée dans les *villas* éparses autour de la ville ; les autres ont trouvé la mort, ou sont sur le point de mourir : ainsi le présent nous accable, l'avenir nous menace, et l'on souffre autant de la crainte

---

1. La *Description de la peste de Florence* est le dernier écrit qui soit sorti de la plume de Machiavel. Ce n'est point, comme on pourrait le croire par le titre, l'histoire des ravages de ce fléau terrible qui déjà s'était abattu sur Florence en 1348, en 1358 et en 1478. C'est la promenade, qu'on nous pardonne le mot, d'un flâneur sceptique et railleur, au milieu d'une ville habitée par des mourants, et certes il fallait que Machiavel, déjà au déclin de sa vie, eût conservé une grande force d'âme, et même une grande fraîcheur de sentiments, pour semer, au milieu de tant de tableaux lugubres, des épigrammes aussi incisives et un portrait de femme aussi gracieux. Placé par la date de sa naissance entre Boccace et Manzoni, qui tous deux, comme on le sait, ont aussi décrit des pestes, Machiavel, en luttant de talent avec ces grands écrivains, s'en isole par l'originalité, et comme *Belphegor*, ou le *Règlement pour une société de plaisir*, c'est là un de ces morceaux sur lesquels le seizième siècle a laissé son inimitable empreinte.

de vivre que de celle de mourir. O malheureux temps !
O saison déplorable! Ces rues si belles et si propres,
que l'on voyait remplies d'une foule de nobles et riches
habitants, exhalent maintenant l'infection et la malpropreté : on n'y voit que des pauvres, dont la lenteur et
les cris effrayés ne permettent pas de marcher avec sécurité ; les boutiques sont fermées, les exercices suspendus, les tribunaux et les cours absents, et les lois mises
en oubli : aujourd'hui on apprend un vol, demain un
meurtre ; les places, les marchés, où les citoyens s'assemblaient fréquemment, sont devenus des tombeaux ou
le réceptacle de la plus vile populace ; chacun marche
isolé ; et, au lieu d'une population amie, on ne rencontre
que des gens infectés des poisons de la peste. Un parent
trouve-t-il un parent, un frère, un frère, une femme,
son mari ; chacun s'éloigne au plus vite. Que dirai-je de
plus ? les pères et les mères repoussent leurs propres
enfants et les délaissent.

Les uns portent à la main, ou, pour mieux dire, ont
toujours sous le nez des fleurs, les autres, des herbes
odoriférantes ; ceux-ci, des éponges, ceux-là, de l'ail ;
d'autres, enfin, des boules composées de toutes sortes de
parfums · mais ce ne sont que des précautions. Il existe
encore quelques boutiques où l'on distribue du pain, ou,
pour mieux dire, dans lesquelles on sème pour recueillir
des bubons.

Les réunions qui avaient lieu dans les places publiques pour converser d'une manière honorable, et dans
les marchés pour l'utilité de la vie, n'offrent plus qu'un
spectacle morne et affligeant. On n'entend que ces mots:
Un tel est mort, un tel est malade ; celui-ci a fui, celui-
là est renfermé chez lui ; l'un est à l'hôpital, l'autre est
gardé ; il en est dont on n'a aucune nouvelle. Tels sont
les seuls bruits qui circulent, et qui, lorsqu'on y réfléchit,
sont capables de rendre malade Esculape lui-même.

La plupart s'occupent à rechercher l'origine du mal ;
et les uns disent: « Les astrologues nous menacent, »
les autres : « Les prophètes l'ont prédit. » On se rappelle

tous les prodiges qui ont eu lieu ; on attribue le mal à la nature du temps ; on en accuse la qualité de l'air propre à propager la peste ; on se souvient que la même chose arriva en 1348 et en 1478 ; chacun cherche des souvenirs pareils ; et l'on finit par conclure que ce fléau n'est pas le seul qui nous menace, et qu'une foule d'autres maux sont prêts à fondre sur nous.

Voilà les aimables sujets d'entretien que l'on entend à toute heure ; et quoique je pusse dans un seul mot vous faire voir, par les yeux de l'esprit, l'affligeant spectacle que présente notre misérable patrie, en vous disant : imaginez qu'elle est totalement différente de ce que vous aviez coutume de la voir (car rien ne peut mieux vous faire apprécier sa situation actuelle que cette comparaison faite en vous-même), toutefois, je veux que vous puissiez en avoir une connaissance plus particulière, car, quelle que soit la force de l'imagination, il lui est impossible d'atteindre sur tous les points à la réalité. Je ne crois point vous en pouvoir donner une plus exacte peinture qu'en vous citant mon exemple. Je vais donc vous exposer la vie que je mène, afin que vous jugiez par là de celle des autres.

Vous saurez donc que l'un des jours ouvrables de la semaine je sortis de chez moi à l'heure où le soleil a dissipé toutes les vapeurs de la terre, pour prendre mon exercice accoutumé : cependant j'avais eu soin, avant de sortir, de faire quelques remèdes, et de me munir, contre le poison de la peste, de certains préservatifs dans lesquels j'ai la confiance la plus entière et la plus étendue, quoique l'illustre Mengo[1] dise que ce ne sont que des cuirasses de papier. A peine avais-je fait quelques pas, qu'il fallut bannir de mon esprit toute autre pensée, quelque grave, quelque importante qu'elle pût être ; car le premier objet de bon augure qui s'offrit à mes regards fut les fossoyeurs, non ceux des pestiférés, mais les fossoyeurs ordinaires, qui, au lieu de se plaindre,

---

1. Mengo Bianchelli, de Faenza, qui a écrit sur la peste.

comme par le passé, du petit nombre de morts, se lamentaient de ce qu'ils étaient trop abondants, et craignaient que cette abondance ne produisît bientôt la disette. Qui aurait jamais pu s'imaginer qu'il viendrait un temps où ces gens désireraient la santé des malades, comme ils le juraient en effet? Cependant je n'ai pas de peine à les croire ; car si l'on mourait dans un autre temps, et d'une autre maladie, ils pourraient y trouver leur gain ordinaire. Passant ensuite de San-Miniato vers les Tours [1], où l'on était autrefois assourdi par le bruit des baguettes à battre la laine, et par les chants et la conversation des cardeurs, je ne trouvai qu'un vaste silence qui n'avait rien de séduisant. Je poursuivis mon chemin ; et près du Marché-Neuf je rencontrai la peste qui venait à cheval. Dans le premier moment, ce spectacle me trompa ; car, voyant venir de loin une litière portée par des chevaux dont la blancheur était aussi éclatante que la neige, je crus que c'était quelque noble dame ou quelque personnage de haut lignage qui allait en partie de plaisir : mais ayant vu tout autour, au lieu de serviteurs, les hospitaliers de Santa-Maria-Nuova [2], je n'eus pas besoin d'autres informations.

Cependant, comme cela ne me paraissait pas suffisant, et que je voulais vous donner de tout un détail plus circonstancié, j'entrai le matin du premier jour du riant mois de mai dans la vénérable et sainte église de Santa-Reparata. Il ne s'y trouvait que trois prêtres seulement, dont l'un chantait la messe ; le second faisait tout à la fois l'office du chœur et de l'orgue; et le troisième, assis sur une chaise presque entourée de murailles, s'était placé pour confesser au milieu de la première nef ; il avait de plus les fers aux pieds et les menottes aux mains : c'était par ordre de son supérieur qu'il se trouvait dans cet état, afin qu'au sein même de cette vaste solitude il pût mieux résister aux tentations canoniques.

[1] C'est dans ce quartier de Florence que se trouvent la plupart des ateliers des ouvriers en laine.
[2] C'est l'hôpital de la ville de Florence.

Les dévotes qui assistaient à la messe étaient trois femmes en mantelet, vieilles, ridées, et peut-être boiteuses : chacune se tenait séparément dans sa tribune ; et je crus reconnaître parmi elles la nourrice de mon grand-père. Il n'y avait également que trois dévots, qui, sans jamais se regarder, faisaient le tour du chœur sur des béquilles, en jetant de temps à autre un coup d'œil amoureux sur les trois vieilles : il faudrait l'avoir vu pour s'en faire une idée. Quant à moi, semblable à quelqu'un qui peut croire à peine ce qu'il voit, je restai tout stupéfait : et présumant que le peuple, suivant la coutume de ce jour solennel, s'était porté sur la place pour y voir la revue des troupes, je m'y rendis dans cette espérance ; mais, au lieu d'hommes et de chevaux, je vis, pour toute troupe, des croix, des civières, des bières et des brancards, sur lesquels gisaient des cadavres portés par des fossoyeurs qu'avait convoqués le barlacchio pour qu'ils se rendissent cautions des hauts seigneurs qui en ce moment faisaient la cérémonie de leur entrée en fonction [1]. Je crois même que, le nombre des vivants ne suffisant pas, on se servit du nom de quelques morts, en les appelant, suivant l'usage, sans qu'il arrivât à aucun d'eux la même aventure qu'au Lazare.

Ce spectacle ne me paraissant ni sûr ni digne d'une grande attention, je n'y demeurai pas plus longtemps, et ne pouvant m'imaginer qu'il n'y eût pas dans quelque autre quartier de la ville une plus grande réunion de nobles, je dirigeai mes pas vers la fameuse place de Santa-Croce, et j'aperçus une foule de fossoyeurs qui dansaient en rond en criant à haute voix : *Bien venue soit la peste ! bien venue soit la peste !* c'était là leur *bien venu soit le mois de mai !* L'aspect de ces gens, le ton de leur chanson, et les paroles qu'ils prononçaient, déplurent autant à mes yeux et à mes oreilles que les charmaient naguère les jeunes filles et leurs chansons. Je me sauvai sur-le-champ dans l'église ; et, pendant que

1. C'est le 1er mai que les nouveaux magistrats entrent en possession de leurs charges.

je faisais mes dévotions, j'entendis, quoique je ne visse personne, une voix lamentable et effrayante. J'osai m'en approcher, et je découvris parmi les sépultures placées dans un des côtés de l'église une jeune femme pâle et affligée, étendue sur la terre, et couverte d'habits de deuil. Sa figure me parut plus morte que vive ; des larmes amères sillonnaient ses joues charmantes ; tantôt elle arrachait les belles tresses de sa noire chevelure, et tantôt se frappait le sein ou le visage : un rocher en aurait eu pitié ; et je me sentis saisi outre mesure de douleur et d'épouvante. Toutefois, m'approchant d'elle avec précaution, je lui dis : « Hélas ! pourquoi vous livrez-
» vous à une douleur si cruelle ? » Mais elle, dans la crainte que je ne la reconnusse, se couvrit aussitôt la tête avec un des pans de sa robe. Ce geste, comme cela est naturel, ne fit qu'augmenter en moi le désir de la connaître ; mais, d'un autre côté, la peur qu'elle ne fût atteinte de la contagion retenait mes pas ; cependant je la priai de ne rien craindre, puisque je n'étais venu que pour lui prêter conseil et appui. Comme sa profonde affliction la rendait muette, j'ajoutai que je ne m'en irais que lorsque je la verrais s'éloigner elle-même. Alors, après quelques moments d'hésitation, elle prit, en femme de courage et de condition, le parti de se découvrir, et me dit : « Je serais vraiment insensée si,
» après n'avoir pas redouté la présence de tout un
» peuple, je craignais l'aspect d'un seul homme qui
» s'offre pour soulager ma douleur. » Le désespoir qui l'oppressait, les vêtements dont elle était couverte, la changeaient au point que ce fut sa voix plus que les traits de sa figure qui me la firent reconnaître.

Je lui demandai alors la cause d'une affliction aussi profonde : « Ah ! malheureuse que je suis ! s'écria-t-
» elle, ce n'est pas avec vous que je puis dissimuler. Je
» ne saurais me consoler d'avoir perdu tout ce qui fai-
» sait ma joie : non, je ne la retrouverai jamais, dussé-
» je vivre encore mille années. Mais ce qui m'afflige
» encore davantage, c'est de ne pouvoir mourir aussi.

» Ah! ce n'est pas de la contagion que je me plains,
» mais de mon triste sort, qui a brisé le lien du nœud
» amoureux et indissoluble que j'avais formé avec tant
» d'art et de soin : voilà la cause de notre commune
» ruine ; voilà pourquoi vous me voyez répandre sur la
» tombe de mon fidèle et malheureux amant des larmes
» aussi amères. Ah ! combien de fois je l'ai serré dans
» ces bras si fortunés jadis et si malheureux aujour-
» d'hui ! avec quels transports je contemplais ses beaux
» yeux pleins de flamme! avec quelle volupté je pres-
» sais sa bouche embaumée de mes lèvres avides ! avec
» quel plaisir je pressais sur mon sein enflammé son
» sein également brûlant de jeunesse et éclatant de
» blancheur ! Hélas ! avec quels transports nous goû-
» tâmes tant de fois les dernières douceurs de l'amour,
» et satisfîmes ainsi nos desirs mutuels ! »

A peine avait-elle achevé ces paroles, qu'elle tomba étendue sur la terre d'une manière si effrayante que tous mes cheveux se hérissèrent, et que je craignis qu'elle n'eût expiré ; car elle avait les yeux fermés, les levres sans couleur, le visage plus pâle encore qu'auparavant, le pouls irrégulier et presque sans mouvement : l'agitation de son sein était le seul indice qu'elle ne fût pas morte. Plein de cette compassion qu'exigeait son état, je commençai à l'agiter, je la délaçai, quoiqu'elle ne fût pas très serrée dans ses vêtements ; je la tournai tantôt devant, tantôt derrière ; enfin je ne négligeai aucun des moyens usités pour lui faire reprendre les esprits : je fis si bien qu'elle ouvrit ses yeux appesantis par la douleur, et elle poussa un soupir si brûlant, que si j'eusse été de cire, certes j'eusse été fondu. Je tâchai de la consoler en lui disant : « Femme imprudente et malheu-
» reuse, pourquoi rester désormais en ce lieu ? Si tes
» parents, tes voisins, ou quelqu'un de ta connaissance,
» te trouvaient ainsi seule, que diraient-ils ? Où est la
» prudence ? où est même la décence ? » — Malheu-
» reuse, reprit-elle, je ne possédai jamais la première
» de ces vertus ; et quant à l'autre, je n'y attache aucun

» prix depuis que je ne vois plus ces beaux yeux qui
» soutenaient ma vie, comme l'eau nourrit les pois-
» sons. » — « Madame, lui répondis-je, si mes conseils
» ont quelque pouvoir sur vous, je vous prie de me
» suivre, non pas par amour pour moi, je sens combien
» j'en suis indigne, mais pour votre propre réputation.
» Si elle a été obscurcie par quelques nuages, accusez-
» en les mauvaises langues du prochain plutôt que
» vous-même, et vous ne tarderez pas à la recouvrer.
» Combien j'en connais qui, après avoir fui leurs maris,
» ont été accueillies par d'autres que par leurs parents !
» combien ont été surprises en faute par leurs voisins
» ou leurs entours, et qui passent aujourd'hui pour
» belles et bonnes ! L'erreur est attachée à la nature
» humaine ; il suffit seulement de se raviser. Si à l'ave-
» nir vous vous conduisez bien, vous verrez bientôt
» (c'est bientôt que je dis) que l'on soutiendra que vous
» avez été injustement accusée. » Je parvins de cette
manière à la persuader et à la reconduire chez elle.

Le soleil était déjà parvenu au point le plus élevé du
ciel, et les ombres paraissaient moins grandes, lorsque
je revins seul, suivant ma coutume, prendre le repas
dont j'avais besoin. Après quelques instants de repos, je
me remis de nouveau à parcourir la ville, et je dirigeai
mes pas vers la nouvelle église de Spirito-Santo, où,
quoique ce fût l'heure, je n'aperçus aucun préparatif du
service divin. Les moines, bien qu'il n'en restât que fort
peu, se promenaient la tête haute, et m'assuraient qu'un
grand nombre d'entre eux étaient morts, et qu'il en
mourrait davantage encore, parce qu'ils ne pouvaient
sortir de ce lieu, et qu'ils ne s'étaient pas pourvus de
vivres. Je ne vous dirai pas s'ils allumaient les cierges
dans l'église[1] ; je crois qu'ils ne le faisaient que pour
que leurs morts n'allassent pas dans l'obscurité : aussi
me hâtai-je de me sauver, chassé bien plus par la crainte
du ciel que par celle de la peste, tant les bénédictions
des bons frères étaient fréquentes !

1. Expression proverbiale, qui signifie blasphémer et jurer.

Je m'acheminai alors vers la rue de Mai ; et quoique nous fussions aux calendes de mai, je ne vis aucun indice qui me représentât le mai ; tout au contraire, j'aperçus au milieu du pont un mort dont personne n'osait approcher. Entrant alors dans l'église de la divine Trinité, je n'y trouvai qu'un seul homme recommandable par son rang. Lui ayant demandé ce qui pouvait le retenir en ville au milieu de tant de dangers : « L'amour » de la patrie, me dit-il, que je vois presque entièrement » abandonnée par ses ingrats citoyens. » Je lui répondis que ceux qui, pour se conserver à la patrie, s'en éloignaient momentanément afin de pouvoir encore lui être utiles, se trompaient moins que ceux qui, ne pouvant lui rendre service, s'exposaient au danger de la quitter pour toujours. « S'il faut dire la vérité à celui qui la » connaît, me répondit-il, ce n'est pas la patrie qui me » retient, mais cette belle affligée que tu vois là-bas à » genoux, et pour laquelle je suis prêt à donner mes » jours. » Tant d'ardeur me parut peu convenable à la maturité de son âge, et je ne pus m'empêcher de lui dire que dans des circonstances aussi malheureuses le père ne balançait pas à abandonner son fils, et la femme son époux. « Tel est mon amour, dit-il, qu'il surpasse tous » les liens du sang. Si le meilleur moyen d'éviter la » peste est d'avoir de la joie, la présence seule de mon » amante suffit pour la faire naître dans mon cœur, » tandis que loin d'elle ma douleur est si violente, » qu'elle suffirait pour me faire mourir dans l'amertume ; » et comme vous m'avez trouvé seul ici, de même mon » amour est unique entre tous les autres amours. Si » vous êtes amoureux, et que vous vouliez vivre, restez » sans cesse auprès de votre maîtresse ; si vous ne l'êtes » pas, suivez mon exemple, et aimez, pour éviter la » peste ; il en est encore temps. » Peu touché de ses raisons, et regardant l'amour comme une peste d'autant plus dangereuse qu'elle dure plus longtemps, je m'éloignai sans lui répondre.

J'aperçus plus loin, sur le banc alors solitaire de Spini,

le vénérable père Alesio, qui, peut-être pour éviter la peste, était sorti des règles, ou qui, pour mieux dire, attendait là quelqu'une de ses dévotes pour la confesser. Ayant appris de lui que l'on voyait se réunir dans la vénérable église de Santa-Maria-Novella, d'où il avait été éloigné par sa bonne conduite, un plus grand nombre de dames que dans aucune autre église, attirées qu'elles étaient par les exhortations pleines d'amour des moines joyeux et charitables, je l'engageai à me suivre ; ce qu'il fit sans peine, car le pauvre diable de frère avait peur qu'il ne lui arrivât quelque chose s'il y était retourné sans moi : aussi ne s'arrêta-t-il qu'une minute ; et prenant à peine le temps de saluer l'autel, car ce n'était pas par la dévotion qu'il brillait, il me quitta, et je m'imagine que ce fut pour aller terminer sur son banc l'œuvre qu'il avait commencée. Je demeurai donc pour écouter les joyeuses complies des frères ; et si je n'aperçus pas, comme à l'ordinaire, cette foule de dames charmantes et de nobles cavaliers qui venaient admirer leurs visages angéliques et l'éclat de leur toilette ; si je n'entendis pas cette musique voluptueuse qui invite avec plus d'empire aux plaisirs de l'amour qu'aux méditations célestes, j'y aperçus toutefois moins de solitude que partout ailleurs : d'où je vis combien cette église pouvait s'appeler heureuse et favorisée entre toutes les autres. Je résolus d'y demeurer jusqu'à la dernière heure ; et quoiqu'il fût déjà nuit, j'aperçus une jeune et belle dame en habit de veuve, qui était restée seule, à mon exemple, et peut-être pour entendre comme moi les complies. Certes, j'avoue que je m'abuserais grandement si je me croyais capable de vous dépeindre sa beauté ; cependant, pour tâcher de vous contenter, je ne la passerai pas sous silence, et ce sera à votre imagination à ajouter ce que vous supposerez qui manque à mon récit.

Elle était assise sur les degrés de marbre de la grande chapelle voisine, et s'appuyait sur le côté gauche, comme une personne accablée de douleur ; son bras éclatant de blancheur soutenait son front, que le chagrin avait un peu pâli : ce bras, par sa longueur, répondait à la taille d'une femme bien faite et bien proportionnée ; et l'on pouvait conjecturer sans peine que tous les membres de ce beau corps formaient un ensemble si parfait, que s'ils n'eussent pas été enveloppés de vêtements funèbres, leur admirable beauté aurait ébloui tous les yeux. Mais, laissant à votre imagination le soin de contempler librement ce qu'on ne voyait pas, je ne vous décrirai que ce qui se laissait apercevoir. Ses chairs, fraîches et élastiques, avaient la blancheur de l'ivoire, et leur délicatesse était si grande, qu'elles auraient conservé l'impression du plus léger attouchement, de même que dans une prairie l'herbe fleurie et humide de rosée cède à tous les mouvements de l'insecte le plus léger. Ses yeux, dont il vaudrait mieux ne rien dire que de dire trop peu, ressemblaient à deux astres brillants, et elle les ouvrait si à propos, et d'un air si aimable, qu'on croyait voir un paradis ouvert. Son front serein se terminait dans les plus justes proportions, et était si uni, que si le pauvre Narcisse s'y était miré, il ne serait pas moins devenu amoureux de lui-même que lorsqu'il se regarda dans la fontaine: au-dessous, les arcs très déliés et bien dessinés de ses noirs sourcils couronnaient l'éclat de ses yeux, et il semblait que l'Amour voltigeât et badinât sans cesse alentour, et, lançant de là ses flèches, frappât tous les cœurs amoureux. D'après ce qu'on pouvait apercevoir des oreilles, elles étaient petites, rondes, et si parfaites, qu'un habile physionomiste aurait prononcé qu'elles étaient l'indice d'une haute intelligence. Mais que dirai-je de sa bouche vermeille et embaumée placée entre deux espaces revêtus de lis et de roses, et qui, au milieu de sa douleur, laissait briller encore un céleste sourire ? Quant à moi, je suis certain que c'est sur un pareil modèle que se règle la nature quand elle veut faire présent au monde de quelque chose de parfait. Ses lèvres de rose et ses dents d'ivoire paraissaient des rubis en flamme mêlés avec des perles orientales. Son nez, dessiné avec délicatesse, avait emprunté la forme de celui de Junon, et c'était à Vénus qu'elle devait ses joues blanches et arrondies. Je ne passerai pas sous silence un cou délié, flexible, éclatant de blancheur, et digne d'être orné des pierres les plus précieuses. Ses vêtements jaloux ne me permettaient pas de contempler l'éclat, la beauté et les justes proportions de son sein, embelli de deux pommes fraîches et odorantes, semblables, je crois, à celles que l'on cueillait dans le fameux jardin des Hespérides, et dont la fermeté, conservant sa forme sous le poids des vêtements, laissait soupconner aux regards leur beauté et tous leurs autres charmes : au milieu s'ouvrait une route, par laquelle, si l'œil avait pu la suivre, il serait arrivé à la suprême félicité. Sa main blanche et délicate, bien qu'elle dérobât une partie des charmes de son beau visage, compensait cette perte en se laissant voir : elle était longue, mince, étroite, et l'azur des veines délicates l'embellissait encore ; ses doigts étaient allongés et polis, et leur vertu était telle, qu'un seul de ses attouchements aurait pu réveiller les sens du vieux Priam.

Ne voyant autour d'elle personne dont la présence pût me retenir, et ses yeux compatissants m'ayant donné quelque hardiesse, je l'abordai en lui disant : « Aimable » dame, si une honnête question ne vous paraît point » indiscrète, veuillez m'apprendre quel motif vous re- » tient si longtemps en ces lieux, et me dire si je puis » vous être utile à quelque chose. » — « Peut-être que » comme vous, me répondit-elle, j'ai vainement attendu » que les frères eussent terminé les complies ; mais, dans » la situation où je me trouve, non seulement vous, » mais la première personne venue pourrait me rendre » service. Le vêtement que je porte vous fait assez voir » que je suis privée de mon cher époux ; mais ce qui » ajoute à ma douleur, c'est qu'il est mort des atteintes » cruelles de la peste, et que je suis moi-même en dan- » ger d'éprouver le même sort. Si donc, sans pouvoir » m'être bon à rien, vous ne voulez pas non plus vous » être nuisible, tenez-vous un peu à l'écart. » Ses paroles,

sa voix, ses manières, et le soin qu'elle prenait de ma santé, pénétrèrent si avant dans mon cœur, que je me serais précipité pour elle dans le feu ; néanmoins, dans la crainte de lui déplaire, je retins mes pas, et lui dis : « Pourquoi demeurer ainsi solitaire ? » — « Parce que
» je suis demeurée seule. » — « Vous plairait-il d'avoir
» de la compagnie ? » — « Je ne désire autre chose que
» de vivre dans une honnête société. » — « Quoique jus-
» qu'à présent je n'aie pas voulu prendre de compagne,
» la vue de tant de charmes, et la pitié que me font
» éprouver vos malheurs, m'ont si fort ému, que je suis
» décidé à m'unir à vous. Mon âge peut-être est un peu
» disproportionné avec le vôtre ; mais ma fortune et
» mes autres avantages sont tels, que je parviendrai
» peut-être à vous contenter. » — « Si j'ai conservé la
» mémoire de quelques histoires que j'ai lues, on dit de
» vous autres hommes, me répondit-elle, que vos pro-
» messes sont longues, et que votre fidélité est courte. » —
« Il est permis, lui dis-je, aux écrivains de dire tout ce
» qu'ils veulent ; mais lorsqu'on choisit un compagnon
» avec discernement, on ne se fie qu'aux choses aux-
» quelles on peut se fier ; et c'est ainsi que l'on n'a
» jamais lieu de se repentir de soi-même. » — « Puis-
» que le ciel, dispensateur de tous les biens, vous a
» amené devant moi, répliqua-t-elle, quoique je ne
» vous aie jamais vu, je ne puis croire que vous n'ayez
» pas un soin tout particulier de moi : ainsi donc si
» vous vous contentez de ma personne, je croirais com-
» mettre une grande erreur en ne me contentant pas de
» la vôtre. »

Comme elle achevait ces paroles, un certain moine fainéant, plus propre à manier la rame qu'à dire la **messe**, et dont je tairai le nom pour en parler plus à mon aise, s'approcha de nous le nez au vent, et, semblable à un faucon qui se précipite sur la terre en apercevant sa proie du haut des airs, il aborda cette beauté aimable et gracieuse avec cette familiarité insolente que se permettent leurs pareils, et lui demanda si elle avait besoin de quelques-uns de ses services. Je lui répondis que désormais elle n'avait plus besoin de rien, et que sa charité monacale lui était entièrement inutile. Le misérable, qui déjà était hors de lui-même, qui, peut-être, pour faire avec elle une union plus intime, aurait volontiers rompu la nôtre, bien que ses yeux fussent en feu, et qu'il ne pût tenir dans sa robe, se detourna toutefois comme une couleuvre devant l'enchanteur, et voyant qu'il était mal reçu par madame, et que je ne lui faisais pas une réception fort amicale, releva les pans de sa robe, et alla au diable en marmottant je ne sais quoi entre ses dents. Ne vous imaginez pas pour cela que je la laissai toute seule : je la suivis, au contraire, jusque chez elle, où elle renferma mon pauvre cœur avec elle. Resté seul après avoir joui d'une société aussi aimable et aussi charmante, pour ne point m'écarter du plan que j'avais formé, je hâtai mes pas, et je me dirigeai vers l'église de San-Lorenzo, où j'étais habitué à voir celle qui avait joui de la fleur de mes beaux ans ; mais la nouvelle impression que je venais de recevoir était si forte, que, semblable à ceux qui ont bu les eaux du Léthé, je perdis la mémoire de toutes les autres femmes, quelque belles qu'elles fussent. Toutes mes pensées étaient restées enveloppées dans ces vêtements de deuil autour desquels je croyais voir à chaque instant tourner ce moine hypocrite et importun, et la jalousie s'était emparée de mon esprit au point que je ne pouvais penser à autre chose. Comme il me semblait que je perdais inutilement le temps, et brûlant du désir de revoir une beauté aussi désirée, je me hâtai de rentrer chez moi ; et mettant en oubli tous les événements tragiques dont la peste pourrait menacer, je me prépare pour la nuit prochaine aux plaisirs d'une comédie future.

Voilà, mon très cher compère, tout ce qui s'est offert à mes yeux dans le courant du premier jour du mois de mai. Quant à ce qui arrivera, après les noces je vous le ferai savoir. Dans ce moment, je ne suis pas en état de vouloir ou de pouvoir penser à autre chose.

IV

MÉLANGES HISTORIQUES

TABLEAU
DE LA SITUATION
DE LA FRANCE

AVERTISSEMENT

Un écrivain fort distingué de l'Italie moderne, M. Tommaseo, en publiant les *Relations des ambassadeurs vénitiens sur les affaires de France au seizième siècle* (Paris, Imprimerie royale, 1838, et suiv., in-4o), a dit avec raison : « La statistique et la philosophie de l'histoire, ces deux ailes de la science, sont nées toutes deux en Italie. Dès le seizième siècle on condensait les faits en chiffres ; des chiffres on tirait d'importantes conclusions. » Le savant éditeur, en appréciant les documents curieux qui font l'objet de la publication dont nous venons de parler, dit encore : « Ce n'est ni de la diplomatie tortueuse, ni de la sèche statistique, ni de l'histoire façonnée d'après un système qu'il faut chercher dans ces documents. On y trouvera des diplomates qui jugent en historiens, des historiens qui observent en hommes d'affaires, des écrivains qui n'arrangent point leurs phrases pour être imprimées. Ils font leur part aux idées, mais sans négliger les faits, ils planent sur leur sujet, mais sans que les détails leur échappent, ils insistent parfois sur les petites choses qui sont le secret des événements et que dédaignent les historiens de métier ; en revanche, ils en négligent d'autres dont les préjugés des savants ont exagéré l'importance .. Aussi faisait-on grand cas dès l'origine des *Relations des ambassadeurs vénitiens* ; on les copiait, on en imprimait quelques unes, c'était un genre nouveau auquel il ne manquait que la forme pour devenir un des plus beaux genres de la littérature moderne. »

Ces lignes d'une grande justesse de critique peuvent s'appliquer directement au *Tableau de la France* de Machiavel. A l'époque où ce tableau fut rédigé par le secrétaire de Florence, personne, dans la France même, n'avait encore songé à jeter une vue d'ensemble sur l'état général de ce royaume ; personne n'avait cherché à constater les progrès de sa puissance, à chercher les causes de ce progrès, à dresser l'inventaire de ses forces. Aussi substantiel que *la Germanie* de Tacite, mais plus positif, le *Tableau de la situation de la France* est pour ainsi dire le premier monument de notre statistique nationale. Il contient, à côté de quelques erreurs, de grandes et utiles vérités, et tout en faisant connaître la situation intérieure du pays, il en dessine aussi très nettement la position vis-à-vis des autres Etats de l'Europe.

Une seule chose nous étonne, c'est que ce morceau, remarquable à tant d'égards, soit peu connu chez nous, et que parmi les nombreux historiens qui ont traité du seizième siècle personne n'ait tiré un utile profit du beau travail du secrétaire florentin. En ouvrant dans ce résumé rapide une voie nouvelle à la science, Machiavel, véritable initiateur, a précédé de près de deux siècles le gouvernement même de notre pays, qui, sous le règne de Louis XIV, donna ordre à ses agents de faire pour chaque province ce que l'auteur du *Prince* avait fait pour la France entière [1].

[1]. On sait que les résultats de ce travail ont été consignés dans l'*Etat de la France, dans lequel on voit tout ce qui concerne le gouvernement ecclésiastique, le militaire, la justice, les finances, le commerce, les manufactures, le nombre des habitants, etc., etc., extrait des Mémoires dressés par les intendants du royaume par ordre de Louis XIV*, par le comte de Boulainvilliers. Londres, 1727-28, 3 vol. in-fol.

TABLEAU

DE LA SITUATION

DE LA FRANCE

La couronne et le roi de France sont aujourd'hui plus florissants, plus riches et plus puissants que jamais ; je vais en dire les raisons.

D'abord la couronne, étant heréditaire dans la même famille, s'est extrêmement enrichie, parce que, lorsqu'il arrive que le roi meurt sans laisser de fils, ou sans héritiers de ses propriétés, les biens et les domaines qui lui appartiennent en propre sont réunis à la couronne. Plusieurs rois s'étant trouvés dans ce cas, l'État est devenu fort riche par les nombreuses provinces dont il a hérité. C'est ce qui est arrivé pour le duché d'Anjou ; c'est ce qui doit arriver de nos jours au roi actuel (Louis XII), qui, n'ayant pas d'enfants mâles, laissera à la couronne le duché d'Orléans et celui de Milan ; de sorte qu'aujourd'hui tous les plus beaux fiefs de la France appartiennent à l'État, et ne sont plus la propriété des grands vassaux.

Une autre cause de la grande puissance et de l'autorité du roi, est celle-ci : autrefois la France était désunie par les prétentions de la haute noblesse, qui ne craignait pas, en toute occasion, de prendre les armes contre son propre souverain ; on voyait alors un duc de Guienne, un duc de Bourbon donner cet exemple, mais aujourd'hui tous ces grands sont les sujets les plus soumis, et c'est ce qui fait la force du royaume.

D'ailleurs chaque prince voisin ne craignait pas d'attaquer le royaume de France, certain d'avoir toujours les ducs de Bretagne, de Guienne, de Bourgogne ou de Flandre, prêts à l'aider dans son entreprise, à lui livrer passage au milieu de leurs Etats, et à lui offrir un asile en cas de défaite. C'est ce qu'on a vu toutes les fois que les Anglais ont eu la guerre avec la France : c'est par le moyen des ducs de Bretagne qu'ils suscitaient des embarras au roi. C'est ainsi que le duc de Bourbon favorisait les entreprises du duc de Bourgogne. Mais aujourd'hui que la Bretagne, la Guienne, le Bourbonnais et la majeure partie de la Bourgogne sont les provinces les plus soumises de la France, les princes voisins n'ont plus les mêmes moyens d'envahir ce royaume ; ces provinces, au contraire, sont aujourd'hui autant de nouveaux ennemis qu'ils rencontreraient devant eux. Ainsi le roi, devenu maître de ses États, s'est trouvé plus puissant, tandis que ses ennemis sont devenus plus faibles.

Il existe encore une autre cause : aujourd'hui les grands seigneurs de France, les plus riches et les plus puissants, sont du sang royal, et aptes à succéder au trône ; de sorte que, si la branche supérieure vient à manquer, la couronne peut descendre jusqu'à l'un d'eux. C'est pourquoi chacun se tient uni à l'autorité royale, dans l'espoir que lui ou ses fils parviendront quelque jour à ce rang suprême. Se révolter ou se montrer l'ennemi du souverain, leur serait plus nuisible qu'utile. C'est ce qui manqua d'arriver au roi actuel dans la guerre de Bretagne, où il s'était laissé entraîner pour soutenir les prétentions du duc contre la France, et dans laquelle il fut fait prisonnier. A la mort du roi Charles VIII, on mit en question si sa rébellion et sa défection envers la couronne ne lui avaient pas fait perdre tous ses droits à la succession ; mais les richesses qu'il avait amassées le mirent en état d'acheter des partisans ; et il se trouva heureux en outre que le duc d'Angoulême, le successeur le plus immédiat du trône après lui, ne fût qu'un enfant en bas âge : ce sont ces motifs ainsi que la faveur dont il jouissait qui l'ont fait roi.

Il y a encore une dernière raison que voici. En France, les propriétés de tous les barons ne se partagent point entre les héritiers indistinctement, comme cela a lieu en Allemagne et dans plusieurs parties de l'Italie : elles appartiennent en entier aux aînés des familles, qui en sont les véritables héritiers ; les autres frères vivent comme ils peuvent ; mais, aidés ordinairement par leur frère aîné, ils se livrent tous au métier des armes, et tâchent dans cette carrière de parvenir à un rang, ou d'acquérir des richesses qui puissent leur permettre un jour d'acheter aussi quelque grand domaine ; et c'est dans cette espérance qu'ils vivent. Voilà pourquoi la gendarmerie française est aujourd'hui la meilleure qu'on connaisse, parce qu'elle n'est composée que de nobles et de fils de seigneurs susceptibles de parvenir au même rang que leurs pères.

L'infanterie qu'on lève en France ne saurait être bien bonne, car il y a longtemps qu'elle n'a fait la guerre, et que par conséquent l'expérience lui manque. D'ailleurs, le reste des habitants du royaume ne se compose que de gens de basse extraction et de métier, si profondément subordonnés aux ordres de la noblesse, et si méprisés par elle, qu'ils en sont avilis : il arrive de là que dans ses guerres le roi ne se sert jamais d'eux, parce qu'il ne peut compter sur leur courage [1]. Cependant on voit dans les armées des Gascons que le roi emploie comme un peu meilleurs que ses autres sujets : cela vient de ce qu'ils sont voisins des frontières de l'Espagne, et qu'ils ont

---

[1] L'ambassadeur vénitien Marino Giustiniano, qui visita la France en 1535, porte un tout autre jugement de l'infanterie française. Voici ce qu'il en dit : « Outre les gendarmes et les archers, il y a sept légions de paysans français, de six mille hommes de pied chacune, en tout quarante-deux mille, dont ceux des frontières de la Bourgogne, de la Gascogne, du Dauphiné, de la Champagne et de la Picardie sont de fort bons soldats (Relations des ambassadeurs vénitiens. Paris, 1838 in-4° tome I, page 93). Cette divergence entre l'opinion de Machiavel et celle de Giustiniano ne prouve point la rigueur que Machiavel se soit trompé, mais seulement que l'infanterie française, mieux exercée, mieux commandée, s'était formée rapidement. Cela, du reste, donne raison aux théories militaires du secrétaire de Florence, qui recommandait d'employer les troupes nationales de préférence aux troupes mercenaires.

quelques traits de ressemblance avec le peuple de ce royaume, quoique la conduite qu'ils ont tenue depuis un grand nombre d'années les ait plutôt montrés comme des brigands que comme de véritables soldats. Toutefois, dans l'attaque et la défense des places, ils ne manquent pas de courage, mais ils ne valent rien en rase campagne, à la différence des Allemands et des Suisses, qui n'ont point d'égaux en plaine, tandis qu'ils ne savent ni attaquer ni défendre une ville. Je crois que cela provient de ce que, dans ces deux circonstances, ils ne peuvent pas conserver l'ordonnance qu'ils suivent dans leurs camps. Voilà pourquoi le roi de France emploie toujours des Suisses ou des lansquenets, attendu que ses hommes d'armes ne comptent pas sur les Gascons lorsqu'il s'agit de combattre l'ennemi. Si jamais cette infanterie acquerait la bonté de leur cavalerie, il est hors de doute qu'elle parviendrait à se défendre contre tous les autres États.

Les Français sont naturellement plus audacieux que vigoureux et adroits : lorsqu'on peut résister à la furie de leur premier choc, leur feu s'amortit bientôt ; ils s'affaissent, ils se découragent, et deviennent aussi lâches que des femmes. Ils ne savent supporter ni la fatigue ni le malaise ; ils se négligent bientôt, et il est facile alors de les surprendre et de triompher d'eux. Les guerres qu'ils ont eues dans le royaume de Naples en offrent une foule d'exemples, et on en a vu un dernièrement encore près du Garigliano. Leur armée était presque du double plus nombreuse que celle des Espagnols, et l'on croyait à tout moment qu'elle devait les écraser ; mais comme l'hiver commençait à se faire sentir, et que les grandes pluies de cette saison les incommodaient extrêmement, ils allèrent chercher un abri, les uns après les autres, dans les places voisines, pour se trouver plus à l'aise ; c'est ainsi que leur camp resta dégarni et dans le désordre, et les Espagnols demeurèrent vainqueurs contre toute apparence. La même chose serait arrivée aux Vénitiens, et ils n'eussent point perdu la bataille de Vaila (ou d'Agnadel), s'ils se fussent contentés d'observer les Français seulement pendant une dizaine de jours ; mais l'impétuosité de Bartolommeo d'Alviano vint se briser contre une impetuosité plus grande encore. La même chose aurait eu lieu à Ravenne pour les Espagnols, s'ils n'avaient pas voulu attaquer les Français, dont l'armée se serait détruite d'elle-même, à cause du désordre qui y régnait, et de la disette des vivres qu'interceptaient les Vénitiens du côté de Ferrare, et que les Espagnols auraient pu leur couper également du côté de Bologne ; mais comme les premiers agirent sans réfléchir, et que les seconds furent plus imprudents encore, l'armée française resta victorieuse. Son triomphe fut sanglant, la mêlée terrible, et elle l'eût été bien davantage, si la composition des deux armées s'était trouvée la même ; mais les forces de l'armée française consistant dans ses hommes d'armes, et celles des Espagnols dans son infanterie, le carnage fut beaucoup moins considérable. Ainsi, quiconque voudra vaincre les Français doit éviter leur premier choc. Mais si, par les raisons que je viens d'exposer, on temporise avec eux, on est sûr de les vaincre : aussi César disait-il, « que les Gaulois étaient d'abord plus » que des hommes, mais qu'ils finissaient par être » moins que des femmes [1]. »

La France, par l'étendue de son territoire et les avantages qu'elle retire des rivières nombreuses qui l'arrosent, est très fertile et très riche ; mais les productions de la terre et la main-d'œuvre y sont à vil prix, à cause

---

[1] Ici Machiavel se trompe. La phrase citée n'est point de César, qui après avoir eu tant de peine à soumettre les Gaulois, n'était pas homme à déprécier sa victoire par un semblable témoignage ; elle appartient à Tite-Live qui a dit au livre X, chapitre XXVIII : *Primaque eorum (Gallorum) prælia, plus quam virorum, postrema, minus quam fæminarum esse.* Le jugement de César est beaucoup moins sévère, il ne dit pas qu'à la fin d'un combat les Gaulois valent moins que des femmes, il se borne à dire qu'ils se découragent facilement et qu'ils ne savent point supporter l'adversité. Voici la phrase de César : *Nam ut ad bella suscipienda Gallorum alacer ac promptus est animus, sic mollis ac minime resistens ad calamitates perferendas mens eorum est* (Cesar, *Comment. de Bell. Gal.*, lib. III, XIX).

du peu d'argent que possède le peuple. Cette pénurie est si grande, qu'à peine peut-il parvenir à amasser de quoi payer à ses seigneurs le montant de ses redevances, quoique extrêmement faibles. C'est qu'il n'existe pas de débouché assuré pour l'écoulement des produits, et que chacun récolte uniquement pour vendre le superflu de sa moisson : aussi quelqu'un veut-il vendre un boisseau de blé, il ne peut trouver d'acheteur, parce que tout le monde en a également à céder. De tout l'argent que les seigneurs retirent de leurs vassaux, ils ne dépensent absolument rien que pour leur habillement, chacun ayant dans ses terres assez de bétail pour se nourrir, de la volaille en abondance, des lacs poissonneux, et des parcs pleins de gibier de toute espèce. C'est à peu près ainsi que chaque propriétaire vit sur ses biens. C'est ainsi que tout l'argent s'accumule entre les mains des seigneurs, qui sont aujourd'hui dans l'opulence, tandis que, lorsque le peuple possède un florin, il se croit riche.

Le clergé de France retire à peu près les deux cinquièmes de tous les revenus et produits du royaume, attendu qu'un grand nombre d'évêchés jouissent à la fois du temporel et du spirituel. Comme en outre rien de ce qui est nécessaire à la vie ne leur manque, tous les revenus et tout l'argent qui entrent dans leurs mains n'en sortent jamais, suivant l'avarice naturelle aux prélats et aux gens d'Église ; et tout ce que perçoivent les chapitres et les corporations ecclésiastiques se change en argenterie, en bijoux, en ornements du culte : ainsi, ce que les églises possèdent en propre, et les prélats en particulier, soit en argent comptant, soit en argenterie, peut être évalué à des sommes énormes.

Le conseil est composé en majeure partie des prélats de France : ils participent au gouvernement des affaires de l'État et de la couronne ; les autres seigneurs s'en inquiètent fort peu, parce qu'ils savent que c'est à eux seuls que l'exécution est confiée : ainsi les uns se contentent d'ordonner, et les autres d'agir. Cependant on admet quelquefois dans le conseil d'anciens militaires, afin que, lorsqu'il y a à délibérer sur les affaires de leur ressort, ils puissent éclairer les prélats, qui n'ont point l'experience de la guerre.

D'après une pragmatique obtenue depuis fort longtemps des souverains pontifes, les bénéfices sont conférés en France par le clergé même [1]. Ainsi, quand un archevêque ou un évêque meurt, les chanoines se rassemblent, et confèrent le bénéfice à celui d'entre eux qu'ils en croient le plus digne. Ils sont rarement unanimes dans leurs assemblées, parce qu'il s'y trouve toujours quelques membres favorisés par leurs richesses, tandis que d'autres ne le sont que par leurs vertus et leurs bonnes œuvres. Les moines suivent la même règle pour l'élection de leurs abbés. Les autres petits bénéfices sont conférés par les évêques dont ils dépendent. Si le roi avait jamais dans l'idée de déroger à cette pragmatique, en nommant lui-même a un évêché, il serait obligé d'employer la force pour mettre le nouvel évêque en possession : les chanoines s'y opposeraient de tout leur pouvoir ; et s'ils étaient contraints d'obéir, ils profiteraient de la mort du roi pour chasser l'évêque de son siège et le rendre à l'élu de leur choix.

Le Français est naturellement avide du bien d'autrui, mais il en est prodigue comme du sien : ainsi il se livrera au pillage pour manger, pour détruire, pour s'amuser avec celui-là même qu'il aura volé ; à la différence de l'Espagnol, qui cache soigneusement ce qu'il a derobé.

La France redoute les Anglais par le souvenir des ravages et des invasions dont ils ont autrefois rendu ce royaume le théâtre ; aussi le nom seul d'Anglais effrayet-il le peuple, qui ne voit pas que la France est aujourd'hui dans une position tout autre que dans ces temps malheureux : armée, aguerrie, forte de son union elle possède en outre les provinces sur lesquelles les Anglais fondaient toute leur puissance, telles que les duchés de

---

[1]. Cette pragmatique est anterieure au concordat de François Ier et de Léon X.

Bretagne et de Bourgogne. De leur côté, au contraire, les Anglais ne sont plus disciplinés ; car il y a si longtemps qu'ils n'ont fait la guerre, qu'aucun des hommes aujourd'hui existants n'a vu l'ennemi en face : d'ailleurs l'archiduc est actuellement le seul prince qui voulût les accueillir sur le continent.

Ils craindraient assez les Espagnols, à cause de leur prudence et de leur prévoyance. Mais toutes les fois que le roi d'Espagne voudra attaquer la France, il ne le fera qu'à son désavantage ; car de l'endroit de son royaume d'où ses troupes doivent partir, jusqu'aux débouchés des Pyrénées qui conduisent en France, la distance est si longue, et le pays d'une si grande stérilité, que si les Français se contentent de défendre les défilés, tant du côté de Perpignan que du côté de la Guienne, l'armée ennemie se trouvera désorganisée, sinon par la difficulté d'avoir des renforts, du moins par l'embarras des vivres qu'elle sera obligée de conduire à sa suite ; car le pays qu'elle doit traverser est pour ainsi dire inhabitable par la stérilité du terrain, et ceux qui l'habitent ont à peine de quoi soutenir leur existence : c'est pourquoi les Francais, du côté des Pyrénées, redoutent peu les Espagnols.

Ils n'ont rien non plus à craindre des Flamands, qui, placés sous un climat trop froid pour pouvoir suffisamment recueillir de quoi vivre, surtout en froment et en vin, sont obligés de tirer ces denrées de la Bourgogne, de la Picardie et de quelques provinces de France. D'ailleurs les peuples de la Flandre vivent du travail de leurs mains ; leurs marchandises et les produits de leurs manufactures ont un débouché assuré dans toutes les foires de la France, particulièrement à Paris et à Lyon : ils ne trouveraient pas à s'en défaire du côté de la mer, non plus qu'en Allemagne, où les produits de l'industrie sont encore plus nombreux que chez eux. Ainsi, toutes les fois que leur commerce avec la France se trouverait interrompu, ils n'auraient plus de débouché pour leurs marchandises ; et non seulement ils ne sauraient plus où se procurer des vivres, mais les produits de leur travail resteraient entre leurs mains. Ainsi les Flamands n'auront la guerre avec la France qu'autant qu'ils y seront forcés.

Le voisinage de la Suisse, et la facilité qu'a ce peuple de se jeter à l'improviste sur le territoire français, le rendent assez à craindre. Il est difficile de s'opposer à temps à leurs attaques inopinées. Mais on peut regarder leurs invasions plutôt comme des courses ou des pillages que comme autre chose : n'ayant avec eux ni artillerie ni cavalerie, et les places fortes que les Français possèdent de ce côté étant bien munies, il leur est impossible de faire de grands progrès D'ailleurs les Suisses sont plus propres à tenir la campagne et à livrer bataille qu'à faire un siege ou à défendre une place. De son côté, le Français n'en vient pas volontiers aux mains avec eux, sur ses frontières, parce que son infanterie ne saurait leur résister, et que sans infanterie les hommes d'armes eux-mêmes ne suffiraient pas. La Suisse, en outre, est conformée de manière qu'il est difficile de s'y servir du cheval et de la lance : aussi ses habitants s'éloignent-ils difficilement de leurs frontieres pour entrer en plaine, et laisser derrière eux, comme je l'ai dit, des places fortes et bien approvisionnées ; ils craindraient, en s'exposant ainsi, de manquer de vivres, et, après avoir pénétré dans un pays découvert, de ne pouvoir rentrer chez eux comme ils le voudraient.

Ils n'ont rien à craindre du côté de l'Italie : les Alpes et les forteresses qui se trouvent à leur pied suffisent pour arrêter quiconque voudrait attaquer la France sur ce point. Le pays qui s'offre ensuite est si stérile, qu'il faudrait, ou s'exposer à mourir de faim, ou se décider à laisser les places fortes sur ses derrières, ce qui serait une véritable folie, ou prendre le parti de les assiéger. Quoi qu'il en soit, ils n'ont rien de semblable à redouter de ce côté, et par les motifs que je viens d'exposer, et parce que l'Italie ne possede point de prince capable de concevoir une pareille entreprise, et parce qu'elle ne forme plus, comme au temps des Romains, une seule puissance.

21.

Du côté du midi, la France est suffisamment défendue par la Méditerranée : elle y possède un grand nombre de ports toujours remplis de nombreux bâtiments, appartenant en partie au roi, en partie à ses sujets, et qui sont plus que suffisants pour défendre ses côtes d'une attaque imprévue. On a toujours le temps de se prémunir contre une invasion préméditée : celui qui la médite a besoin de temps pour en faire les préparatifs et pour la mettre en état de réussir, et le secret en est bientôt divulgué. D'ailleurs on entretient ordinairement dans ces provinces de fortes garnisons d'hommes d'armes pour jouer à coup sûr.

La garde du pays est peu dispendieuse, parce que les sujets sont tous soumis, et qu'on n'a pas besoin de forteresses pour maintenir la paix dans le royaume. C'est donc aux frontières que cette dépense pourrait avoir lieu : mais comme les hommes d'armes y sont en garnison, elle est presque nulle ; car on a le temps de se mettre en mesure contre une grande invasion, qui ne peut se faire sans que l'ennemi n'ait également besoin de délai pour rassembler toutes ses forces.

Les Français sont d'un caractère doux et soumis ; ils ont le plus grand respect pour leur roi. L'abondance des productions du sol y rend la vie peu dispendieuse ; et d'ailleurs presque chacun a quelque petite propriété. Ils sont vêtus grossièrement et d'étoffes peu coûteuses : ils n'emploient jamais la soie dans leurs vêtements, ni eux, ni leurs femmes, parce qu'ils seraient tancés par les gentilshommes.

D'après les derniers relevés, il y a en France trente-six évêchés, y compris dix-huit archevêchés.

Les paroisses sont au nombre d'un million sept cents[1], y compris sept cent quarante abbayes. On ne compte pas les prieurés.

Il m'a été impossible de connaître les revenus ordinaires et extraordinaires de la couronne. Je m'en suis

---

1. Voir la note de la page 378.

informé auprès d'un grand nombre de personnes, et chacun m'a répondu que leur montant dépendait de la volonté du roi : toutefois quelqu'un m'a dit que la partie des revenus ordinaires, c'est-à-dire celle qui forme ce qu'on appelle plus particulièrement l'argent du roi, et que l'on retire des droits de gabelle sur divers produits, tels que le pain, le vin, la viande, etc., rapporte environ un million sept cent mille écus. Quant aux impositions extraordinaires qui proviennent des tailles, le roi les fixe plus ou moins haut, selon les besoins de l'État. Lorsque ces revenus sont insuffisants, on forme des emprunts, qui sont rarement remboursés. Les lettres royales par lesquelles on forme les demandes de cette espèce sont rédigées en ces termes : « Le roi notre seigneur se re- » commande à vous ; et comme il a besoin d'argent, il » vous prie de lui prêter la somme portée dans cette » lettre. » Le montant en est acquitté entre les mains du receveur de l'endroit. Il existe dans chaque ville un de ces receveurs chargé de percevoir tous les revenus qui proviennent tant des gabelles que des tailles et des emprunts.

Les domaines de la couronne n'ont d'autres règles pour le payement des redevances, et pour leur fixation, que la volonté du roi, ainsi que je l'ai dit précedemment.

L'autorité des seigneurs sur leurs vassaux est entière. Leurs revenus consistent en pain, en vin, en viande, comme ceux énoncés ci-dessus ; plus, tant par feu chaque année ; mais cette dernière somme ne s'élève jamais par feu à plus de six ou huit sous, payables tous les trois mois. Du reste, ils ne peuvent établir ni taille ni emprunt sans le consentement du roi, qui l'accorde très rarement.

La couronne ne retire des nobles que l'impôt sur le sel : elle ne les soumet jamais à la taille, excepté dans quelques circonstances extrêmement urgentes.

L'ordre établi par le roi à l'égard des dépenses extraordinaires, tant de la guerre que des autres parties de l'administration, est que les trésoriers ne peuvent payer la solde de l'armée que sur son ordonnance, et le montant est versé par eux entre les mains de ceux qui passent les troupes en revue. Les pensionnaires et les gentilshommes du roi s'adressent aux surintendants, et se font délivrer tous les mois une quittance, c'est-à-dire une ordonnance de payement; et tous les trois mois ils se présentent avec cette ordonnance devant le receveur de la province dans laquelle ils habitent, et ils sont immédiatement payés.

Les gentilshommes du roi sont au nombre de deux cents : leur traitement est de vingt écus par mois, et ils sont payés *ut suprà*. Ils sont partagés en deux corps de cent hommes chacun, dont les chefs sont Ravel et le vidame [1].

Le nombre des pensionnaires n'est pas déterminé : les uns reçoivent plus, les autres moins, selon le bon plaisir du roi. Ils sont soutenus par l'espoir d'obtenir un sort plus favorable ; mais à cet égard il n'y a rien de fixe.

L'emploi des généraux des finances du royaume est de percevoir tant par feu, et tant par taille, selon le consentement du roi, et de prendre soin que les dépenses de l'ordinaire, comme de l'extraordinaire, soient acquittées à leur échéance, c'est-à-dire que les ordonnances dont nous avons parlé soient délivrées.

Les trésoriers tiennent l'argent en caisse, et payent en vertu de l'ordonnance et des quittances des généraux des finances.

La charge du grand chancelier est une véritable puissance : il peut faire grâce ou punir à son gré, *etiam in capitalibus, sine consensu regis ;* il peut relever de la contumace ; il peut accorder des grâces avec le consentement unique du roi; car toutes les grâces ne s'accordent que par des lettres royales scellées du grand sceau

---

[1] A l'époque où Machiavel écrivait les capitaines des deux cents gentilshommes du roi étaient messire Guyon d'Amboise seigneur de Ravel, et Louis de Brézé, grand sénéchal de Normandie (*Histoire de Louis XII, roi de France, père du peuple*, etc), par Jean d'Auton, son historiographe, p. 186

de l'État, et c'est lui qui en est le dépositaire. Son traitement est de dix mille francs par an, plus onze mille francs pour sa table : on entend par ce mot les dîners et soupers qu'il donne à tous les membres qui composent le conseil du grand chancelier, c'est-à-dire aux avocats et aux gentilshommes qui lui sont attachés, lorsqu'il leur plaît de manger avec lui ; ce qui est assez dans l'usage.

La pension que le roi de France payait au roi d'Angleterre était de cinquante mille francs par an : elle avait pour objet le remboursement de certaines dépenses faites par le père du roi d'Angleterre actuel dans le duché de Bretagne ; mais elle est finie aujourd'hui, et l'on a cessé de la payer.

Il n'existe plus actuellement en France qu'un grand sénéchal ; mais lorsqu'il y a plusieurs sénéchaux, je ne parle pas du grand, puisqu'il n'y en a qu'un, leur juridiction s'étend sur les hommes d'armes ordinaires et extraordinaires, qui sont dans l'obligation de leur obéir, à raison de la dignité de leur charge.

Le nombre des gouverneurs des provinces dépend de la volonté du roi, qui les paye de la manière dont il l'entend : il les nomme à vie, ou pour une année seulement, suivant son bon plaisir. Quant aux autres gouverneurs et aux lieutenants de places, ils sont tous nommés par le roi. Il faut savoir de plus que toutes les charges du royaume sont données ou vendues par le roi, et non par d'autres.

On dresse chaque année l'état général des dépenses, tantôt au mois d'août, tantôt au mois d'octobre, tantôt au mois de janvier, selon qu'il plaît au roi. Les generaux des finances y présentent le compte des revenus ordinaires et des dépenses de l'année ; c'est là que l'on établit la balance de la recette et de la dépense, et que l'on augmente ou que l'on diminue les pensions et le nombre des pensionnaires, suivant les ordres du roi.

Le montant des grâces accordées aux gentilshommes du roi, ou aux pensionnaires, est illimité : la cour des comptes n'a rien à y voir ; l'autorité du roi seule suffit.

Les fonctions de la chambre des comptes consistent à reviser les comptes de tous ceux qui administrent les deniers de la couronne, tels que les généraux des finances, les trésoriers et les receveurs.

L'université de Paris est payée sur les fondations des collèges, mais d'une manière mesquine.

Les parlements sont au nombre de cinq, savoir ; ceux de Paris, de Bourges, d'Orléans, de Bordeaux et du Dauphiné. Ils jugent sans appel.

Les premières universités sont au nombre de quatre : Paris, Orléans, Bourges et Poitiers. Viennent ensuite celles de Tours [1] et d'Angers ; mais elles jouissent de peu d'estime.

Le roi met des garnisons dans les lieux où il le juge nécessaire ; il en établit autant que bon lui semble, et les compose d'autant de troupes et d'artillerie qu'il le croit utile. Néanmoins il existe dans chaque place au moins quelques pièces de canon en dépôt ; et depuis deux ans on en a établi dans un grand nombre d'endroits du royaume, aux dépens des villes où ces dépôts ont été formés, en imposant à ces villes un denier par tête de bétail ou par mesure de denrées. Dans les temps ordinaires, et lorsque le royaume est en paix, les garnisons sont au nombre de quatre seulement, et placées dans la Guienne, dans la Picardie, dans la Bourgogne et dans la Provence. Elles changent de résidence et augmentent de force, selon le plus ou moins de dangers qui menacent une province.

J'ai fait tout mon possible pour connaître combien on assigne au roi, chaque année, pour les dépenses de sa maison et de sa personne, et j'ai trouvé qu'il avait tout ce qu'il demandait.

Les archers, au nombre de quatre cents, sont chargés de la garde personnelle du roi : parmi eux sont cent Écossais ; chaque homme reçoit cent écus par an, et un habit à la livrée du roi. Les gardes du corps sont au

---

[1] Il n'y a jamais eu d'université à Tours, et je pense qu'il faut lire *Toulouse*, où existait en effet une des plus anciennes universités de France

nombre de vingt-quatre ; ils ne doivent jamais quitter la personne du roi, et reçoivent quatre cents francs chacun. Ils ont pour commandants monseigneur d'Obigny, Cursores et le capitaine Gabriel [1].

La garde à pied est composée d'Allemands, dont cent sont payés à raison de douze francs par mois. Elle s'est élevée jusqu'à trois cents hommes, qui recevaient un traitement de dix francs ; ils avaient de plus deux habits par an, l'un d'été, l'autre d'hiver, c'est-à-dire un pourpoint et des chausses à la livrée du roi ; et la compagnie des cent gardes du corps, dès le temps du roi Charles VIII, avait le pourpoint de soie.

Les fourriers sont ceux qui sont chargés de faire les logements de la cour : ils sont au nombre de trente-deux, et ont par an trois cents francs de gages et un habit de livrée. Il y a quatre maréchaux de logis qui reçoivent six cents francs chacun. Voici l'ordre qu'ils suivent pour établir les logements : ils partagent le service en quatre divisions : la première, commandée par un maréchal, ou, lorsqu'il est absent, par son lieutenant, reste dans l'endroit que quitte la cour, afin de satisfaire aux propriétaires qui ont fourni des logements ; la seconde division accompagne le roi ; la troisième se rend à l'endroit où le roi doit arriver dans la journée, et la quatrième où il doit se rendre le jour suivant. Ils suivent un ordre si remarquable, que chacun à son arrivée trouve son logement tout préparé, même jusqu'aux filles de joie.

Le prévôt de l'hôtel est un officier qui suit toujours la personne du roi : son office est une véritable puissance ; partout où se rend la cour, son tribunal est le premier, et il peut condamner les habitants de l'endroit où il se trouve, comme le ferait le lieutenant de roi du lieu même. Ceux qu'il fait arrêter pour crime ne peuvent en

2. Ces capitaines etaient Beraut Stuart comte d'Aubigny, commandant la compagnie écossaise, messire Jacques de Crussol, et messire Gabriel de la Châtre (*Histoire de Louis XII*, par Jean d'Auton, et Guyot, *Traité des droits, fonctions, franchises exceptions, prérogatives et privilèges annexes en France à chaque dignité*, etc., tome II).

appeler au parlement Son salaire ordinaire est de six mille francs par année. Il a sous ses ordres deux juges pour civil, recevant chacun du roi six cents francs de traitetement annuel ; il a de plus un lieutenant criminel à la tête de trente archers payés comme ceux de la garde. Il expédie également les affaires civiles et criminelles ; et dès qu'il a entendu le demandeur et le défendeur, cela lui suffit pour prononcer le jugement.

Le roi a huit maîtres de l'hôtel ; mais leurs gages ne sont point uniformes, car les uns ont mille francs, les autres plus, les autres moins, selon qu'il plaît au roi. Le grand maître qui a succédé à monseigneur de Chaumont est monseigneur de la Palisse, dont le père eut jadis la même charge. Il a onze mille francs de traitement, et toute son autorité se borne à être à la tête des autres maîtres de l'hôtel.

L'amiral de France commande toutes les forces de mer ; il veille à l'entretien des flottes et des ports du royaume. Il peut disposer à son gré de tous les vaisseaux du roi. C'est Preianni[1] qui possède aujourd'hui cette charge. Son salaire est de dix mille francs.

Le nombre des chevaliers de l'ordre du roi est indéterminé, parce que le roi peut en créer autant qu'il lui plaît Lors de leur réception, ils jurent de défendre la couronne, et de ne jamais s'armer contre elle ; ils conservent cette dignité, qui ne peut leur être enlevée, jusqu'à leur mort. Leur pension s'élève tout au plus à quatre mille francs ; et encore y en a-t-il qui ont moins. Le même grade ne s'accorde point à tout le monde.

L'office de chambellan consiste à faire compagnie au roi, à le précéder dans sa chambre, à assister aux séances du conseil ; et dans le fait ce sont les hommes du

---

1 Pregent de Bidoux. Le Laboureur, dans l'edition qu'il a donnee des *Mémoires de Castelnau*, croit que le baron de La Garde est le premier qui ait ete revetu de la charge de general des galeres, ou de grand amiral, et il en rapporte les lettres a la date de l'annee 1544 Cependant Ruffi fut remonter l'origine de cette dignite a l'annee 1494, et designe Pregent de Bidoux comme premier general des galeres Michuuel confirme cette opinion, en donnant le meme titre a son Preianni, qui ne peut etre un autre que Pregent.

royaume qui jouissent de plus de considération. Ils ont des traitements considérables, de six, huit, dix, onze mille francs ; cependant quelques-uns n'en ont pas du tout, parce que le roi donne souvent ce titre à des personnes dont il veut honorer les services, et quelquefois même à des étrangers. Ils jouissent, dans toute l'étendue du royaume, du privilège de ne point payer de gabelles ; et pendant qu'ils sont à la cour, ils mangent à la table des chambellans, qui est la première après celle du roi.

Le grand écuyer est toujours auprès du roi : sa charge consiste à donner des ordres aux douze écuyers du roi, comme le grand sénéchal, le grand maître et le grand chambellan les donnent aux officiers de leur service. Il a soin des chevaux du roi, il l'aide à monter et à descendre de cheval ; il surveille les équipages du roi, et porte l'épée devant lui.

Les conseillers d'État ont tous des traitements de six à huit mille francs, suivant la volonté du roi. Ce sont les évêques de Paris et de Beauvais, le bailli d'Amiens, monseigneur de Bussy, et le grand chancelier ; mais, dans le fait, c'est Robertet et l'évêque de Paris qui gouvernent tout.

Depuis la mort du cardinal de Rouen [1] personne ne tient plus table ouverte ; et comme le grand chancelier n'a point été remplacé, c'est l'évêque de Paris qui en fait les fonctions.

Les motifs sur lesquels le roi fonde ses prétentions au duché de Milan sont que son aïeul avait épousé une fille du duc de Milan, dont la ligne masculine s'était éteinte.

Le duc Jean Galeazzo eut deux filles et je ne sais combien de fils. Parmi ces filles il y en avait une, nommée madame Valentine, qui fut mariée au duc Louis d'Orléans, grand-père du roi actuel, et descendant de la race de Pépin. Après la mort du duc Jean Galeazzo, Philippe

---

[1] Le cardinal d'Amboise, archevêque de Rouen.

son fils lui succeda ; mais il mourut sans fils légitimes, et ne laissa qu'une fille naturelle. C'est alors que les Sforza s'emparèrent illégalement, dit-on, de la souveraineté ; car, d'après ce que l'on dit ici, cet État aurait dû passer aux successeurs et héritiers de madame Valentine ; et, en effet, dès le moment que le duc d'Orléans s'allia avec la maison de Milan, il joignit dans ses armes une couleuvre aux trois fleurs de lis, et on l'y voit encore aujourd'hui.

Dans chaque paroisse du royaume, il existe un homme complètement entretenu aux frais des habitants, que l'on nomme franc-archer : il est obligé d'avoir un bon cheval, et de se trouver tout armé à la première requête du roi, quand le roi quitte le royaume pour aller faire la guerre, ou pour tout autre motif. Il est tenu de se rendre dans les provinces attaquées par l'ennemi, ou qui pourraient être menacées. D'après le nombre des paroisses, ces troupes peuvent être évaluées à un million [1] sept cents hommes.

Les fourriers, en vertu de leurs fonctions, font les logements de tous ceux qui suivent la cour. Les grands seigneurs sont ordinairement logés chez les premiers de la ville. Pour que personne, tant celui qui loge que celui qui est logé, ne soit en droit de se plaindre, la cour a établi un règlement qui sert à tout le monde indifféremment, et qui a fixé le prix d'une chambre à un sou par jour. Il doit y avoir dans cette chambre un lit et un coucher que l'on change au moins tous les huit jours.

Chaque personne doit payer en outre deux deniers par jour pour le linge, c'est-à-dire pour la nappe, les serviettes, le vinaigre et le sel ; le linge doit être renouvelé au moins deux fois par semaine ; mais comme le pays en possède abondamment, on le change plus ou moins

---

[1] Le mot *milione*, qui se trouve ici dans le texte, ainsi que dans un des paragraphes precedents, où il est question du nombre des paroisses, ne saurait se traduire par *un million*. Il doit nécessairement y avoir erreur dans l'original, ou ce nombre etait sans doute indiqué en chiffres ; et je crois qu'il faut lire *cent mille*, ce qui est encore bien considerable

souvent, selon qu'on le demande. Il faut en outre que les chambres soient entretenues proprement et les lits bien faits.

Le loyer de l'écurie est également fixé à deux deniers par jour pour chaque cheval ; celui qui loge n'est obligé à aucune fourniture pour la nourriture du cheval ; il doit seulement faire enlever le fumier de l'écurie.

Quelquefois l'humeur accommodante des maîtres de maisons ou la bonne conduite de leurs hôtes apportent des réductions dans ces prix ; mais toutefois c'est le tarif ordinaire de la cour.

Quant aux prétentions les plus récentes de l'Angleterre au royaume de France, voici sur quoi elles sont fondées. Le roi Charles VI maria sa fille légitime Catherine au prince Henri, fils légitime du roi d'Angleterre Henri IV. Il ne fit dans le contrat aucune mention de Charles VII, qui a depuis été roi de France ; mais, outre la dot de Catherine, il stipula qu'après sa mort son gendre Henri serait reconnu pour héritier du royaume de France, et ajouta que, dans le cas où Henri mourrait le premier, et laisserait des enfants mâles et légitimes, ces derniers seraient reconnus pour héritiers de Charles VI. Mais toutes ces dispositions furent regardées comme nulles, et contraires aux lois fondamentales du royaume, à cause de la prétérition de Charles VII : à quoi les Anglais objectent que ce prince était le fruit d'un commerce adultère.

Il y a en Angleterre deux archevêchés, vingt-deux évêchés et cinquante-deux mille paroisses.

APPENDICE.

CARACTÈRE DES FRANÇAIS.

Ils sont si préoccupés de l'avantage ou du désavantage présent, que leur mémoire ne saurait garder le souvenir des bienfaits ou des torts passés, et qu'ils ne se soucient nullement du bien ou du mal futur.

Ils sont plutôt tracassiers que prudents. Ils s'embarrassent fort peu de ce qu'on peut écrire ou dire sur leur compte. Ils sont plus avides de richesses que de sang ; mais ils ne sont généreux qu'en beaux discours

S'il arrive qu'un grand seigneur ou qu'un gentilhomme désobéisse au roi dans une affaire qui intéresse un tiers, tout se borne à obéir à tout prix, lorsque cela est possible ; mais n'est-il plus à temps de le faire, il en est quitte pour rester trois ou quatre mois sans paraître à la cour C'est là ce qui deux fois nous a privés de Pise la première, lorsque d'Entragues occupait la citadelle ; la seconde, quand les troupes françaises vinrent mettre le siege devant cette ville.

Quiconque veut réussir à la cour doit avoir beaucoup d'argent, d'activité et de bonheur

Leur demande-t-on un service, leur première pensée n'est pas de savoir s'ils peuvent le rendre, mais s'ils en tireront quelque avantage.

Les premiers accords que l'on fait avec eux sont toujours les meilleurs.

Lorsqu'ils ne peuvent vous être utiles, ils vous accablent de belles promesses ; peuvent-ils vous servir, ils ne le font qu'avec répugnance, ou jamais.

Presque rampants dans le malheur, ils se montrent insolents dans la prospérité.

Au moyen de la force, ils tissent bien ce qu'ils avaient d'abord mal ourdi.

Celui qui réussit est toujours sûr de rentrer dans les bonnes grâces du roi ; ce qui arrive bien rarement à celui qui échoue ainsi, quiconque veut tenter une grande entreprise doit plutôt examiner si elle est dans le cas de réussir ou non, que si elle peut ou non déplaire au roi. Le duc de Valentinois, qui avait pénétré ce point important, sut en profiter pour marcher sur Florence avec son armée.

Dans beaucoup de circonstances ils ne se montrent pas fort délicats sur le point d'honneur, qui ne ressemble en rien à celui de la noblesse d'Italie : aussi attacherent-ils peu d'importance à avoir réclame Montepulciano auprès de la ville de Sienne et à n'en avoir rien obtenu.

Ils sont inconstants et legers ; ils n'ont de loi que celle du vainqueur. Ils sont ennemis de la langue des Romains et de leur renommée.

Parmi les Italiens, il n'y a que ceux qui n'ont plus rien à perdre et qui naviguent sans espoir de salut, qui puissent se trouver bien à la cour.

RELATION

DE LA CONDUITE

DU DUC DE VALENTINOIS

AVERTISSEMENT

Cesar Borgia, duc de Valentinois, second fils naturel du pape Alexandre VI et d'une dame romaine, appelée Vannozia, est l'un de ces hommes qui ont laissé dans l'histoire un nom qu'on ne sépare pas de l'idée de la scéleratesse. « Beaucoup de princes, dit Sismondi, ont répandu plus de sang que César Borgia ; beaucoup ont exercé des vengeances plus cruelles, ont ordonné des supplices plus atroces, cependant le nom d'aucun homme n'est taché d'une plus grande infamie. Mais la voix publique a été juste envers lui Les autres monstres ont été entraînés par leurs passions ; Borgia a tout calculé jusqu'à la férocité, rapportant tout à lui, sacrifiant tout à son intérêt, ne connaissant la morale, la religion, le sentiment que comme autant d'instruments qui pouvaient le servir et qu'il brisait dès qu'il s'en trouvait gêné. »

Dévoré d'une ambition insatiable, mêlé à toutes les intrigues sanglantes de son temps, assassin de son frère, le duc de Gandie, amant incestueux de sa sœur Lucrèce, tour à tour cardinal et condottiere, il passa sa vie à guerroyer contre les petits princes d'Italie qu'il faisait étrangler après les avoir dépouillés de leurs Etats. Aussi perfide envers ses alliés qu'envers ses ennemis, il enleva la ville de Sinigaglia à François-Marie de la Rovère, et au moment même de la victoire, le dernier jour de l'an 1502, il fit saisir dans son propre camp les chefs des troupes auxiliaires à l'aide desquels il s'était emparé de la ville, et les fit tous mettre à mort Ces chefs dont il redoutait le courage, après l'avoir exploité à son profit, étaient Vitellozzo Vitelli, seigneur de Città-di-Castello, Oliverotto, seigneur de Fermo, Paul Orsini, le duc de Gravina et

François de Todi. C'est le récit de ce massacre qui fait l'objet du morceau qu'on va lire. Machiavel, en racontant ce drame terrible, garde la même insensibilité que Grégoire de Tours en racontant les crimes des Mérovingiens. Cette insensibilité a été l'objet d'un blâme très sévère ; mais comme en toutes les questions on trouve toujours des contradicteurs, s'il s'est rencontré des écrivains qui ont condamné Machiavel à cause du ton de son récit, il s'en est rencontré d'autres qui l'ont absous. Au premier rang de ces derniers se place l'ingénieux critique Hoffmann, et nous croyons faire plaisir aux lecteurs en mettant sous leurs yeux la discussion dans laquelle ce remarquable écrivain combat l'opinion de Ginguené.

« On sait, dit Hoffmann, que l'exécrable César Borgia, feignant de vouloir faire la paix avec quatre princes ses ennemis, leur donna un rendez-vous à Sinigaglia, et les fit égorger. Machiavel était alors à la cour de Borgia. Mais ce que M. Roscoe, d'ailleurs si sage et si exact, ce que Ginguené, qui se décide rarement sur une question difficile, n'ont pas assez remarqué, Machiavel n'était point là pour son plaisir ; c'était pour lui un devoir, une obligation, puisqu'il y était envoyé par son gouvernement. Après le crime de Borgia, il en informa son gouvernement dans un écrit où il est vrai de dire qu'il n'exprime aucune horreur de ce forfait, pas même une simple improbation. Il en félicite au contraire son gouvernement, parce que les victimes de Borgia étaient en même temps les ennemis de Florence. Voilà ce qu'on lui reproche, comme s'il eût été complice du crime, et où en conclut qu'il l'avait au moins approuvé. Ginguené s'écrie « Devait-il s'ap-
» procher d'un tel prince ? Ne devait-il pas s'enfuir épouvanté ?
» Comment a-t-il pu transmettre à la postérité de pareils détails
» sans les blâmer, sans témoigner la moindre répugnance ? » Il n'est rien de plus facile que de faire voir l'injustice et le ridicule de cette déclaration 1° Machiavel ne songeait pas *a la postérité*, mais à son gouvernement, quand il lui a transmis cette dépêche, et ce n'est pas lui qui l'a publiée. 2° Il fallait bien qu'il approchât d'un *tel prince*, puisque son gouvernement l'envoyait près d'un tel prince. 3° Il ne s'est pas *enfui épouvanté*, parce qu'un envoyé, un ambassadeur ne quitte pas son poste sans ordre ou sans permission

« Quant au style de la dépêche, il est ce qu'il devait être : exprimer l'horreur ou le blâme eût été une faute coupable, parce que Florence avait tout à craindre de Borgia et de son père Alexandre VI, parce qu'elle avait le plus grand intérêt à éviter une guerre aussi dangereuse. Pour achever de convaincre le lecteur, supposons qu'un ambassadeur de S. M. T. C. soit témoin, dans une cour étrangère, d'un de ces attentats, d'une de ces révolutions de palais où la morale a beaucoup à gemir ; supposons encore que le roi de France soit dans une de ces positions qui lui fasse regarder la rupture de la paix comme un grand malheur, je le demande à tout homme raisonnable, cet ambassadeur se permettrait-il d'écrire une philippique ou une verrine sur l'évenement dont il aurait été témoin, et, par une affectation de vertu intempestive, irait-il compromettre les intérêts de son roi, et appeler la guerre sur sa patrie ? Non, sans doute, il écrirait comme a fait Machiavel, gardant son horreur *in petto*, et sachant bien que les auteurs d'un pareil attentat ne seraient pas gens à respecter les dépêches d'un ambassadeur. C'est ainsi qu'une observation, dictée par le sens, fait crouler tout l'échafaudage d'une vaine declamation qui, pour être fort éloquente, n'en est pas moins une sottise en politique. »

RELATION

DE LA CONDUITE

DU DUC DE VALENTINOIS

MASSACRE DE SINIGAGLIA.

Le duc de Valentinois était de retour de Lombardie, où il s'était rendu pour se justifier auprès du roi de France Louis XII d'une foule de griefs que les Florentins lui avaient imputés à l'occasion de la révolte d'Arezzo, et de plusieurs autres villes de la Valdichiana Il s'était arrêté à Imola, dans le dessein d'y réunir toutes ses troupes pour marcher contre Giovanni Bentivogli, tyran de la ville de Bologne. Il voulait ajouter cette ville à ses autres conquêtes, et en faire la capitale de son duché de Romagne.

Ce projet parvint à la connaissance des Vitelli, des Orsini et de leurs partisans, et il leur parut que le duc en devenait trop puissant : ils craignirent qu'après s'être emparé de Bologne, il ne cherchât à les détruire successivement, afin de rester le seul en armes dans l'Italie. En conséquence, ils formèrent à la Magione, dans les Etats de Pérouse, une assemblée à laquelle se trouvaient le cardinal, Pagolo, le duc de Gravina, tous trois de la famille des Orsini, Vitellozzo Vitelli, Oliverotto da Fermo, Giampagolo Baglioni, tyran de Pérouse, et messer Antonio da Venafro, envoyé par Pandolfo Petrucci, chef du gouvernement de Sienne. On discuta longtemps sur les projets d'agrandissement du duc, et sur la nécessité de mettre un frein à son avidité, si chacun d'eux ne voulait se voir exposé à une perte certaine. Ils résolurent unanimement de ne point abandonner les Bentivogli, et de tâcher de gagner les Florentins : ils envoyèrent dans ces deux villes des hommes de confiance, promettant aux uns leur appui, et engageant les autres à s'unir à eux contre l'ennemi commun.

Toute l'Italie fut bientôt instruite de cette assemblée ; les peuples qui n'obéissaient qu'avec regret au duc, et particulièrement les habitants d'Urbin, concurent l'espérance d'obtenir un changement à leur sort.

Au milieu de ces incertitudes, quelques habitants de la ville d'Urbin formèrent le projet de s'emparer de la citadelle de San-Leo, où le duc avait garnison. On saisit l'occasion suivante : le gouverneur faisait travailler à fortifier le château ; comme on y transportait des bois de charpente, les conjurés se mirent en embuscade, et prenant le moment où le pont était embarrassé par les poutres qu'on apportait, et où la garde intérieure ne pouvait le lever, ils s'élancèrent sur le pont, et pénétrèrent à l'instant dans le château. A la nouvelle de cette prise, tout le pays se souleva : on rappela l'ancien souverain, et les espérances des habitants se fondèrent encore moins sur la possession de cette forteresse, que sur les résolutions de la diète de Magione, par laquelle ils comptaient devoir être appuyés.

Les membres de la diète n'eurent pas plutôt appris la révolte d'Urbin, qu'ils sentirent qu'ils n'avaient pas un moment à perdre : ils rassemblèrent soudain leurs troupes pour s'emparer de toutes les places de ce pays qui seraient encore au pouvoir du duc ; ils envoyèrent de nouveaux députés à Florence pour presser la république de se joindre à eux, et d'unir ses efforts aux leurs pour éteindre l'incendie qui les menaçait tous. Ils lui exposèrent que le succès n'était pas douteux, et que jamais une semblable occasion ne se représenterait si on la laissait échapper.

Mais les Florentins, retenus par la haine que divers motifs leur avaient fait concevoir contre les Vitelli et les Orsini, loin d'adhérer à leur demande, envoyèrent Nicolas Machiavel, secrétaire de la république, pour offrir au duc un asile et des secours contre ses nouveaux ennemis. Il le trouva tout effrayé dans Imola. Ses propres troupes, au moment où il s'y attendait le moins, s'étaient tout à coup tournées contre lui, et à l'approche d'une guerre imminente il se trouvait totalement désarmé.

Les offres des Florentins lui rendirent toute son audace : il résolut de traîner la guerre en longueur, en combattant avec le peu de soldats qui lui étaient restés fidèles, et en négociant, et de chercher à se procurer des secours ; ce qu'il fit de deux manières : il envoya demander des troupes au roi de France, engagea tout homme d'armes ou tout individu faisant le métier de cavalier, qui voudrait entrer à son service, et eut soin de les payer exactement.

Malgré tous ces préparatifs, les ennemis s'avancèrent et se portèrent sur Fossombrone, où une partie de l'armée du duc s'était retranchée. Elle fut mise en déroute par les Vitelli et les Orsini. Cet évenement décida le duc à recourir exclusivement à la voie des négociations, et à voir s'il parviendrait par ce moyen à étouffer les complots dirigés contre lui. Profond dans l'art de dissimuler, il ne négligea rien pour convaincre ses ennemis qu'ils avaient pris les armes contre un homme qui n'avait fait des conquêtes que pour leur propre avantage, dont l'unique ambition était d'acquérir seulement le titre de prince, mais qui voulait que la principauté lui restât en effet. Il sut si bien les séduire, qu'ils envoyèrent vers lui le seigneur Pagolo pour traiter de la paix, et, en attendant, ils posèrent les armes

Le duc, de son côté, ne cessa pas un seul instant ses préparatifs. Il avait soin d'augmenter sa cavalerie et son infanterie ; et, pour que ces précautions frappassent moins les yeux, il envoya ses troupes, par divisions séparées, en divers endroits de la Romagne. Il avait déjà reçu en outre cinq cents lances françaises ; et quoique ses forces fussent assez considérables pour pouvoir se venger de ses ennemis par une guerre ouverte, il pensa qu'il serait plus sûr et plus avantageux de les tromper, et de ne pas interrompre les négociations de paix déjà entamées.

Cette intrigue fut conduite avec tant d'adresse, qu'il conclut avec eux un traité de paix qui confirmait les engagements précédemment contractés par lui avec chacun d'eux. Il leur fit compter immédiatement quatre mille ducats, et leur donna l'assurance de ne point inquiéter les Bentivogli ; il fit alliance avec Giovanni, et consentit que jamais plus d'un d'entre eux à la fois ne pût être obligé de venir servir en personne, à moins que le contraire ne leur convînt.

De leur côté, ils s'engagèrent à lui restituer le duché d'Urbin et toutes les conquêtes qu'ils avaient faites jusqu'à ce jour ; à rester à son service dans toutes les expéditions qu'il aurait dessein d'entreprendre ; à ne pouvoir, sans sa permission, faire la guerre à qui que ce fût, ni entrer au service d'aucun autre prince.

Lorsque ce traité eut été ratifié, Guido Ubaldo, ancien duc d'Urbin, se réfugia de nouveau à Venise, après avoir fait démanteler préalablement toutes les places fortes de ses États ; car, assuré de l'affection de ses sujets, il ne voulait pas que l'ennemi tirât avantage des forteresses que lui-même n'espérait pas pouvoir défendre, et qu'elles servissent à tenir ses amis sous le joug.

Mais le duc de Valentinois, après avoir conclu ce traité, et réparti ses troupes, ainsi que les hommes d'armes français, dans toute la Romagne, quitta tout à coup Imola vers la fin de novembre, et se rendit à Césene, où il demeura quelques jours à négocier avec les envoyés des Vitelli et des Orsini, qui se trouvaient avec leurs troupes dans le duché d'Urbin pour déterminer les nouvelles entreprises qu'ils devaient tenter actuellement. Comme on ne concluait rien, on lui envoya dire par Oliverotto da Fermo, que s'il voulait faire la conquête de la Toscane, ils étaient prêts à le seconder ; que, dans le cas contraire, ils iraient assiéger Sinigaglia. Le duc répondit à cet envoyé que son intention n'était point de porter la guerre en Toscane, attendu que les Florentins étaient ses amis, mais qu'il verrait sans peine qu'ils dirigeassent leurs armes contre Sinigaglia. Bientôt après ils lui firent savoir que la ville s'était rendue à eux, mais que la citadelle n'avait pas voulu imiter cet exemple, et que le commandant avait déclaré ne vouloir la remettre qu'entre les mains du duc : en conséquence, ils l'engageaient fortement à venir. L'occasion parut favorable au duc : il pensa que son arrivée ne pourrait leur donner d'ombrage, puisque c'étaient eux-mêmes qui l'appelaient, et qu'il ne venait point de son propre mouvement. Pour endormir leurs soupçons, il licencia toutes les troupes françaises, qui s'en retournèrent en Lombardie, à l'exception de cent lances de M. de Candale, son beaufrère. Il partit de Césène vers le milieu de décembre, et se rendit à Fano. Déployant alors toute l'astuce et la sagacité dont il était doué, il persuada aux Vitelli et aux Orsini de l'attendre à Sinigaglia, en leur faisant sentir que la méfiance ne pouvait contribuer à rendre la paix ni durable ni sincère : que, quant à lui, il aimait à pouvoir compter sur les armes et les conseils de ses amis. Quoique Vitellozzo montrât quelque répugnance à se rendre à cette invitation, et que la mort de son frère lui eût appris que l'on ne doit pas se fier à un prince que l'on a offensé, néanmoins, persuadé par Pagolo Orsini, que le duc avait acheté par des dons et des promesses, il consentit à l'attendre.

En conséquence, le 30 décembre 1502, au moment de s'éloigner de Fano, le duc communiqua son dessein à huit de ses amis les plus intimes, parmi lesquels se trouvaient don Michele et monseigneur d'Euna, qui fut depuis cardinal, et leur prescrivit, aussitôt que Vitellozzo, Pagolo Orsini, le duc de Gravina et Oliverotto, seraient venus à sa rencontre, de placer chacun de ces quatre seigneurs entre deux d'entre eux, et leur désigna celui dont ils devaient se charger spécialement, avec ordre de faire en sorte de les occuper jusqu'à ce qu'on fût entré dans Sinigaglia, et de ne point les laisser s'éloigner avant qu'ils fussent arrivés au logement du duc, et faits prisonniers. Il ordonna ensuite à son armée, dont la force consistait en plus de deux mille hommes de cavalerie et de dix mille d'infanterie, de se trouver à la pointe du jour sur les bords du Metauro, fleuve éloigné de Fano d'environ cinq milles, et de l'attendre en cet endroit. S'étant donc trouvé le dernier jour de décembre sur le Metauro, avec toutes ses troupes, il fit avancer environ deux cents cavaliers ; son infanterie se mit ensuite en marche et il la suivit immédiatement en personne, à la tête du reste de ses hommes d'armes.

Fano et Sinigaglia sont deux villes de la Marche, situées sur les bords de la mer Adriatique, et éloignées l'une de l'autre de quinze milles ; de manière que celui qui se rend à Sinigaglia a sur sa droite des hauteurs dont la base se rapproche quelquefois si près de la mer, qu'il ne reste qu'un passage extrêmement resserré entre les eaux et la montagne : l'endroit où elles s'éloignent le plus de la mer n'a guère que deux milles de largeur.

La ville de Sinigaglia est à peu près à la distance d'un jet d'arc de la base de ces montagnes, et son éloignement de la mer est tout au plus d'un mille. A côté coule une petite rivière qui baigne la partie des murs de la ville qui regarde Fano, en face de la route. Cependant, lorsqu'on arrive près de Sinigaglia, on suit une assez grande partie de chemin le long des montagnes ; mais lorsqu'on est parvenu à la rivière qui baigne les murs, on tourne sur la main gauche, et l'on suit le rivage pendant l'espace à peu près d'un trait d'arc, jusqu'à ce que l'on arrive à un pont qui traverse la rivière presque en face de la porte par laquelle on entre dans la ville, non en ligne directe, mais sur le côté : au-devant de la porte, on trouve un faubourg composé de plusieurs maisons, et d'une place dont la rive du fleuve forme un des côtés.

Les Vitelli et les Orsini, dans l'intention de recevoir le duc d'une manière honorable, et de pouvoir loger ses troupes, avaient donné l'ordre aux leurs de sortir de la ville, et de se retirer dans quelques châteaux forts situés à six milles environ de Sinigaglia, où ils n'avaient laissé qu'Oliverotto et sa compagnie, composée de mille hommes d'infanterie et de cent cinquante chevaux ; elle avait ses logements dans le faubourg dont je viens de parler.

Toutes les dispositions ayant été prises, le duc de Valentinois s'avança vers Sinigaglia. Lorsque la tête de sa cavalerie eut atteint le pont, elle fit halte, et une partie fit face au fleuve, tandis que l'autre regardait la campagne : elle laissa un passage au milieu pour l'infanterie, qui s'avança sans s'arrêter jusque dans la ville. Vitellozzo, Pagolo et le duc de Gravina, montés sur des mulets, vinrent à la rencontre du duc, accompagnés d'un petit nombre de cavaliers. Vitellozzo était sans armes, et couvert d'un manteau doublé de vert : la tristesse peinte sur son visage semblait présager la mort qui l'attendait, et l'on ne pouvait le voir sans étonnement, lorsqu'on réfléchissait à son courage et à sa fortune passée. On dit même que, quand il quitta ses troupes pour venir à Sinigaglia à la rencontre du duc, il leur fit ses adieux comme s'il devait les quitter pour toujours ; il recommanda sa maison et le soin de sa fortune à ses principaux officiers, et conseilla à ses neveux de ne jamais se ressouvenir de la fortune de leur maison, mais seulement des vertus de leurs pères.

Arrivés tous trois devant le duc, ils le saluèrent avec honnêteté : il les reçut d'un air gracieux ; et aussitôt ceux auxquels il avait recommandé de les surveiller les placèrent entre eux. Le duc s'étant alors aperçu qu'Oliverotto se trouvait absent, parce qu'il était resté avec ses troupes à Sinigaglia, où il les tenait en bataille devant la place de leurs quartiers, situés sur les bords de la rivière, et où il leur faisait faire l'exercice, fit signe de l'œil à don Michele, auquel Oliverotto avait été confié, de tâcher qu'il ne pût échapper. Don Michele pique alors son cheval, et Oliverotto s'étant approché, il lui dit que ce n'était pas le moment de tenir ses troupes hors de leurs quartiers, qui pourraient être pris par celles du duc. En conséquence, il lui conseilla de les faire rentrer et de venir avec lui à la rencontre du duc. Oliverotto suivit son conseil et rejoignit bientôt le duc, qui, dès qu'il l'eut aperçu, l'appela près de lui. Oliverotto, l'ayant salué, se mit à le suivre comme les autres.

Lorsqu'ils furent entrés dans Sinigaglia, ils mirent tous pied à terre au logement du duc. Ce dernier, étant entré avec eux dans un appartement, les fit soudain saisir; et montant aussitôt à cheval, il ordonna qu'on dévalisât les troupes d'Oliverotto et des Orsini. Celles du premier étant sur les lieux, elles furent toutes livrées au pillage; mais, comme celles des Orsini et des Vitelli étaient plus éloignées, et qu'elles se doutaient du malheur de leurs chefs, elles eurent le temps de se réunir, et se rappelant le courage et la discipline dont la maison des Orsini et des Vitelli leur avait toujours donné l'exemple, elles serrèrent leurs rangs : et, malgré les efforts des habitants du pays et des ennemis, elles parvinrent à se sauver. Les soldats du duc, peu satisfaits du pillage des troupes d'Oliverotto, commencèrent à saccager Sinigaglia; et, si le duc n'avait réprimé leur avidité par la mort de plusieurs d'entre eux, la ville eût été totalement ravagée.

Mais quand la nuit fut arrivée, et les tumultes apaisés, le duc crut qu'il était temps de se défaire de Vitellozzo et d'Oliverotto. Les ayant fait conduire tous deux ensemble dans le même lieu, ils furent étranglés. Tous deux en expirant ne proférèrent aucune parole digne de leur vie passée ; car Vitellozzo le conjura d'implorer du pape une indulgence plénière pour tous ses péchés. Oliverotto rejeta en pleurant sur Vitellozzo toute la faute des outrages dont se plaignait le duc. Pagolo et le duc de Gravina Orsini furent laissés en vie jusqu'à ce que le duc eût appris que le pape avait fait arrêter dans Rome le cardinal Orsini, l'archevêque de Florence, et messer Jacopo da Santa Croce. Après avoir reçu cette nouvelle, il les fit étrangler de la même manière, à Castel-della-Pieve, le 18 janvier 1503 [1].

---

[1] Ou 1503 suivant la manière de compter des Florentins, dont l'année ne commençait qu'au 25 mars.

VIE

DE

CASTRUCCIO CASTRACANI
DE LUCQUES.

AVERTISSEMENT

Toujours admirée comme composition littéraire, la vie de Castruccio a donné lieu à de très vives critiques comme morceau d'histoire. Leibnitz, en la comparant avec la Cyropédie, prétend que Machiavel a voulu donner dans Castruccio l'idée d'un prince telle qu'il se l'était formée dans son traité *del Principe*. D'autres ont prétendu que, pour se venger du mal que le célèbre condottiere avait fait à Florence, Machiavel avait eu recours à la fiction, dans l'espoir qu'il réussirait, en cachant la vérité sous des mensonges, à obscurcir la gloire de son héros, et à rendre suspecte la foi des écrivains qui entreprendraient à l'avenir de retracer l'histoire de ce vaillant soldat. C'est, nous le pensons, prêter à Machiavel plus de *machiavélisme* qu'il ne pouvait en concevoir lui-même. Il nous paraît plus simple de croire que le secrétaire florentin a voulu écrire une composition brillante, dans laquelle en donnant carrière à son imagination, il s'est plu à créer un type calqué, d'une manière plus ou moins exacte, sur un personnage réel, en d'autres termes, qu'il n'a voulu faire qu'un roman historique. Cette opinion, à laquelle nous souscrivons entièrement, a été développée avec beaucoup de netteté par le comte Algarotti, qui dit expressément : « Les critiques prétendent qu'en écrivant la vie de Castruccio le secrétaire s'est servi seulement du canevas que lui présentait l'histoire, qu'il l'a ensuite brodé à sa fantaisie, et qu'il avait pris à tâche de faire pour Castruccio ce que Xénophon avait fait pour Cyrus. Ce qui prouve en effet que tel a été son but, ce sont quelques reparties des anciens qu'il lui met dans la bouche, et l'espèce de contradiction que présente l'exposition des mêmes faits dans son histoire de Florence, et dans la vie qu'il a écrite séparément de son heros. Dans cet ouvrage, il laisse le champ libre à son imagination, au lieu que dans son histoire il suit exactement le recit de Villani, auteur contemporain, qui, d'ailleurs, peint Castruccio comme *valeureux, magnanime, sage, empresse, actif, preux en armes, bien pourvu en guerre* et *très aventureux dans ses entreprises*... Les batailles que livra Castruccio, suivant l'histoire de sa vie, sont au nombre de trois, mais c'est le secrétaire qui les a embellies, ou, pour mieux dire, qui les a disposées. Il est aisé de s'apercevoir que dans la description qu'il en fait, il s'est complu à faire montre de sa science militaire. Si ces batailles, ajoute le comte Algarotti, ne sont pas vraies, chacun conviendra du moins qu'elles sont bien trouvées, et ce sera encore ici le cas de dire avec Aristote, que la poésie est plus instructive que l'histoire. »

L'abbé Sallier a publié au tome VII, p. 320, de l'*Histoire de l'Academie royale des Inscriptions et Belles-Lettres*, un examen critique de la vie de Castruccio. Nous renvoyons à cet examen ceux de nos lecteurs qui seraient curieux de constater les embellissements que la fantaisie de Machiavel a ajoutés à la vérité historique, et, de plus, nous donnons en appendice l'excellent article biographique de Sismondi.

VIE

DE

CASTRUCCIO CASTRACANI
DE LUCQUES.

Très chers Zanobi [1] et Luigi, on ne peut voir sans étonnement que la plupart de ceux qui dans ce monde ont fait de très grandes actions, que ceux entre autres qui par leur vertu s'élèvent au-dessus de tous leurs contemporains, ont eu une origine obscure, et sont nés dans la bassesse, ou du moins ont été le jouet des caprices de la fortune. Les uns, en voyant le jour, ont été exposés aux bêtes féroces ; les autres sont nés de parents d'une si vile extraction, que, rougissant de leur origine, ils se sont dits fils de Jupiter ou de quelque autre dieu. Comme les exemples de ce fait sont généralement connus, il serait fastidieux de les rapporter, et le lecteur ne pourrait en supporter l'ennui : je les passerai donc sous silence, comme entièrement superflus. La fortune a voulu sans doute nous prouver par là que c'est elle seule, et non la prévoyance, qui fait les grands hommes. Elle commence à déployer toute sa puissance dans un temps où la sagesse ne nous sert à rien, afin que ce soit à elle seule que nous soyons redevables de tout ce que nous sommes.

Castruccio Castracani, de Lucques, fut un de ces hommes qui, relativement aux temps où il vécut et à la ville où il reçut le jour, a exécuté les plus grandes choses. Sa naissance ne fut ni plus illustre ni plus heu-

---

[1] Dans les œuvres de Machiavel, ce travail porte la dédicace suivante *Nicolas Machiavel à Zanobi Buondelmonti et à Luigi Alamanni ses amis les plus chers*

reuse que celle d'une multitude d'autres grands hommes, ainsi qu'on le verra dans le récit de sa vie, que j'ai entrepris de faire revivre dans la mémoire des hommes, parce que j'ai cru y découvrir une foule d'exemples de courage et de bonheur dignes d'être offerts à l'admiration. J'ai cru devoir vous dédier cette histoire, parce que je ne connais personne qui, plus que vous, se plaise au récit des actions grandes et vertueuses.

Vous saurez donc que la famille des Castracani était comptée parmi les plus nobles de la ville de Lucques, quoique de nos jours, selon l'ordre de toutes les choses de ce monde, elle ait cessé d'exister. Antonio, l'un des descendants de cette famille, après avoir embrassé l'état ecclésiastique, était devenu chanoine de San-Michele de Lucques ; pour lui faire honneur on le nommait messer Antonio. Il n'avait qu'une sœur qu'il avait mariée autrefois à Buonaccorso Cenami. Buonaccorso étant mort, cette sœur, restée veuve, se décida à venir demeurer avec son frère, dans l'intention de ne plus se remarier. Derrière la maison qu'habitait messer Antonio se trouvait une vigne entourée d'un grand nombre de jardins, et il était facile d'y entrer de plusieurs côtés. Il arriva un jour que madonna Dianora (c'était le nom de la sœur de messer Antonio) se rendit à la vigne un peu après le lever du soleil, pour se promener, et y cueillir, suivant la coutume des femmes, quelques herbes nécessaires pour le ménage. Elle entendit quelque chose s'agiter sous une vigne, à travers le feuillage : ayant tourné les yeux de ce côté, elle crut entendre comme pleurer. Elle se dirigea aussitôt vers le bruit et aperçut les mains et le visage d'un jeune enfant, qui, caché dans le feuillage, semblait implorer du secours. Saisie tout à la fois d'étonnement et de frayeur, et remplie de compassion, elle le prend, l'emporte à son logis, le lave, l'enveloppe de langes blancs, comme on a coutume d'arranger les enfants, et le présente à messer Antonio lorsqu'il fut de retour. Au récit de sa sœur, et à l'aspect de cet enfant, il éprouva l'étonnement et la pitié qu'elle-même avait ressentis. Après s'être consultés ensemble pour savoir quel parti ils devaient prendre, ils se déterminèrent à l'élever, puisque lui-même était prêtre et qu'elle n'avait pas d'enfant. Ayant donc pris une nourrice chez eux, ils le firent nourrir avec la même tendresse que s'il eût été leur fils ; et l'ayant fait baptiser, ils lui donnèrent le nom de Castruccio, qu'avait porté leur père.

L'amabilité du jeune Castruccio augmentait avec l'âge : toutes ses actions dénotaient l'esprit et la sagesse, et il apprenait sans peine tout ce que sa jeunesse permettait à messer Antonio de lui enseigner. L'intention de son père adoptif était d'en faire un prêtre et de lui résigner par la suite son canonicat, ainsi que quelques autres bénéfices qu'il possédait : c'est dans cette vue qu'il l'élevait. Mais il avait trouvé un élève dont les dispositions étaient diamétralement opposées à l'esprit du sacerdoce. A peine Castruccio eut-il atteint l'âge de quatorze ans, et commencé à prendre quelque ascendant sur l'esprit de messer Antonio et de madonna Dianora, et à ne plus les craindre, que, jetant de côté ses livres de théologie, il se mit à faire des armes : il n'avait d'autre plaisir qu'à les manier, ou à se livrer, avec les compagnons de son âge, à la course, au saut, à la lutte et à tous les autres exercices de ce genre ; il y développait un courage et une adresse vraiment extraordinaires, et y surpassait de bien loin tous ses compagnons. Si quelquefois il se livrait à la lecture, les seuls livres qui pussent l'intéresser étaient ceux qui parlaient de guerre ou qui racontaient les actions des grands hommes. Cette conduite inspirait à messer Antonio le chagrin le plus vif.

Il y avait à cette époque dans la ville de Lucques un gentilhomme de la famille des Guinigi, nommé messer Francesco, qui surpassait tous ses concitoyens par ses richesses, son amabilité et son courage. L'art de la guerre faisait son unique occupation, et il avait longtemps servi sous les Visconti de Milan. Comme il était gibelin, tous les Lucquois qui suivaient ce parti avaient pour lui la plus grande estime. Ce seigneur, lorsqu'il se trouvait à

Lucques, se réunissait soir et matin avec les autres citoyens au-dessous de la *loge* du podestat, qui donne sur la principale place de la ville, nommée San-Michele. Il aperçut plusieurs fois le jeune Castruccio se livrer, avec les autres enfants des environs, aux exercices dont j'ai déjà parlé. Outre qu'il le voyait toujours vainqueur, il crut remarquer qu'il avait sur ses compagnons une autorité presque royale, et qu'ils paraissaient tous l'aimer et le respecter, Il conçut le plus vif désir de connaître qui il était. Les renseignements qu'il obtint de ceux qui l'entouraient ne firent que redoubler l'envie qu'il avait de le posséder auprès de lui. Un jour donc l'ayant appelé, il lui demanda s'il aimerait mieux vivre dans la maison d'un gentilhomme qui lui apprendrait à monter à cheval et à manier les armes, que dans celle d'un prêtre où l'on n'entendait jamais que des offices et des messes. Messer Francesco s'aperçut de la joie du jeune homme au seul mot d'armes et de chevaux : toutefois la timidité empêcha un moment Castruccio de parler ; mais, encouragé par messer Francesco, il répondit enfin « que, si
» cela pouvait faire plaisir à messer Antonio, il ne de-
» mandait pas mieux que de laisser là toutes les études
» du prêtre, pour embrasser celles de soldat. » Messer Francesco, enchanté de cette réponse, fit tant auprès de messer Antonio, qu'au bout de quelques jours celui-ci consentit à lui céder son fils adoptif : ce qui le décida fut la connaissance intime qu'il avait du caractère de ce jeune homme, qu'il sentait bien ne pouvoir contenir plus longtemps.

Castruccio passa donc de la maison du chanoine Castracani dans celle du condottiere Guinigi ; et l'on ne peut penser sans étonnement au peu de temps qu'il lui fallut pour acquérir toutes les qualités et toutes les manières que l'on exige dans un véritable gentilhomme. D'abord il devint un excellent cavalier et apprit à dompter avec adresse le cheval le plus fougueux. Quoique à peine sorti de l'adolescence, il se faisait distinguer entre tous ses rivaux dans les joutes et dans les tournois ; et pour la force et pour l'adresse, il ne pouvait rencontrer un champion qui le surpassât. Ses manières n'étaient pas moins remarquables : il montrait dans toute sa conduite une rare modestie, ne se permettant jamais un geste ni une parole qui pût déplaire ; respectueux envers ses supérieurs, il n'était pas moins exempt d'orgueil envers ses égaux qu'affable envers ses inférieurs ; c'est en agissant ainsi qu'il s'était fait chérir non seulement de la famille des Guinigi, mais encore de toute la ville de Lucques.

Castruccio avait déjà atteint l'âge de dix-huit ans lorsque les Gibelins furent chassés de Pavie. Les Visconti de Milan envoyèrent à leur secours messer Francesco Guinigi. Castruccio le suivit, et fut chargé de tous les détails de sa compagnie. Durant cette campagne, Castruccio donna des preuves si multipliées de son courage et de sa sagesse, que personne, entre tous ceux qui combattirent comme lui, ne s'acquit autant de bienveillance et d'estime ; aussi son nom fut-il honoré non seulement dans Pavie, mais dans toute la Lombardie.

De retour à Lucques, Castruccio, beaucoup plus estimé encore que lorsqu'il partit, ne négligeait rien pour gagner de nombreux amis : il savait employer à propos toutes les prévenances nécessaires pour enchaîner le cœur des hommes. Messer Francesco Guinigi étant mort sur ces entrefaites, ne laissant qu'un fils âgé de treize ans, nommé Pagolo, il avait nommé Castruccio tuteur de ce fils, et l'avait chargé de l'administration de ses biens. Avant d'expirer, il le fit venir devant lui, et le conjura d'avoir soin de son fils, de vouloir bien l'élever avec les soins qu'il s'était plu lui-même à lui prodiguer, et de rendre au fils les marques de reconnaissance qu'il n'avait pu témoigner au père. Messer Francesco Guinigi expira, et Castruccio resta gouverneur et tuteur de Pagolo. Son crédit et son influence montèrent si haut, que la bienveillance universelle qu'il s'était acquise parmi ses concitoyens commença à dégénérer en envie : il devint suspect à plusieurs d'entre eux ; on l'accusa d'aspirer à la tyrannie. Parmi ses détracteurs les plus acharnés, on distinguait messer Giorgio degli Opizi, chef du parti guelfe, auquel la mort de messer Francesco avait fait espérer de devenir pour ainsi dire souverain dans Lucques. Il crut que Castruccio, demeuré dans le gouvernement par l'influence que lui donnaient toutes ses qualités, lui avait fait perdre les occasions les plus favorables, et il ne cessait de semer les bruits les plus propres à lui faire perdre les bonnes grâces du peuple Castruccio témoigna d'abord toute l'indignation que lui inspirait cette conduite : le soupçon vint s'y joindre ; et bientôt il fut convaincu que messer Giorgio ne cesserait de le poursuivre jusqu'à ce qu'il l'eût rendu suspect aux yeux du lieutenant de Robert, roi de Naples, qui finirait par le chasser de Lucques.

Pise, à cette époque, était soumise à Uguccione della Fagginola, d'Arezzo, qui, choisi d'abord par les Pisans pour commander leurs armées, avait fini par se faire leur seigneur. Plusieurs exilés lucquois, du parti gibelin, étaient venus chercher un asile auprès de lui. Castruccio entretint avec eux des intelligences, et leur proposa de les faire rentrer dans leurs foyers avec le secours d'Uguccione ; il fit également part de son dessein aux nombreux amis qu'il avait dans la ville, et qui ne supportaient qu'avec impatience l'autorité qu'affectaient les Opizi. Après avoir pris toutes leurs mesures, Castruccio eut la précaution de fortifier la tour degli Onesti ; il la remplit de munitions de guerre et de bouche, afin de pouvoir, en cas de besoin, s'y maintenir pendant quelques jours. La nuit pendant laquelle il était convenu de mettre son projet à exécution étant arrivée, il donna le signal à Uguccione, qui était descendu dans la plaine avec de nombreuses troupes qu'il avait postées entre les montagnes et la ville. A la vue du signal, Uguccione s'approcha de la porte de San-Piero, et mit le feu à la première barrière De son côté, Castruccio donne l'alarme, appelle le peuple aux armes, et enfonce la porte intérieure. Uguccione et ses troupes se précipitent alors dans la ville ; ils parcourent les rues, massacrent messer

Giorgio et toute sa famille, ainsi qu'un grand nombre de
ses amis et de ses partisans, et chassent le gouverneur.
Alors Uguccione change comme il lui plaît tout le gouvernement de la ville : mais ce fut pour elle un grand
malheur, car plus de cent familles furent exilées de
Lucques. Dans leur fuite, les unes se réfugièrent à Florence, les autres à Pistoja ; et comme ces villes étaient
gouvernées alors par le parti guelfe, elles devinrent
nécessairement ennemies d'Uguccione et des Lucquois.

Les Florentins et les autres Guelfes jugeant, après ce
succès, que le parti gibelin était devenu trop puissant
en Toscane, convinrent entre eux de réintégrer dans
leur patrie les exilés de Lucques : ils rassemblèrent à cet
effet des troupes nombreuses, se portèrent dans le Val-
di-Nievole, où ils occupèrent Montecatini, et de là ils
vinrent mettre le siège devant Montecarlo, afin d'avoir
le passage libre du côté de Lucques. De son côté Uguccione réunit un corps considérable de Pisans et de
Lucquois, ainsi qu'un grand nombre de cavaliers allemands qu'il tira de la Lombardie, et marcha contre
l'armée florentine, qui, à l'approche de l'ennemi, avait
levé le siège de Montecarlo, et s'était postée entre Montecatini et Pescia Uguccione disposa la sienne au-dessous
de Montecarlo, et à deux milles environ des ennemis.
Pendant quelques jours la cavalerie de l'une et l'autre
armée se borna à de légers engagements, parce qu'Uguccione se trouvant incommode, les Pisans et les Lucquois
évitaient avec soin de livrer bataille aux ennemis. La
maladie d'Uguccione s'étant aggravée, il se rendit à
Montecarlo pour se faire soigner, et laissa à Castruccio
le commandement de l'armée. Cet événement causa la
perte des Guelfes, qui redoublèrent de confiance parce
qu'il leur sembla que l'armée ennemie était restée sans
général Castruccio s'en aperçut, et pendant plusieurs
jours se conduisit de manière à les fortifier dans cette
opinion. il avait l'air de craindre, et ne laissait sortir
aucune munition du camp De leur côté, plus les Guelfes

s'apercevaient de ces craintes, plus ils devenaient insolents, et ils se présentaient chaque jour en ordre de bataille devant l'armée de Castruccio. Quand celui-ci crut leur avoir suffisamment enflé le courage, et qu'il eut reconnu leurs positions, il se décida à livrer le combat. D'abord il affermit par ses discours le courage de ses troupes, et leur promit une victoire assurée s'ils voulaient obéir à ses ordres.

Castruccio s'était aperçu que les ennemis avaient mis leurs troupes d'élite au centre, et que les corps les plus faibles occupaient les ailes. Il prit des dispositions contraires : il mit ses soldats les plus vaillants sur les ailes, et plaça au centre ceux sur lesquels il comptait moins. Il sortit de ses retranchements dans cet ordre. A peine était-il en présence de l'armée ennemie, qui, selon son habitude, venait insolemment le défier, qu'il ordonna au centre de s'avancer avec lenteur, et aux deux ailes de se précipiter sur l'ennemi : de manière que quand on en vint aux mains, il n'y eut que les ailes des deux armées qui se joignirent ; tandis que le centre resta spectateur du combat, parce que les troupes du centre de Castruccio étant restées tout à fait en arrière, celles de l'ennemi ne purent les atteindre ; et, par cette manœuvre, ce furent les meilleurs soldats de Castruccio qui combattirent les plus faibles de l'ennemi, tandis que les troupes d'élite de ce dernier ne purent ni combattre celles qu'elles avaient en face, ni secourir leurs ailes. Après une faible résistance, les deux ailes de l'armée ennemie prirent la fuite ; et le centre alors, voyant ses deux flancs dégarnis, et ne pouvant donner de preuves de son courage, se mit à fuir également. La déroute fut complète et le carnage considérable. Le nombre des morts s'éleva à plus de deux mille : les chefs les plus distingués du parti guelfe en Toscane y perdirent la vie, ainsi que plusieurs princes venus à leur secours, tels que Pierre, frère du roi Robert, Charles, son neveu, et Philippe, prince de Tarente. De son côté, Castruccio ne perdit pas trois cents hommes ; mais parmi eux se trouvait Francesco, fils d'Uguccione, jeune homme plein de courage et de résolution, qui périt dans le commencement du combat.

Cette défaite illustra le nom de Castruccio. Uguccione, rempli de jalousie, en conçut des craintes si vives pour ses Etats, qu'il ne pensa plus qu'au moyen de se défaire de lui : il lui semblait que cette victoire, au lieu de lui assurer l'empire, n'avait fait que le lui ravir. Plein de cette pensée, il n'attendait qu'une occasion favorable pour accomplir sa vengeance, lorsqu'on assassina Pierre Agnolo Micheli, l'un des hommes les plus marquants et les plus estimés de Lucques. L'assassin vint chercher un asile dans la maison de Castruccio ; les huissiers du capitaine s'y étant transportés pour le saisir, Castruccio les chassa, et, grâce à son secours, l'homicide parvint à se sauver. Uguccione, qui se trouvait alors à Pise, ayant appris cette nouvelle, crut avoir trouvé un juste motif de punir celui qui lui portait ombrage : il appela en sa présence Neri, son fils, auquel il avait déjà donné la seigneurie de Lucques, le chargea d'inviter Castruccio à un grand repas, et de profiter de ce prétexte pour l'arrêter et le faire mourir. En effet, Castruccio se rendit au palais comme à l'ordinaire, et n'imaginant pas qu'il pût craindre la moindre insulte. Neri le retint d'abord à souper, puis le fit arrêter. Cependant, comme il craignait qu'en le faisant mourir sans raison plausible le peuple ne prît le parti de le venger, il se décida à lui conserver la vie jusqu'à ce qu'Uguccione lui eût fait connaître plus positivement la manière dont il devait se conduire. Uguccione, après avoir blâmé la lenteur et le peu de courage de son fils, voulut terminer lui-même cette affaire, et partit de Pise pour se rendre à Lucques, à la tête de quatre cents cavaliers ; mais il n'était point encore parvenu aux Bains, que les Pisans prirent les armes, tuèrent son lieutenant et les membres de sa famille qui étaient restés à Pise, et choisirent pour leur seigneur le comte Gaddo della Gherardesca. Avant d'arriver à Lucques, Uguccione fut instruit de l'événement qui venait d'avoir lieu à Pise ; toutefois il ne crut pas devoir retourner sur ses pas, dans la crainte que les Lucquois, excités par l'exemple des Pisans, ne lui fermassent également leurs portes Mais les Lucquois, informés de ce qu'avaient fait les Pisans, et quoique Uguccione fût entré dans leur ville, commencèrent, sous prétexte de délivrer Castruccio, à former des groupes sur les places publiques, où ils s'exprimaient sans retenue. Bientôt ils se soulevèrent, et en vinrent enfin à prendre les armes, en demandant à grands cris la liberté de Castruccio. Uguccione, dans la crainte de plus grands malheurs, consentit à le tirer de prison. Aussitôt Castruccio, ayant réuni tous ses amis, et favorisé par le peuple, se précipita sur Uguccione qui, se voyant sans ressource, prit la fuite avec ses partisans, et courut chercher un asile en Lombardie, auprès des seigneurs della Scala, où il mourut misérablement.

Alors, Castruccio, de prisonnier devenu pour ainsi dire souverain dans Lucques, sut si bien s'appuyer de ses amis et de la faveur toute récente encore du peuple, qu'on le nomma pour un an capitaine général des troupes lucquoises. A peine eut-il obtenu cette dignité, que, pour se faire un nom dans la guerre, il résolut de faire recouvrer à ses concitoyens un grand nombre de places qui s'étaient soulevées depuis la fuite d'Uguccione. Renforcé par les Pisans, avec lesquels il s'était ligué, il alla mettre le siege devant Sarzana ; et pour attaquer la place avec plus d'avantage, il fit élever sur une position qui la dominait une redoute que les Florentins entourèrent par la suite de murailles qu'on nomme aujourd'hui Sarzanello. Sarzana se rendit au bout de deux mois. Castruccio se servit de la reputation qu'il venait de se faire pour occuper Massa-Carrara et Lavenza ; et en peu de temps il se trouva possesseur de toute la Lunigiane Il emporta d'assaut Pontremoli, dans la vue de fermer le passage qui conduit de la Lombardie dans cette province, et chassa de la ville messer Anastagio Palavicini, qui en etait seigneur.

Lorsqu'il revint à Lucques après ces victoires, tout le

peuple se porta à sa rencontre. Castruccio ne crut pas devoir différer plus longtemps de se faire prince : profitant de l'appui de Pazzino dal Poggio, de Puccinello dal Portico, de Francesco Boccansacchi et de Cecco Guinigi, qui jouissaient alors du plus grand crédit dans la ville, et qu'il avait gagnés, il s'empara du pouvoir suprême ; et le peuple, par une résolution unanime et solennelle, l'élut prince.

A cette époque, Frédéric de Bavière, roi des Romains, s'était rendu en Italie pour se faire couronner empereur. Castruccio sut s'en faire un ami, et alla le trouver avec cinq cents chevaux, laissant à Lucques, en qualité de lieutenant, Pagolo Guinigi, qu'il traitait comme un fils, en reconnaissance des bienfaits qu'il avait reçus de son père. Frédéric accueillit Castruccio de la manière la plus honorable, lui accorda de nombreux privileges, et le nomma son lieutenant en Toscane. Comme, à cette même époque, les Pisans avaient chassé Gaddo della Gherardesca, et que, dans la crainte qu'ils en conservaient, ils s'étaient jetés dans les bras de Frédéric, ce prince nomma Castruccio seigneur de Pise ; et les Pisans, déterminés par la peur que les Guelfes, et les Florentins en particulier, leur inspiraient, acceptèrent ce nouveau maître.

Cependant Frédéric était retourné en Allemagne après avoir laissé à Rome un gouverneur chargé de veiller sur les affaires d'Italie. Alors tous les Gibelins de la Toscane et de la Lombardie, qui suivaient le parti de l'empire, accoururent autour de Castruccio, et lui promirent la souveraineté de leur patrie, s'il parvenait à les y rétablir. On remarquait parmi eux Matteo Guidi, Nardo Scolari, Lupo Uberti, Gerozzo Nardi et Piero Buonaccorsi, tous Gibelins et exilés de Florence. Fort d'un tel appui, Castruccio voulut tenter de devenir souverain de la Toscane. Pour se rendre plus formidable, il se rapprocha de messer Matteo Visconti, prince de Milan, et mit sous les armes tous les habitants de la ville et du territoire de Lucques. Cette ville a cinq portes : en conséquence il partagea tout le pays en cinq divisions, qu'il arma, et auxquelles il donna des chefs et des bannières. Il se trouva ainsi en état de mettre soudain vingt mille hommes sur pied, sans compter les ressources que Pise pouvait lui offrir

Dans le temps qu'il était environné de forces aussi imposantes et d'aussi nombreux amis, messer Matteo Visconti fut attaqué par les Guelfes de Plaisance, qui, avec l'aide des troupes florentines et celles du roi Robert, étaient parvenus à chasser les Gibelins. Messer Matteo requit Castruccio d'attaquer les Florentins, afin que, réduits à défendre leurs foyers, ils fussent forcés de rappeler leur armée de Lombardie. En consequence, Castruccio pénétra dans le Val-d'Arno, où il occupa Fucecchio et San-Miniato, après avoir ravagé le pays. Alors les Florentins, cédant à la nécessité, se hâterent de faire revenir leurs troupes. A peine avaient-elles mis le pied en Toscane, que Castruccio lui-même se vit dans la nécessite de reprendre le chemin de Lucques.

La famille de Poggio tenait le premier rang dans la ville ; elle avait puissamment contribué à l'élévation de Castruccio : c'était elle qui l'avait fait nommer prince ; mais les récompenses qu'elle avait reçues ne lui paraissant pas en proportion avec ses services, elle complota avec quelques autres familles de Lucques de faire soulever la ville, et d'en chasser Castruccio. Les conjurés profitèrent un matin de son absence, prirent les armes, coururent au palais, ou son lieutenant rendait la justice en son nom, et le massacrèrent. Ils tâchaient de faire soulever le peuple, lorsque Stefano di Poggio, vieillard ami de la paix, et qui n'avait pas voulu entrer dans la conjuration, s'avança vers eux, et les contraignit, par l'autorité de son âge et de son caractere, à mettre bas les armes, s'offrit à se rendre médiateur entre eux et Castruccio, et promit d'obtenir de lui tout ce qu'ils pouvaient désirer. A ces paroles, ils posèrent leurs armes aussi imprudemment qu'ils les avaient prises ; car à peine Castruccio avait-il été instruit du changement qui venait de s'opérer à Lucques, que, sans perdre un moment, il s'était mis en marche pour revenir avec une partie de son armée, laissant le reste sous le commandement de Pagolo Guinigi. Contre son attente, il trouva tout apaisé ; mais il crut avoir trouvé une nouvelle occasion d'assurer son autorité, et il plaça ses troupes dans les postes les plus favorables. Stefano di Poggio, persuadé que Castruccio serait reconnaissant du service qu'il lui avait rendu, vint le trouver, et, sans intercéder pour lui, car il ne croyait pas en avoir besoin, il le supplia pour les autres membres de sa famille, lui disant qu'il fallait pardonner beaucoup de choses à la jeunesse des coupables, ainsi qu'au souvenir d'une ancienne amitié et des obligations qu'il avait à leur maison. Castruccio lui répondit d'une manière affable, l'encouragea à ne rien craindre, et lui dit qu'il ressentait plus de plaisir de voir le tumulte apaisé, qu'il n'avait éprouvé de chagrin en apprenant le soulèvement des rebelles. Il l'engagea à faire venir tous ses parents devant lui, ajoutant qu'il rendait grâces à Dieu de lui avoir procuré l'occasion de donner une preuve de sa clémence et de sa générosité. Pleins de confiance dans la parole de Stefano et de Castruccio, ces malheureux se présentent devant lui ; mais à peine ont-ils paru qu'il les fait charger de chaînes et conduire à la mort, sans en excepter Stefano.

Sur ces entrefaites, les Florentins avaient recouvré San-Miniato. Castruccio crut devoir mettre un terme à la guerre, convaincu que tant que son autorité serait chancelante dans Lucques, il ne pourrait point s'éloigner de ses foyers. Il fit pressentir les Florentins sur la trêve, et les trouva disposés à la conclure ; car ils étaient également las de tant de dépenses et pressés de les voir finir. On conclut donc une trêve de deux années, par laquelle chacun restait maître de ce qu'il possédait.

Castruccio, délivré de la guerre, commença, pour ne plus retomber dans les périls qu'il venait de courir, par faire mourir, sous différents prétextes, tous ceux qui dans Lucques auraient eu l'ambition d'aspirer au souverain pouvoir Il n'épargna personne, privant de leurs biens et de leur patrie ceux qu'il ne pouvait atteindre, et arrachant la vie à ceux qui tombaient entre ses mains. Il disait, pour s'excuser, que l'expérience lui avait appris à ne compter sur la fidélité d'aucun d'eux. Pour plus de sécurité, il fit élever dans Lucques une citadelle, et se servit pour sa construction des débris des maisons de ceux qu'il avait chassés ou fait mourir.

Tandis que Castruccio cessait les hostilités avec les Florentins et se fortifiait dans Pise, il ne négligeait aucune des mesures qui, sans occasionner une guerre ouverte, pouvaient contribuer à sa grandeur. Il désirait ardemment se rendre maître de Pistoja, persuadé que s'il parvenait à en obtenir la possession, il aurait pour ainsi dire un pied dans Florence. Il gagna en conséquence l'affection de tous les habitants de la montagne, et se conduisit avec les divers partis qui divisaient Pistoja de manière à gagner la confiance de chacun d'eux. A cette époque, cette ville était partagée, comme elle le fut de tout temps, entre les *Blancs* et les *Noirs*. Bastiano était chef des premiers ; les seconds reconnaissaient Jacopo da Gia pour le leur : chacun d'eux entretenait avec Castruccio des intelligences secrètes ; chacun d'eux n'aspirait qu'à chasser ses rivaux ; enfin les deux partis, n'écoutant que leurs soupçons, prirent les armes. Jacopo se fortifia à la porte de Florence, Bastiano à celle de Lucques ; mais l'un et l'autre, comptant bien moins sur les Florentins que sur Castruccio, qu'ils regardaient comme plus actif et plus empressé à commencer la guerre, mandèrent secrètement vers lui pour obtenir son appui, et Castruccio le leur promit à tous deux ; il assura Bastiano qu'il viendrait le trouver en personne, et Jacopo qu'il lui enverrait Pagolo Guinigi, son élève. Après avoir fixé l'heure de son arrivée, il ordonna à Pagolo de se diriger par la route de Pise, et se rendit lui-même directement à Pistoja, où il arriva conjointement avec Pagolo vers le milieu de la nuit, ainsi qu'il en était convenu avec lui ; ils y furent reçus comme amis.

C'est par ce moyen qu'ils entrèrent dans la ville : lorsque le moment parut favorable à Castruccio, il fit un signe à Pagolo ; alors ce dernier poignarda Jacopo da Gia, tandis que lui-même se défit de Bastiano di Possenti. Aussitôt les partisans de ces deux chefs sont en partie arrêtés, en partie massacrés, et Castruccio et les siens parcourent toute la ville sans la moindre résistance. Parvenu ainsi à chasser la seigneurie du palais, il contraignit le peuple à lui jurer obéissance, faisant aux uns la remise de leurs anciennes dettes, comblant les autres de promesses. Il en agit de même à l'égard des habitants de la campagne, qui étaient accourus pour voir le nouveau prince ; de sorte que chacun, rempli des espérances que faisait naître l'opinion de ses grandes qualités, se tint tranquille.

Il arriva à cette époque que le peuple romain se souleva à cause de la cherté des vivres, qu'il attribuait à l'absence des papes, qui avaient fixé leur séjour à Avignon ; Rome retentissait de plaintes contre les gouverneurs allemands, et chaque jour était témoin de quelque assassinat ou de quelque autre désordre, sans que Henri, lieutenant de l'empereur, pût y mettre obstacle. Bien loin de là, il craignait à chaque instant que les Romains n'appelassent à leur secours le roi de Naples Robert, ne le chassassent de Rome, et ne remissent la ville aux mains du pape. Comme l'ami le plus voisin auquel il pût recourir etait Castruccio, il l'envoya prier non seulement de lui envoyer du secours, mais de se rendre en personne à Rome. Castruccio sentit qu'il n'y avait pas de temps à perdre, et que le moment était venu de prouver sa reconnaissance à l'empereur ; d'ailleurs il voyait bien que si ce prince était chassé de Rome, lui-même était infailliblement perdu. Ayant donc laissé Pagolo Guinigi à Lucques, il se rendit à Rome avec six cents chevaux. Henri le combla des plus grands honneurs, et en peu de temps sa présence rendit une si grande influence au parti de l'empereur, que, sans répandre de sang, sans employer la violence, tout ce trouble s'apaisa ; parce que Castruccio, ayant fait venir par mer une grande quantité de blé du pays de Pise, ôta par cette mesure tout prétexte aux désordres. Ensuite, employant tour à tour envers les chefs du peuple romain les réprimandes et les châtiments, il les ramena volontairement sous l'obéissance du gouvernement de Henri. On lui décerna pour récompense le titre de sénateur de Rome, et le peuple romain le combla d'honneurs. Castruccio reçut le titre qui lui avait été conféré avec la plus grande pompe ; il se revêtit d'une toge de brocart, sur le devant de laquelle il avait fait broder ces mots : *Il n'en est que ce que Dieu veut ;* et par derrière : *Il en sera ce que Dieu voudra.*

Sur ces entrefaites, les Florentins, irrités d'avoir vu Castruccio profiter du temps de la treve pour se rendre maître de Pistoja, cherchaient les moyens de faire soulever cette ville contre lui ; son absence paraissait leur rendre cette entreprise facile. Parmi les exilés de Pistoja qui s'étaient réfugiés à Florence, on distinguait Baldo Cecchi et Jacopo Baldini, tous deux recommandables par leur mérite, et ardents à se jeter au milieu de tous les périls. Ils entretinrent des intelligences avec leurs amis du dedans, et, secondés par les Florentins, ils réussirent à pénétrer dans Pistoja pendant la nuit ; ils en chassèrent les partisans et les officiers de Castruccio, en massacrèrent une partie, et rendirent la liberté à leur pays.

Cette nouvelle contraria et affligea extrêmement Castruccio, qui prit aussitôt congé de Henri, et revint à Lucques à marches forcées avec ses troupes. Lorsque les Florentins furent instruits de son retour, ils jugèrent qu'il ne s'arrêterait pas là : ils résolurent en conséquence de le prévenir, et de pénétrer dans le Val-di-Nievole avant lui, pleins de l'idée qu'en occupant cette vallée ils lui ôteraient tous les moyens de recouvrer Pistoja. Ayant formé une armée considérable composée de tous les amis du parti guelfe, ils entrèrent sur le territoire de Pistoja. De son côté, Castruccio s'était porté avec ses troupes sur Montecarlo. Instruit de la position qu'occupaient les Florentins, il ne voulut ni aller à leur rencontre dans les plaines de Pistoja, ni les attendre non plus dans celles de Pescia, mais il s'arrêta au projet de les attaquer, s'il le pouvait, dans le défilé de Serravalle. Ce plan, en cas de réussite, lui paraissait infaillible, et il comptait sur une victoire certaine ; car il était informé que les Florentins avaient réuni au moins trente mille hommes, tandis qu'il n'avait avec lui que douze mille hommes d'élite. Quoiqu'il comptât sur leur valeur et sur son habileté, il craignait toutefois, en attaquant l'ennemi dans une plaine ouverte, d'être entouré par des forces aussi supérieures aux siennes.

Serravalle est un château entre Pescia et Pistoja, situé sur une hauteur qui ferme le Val-di-Nievole ; il ne se trouve pas tout à fait sur le passage, mais un peu au-dessus à la distance d'un jet d'arc ; le chemin par où l'on passe est plus étroit qu'escarpé, car de chaque côté le terrain s'élève en pente douce ; mais sur le sommet de la colline, au point du partage des eaux, le passage est si étroit, que vingt hommes placés à côte l'un de l'autre l'occuperaient tout entier. C'est là que Castruccio avait projeté d'attaquer l'ennemi, tant pour suppléer par la force du lieu à la faiblesse de son armée que pour ne lui laisser apercevoir l'ennemi qu'au moment d'en venir aux mains ; car il craignait que les siens ne se laissassent effrayer par la multitude de leurs adversaires. Messer Manfred, né en Allemagne, commandait le château de Serravalle. Avant que Castruccio se fût rendu maître de Pistoja, il avait été mis pour ainsi dire en réserve dans ce château, comme dans une place commune aux habitants de Lucques et de Pistoja ; depuis, chaque parti l'avait respecté, et il avait promis, de son côté, de garder la neutralité et de ne favoriser plus particulièrement aucune de ces deux villes. Cette conduite, jointe à la force de la position, l'avait maintenu dans ce poste. Mais, dans cette circonstance, Castruccio sentit combien il était important d'occuper Serravalle ; il se servit de l'étroite amitié qui existait entre lui et un des habitants du château pour arrêter avec lui que, la nuit qui précéderait la bataille, il livrerait l'entrée à quatre cents hommes des siens, et massacrerait le commandant.

Toutes les mesures prises de cette manière, Castruccio conserva la position que son armée occupait à Montecarlo, afin d'encourager les Florentins à tenter le passage ; et comme ces derniers ne désiraient rien tant que d'éloigner la guerre de Pistoja, et de la porter dans le Val-di-Nievole, ils vinrent camper au-dessous de Serravalle, dans l'intention de passer la colline le jour suivant. Mais Castruccio, s'étant emparé sans bruit du château pendant la nuit, parti vers minuit de Montecarlo, et se porta en silence avec son armée jusqu'au pied de Serravalle, où il arriva à la pointe du jour ; de manière que les Florentins et lui commencèrent à monter la colline en même temps. Castruccio avait dirigé son infanterie par la route ordinaire ; il avait seulement ordonné à un corps de quatre cents chevaux de se porter sur la gauche vers le château. Les Florentins, de leur côté, avaient également envoyé en avant quatre cents hommes d'armes ; ils suivaient avec le reste de leur armée, et ne s'attendaient pas à trouver Castruccio sur la colline, ignorant qu'il se fût emparé du château. Les Florentins, après avoir gravi la hauteur, furent tout étonnés de découvrir l'infanterie ennemie, et ils s'en trouvèrent si près, qu'ils eurent à peine le temps d'attacher leurs casques.

Surpris par cette armée rangée en bataille et disposée au combat, ils résistèrent avec beaucoup de peine à l'attaque vigoureuse qu'ils eurent à soutenir. Cependant quelques-uns d'entre eux se défendirent courageusement Mais le bruit de ce combat s'étant répandu dans le reste de l'armée florentine, y sema la plus horrible confusion. L'infanterie se jetait sur la cavalerie, et se trouvait écrasée à son tour par la cavalerie et les équipages ; les chefs, gênés par le peu de largeur du terrain, ne pouvaient se porter ni en avant ni en arrière ; et, dans ce désordre extrême, personne ne savait ni ce qu'il pouvait ni ce qu'il devait faire : cependant la cavalerie qui se trouvait aux prises avec l'infanterie ennemie périssait sans pouvoir se défendre, parce que, empêchée par les difficultés du terrain, c'était plutôt par nécessité que par courage qu'elle resistait : car de chaque côté se trouvaient les montagnes, leur armée était sur leurs derrières ; devant eux s'avançait l'ennemi et il ne leur restait aucun chemin pour la fuite.

Cependant Castruccio, s'apercevant que ses troupes ne suffisaient pas pour obliger l'ennemi à battre en retraite, envoya mille hommes d'infanterie à leur secours par le chemin du château ; et les ayant fait descendre avec quatre cents hommes d'armes qu'il avait déjà envoyés en avant, tous ensemble tombèrent sur les flancs de l'ennemi avec tant de vigueur, que les troupes florentines, incapables de soutenir leur choc, et vaincues bien plus encore par le lieu que par l'ennemi, commencèrent à prendre la fuite. le signal en fut donné par ceux qui se trouvaient à l'arrière-garde du côté de Pistoja ; ils se débanderent à travers la plaine, et chacun chercha son salut du mieux qu'il put. Cette déroute fut complète et coûta beaucoup de sang. Un grand nombre de chefs furent faits prisonniers, entre autres Bandino dei Rossi, Francesco Brunelleschi et Giovanni della Tosa, tous nobles Florentins, ainsi qu'un grand nombre d'autres Toscans, et de seigneurs napolitains que le roi Robert avait envoyés au secours des Guelfes, et qui combattaient dans les rangs de l'armée florentine.

Les habitants de Pistoja, à la nouvelle de cette défaite, s'empressèrent de chasser le parti qui soutenait les Guelfes, et se donnèrent de nouveau à Castruccio, qui, non content de ce succès, s'empara de Prato et de toutes les forteresses situées dans la plaine, tant en deçà qu'au delà de l'Arno. Il vint ensuite avec toute son armée se camper dans la plaine de Peratola, eloignee seulement de deux milles de Florence. Il y resta pendant un assez long espace de temps à partager le butin, célébrant sa victoire par des fêtes, faisant battre monnaie en signe de mépris pour les Florentins, distribuant des prix de courses à cheval entre des hommes et des femmes perdues ; il alla jusqu'à tâcher de corrompre quelques nobles, pour qu'ils lui ouvrissent, pendant la nuit, les portes de Florence ; mais le complot fut découvert, et les conjurés, parmi lesquels se trouvaient Tommaso Lupacci et Lambertuccio Frescobaldi, furent arrêtés et décapités.

Les Florentins, effrayés des suites de leur défaite, ne savaient plus comment sauver leur liberté. Dans l'espoir de s'assurer un appui, ils envoyèrent des ambassadeurs au roi Robert, pour lui donner la ville de Florence et son territoire. Ce roi s'empressa d'accepter cette offre, non pas tant à cause de l'honneur que lui faisaient les Florentins, que parce qu'il n'ignorait pas combien il était important, pour la sûreté même de ses États, que le parti guelfe conservât le gouvernement de la Toscane. Il convint avec les Florentins qu'ils lui donneraient par an deux cent mille florins, et leur envoya son fils Charles à la tête de quatre mille chevaux.

Ainsi donc les Florentins se trouvèrent un peu délivrés des troupes de Castruccio, qui avait été contraint d'abandonner leur territoire, et de retourner à Pise pour y réprimer une conjuration tramée contre lui par Benedetto Lanfranchi, un des principaux citoyens de la ville, qui, ne pouvant supporter de voir sa patrie esclave d'un Lucquois, conspira contre lui, et forma le dessein de s'emparer de la citadelle et de massacrer tous les partisans de Castruccio, après en avoir chassé la garnison. Mais si, dans les entreprises de ce genre, le petit nombre suffit pour le secret, il n'en est pas de même pour l'exécution : aussi tandis que Lanfranchi cherchait à réunir de plus nombreux complices, il en trouva un qui révéla tous ses projets à Castruccio. Bonifacio Cerchi et Giov. Guidi, Florentins, qui se trouvaient exilés à Pise, furent honteusement compromis dans cette révélation. Castruccio fit soudain saisir et massacrer Benedetto, envoya en exil tous les parents de ce conjuré, et fit trancher la tête à une foule d'autres nobles. Convaincu qu'il ne pouvait compter sur la fidélité ni de Pistoja ni de Pise, il chercha à s'en assurer par la force et par la ruse ; ce qui donna aux Florentins le temps de se fortifier et la facilité d'attendre l'arrivée de Charles.

A peine ce prince fut-il arrivé dans leurs murs, qu'ils résolurent de ne point perdre un moment. Ils rassemblèrent le plus de troupes qu'il leur fut possible, appelant à leur aide presque tous les Guelfes de l'Italie, et parvinrent ainsi à former une armée formidable, composée de plus de trente mille hommes d'infanterie et de dix mille chevaux. Après avoir délibéré s'ils attaqueraient d'abord Pistoja ou Pise, ils se décidèrent pour cette dernière ville, dont la conquête leur paraissait tout à la fois plus facile et plus avantageuse, à cause de la conjuration qui venait d'y éclater récemment, et parce que, Pise une fois en leur pouvoir, Pistoja ne pouvait manquer de se rendre volontairement.

Les Florentins entrèrent en campagne avec leur armée au commencement de mai de l'année 1328, s'emparèrent sans délai de Lastra, de Segna, de Montelupo, d'Empoli, et vinrent camper à San-Miniato. De son côté, Castruccio, informé de la puissante armée que les Florentins avaient dirigée contre lui, n'en fut nullement effrayé, et crut au contraire que le moment était arrivé où la fortune allait mettre en ses mains l'empire de la Toscane ; car il etait persuadé que les ennemis ne s'en tireraient pas devant Pise avec plus d'avantage qu'à Serravalle, et qu'ils n'auraient plus, comme à cette époque, l'espoir de se relever de leurs pertes. Ayant donc réuni vingt mille hommes d'infanterie et quatre mille de cavalerie, il vint asseoir son camp à Fucecchio et envoya Pagolo Guinigi à Pise, à la tête de cinq mille fantassins.

Fucecchio est, par son assiette, le plus fort château de l'État de Pise : il est situé entre la Gusciana et l'Arno, sur un terrain un peu élevé. Lorsqu'on est maître de cette position, l'ennemi, à moins de diviser son armée en deux corps, ne peut empêcher les vivres d'arriver, soit du côté de Lucques, soit du côté de Pise, ni aller sans un danger manifeste s'opposer à ses adversaires, ou se porter sur Pise ; car dans le premier cas il pouvait se trouver placé entre l'armée de Castruccio et celle de Pagolo Guinigi, et dans l'autre il fallait passer l'Arno, opération toujours dangereuse à effectuer en présence de l'ennemi. Cependant Castruccio, pour leur donner le courage de tenter ce dernier parti, n'avait point posté son armée immédiatement sur les bords de la rivière, mais il l'avait rapprochée des murs de Fucecchio, de manière à laisser un assez grand espace entre l'Arno et son camp.

Les Florentins, après s'être rendus maîtres de San-Miniato, tinrent conseil pour savoir ce qu'ils devaient faire. Fallait-il marcher sur Pise, ou attaquer Castruccio ? Après avoir pesé toutes les difficultés qu'offraient ces deux partis, ils se décidèrent pour l'attaque. Les eaux de l'Arno se trouvaient si basses, qu'on pouvait passer le fleuve à gué ; toutefois les hommes avaient encore de l'eau jusqu'aux épaules, et les chevaux jusqu'à la selle. Enfin le 10 juin, à la pointe du jour, les Florentins, déterminés à livrer bataille, s'avancèrent en bon ordre, commencèrent à faire passer le fleuve à une partie de leur cavalerie et à une division de dix mille hommes d'infanterie. Castruccio, attentif à tous leurs mouvements, n'attendait que l'occasion d'exécuter le plan qu'il avait conçu : il les attaqua soudain à la tête d'un corps de cinq mille hommes d'infanterie et de trois mille chevaux ; et sans leur donner le temps de sortir entièrement de l'eau, il était déjà aux mains avec eux ; il envoya en même temps deux corps de mille hommes d'infanterie légère chacun, pour surveiller le cours supérieur et inférieur de l'Arno. Les troupes florentines, accablées du poids des eaux et de leurs armes, n'avaient point encore entièrement quitté le lit du fleuve. Les premiers chevaux qui passèrent ayant enfoncé le terrain rendirent le passage plus difficile pour les autres ;

car les uns ne trouvant plus de fond se cabraient sous la main de leur cavalier, et les autres s'enfonçaient si avant dans la boue qu'ils ne pouvaient plus s'en tirer. Les chefs de l'armée florentine, s'apercevant de la difficulté qu'offrait le passage en cet endroit, firent remonter le fleuve à la cavalerie, dans l'espoir de trouver un terrain plus solide, et un gué moins difficile ; mais ils rencontrèrent les troupes que Castruccio avait envoyées le long des bords. Ces troupes, armées à la légère, de rondaches et de becs de galères, les recevaient à grands cris, et les frappaient sur la tête et dans la poitrine ; de sorte que les chevaux, épouvantés de leurs cris et des blessures qu'il recevaient, refusaient de passer et se renversaient les uns sur les autres. Le combat qui s'établit entre les troupes de Castruccio et celles qui étaient passées fut terrible et sanglant : de chaque côté le nombre des morts était considérable, et chacun s'efforçait de vaincre son adversaire. Les soldats de Castruccio voulaient rejeter l'ennemi dans le fleuve ; les Florentins s'efforçaient au contraire de les repousser, pour donner la facilité au reste de leur armée de sortir de l'eau et de pouvoir combattre. Leur courage était soutenu par les exhortations et l'exemple des chefs. Castruccio rappelait aux siens que c'étaient les mêmes ennemis que peu de temps auparavant ils avaient vaincus à Serravalle. Les Florentins se reprochaient comme une honte de se laisser vaincre par un ennemi si inférieur en nombre. Cependant Castruccio, voyant que la bataille continuait, que ses troupes et celles de l'ennemi étaient fatiguées du combat, et que les morts et les blessés se multipliaient de chaque côté, fit avancer un nouveau corps de mille hommes d'infanterie. Lorsqu'il les eut conduits jusque derrière ceux qui combattaient, il donna l'ordre à ceux-ci de s'ouvrir, et de se retirer à droite et à gauche, comme s'ils eussent voulu battre en retraite. Ce mouvement permit aux Florentins de marcher en avant et de gagner un peu de terrain ; mais leurs troupes, déjà fatiguées du combat, obligées d'en venir aux mains avec des soldats qui n'avaient point encore combattu, ne résistèrent pas longtemps et furent rejetées dans le fleuve.

De chaque côté la cavalerie n'avait encore eu aucun avantage décidé, parce que Castruccio, connaissant combien la sienne était inférieure en nombre, avait recommandé aux condottieri de se borner à soutenir le choc de l'ennemi : il comptait triompher de leur infanterie ; et celle-ci une fois vaincue, il était certain de battre facilement la cavalerie. Tout réussit au gré de ses projets ; car ayant vu l'infanterie des ennemis se retirer dans le fleuve, il envoya ce qui lui restait de la sienne à la poursuite de leur cavalerie ; et tandis qu'elle l'attaquait à coups de lances et de dards, la cavalerie de Castruccio, fondant sur elle avec la plus grande furie, l'obligea de prendre également la fuite. Les généraux florentins, à la vue des obstacles qu'éprouvait le passage de leurs hommes d'armes, essayèrent de faire passer leur infanterie dans la partie inférieure du fleuve, afin de prendre en flanc les troupes de Castruccio ; mais comme les rives étaient escarpées et que ses adversaires en gardaient les abords, elle tenta vainement le passage. Alors toute l'armée florentine se mit dans une déroute complète, au grand honneur et à la grande gloire de Castruccio ; et, de cette armée formidable, à peine le tiers se sauva. Une multitude de chefs restèrent prisonniers. Charles, fils du roi Robert, s'enfuit à Empoli avec Michelagnolo Falconi et Taddeo degli Albizzi, commissaires florentins. Le butin fut grand, le carnage plus grand encore, ainsi qu'on peut le conjecturer d'après un combat aussi acharné ; car vingt mille deux cent trente et un hommes furent tués du côté des Florentins, tandis que Castruccio n'en perdit que quinze cent soixante-dix.

Mais la fortune, jalouse de tant de gloire, lui ôta la vie lorsqu'il eût fallu doubler son existence, et vint interrompre les projets qu'il se disposait depuis longtemps à exécuter, et auxquels la mort seule pouvait mettre obstacle. Castruccio s'était extrêmement fatigué durant toute la journée qu'avait duré la bataille. Lorsqu'elle eut cessé, il s'arrêta accablé de lassitude, et couvert de sueur, sur la porte de Fuceccio, pour attendre ses troupes victorieuses, les recevoir lui-même, les remercier de leur conduite, et en partie aussi pour voir si l'ennemi, en résistant sur quelque point, ne donnerait pas lieu à quelque incident auquel il dût remédier sur-le-champ ; car il pensait que le devoir d'un bon général est d'être le premier à monter à cheval et le dernier à en descendre. Il resta donc exposé à un vent qui s'élève ordinairement de l'Arno vers le milieu du jour, et qui est extrêmement contagieux. Ce vent lui glaça tout le corps ; mais, accoutumé à de pareils désagréments, il n'y fit point attention, et cette négligence devint la cause de sa mort. La nuit suivante il fut attaqué d'une fièvre violente qui ne cessa d'aller en empirant, de manière que tous les médecins jugèrent sa maladie mortelle ; lui-même ne put se dissimuler son mal. Il fit alors appeler près de lui Pagolo Guinigi, et lui adressa ces paroles :

« Si j'avais cru, mon cher fils, que la fortune eût
» voulu entraver au milieu de ma course le chemin qui
» devait me conduire à cette gloire que je me promettais
» tant de succès heureux, je t'aurais laissé moins d'États
» sans doute, mais aussi moins d'ennemis et d'envieux :
» satisfait de la souveraineté de Lucques et de Pise, je
» n'aurais ni subjugué les habitants de Pistoja, ni ir-
» rité si profondément les Florentins ; j'aurais joui alors
» d'une vie, sinon plus longue, du moins plus paisible,
» et je t'aurais laissé un État moins grand sans doute,
» mais plus sûr et plus affermi. Mais la fortune, qui
» veut régler le sort de toutes les choses humaines, ne
» m'a point accordé assez de discernement pour con-
» naître d'abord ses projets, ni assez de jours pour en
» triompher.

» Tu auras appris, car il n'est personne qui ne te l'ait
» dit, et je ne m'en suis jamais caché moi-même, qu'ac-
» cueilli dès ma jeunesse dans la maison de ton père, et

» étranger à toutes ces espérances faites pour enflam-
» mer un noble cœur, je fus élevé par lui, et chéri avec
» plus de tendresse que si je fusse né de son sang ; de
» sorte qu'instruit par ses leçons, je pus manifester mon
» courage, et paraître digne peut-être de la fortune où
» tu m'as vu m'élever et où tu me vois encore. Comme,
» à l'instant de son trépas, il confia à ma fidélité et ta
» jeunesse et tous ses biens, je t'ai élevé avec cet amour
» et j'ai accru ses richesses avec cette bonne foi auxquels
» j'étais et je suis encore obligé. Non seulement, pour
» rendre tout ce que ton père t'avait laissé, mais pour
» te donner encore ce que la fortune et mon courage ont
» pu me faire acquérir, je n'ai point voulu prendre
» d'épouse, afin que la tendresse paternelle ne pût m'em-
» pêcher de montrer envers le sang de ton père, qui
» coule dans tes veines, cette reconnaissance à laquelle
» je regardais comme un devoir de me montrer soumis.

» Je te laisse donc hériter d'un État puissant ; et
» c'est ce qui fait ma joie : mais ce que je ne puis voir
» sans un regret amer, c'est que je te le transmets faible
» et mal affermi. Il te reste la ville de Lucques, qui
» n'obéira jamais qu'avec répugnance à ta domination ,
» Pise, dont les habitants pleins de légèreté n'écoutent
» que trop souvent leur perfidie, et qui, quoique dispo-
» sée en tout temps à la servitude, s'indignera de se voir
» soumise à un Lucquois ; Pistoja, qui, de son côté,
» n'aura pour toi que peu de fidélité, et parce qu'elle est
» divisée par les factions, et parce qu'elle est exaspérée
» contre nous à cause des récentes injures qu'elle en a
» reçues. Tu as pour voisins les Florentins irrités, offen-
» sés par nous de mille manières, et non encore détruits,
» que le bruit de ma mort va combler de plus de joie que
» la conquête de la Toscane entière. Tu ne peux t'en re-
» poser ni sur les princes de Milan, ni sur l'empereur,
» dont l'éloignement et la lenteur rendraient les se-
» cours tardifs. Tu ne dois donc compter sur rien que
» sur ton habileté, sur le souvenir de mon courage, et
» sur la prépondérance que te donne notre dernière vic-

» toire. Si tu sais t'en appuyer avec sagesse, elle facili-
» tera ton alliance avec les Florentins, qui, épouvantés
» encore de leur défaite, doivent condescendre avec em-
» pressement à la paix. Ainsi, au lieu de chercher comme
» moi à irriter leur haine, dans la pensée que leur ini-
» mitié devait contribuer à ma puissance et à ma gloire,
» tu dois, au contraire, employer tous tes efforts à deve-
» nir leur ami, car leur amitié doit faire ton avantage et
» ta sécurité.

» C'est une chose bien importante ici-bas, que de se
» connaître soi-même, et de savoir mesurer ses forces à
» la grandeur de ses Etats. Lorsqu'on ne se sent pas de
» dispositions pour la guerre, on doit s'efforcer de ré-
» gner par les arts de la paix. Je te conseille d'embrasser
» ce dernier parti, et de tâcher, pendant le reste de ta
» vie, de jouir du fruit de mes travaux et de mes dangers.
» Tu n'auras pas de peine à y réussir si tu crois que mes
» conseils sont fondés. Tu m'auras alors deux obliga-
» tions : la première, de t'avoir laissé mes États ; la se-
» conde, de t'avoir appris à les conserver. »

Ayant alors appelé auprès de lui les citoyens de Lucques, de Pise et de Pistoja qui étaient ses compagnons
de guerre, il leur recommanda Pagolo Guinigi, leur fit
jurer d'obéir à ce dernier, et mourut, laissant de lui le
plus honorable souvenir à tous ceux qui avaient entendu
prononcer son nom ; et à ceux qui furent ses amis, des
regrets aussi vifs que jamais prince en aucun temps en
ait causé par sa mort. Ses funérailles furent célébrées de
la manière la plus honorable, et il fut inhumé dans
l'église de Saint-François de Lucques.

Du reste, le courage et la fortune furent moins favorables à Pagolo Guinigi qu'à Castruccio · car peu de
temps après il perdit Pise, ensuite Pistoja, et ce ne fut
pas sans peine qu'il se maintint dans la souveraineté de
Lucques, qui ne demeura dans sa famille que jusqu'au
temps de Pagolo son arrière-neveu.

On peut juger, par ce que je viens de rapporter, que
Castruccio fut non seulement un homme rare pour son

temps, mais qu'il eût mérité d'être distingué dans les temps qui l'avaient précédé. Il était d'une taille au-dessus de l'ordinaire, et bien proportionné de tous ses membres ; il avait tant de grâce dans le maintien, sa douceur et son affabilité étaient si grandes, que jamais aucun de ceux qui venaient lui parler ne se retirait mécontent de lui ; ses cheveux tiraient sur le roux, il les portait coupés au-dessus des oreilles, et quelque temps qu'il fit, par la pluie ou par la neige, il allait toujours la tête découverte. Il était tout dévoué pour ses amis, et implacable pour ses ennemis ; juste envers ses sujets, sans foi envers les gens sans foi : et il ne chercha jamais à vaincre par la force lorsqu'il put réussir par la ruse, disant que, *c'était la victoire, et non la manière de vaincre, qui produisait la gloire*

Jamais homme ne se précipita avec plus d'audace dans les dangers, personne n'en sortit jamais avec plus de prudence ; et il avait coutume de dire : « Que les hommes » doivent tout tenter et ne s'effrayer de rien, parce que » Dieu protège ceux qui ont du courage ; ce que l'on voit » en effet, puisqu'il se sert toujours du fort pour châtier » le faible. »

Il ne se faisait pas moins remarquer par l'amabilité ou le sel de ses bons mots. Comme ses saillies n'épargnaient personne, il ne se fâchait point lorsqu'on l'attaquait lui-même. On cite encore une foule de ses reparties, qui prouvent et sa vivacité dans l'attaque et sa modération dans la défense. En voici quelques exemples.

Il avait fait acheter une perdrix grise un ducat ; un de ses amis lui en fit le reproche ; Castruccio lui dit : « Ne » l'achèteriez-vous pas plus d'un sou ? — Sans doute, » répondit son ami. — Eh bien ! un ducat est beaucoup » moins pour moi. »

Un flatteur le poursuivait de ses louanges ; Castruccio pour lui témoigner tout son mépris, lui cracha à la figure. Cet homme lui dit alors : « Les pêcheurs, pour prendre » un petit poisson, se laissent mouiller entièrement par » les eaux de la mer ; je me laisserai bien mouiller par

» un crachat pour attraper une baleine. » Castruccio, loin de se fâcher de la repartie, l'en récompensa.

Un moine lui faisait un reproche de vivre avec trop de splendeur ; Castruccio lui répondit : « Si c'était un pé-
» ché, vous ne feriez pas de si beaux repas aux fêtes de
» nos saints. »

Un jour qu'il passait dans la rue, il aperçut un jeune homme qui sortait de chez une courtisane, et qui se mit à rougir en l'apercevant ; il lui dit ; « Ce n'est pas d'en
» sortir que tu dois avoir honte, mais d'y être entré. »

Un de ses amis lui avait donné à défaire un nœud fait avec beaucoup d'art : « Es-tu fou de croire, lui dit-il,
» que je veuille délier une chose qui, liée, me donne
» déjà tant de peine ? »

Castruccio disait à un certain homme qui faisait le métier de philosophe : « Vous êtes comme les chiens qui
» rôdent sans cesse autour de ceux dont ils attendent
» de bons morceaux. — Dites plutôt, repartit celui-ci,
» que nous sommes comme les médecins, qui ne se ren-
» dent qu'auprès de ceux auxquels leurs secours sont le
» plus nécessaires. »

Il allait par mer de Pise à Livourne, quand il survint une tempête extrêmement dangereuse. Castruccio en parut effrayé ; et l'un de ceux qui se trouvaient avec lui lui reprocha sa pusillanimité, en ajoutant qu'il n'avait peur de rien : « Je ne m'en étonne pas, répondit Castruc-
» cio, chacun estime sa vie ce qu'elle vaut. »

Quelqu'un lui demandait comment il était parvenu à obtenir une aussi grande estime ; il lui répondit : « Fai-
» tes en sorte, lorsque vous êtes invité à un grand repas,
» que ce ne soit pas un morceau de bois qui s'asseye sur
» un morceau de bois. »

Un homme se glorifiait devant lui d'avoir beaucoup lu : « Il vaudrait mieux, lui dit Castruccio, avoir beau-
» coup retenu. »

Un autre se vantait de boire beaucoup sans s'enivrer :
» Un bœuf en fait autant », lui dit-il.

Il vivait dans la plus grande intimité avec une jeune

fille ; un de ses amis l'en blâmait et lui reprochait surtout de s'être laissé prendre par une femme : « Tu t'es
» trompé, lui dit Castruccio, c'est moi qui l'ai prise, et
» non pas elle qui m'a pris. »

Un autre de ses amis le blâmait de faire usage de mets trop délicats ; il lui dit : « Tu ne dépenserais donc pas
» pour les avoir autant que je dépense ? — Non, sans
» doute, répondit l'autre. — En ce cas, reprit Castruc-
» cio, tu es plus avare encore que je ne suis gourmand. »

Il avait été invité à souper par Taddeo Bernardi, habitant de Lucques, renommé par son opulence et son faste. Lorsqu'il fut arrivé à la demeure de cet hôte, Taddeo lui fit voir une chambre toute tendue de riches tapisseries, et dont le pavé, incrusté de pierres fines de diverses couleurs, représentait des fleurs, des feuillages, des fruits et autres ornements de ce genre. Castruccio, ayant amassé une assez grande quantité de salive dans sa bouche, cracha au visage de Taddeo. Celui-ci ayant manifesté son mécontentement, Castruccio lui dit : « Je
» n'ai vu que cet endroit où je puisse cracher sans te
» faire tort. »

Quelqu'un lui ayant demandé comment était mort César : « Plût à Dieu, dit-il, que je pusse mourir comme
» lui ! »

Se trouvant une nuit dans la maison d'un de ses gentilshommes, où un grand nombre de dames avaient été invitées pour assister à une fête, il se livra aux jeux et à la danse avec plus d'ardeur qu'il ne convenait à sa dignité ; un de ses amis lui en fit des reproches : « Celui
» qui passe pour sage pendant le jour ne saurait être
» regardé comme fou pendant la nuit. »

Quelqu'un était venu lui demander une grâce ; Castruccio fit semblant de ne pas l'entendre. Celui-ci se jeta à genoux devant lui ; Castruccio l'en réprimanda :
» C'est de ta faute, lui répondit le solliciteur, puisque
» tes oreilles sont à tes pieds. » Castruccio, charmé de cette repartie, lui accorda une grâce double de celle qu'il demandait

Il avait coutume de dire « que rien n'était plus aisé
» que d'aller en enfer, parce que le chemin descend tou-
» jours et qu'on y va les yeux fermés. »

Quelqu'un lui demandait une grâce dans un long
discours de paroles superflues ; Castruccio lui dit :
» Quand tu voudras obtenir de moi quelque chose, en-
» voie-moi quelqu'un à ta place. »

Un autre bavard l'ayant fatigué d'un long discours et
l'ayant terminé par ces mots : « Peut-être vous ai-je
» fatigué en vous parlant aussi longtemps ? — N'ayez
» pas cette crainte, lui dit-il, car je n'ai rien entendu
» de ce que vous m'avez dit. »

Il avait coutume de dire de quelqu'un qui avait été un
bel enfant, et qui ensuite avait été un bel homme :
» L'existence de cet homme est un mal continuel ;
» car il enlevait d'abord les maris à leurs femmes, et
» maintenant ce sont les femmes qu'il ravit à leurs
» maris. »

Il demandait à un envieux qu'il voyait rire : « Ris-tu
» parce qu'il t'est arrivé quelque chose d'heureux, ou
» parce qu'un autre est malheureux ? »

Tandis qu'il était encore sous la protection de
Francesco Guinigi, un de ses compagnons lui dit :
» Que veux-tu que je te donne pour te laisser donner
» un soufflet ? — Un casque », lui répondit Castruccio.

Il avait fait condamner à mort un citoyen de Lucques,
qui avait été l'une des causes de sa grandeur ; quelqu'un
lui ayant dit qu'il avait mal agi de faire mourir un de
ses vieux amis : « Vous vous trompez, répondit-il, c'est
» un ennemi nouveau que j'ai fait mourir. »

Castruccio approuvait grandement les hommes qui
choisissent d'abord une femme et ne l'épousent jamais,
ainsi que ceux qui projettent sans cesse de voyager par
mer sans jamais s'embarquer.

» Je ne puis m'empêcher d'être étonné, disait-il, que
» lorsqu'on veut acheter un vase de terre ou de verre,
» on le fasse résonner pour voir s'il est bon, et que

24.

» lorsqu'on prend une femme on se contente de la
» vue. »

Lorsqu'il fut sur le point d'expirer, quelqu'un lui ayant demandé comment il voulait être enterré, il répondit : « La figure tournée en bas ; car je sais que
» lorsque je serai mort ce pays ira sens dessus dessous. »

Quelqu'un s'informant auprès de lui s'il avait jamais songé, pour le salut de son âme, à se faire moine, il répondit « que non ; il me semblerait étrange que Fra
» Lazzerone dût aller en paradis, tandis qu'Uguccione
» della Faggiuola irait en enfer. »

On lui demandait quand il fallait manger pour se bien porter ; il répondit : « Est-on riche : quand on a faim.
» Est-on pauvre : quand on le peut. »

Ayant vu un de ses gentilshommes qui se faisait lacer par son valet : « Par Dieu ! lui dit-il, que ne te fais-tu
» mettre aussi les morceaux à la bouche ! »

Quelqu'un avait fait écrire sur la porte de sa maison l'inscription latine suivante : *Dieu la garde des méchants.* Il la vit et s'écria : « Qu'il se garde bien lui-même d'y entrer ! »

Un jour qu'il passait dans une rue où se trouvait une très petite maison qui avait une grande porte : « Cette
» maison va s'enfuir par la porte », dit-il.

Il se disputait un jour avec un ambassadeur du roi de Naples, relativement aux biens de quelques bannis ; et la discussion s'échauffant, l'ambassadeur lui dit : « Vous
» n'avez donc pas peur de mon roi ? — Votre roi, ré-
» pondit Castruccio, est-il bon ou méchant ? — Il
» est bon, répondit ce dernier. — En ce cas, pourquoi
» voulez-vous que j'aie peur des bons ? » répliqua Castruccio. »

On pourrait rapporter encore une foule de ses reparties, dans lesquelles on verrait le même sel et la même sagesse ; mais je crois que celles que j'ai citées suffisent pour rendre témoignage de ses grandes qualités. Il vécut quarante-quatre ans, et fut grand dans l'une et l'autre fortune. Comme il existait assez de monuments de sa prospérité, il voulut qu'il en restât également de ses malheurs les menottes dont il fut enchaîné dans sa prison se voient encore aujourd'hui suspendues dans une des tours de son palais. Il les avait mises lui-même en cet endroit, afin qu'elles fussent un témoin toujours subsistant de son infortune. Dans tout le cours de sa vie il ne parut inférieur ni à Philippe de Macédoine, père d'Alexandre le Grand, ni à Scipion l'Africain, et il mourut au même âge qu'eux. L'on ne doit point douter qu'il ne les eût surpassés l'un et l'autre, si, au lieu d'être né à Lucques, il eût eu pour patrie Rome ou la Macedoine.

APPENDICE

Castruccio Castracani, gentilhomme lucquois, de la famille des Antelminelli, attaché au parti gibelin, fut obligé de s'exiler de Lucques avec son père, l'an 1300, lorsque le parti des *Noirs*, ou des Guelfes exagérés, eut le dessus dans sa patrie. Il avait alors dix-neuf ans ; c'est à cet âge qu'il perdit son père et sa mère à Ancône, où il s'était retiré. Se trouvant orphelin, il se voua aux armes, et il erra longtemps de pays en pays pour chercher du service. Il fit la guerre en France et en Angleterre, mais surtout en Lombardie, où le parti auquel il était attaché avait le dessus, et où sa liaison personnelle avec les Visconti de Milan, les la Scala de Vérone et les Bonacossi de Mantoue, pouvait lui être utile pour le rétablir dans sa patrie. Pendant qu'il était en Lombardie, les Lucquois, attaqués vivement par les Pisans, consentirent, pour acheter la paix, à rappeler leurs exilés. Les émigrés gibelins, en rentrant à Lucques, choisirent Castruccio pour leur chef ses succès militaires lui méritèrent cet honneur. A peine rentré dans sa patrie, il voulut se venger de ceux qui l'en avaient si longtemps exilé ; il les attaqua le 14 juin 1314. Mais, tandis qu'il combattait contre eux, Uguccione de la Faggiuola, seigneur de Pise, dont il avait demandé le secours, entra dans Lucques sans rencontrer de résistance : il livra cette ville au pillage, et s'en attribua la souveraineté, courbant sous le même joug les Guelfes, ses ennemis, et les Gibelins qui l'avaient appelé. L'esprit de parti semblait à cette époque plus fort que l'amour de la patrie, ou que l'ambition même. Castruccio seconda vaillamment Uguccione le premier capitaine du parti gibelin, dans ses guerres contre les Guelfes, il contribua surtout à la victoire que ce général remporta sur les Florentins à Montecatini, le 29 août 1315, et il augmenta ainsi le crédit qu'il avait déjà dans son parti. Neri, fils d'Uguccione, qui commandait pour son père à Lucques, conçut de la méfiance d'une si grande popularité, et il fit arrêter Castruccio en 1316 ; il voulait même le mener au supplice, mais avant de le faire il pria son père de venir l'appuyer avec un parti de cavalerie. Les Lucquois prirent les armes avant qu'Uguccione fût rentré dans leur ville, en même temps les Pisans se révoltèrent dès qu'ils le virent sorti de la leur. Les premiers forcèrent Neri à leur rendre Castruccio. Il avait encore les fers aux pieds et aux mains : ces fers servirent d'étendard aux insurgés ; ils les portèrent devant eux à l'attaque de toutes les forteresses, et ils chassèrent de la ville Neri de Faggiuola avec ses satellites, avant qu'il pût recevoir des secours. Après avoir expulsé le maître étranger auquel ils avaient obéi, les Lucquois nommèrent Castruccio capitaine annuel de leurs soldats, et ils le confirmèrent trois ans de suite dans cette dignité. Castruccio, en 1320, chassa de Lucques les restes du parti guelfe, et il se fit attribuer par le sénat un pouvoir absolu, que le peuple confirma presque à l'unanimité. Devenu seigneur de Lucques, il entreprit de diriger tous les Gibelins de Toscane, et de les faire agir de concert avec ceux de Lombardie. Il réunissait la ruse et la dissimulation à la valeur la plus brillante et aux plus rares talents ; il avait l'art de se faire craindre du peuple et chérir des soldats. Sous ses ordres, il avait rassemblé un grand nombre d'aventuriers qu'il savait plier à l'obéissance, et qui communiquaient à ses armées leur intrépidité et leur esprit d'entreprise. Assez cruel pour faire trembler ses ennemis, assez égoïste pour n'être lié à ses amis qu'aussi longtemps qu'il avait besoin d'eux, il condamna plusieurs des premiers, et quelques uns des seconds, à des supplices horribles, sans perdre pour cela une certaine apparence de générosité et de chevalerie, qui faisait illusion à ses serviteurs. Pendant un règne de quinze ans, il ne cessa pas un instant de combattre ; mais comme il menait toujours ses armées de victoires en victoires, et qu'il les entretenait aux dépens des ennemis, il ne paraissait point épuiser son petit Etat ou d'argent ou de soldats. Dans l'année 1320, Castruccio conquit sur les Florentins plusieurs forteresses du val d'Arno inférieur, la Garfagnana, la Lunigiane, et une partie de la rivière du Levant de Gênes. En 1325, il soumit la ville de Pistoja et tout son territoire ; et il consolida cette conquête par la grande victoire qu'il remporta, le 23 septembre, à Alto-Pascio, sur Raimond de Cardone et les Florentins. Il ravagea ensuite tout le territoire de Florence, d'où il enleva pour l'ornement de Lucques les tableaux et les statues dont les riches citoyens décoraient déjà leurs palais. Il donna tout l'appareil d'un triomphe à son retour de cette expédition : le général ennemi, qu'il avait fait prisonnier, marchait devant son vainqueur, avec le char sacré des étendards florentins, et que les Italiens appellent *le carroccio*, et que chaque cité considérait comme l'arche d'alliance. Dans les années suivantes, Castruccio remporta plusieurs avantages sur le duc de Calabre, que les Florentins avaient mis à la tête de leur gouvernement. En 1327, il accueillit en Toscane Louis de Bavière, qui se rendait à Rome, pour prendre, malgré le pape, la couronne impériale. Louis trouva dans Castruccio son conseiller le plus fidèle et son plus ferme appui. Pour le récompenser, il érigea en duché les Etats qu'il gouvernait, savoir : Lucques, la Lunigiane, Pistoja, et Volterra ; et il lui fournit l'occasion de soumettre aussi bientôt après la republique de Pise. Il emmena Castruccio à Rome avec lui ; il le créa chevalier et comte du palais de Latran, afin de recevoir de lui, à son couronnement, l'epée de l'empire. Il lui transmit ensuite la dignité de sénateur de Rome, dont il avait d'abord consenti à se revêtir lui-même. Mais, au milieu de tant de gloire, Castruccio fut averti que la ville de Pistoja lui avait été enlevée par les Guelfes le 27 janvier 1328. Il partit aussitôt pour la recouvrer : il en entreprit le siège, qui fut soutenu par les habitants avec la valeur la plus opiniâtre. Castruccio déploya plus que jamais dans cette occasion la supériorité de ses talents militaires : il réduisit à l'inaction une armée bien plus forte que la sienne, que les Florentins envoyaient contre lui pour le forcer à lever le siège. Il prit enfin Pistoja le 3 août 1328 ; mais les fatigues auxquelles il s'etait livre sans relâche lui causèrent une pleurésie, dont il mourut le 3 septembre de la même année. Il laissait trois fils legitimes encore en bas âge, et un bâtard. Presque tous périrent misérablement. La principauté qu'il avait fondée fut détruite ; ses fils, chassés de toutes les villes où il avait dominé, furent poursuivis dans les montagnes comme des bêtes féroces. Les Florentins, qu'il avait combattus pendant toute sa vie, s'agrandirent de toutes les conquêtes qu'il avait faites, et Lucques, sa patrie, expia sa gloire passagère par quarante-deux ans de servitude sous des maîtres étrangers. Machiavel a fait, sous le nom de *Vie de Castruccio*, une espèce de roman où il ne faut chercher aucune vérité historique. D'autres ont défiguré davantage encore son histoire, en parlant de tendresse pour Paul Guinigi, qu'ils disent son successeur, et des conseils qu'il lui donna en mourant. Paul Guinigi, chef des Guelfes de Lucques, fut elevé à la souveraineté de cette ville en 1400, par le parti le plus opposé à Castruccio ; et il mourut dans la force de l'âge, en 1432, cent quatre ans après celui dont on prétend qu'il fut l'élève.

(Article de M. Sismondi, extrait de la *Biographie universelle*, tome VII, page 855 et suiv.

V

LETTRES FAMILIÈRES

AVERTISSEMENT

La correspondance familière de Machiavel se compose, dans l'édition de Périès, de quatre-vingt-trois lettres qui comprennent non seulement celles qui ont été écrites par Machiavel, mais encore celles qui lui ont été adressées par des amis. Nous n'avons pas cru devoir reproduire cette correspondance en totalité, parce qu'on y trouve, comme dans *les Légations*, une foule de détails sur les affaires d'Italie qui n'ont souvent chez nous qu'un intérêt fort secondaire, et qui demanderaient pour être bien comprises un double commentaire rédigé au point de vue de l'histoire de France et au point de vue de l'histoire d'Italie.

Les quatre-vingt-trois lettres de l'édition de Périès se trouvent ici réduites au nombre de vingt-six, et pour composer ce choix, toujours sévèrement fait, nous nous sommes attaché à celles des lettres qui ont trait à quelque événement important et connu de tout le monde, comme la mission de Savonarole à Florence, ou bien encore à celles qui montrent l'homme dans l'intimité de sa vie, dans les embarras ou les succès de ses affaires privées, en même temps qu'elles montrent l'écrivain dans l'épanchement de sa verve, ou les confidences de sa vie littéraire.

LETTRES FAMILIÈRES

LETTRE PREMIÈRE.

A UN AMI.

Puisque vous désirez connaître en détail tout ce qui se passe ici relativement à Frà Girolamo Savonarola [1], vous saurez qu'après les deux sermons qu'il a prononcés, et dont vous avez déjà copie, il prêcha de nouveau le dimanche de carnaval, et invita, entre autres choses, ses auditeurs à communier le jour du mardi gras dans l'église de Saint-Marc. Il ajouta qu'il voulait prier Dieu que si ses prédictions ne lui étaient pas inspirées d'en haut, le ciel le fît connaître par quelques signes évidents. Il fit tout cela, à ce que l'on prétend, pour établir l'union parmi ses partisans, et leur donner plus de moyens de le défendre dans le cas où, comme il le craignait, la seigneurie qui venait d'être créée nouvellement, mais qui n'était pas encore publiée, lui aurait été contraire. Cette publication ayant eu lieu le lundi suivant, ainsi que vous avez dû en être pleinement informé, et jugeant que

---

[1] Fra Girolamo Savonarola, frère Jérôme Savonarole, religieux de l'ordre de Saint-Dominique, et célèbre prédicateur, né à Ferrare en 1452. Après avoir prêché avec un enthousiasme extraordinaire la réforme des mœurs, la liberté et l'égalité politique, après avoir annoncé à l'Italie des destinées nouvelles dignes de sa gloire antique, Savonarole, qui avait exercé sur les Florentins une influence surhumaine, finit par succomber sous les intrigues des uns des Médicis, la haine du pape Alexandre VI, et celle des ordres religieux jaloux de la puissance des dominicains, et il fut brûlé à Florence avec deux de ses disciples, le 22 mai 1498. Savonarole, que l'on peut considérer comme l'un des apôtres les plus fervents de la démocratie chrétienne, a été attaqué par les uns et défendu par les autres avec une grande vivacité. L'article que lui a consacré M. de Sismondi, dans la *Biographie universelle*, renferme une appréciation exacte et juste de sa conduite et de l'influence qu'il a exercé sur son époque.

plus des deux tiers de ses membres étaient ses ennemis, et qu'ils obtempéraient au bref par lequel le pape le mandait à Rome sous peine d'interdiction, il résolut, suivant sa propre idée, ou d'après le conseil de ses amis, de cesser de prêcher dans Santa-Liberata, et d'aller faire des prédications à San-Marco. En conséquence, le jeudi matin, jour où la seigneurie entra en exercice, il annonça dans Santa-Liberata que, pour éviter tout prétexte de trouble, et conserver l'honneur de Dieu intact, il ne voulait plus se mettre en avant; qu'il prêcherait pour les hommes seulement à San-Marco, et que les femmes n'avaient qu'à aller à San-Lorenzo entendre Frà Domenico. Notre moine se trouva donc chez lui. Tous ceux qui ont été témoins de l'audace avec laquelle il commença ses prédications et les continua ne peuvent qu'en être grandement émerveillés: en effet, il craint beaucoup pour lui-même; il est persuadé que la nouvelle seigneurie est disposée à lui nuire; et résolu, en conséquence, d'entraîner dans sa propre ruine un grand nombre de citoyens, il commença son discours par des prédictions effrayantes et par des raisonnements tout-puissants sur quiconque ne les approfondit pas, avançant que ceux qui avaient embrassé son parti étaient les meilleurs citoyens, et qu'il n'avait pour adversaires que les plus vils scélérats; il n'oublia aucune des raisons propres à affaiblir le parti qui lui est opposé, et à donner de nouvelles forces au sien. Comme j'ai été témoin de toutes ces choses, je vous en rapporterai quelques echantillons.

Il prit pour texte de son premier sermon à San-Marco les paroles suivantes, tirées de l'Exode: *Quanto magis premebant eos, tanto magis multiplicabantur et crescebant.* Avant d'en venir au développement de son texte, il exposa les raisons pour lesquelles il avait reculé, et ajouta: *Prudentia est recta ratio agibilium.* Il dit là-dessus que tous les hommes ont et doivent avoir une fin, mais qu'elle est différente de celle du chrétien, dont le Christ est l'unique fin, tandis que celle des autres hommes, tant passés que futurs, diffère suivant l esprit de leur secte ; que nous, qui sommes chrétiens, nous devons tous aspirer à cette fin, qui est Jésus-Christ, et conserver son honneur par une conduite prudente, et en nous conformant aux temps ; que lorsque le temps exige que nous exposions notre vie pour lui, il ne faut pas balancer ; que lorsqu'il est nécessaire que l'homme se cache, il faut se cacher, comme on lit que le firent saint Paul et Jésus-Christ lui-même. C'est ainsi, ajouta-t-il, que nous devons nous conduire, et que nous nous sommes conduits : car, lorsqu'il a été nécessaire de nous opposer à la fureur de nos adversaires, nous nous sommes précipités en avant, comme on l'a vu le jour de l'Ascension ; mais l'honneur de Dieu et les circonstances l'exigeaient ainsi. Aujourd'hui que l'honneur de Dieu veut que nous cédions aux coups de la colère, nous avons cédé. Après ce court préambule il fit des fidèles deux troupes, dont l'une, composée de ses partisans, combattait sous les ordres de Dieu ; et l'autre, commandée par le diable, offrait la réunion de tous ses adversaires. Il s'étendit longuement sur cet article, et entra enfin dans le développement des paroles de l'Exode qu'il avait prises pour texte de son discours. Il dit que, par les persécutions, les bons croissaient de deux manières, en esprit et en nombre : en esprit, parce que l'homme s'unit davantage à Dieu lorsque l'adversité l'environne, et qu'il y puise de nouvelles forces, comme s'approchant davantage de son moteur ; c'est ainsi, dit-il, que l'eau chaude, lorsqu'on la met près du feu, devient bouillante parce qu'elle se rapproche de l'agent qui excite la chaleur, ils croissent en nombre, parce qu'il existe trois espèces d'hommes : d'abord les bons, et ce sont ceux-ci qui me suivent ; puis les pervers et les obstinés, et ceux-là sont mes adversaires. Il y a encore une autre espèce d'hommes : ce sont ceux qui suivent une large voie, qui s'abandonnent aux voluptés, qui n'ont ni endurcissement dans le mal ni penchant décidé pour la vertu, parce qu'ils ne savent discerner ni l'un ni l'autre. Mais comme, dans le fait, il existe une différence réelle entre les bons et les méchants, *quia opposita juxta se posita magis elucescunt*, ils ne peuvent s'empêcher de reconnaître la méchanceté des pervers et la simplicité des bons ; ils se rapprochent donc de ces derniers, et s'éloignent des premiers avec empressement ; car naturellement chacun fuit volontiers le mal pour suivre le bien ; et voilà pourquoi dans l'adversité le nombre des méchants diminue et celui des bons multiplie ; *et ideo quanto magis*, etc. Je me bornerai à vous exposer le reste en peu de mots, car la brièveté épistolaire ne me permet pas de m'étendre longuement. Il aborda donc ensuite une foule de sujets, suivant sa coutume ordinaire, afin d'affaiblir le plus qu'il pourrait ses adversaires ; et dans le dessein de trouver une transition à son prochain discours, il dit que nos discordes pourraient donner naissance à un tyran qui ruinerait nos maisons et ravagerait nos villes : que ce qu'il annonçait n'était pas en contradiction avec ce qu'il avait déjà prédit ; que Florence devait être heureuse, et étendre sa domination sur toute l'Italie, car ce tyran ne régnerait que peu de temps, et finirait bientôt par être chassé. C'est ainsi qu'il termina sa prédication.

Le matin suivant il continua à parler sur l'Exode à ses auditeurs. Lorsqu'il en vint à ce passage où il est dit que Moïse tua un Égyptien, il s'écria que l'Égyptien représentait les méchants, et Moïse, le prédicateur qui les tue en découvrant leurs vices : « O Égyptien ! dit-il, je « veux te donner un coup de poignard » Et il commença alors à déchirer vos livres et vos prêtres, et à vous traiter de manière que les chiens n'en voudraient pas manger. Il ajouta ensuite, et c'est là principalement qu'il voulait en venir, qu'il prétendait faire à l'Égyptien une autre grande blessure. Et il annonça que Dieu lui avait dit qu'il existait dans Florence un homme qui cherchait à usurper la tyrannie, qui intriguait et cabalait pour réussir, et que vouloir chasser le *frère*, excommunier le frère, persécuter le frère, ne signifiait autre chose sinon que nous voulions faire un tyran, mais que l'essentiel était d'observer les lois. Il en dit tant enfin, que pen-

dant tout le reste du jour chacun jeta publiquement ses
soupcons sur un homme qui est aussi éloigné de la tyrannie que vous pouvez l'être du ciel. Mais depuis, la
seigneurie ayant écrit au pape en sa faveur, il a vu qu'il
n'avait plus rien à craindre des ennemis qu'il a dans Florence. Il avait d'abord cherché à réunir ses partisans,
en versant l'odieux sur ses adversaires, et en cherchant
à les effrayer par le nom de tyran ; mais aujourd'hui que
ces moyens violents lui sont devenus inutiles, il a changé
d'allure : il exhorte chacun à la concorde ; il ne parle plus
ni de tyran ni de la scélératesse de ses rivaux : il cherche
à exciter tous les partis en général, et chacun en particulier, à se soulever contre Sa Sainteté et ses agents,
qu'il traite comme on ne traiterait pas les plus vils et les
derniers des hommes. C'est ainsi, selon moi, qu'il
s'accommode au temps, et qu'il tâche de colorer ses mensonges. Je sais combien vous êtes prudent ; c'est donc à
vos lumières que je laisse à juger de ce que l'on dit dans
le public, et de ce que l'on peut espérer ou craindre d'un
pareil homme. Vous pouvez d'autant mieux asseoir votre
opinion, que vous connaissez mieux que moi les divers
partis qui divisent notre ville, les circonstances qui gouvernent le temps actuel, et que vous êtes, pour ainsi
dire, à Rome l'âme du souverain pontife. Je vous prie
seulement, si la lecture de ma lettre ne vous a pas trop
fatigué, de ne point regarder comme une tâche pénible
de me répondre, et de me faire connaître le jugement
que vous portez et de l'esprit des temps et de celui que
nous apportons dans nos propres affaires. *Vale.*

Votre dévoué,

Nicolò di Bernardo Machiavelli.

Florence, le 8 mars 1497

LETTRE II.

A UNE DAME.

Très illustre dame,

Puisque Votre Seigneurie désire connaître les changements qui ont eu lieu ces jours derniers dans notre Toscane, je me ferai un plaisir d'autant plus grand de vous en rendre compte, qu'en satisfaisant à vos désirs je vous montrerai le triomphe de vos amis et celui de mes protecteurs ; deux circonstances qui suffisent pour effacer tous les motifs de tristesse, quelque nombreux qu'ils soient, que la suite de mon récit va mettre sous vos yeux.

Lorsque la diète de Mantoue eut arrêté que les Médicis seraient rétablis dans Florence, et que le vice-roi [1] fut parti pour retourner à Modène, on craignit fortement à Florence que l'armée espagnole ne pénétrât en Toscane : néanmoins, comme on n'avait aucune certitude sur ce point, à cause du secret dont la diète avait enveloppé toutes ses résolutions ; comme, d'un autre côté, beaucoup de personnes ne pouvaient se persuader que le pape laissât les Espagnols venir mettre le désordre dans les États de la république, et que, d'ailleurs, les lettres de Rome annonçaient qu'il ne régnait pas un parfait accord entre les Espagnols et Sa Sainteté, chacun resta dans le doute, et l'on ne prit aucune mesure, jusqu'à ce que la certitude de tout ce qui s'était passé nous arrivât par la voie de Bologne. L'ennemi n'étant déjà plus qu'à une journée de nos frontières, toute la ville, à la nouvelle de cette attaque soudaine et inattendue, fut saisie d'épouvante. On délibéra sur ce qu'il fallait faire ; et lorsqu'on eut senti qu'il était trop tard pour garder le passage des

---

[1]. C'était don Raymond de Cardone. — Voir sur tout cet épisode de l'histoire de Florence François Guicciardini, tome II, livre II, et M. de Sismondi, *Histoire des Républiques Italiennes*, tome XIV, pages 233 et suiv.

montagnes, on résolut d'envoyer deux mille hommes d'infanterie à Firenzuola, château situé sur la frontière, entre Florence et Bologne, dans l'espoir que les Espagnols, pour ne pas laisser sur leurs derrières un corps de troupes aussi nombreux, se détourneraient de leur marche pour former le siege de ce château, et nous donneraient ainsi le temps de grossir notre armée et de résister avec plus d'avantage à leur attaque. On crut de la prudence de ne pas faire tenir la campagne à nos troupes, mais de se borner à défendre la position de Prato, place très forte, située dans la plaine, au pied des montagnes par où l'on descend dans le Mugello, et éloignée seulement de Florence de dix milles. Cette place paraissait assez vaste pour contenir toute notre armée en sûreté, et sa position, voisine de Florence, semblait la rendre susceptible d'être secourue facilement, si les Espagnols se portaient de ce côté.

Lorsqu'on eut pris cette résolution, toutes nos forces se mirent en mouvement pour aller occuper les points désignés. Cependant le vice-roi, dont l'intention n'était pas de s'arrêter devant les places fortes, mais de se porter immédiatement sur Florence, pour y changer le gouvernement, à la faveur du parti sur lequel il comptait, laissa derrière lui Firenzuola, et, franchissant l'Apennin, descendit à Barberino di Mugello, château éloigné de Florence de dix-huit milles, et s'empara sans obstacle de toutes les bourgades du pays, qui, dépourvues de tout secours, furent contraintes de recevoir ses ordres, et de fournir des vivres à son armée selon leurs moyens.

Cependant on avait réuni à Florence un assez grand nombre de troupes ; et, dans un conseil des condottieri d'hommes d'armes, on délibéra pour savoir de quelle manière on pourrait résister à cette attaque. L'avis général fut qu'il ne fallait point songer à se défendre à Prato, mais bien à Florence ; car on n'espérait pas, si l'on se renfermait dans cette première place, pouvoir résister au vice-roi, dont on ne connaissait pas précisément les forces, mais on pouvait croire, en voyant l'ardeur avec laquelle elles se précipitaient sur la Toscane, qu'il était impossible à notre armée de leur résister. Les condottieri regardaient donc comme une mesure beaucoup plus sûre de se réunir dans Florence même, où, avec le secours du peuple, l'armée suffirait pour garder la ville et pour la défendre ; cette mesure même permettait de tenter de garder Prato en y laissant un corps de trois mille hommes. Cet avis obtint l'assentiment général, et surtout celui du gonfalonier, qui se crut d'autant plus à l'abri contre les tentatives du parti ennemi, que les forces qu'il aurait autour de lui seraient plus considérables.

Telle était la situation des affaires lorsque le vice-roi envoya ses ambassadeurs. Ils exposèrent à la seigneurie que les Espagnols ne venaient pas comme ennemis dans les États de la république ; qu'ils ne voulaient porter aucune atteinte à ses libertés ni à son gouvernement, et qu'ils n'avaient d'autre but que de s'assurer par eux-mêmes que l'on abandonnerait le parti des Français pour se réunir à la ligne commune, qui ne pouvait nullement compter sur le gouvernement et sur ses promesses tant que Pierre Soderini resterait gonfalonier, parce qu'on le connaissait pour un partisan des Français ; qu'en conséquence, ils demandaient sa déposition, et consentaient à ce prix que le peuple de Florence nommât pour le remplacer celui d'entre ses concitoyens qu'il jugerait le plus digne. Le gonfalonier répondit à ce discours qu'il n'était arrivé à cette place ni par artifice ni par force, mais par la seule faveur du peuple ; qu'en conséquence, quand tous les rois de la terre s'uniraient pour lui ordonner de déposer sa dignité, il n'y consentirait jamais ; mais que si le peuple desirait qu'il la quittât, il le ferait aussi volontiers qu'il l'avait acceptée quand on lui confia une dignité que son ambition n'avait point sollicitée Pour mieux connaître l'esprit du peuple, à peine l'ambassadeur fut-il éloigné, qu'il convoqua tout le conseil, donna connaissance de la proposition qu'on venait de lui faire, et offrit, si tel était le bon plaisir du peuple, et que sa démission fût jugée nécessaire pour le rétablissement de la paix, de se retirer chez lui sur-le-champ : car, n'ayant jamais eu d'autre mobile de toutes ses actions que le bonheur de la cité, il aurait trop de chagrin qu'elle s'exposât à la moindre disgrâce par amour pour lui. Chacun, d'une voix unanime, refusa sa démission, et tous s'offrirent à le défendre au péril de leur vie.

Sur ces entrefaites, l'armée espagnole s'était présentée devant Prato, et lui avait livré un vigoureux assaut ; mais, comme elle n'avait pu s'en emparer, le vice-roi commença à entamer des négociations d'arrangement avec l'ambassadeur florentin, qui repartit avec un des envoyés de Son Excellence. Elle offrait de se contenter d'une certaine somme d'argent, et consentait à ce que la cause des Médicis fût remise entre les mains de Sa Majesté Catholique, qui pourrait employer la prière et non la force pour engager les Florentins à les recevoir dans leurs murs. Lorsque les envoyés furent arrivés avec ces nouvelles propositions, que l'on connut la faiblesse des Espagnols, que l'on eut répandu le bruit qu'ils mouraient de faim, que Prato était susceptible d'une vigoureuse défense, la confiance du gonfalonier et du peuple, par lequel il se laissait gouverner, s'accrut au point que, malgré le conseil de tous les gens sages de faire la paix, le gonfalonier mit tant de lenteur dans ses résolutions, que l'on apprit bientôt que Prato était pris. Les Espagnols, après avoir fait une brèche aux remparts, avaient commencé à repousser ceux qui les défendaient, et les avaient si fort effrayés, qu'après quelques instants de résistance ils les avaient forcés à prendre tous la fuite. Alors les ennemis s'étaient précipités dans la ville, l'avaient livrée au pillage, massacrant tous ceux qui s'offraient à leurs coups, et se livrant à mille scènes d'horreur. J'en épargnerai les détails à Votre Seigneurie, pour ne point affliger sa sensibilité : je vous dirai seulement qu'il y eut plus de quatre mille habitants de massacrés ; les autres furent pris et obligés de se racheter aux conditions les plus dures ; les vierges, qu'auraient dû défendre les asiles sacrés, ne furent point épargnées, et les autels furent souillés d'infamies et de sacrilèges.

Cette nouvelle jeta l'épouvante dans Florence ; le gonfalonier seul n'en fut point effrayé. Plein de confiance dans je ne sais quelles espérances, et dans le dévouement que le peuple lui avait témoigné quelques jours auparavant, il se flatta de conserver Florence, et de contenter les Epagnols en leur prodiguant l'argent, à condition néanmoins que les Médicis demeureraient exclus.

Les envoyés chargés de faire ces propositions remplirent leur mission ; mais ils rapportèrent pour toute réponse qu'il fallait absolument recevoir les Médicis, ou s'attendre à la guerre. Chacun alors commença à craindre pour le sort de la ville, en songeant à la lâcheté que nos soldats avaient montrée dans le siège de Prato : la noblesse, de son côté, augmenta cette frayeur en témoignant ouvertement son intention de changer le gouvernement ; de sorte que le lundi soir, 30 août, à la dernière heure de la nuit, nos envoyés eurent ordre de traiter avec le vice-roi, à quelque prix que ce fût. L'épouvante fut au comble : les habitants qui gardaient le palais et les autres postes de la ville les abandonnèrent avec précipitation, et la seigneurie, désormais sans défense, fut contrainte de relâcher une foule de citoyens qui depuis quelques jours avaient été renfermés au palais sous bonne garde, parce qu'ils etaient suspects de favoriser les Médicis. Ces prisonniers, joints à un grand nombre des principaux de la noblesse qui désiraient recouvrer leur crédit dans l'État, s'enflammèrent de tant d'audace, que le mardi matin ils se rendirent en armes au palais, occupèrent toutes les portes, et forcèrent le gonfalonier à en sortir. Ce ne fut que sur les instances de plusieurs personnes moins emportées que l'on consentit à le laisser s'éloigner sans lui faire violence. C'est ainsi que le gonfalonier retourna à sa maison sous l'escorte de ces mêmes hommes ; la nuit suivante il partit pour Sienne en nombreuse compagnie, et du consentement de la seigneurie.

Au milieu de tous ces événements le gouvernement avait pris une autre forme ; mais, comme le vice-roi ne voyait dans ce changement une garantie suffisante ni par la famille des Médicis ni par la Ligue, il signifia aux seigneurs l'ordre de rétablir l'État sur le même pied que du vivant du magnifique Laurent. Les nobles ne demandaient pas mieux que d'obéir à cet ordre ; mais ils craignaient que la multitude ne voulût point y concourir ; et tandis qu'on discutait sur la manière de se conduire dans la circonstance, le légat fit son entrée à Florence, accompagné d'un assez grand nombre de troupes, composées en partie d'Italiens. Le 16, les seigneurs ayant réuni au palais une certaine quantité de citoyens, parmi lesquels se trouvait le magnifique Giuliano, délibéraient sur la réforme du gouvernement, lorsqu'il s'éleva par hasard un peu de tumulte sur la place. Ramazzoto et sa troupe saisirent ce prétexte pour prendre les armes, et s'emparèrent du palais en criant : *Les balles ! les balles !* Soudain toute la ville fut en armes, et le même cri retentit de toutes parts. Les seigneurs se virent contraints alors de convoquer l'assemblée du peuple, que nous appelons *Parlement* ; et l'on y promulgua une loi qui rétablissait les Médicis dans tous les honneurs et dignités qu'avaient possédés leurs ancêtres. C'est ainsi que le calme le plus parfait fut rétabli dans la ville, qui espère ne pas vivre moins honorablement sous la protection de ces princes que dans les temps passés, lorsque leur père, le magnifique Laurent, de glorieuse mémoire, la gouvernait.

Telles sont, très illustre dame, les circonstances particulières de cette grande révolution. Je n'ai pas voulu m'appesantir sur certains détails qui auraient pu vous déplaire, ou comme affligeants, ou comme de peu d'importance ; je me suis étendu sur tout le reste autant que peuvent le permettre les limites d'une lettre. Si j'ai satisfait aux désirs de votre illustrissime seigneurie, je suis assez récompensé ; dans le cas contraire, je réclame mon pardon de votre indulgence. *Quæ diù et felix valeat* [1].

1. La date de cette lettre manque ainsi que le nom de la personne à laquelle

LETTRE III.

A FRANCESCO VETTORI

MAGNIFIQUE AMBASSADEUR,

Je vous ai écrit samedi dernier ; et, quoique je n'aie rien de plus à vous dire aujourd'hui, je ne veux point laisser passer ce samedi sans vous écrire.

Vous connaissez notre société ; elle ressemble à une chose égarée : pauvres oiseaux effarouchés, le même colombier ne nous rassemble plus, et le délire semble en avoir saisi tous les principaux membres. Tommaso est devenu bizarre, fantasque, ennuyeux, et si avare, qu'à votre retour il vous semblera un autre homme. Je veux vous raconter ce qui m'est arrivé. La semaine dernière il avait acheté sept livres de veau, qu'il envoya chez Marione : bientôt après il trouva qu'il avait fait une trop grande dépense ; et, voulant la faire partager à quelqu'un, il se mit à mendier un convive qui voulût venir dîner avec lui. Touché de compassion, j'y menai deux personnes que je recrutai moi-même. Nous dînâmes ; et lorsqu'on en vint à faire le compte, chacun fut taxé à quatorze sous. Je n'en avais sur moi que dix : je restai donc lui en devoir quatre. Depuis ce moment, il me les redemande chaque jour ; et hier soir, il me fit presque une scène à ce sujet sur le *Ponte-Vecchio*. Je ne sais si vous trouvez qu'il a raison ; mais ce n'est qu'une bagatelle auprès de toutes les autres choses qu'il fait.

La femme de Girolamo del Garbo est morte, et son mari est resté trois ou quatre jours étourdi comme un poisson hors de l'eau. Mais depuis il est tout ragaillardi :

---

elle est adressée. La copie s'en trouve apportée ainsi dans les manuscrits de Julien de Ricci neveu de l'auteur. Quant à sa date elle doit être du mois de septembre 1512 quant à la personne, Julien conjecture que c'est madame Alfonsine, mère de Laurent de Médicis qui fut par la suite duc d'Urbin.

il veut à toute force se remarier ; et chaque soir, sur le banc de Capponi, il n'est question entre nous que de ce nouveau mariage. Le comte Orlando s'est laissé éprendre de nouveau d'un jeune garçon de Raguse, et l'on ne peut plus en jouir. Donato a ouvert une autre boutique, où il fait couver des pigeons : il court toute la journée de l'ancienne à la nouvelle, et il semble un imbécile. Il va tantôt avec Vincenzo, tantôt avec une béguine, tantôt avec un de ses garçons, tantôt avec un autre : toutefois, je n'ai point vu qu'il se soit encore mis en colère avec Riccio. Je ne sais d'où cela provient. Quelques personnes pensent que c'est parce qu'il lui convient plus qu'un autre. Quant à moi, je ne saurais former aucune conjecture. Pier Filippo di Bastiano est de retour de Florence : il se plaint terriblement du Brancaccino, mais en général, et sans avoir articulé encore aucun fait particulier. S'il en vient là, je vous en informerai, afin que vous puissiez l'avertir.

Quant à moi, si quelquefois je ris, si quelquefois je chante, c'est que je n'ai que cette voie pour exhaler mes douleurs et mes larmes.

S'il est vrai que Jacopo Salviati et Matteo Strozzi aient obtenu leur congé, vous résiderez à Rome avec un caractère public ; et puisque Jacopo nous reste, je ne vois pas qui l'on pourrait garder de tous ceux qui sont là-bas, pour vous renvoyer : mon avis est donc que vous pourrez demeurer à Rome aussi longtemps que vous le voudrez. Le magnifique Giuliano doit bientôt se rendre dans cette ville : vous trouverez ainsi naturellement le moyen de m'être utile ; il en est de même à l'égard du cardinal Soderini. Il est donc difficile de penser que je ne puisse réussir, si mon affaire est conduite avec quelque adresse, et que je ne parvienne à être employé, sinon pour le compte de Florence, du moins pour celui du pape ou des États de l'Église ; auquel cas je devrais être moins suspect. Dès que je saurai que vous êtes à poste fixe à la cour du souverain pontife, et qu'il ne vous paraîtra pas que je doive faire d'autres démarches, j'irai vous trouver, si vous ne voyez pour moi aucun danger. J'ai l'intime conviction que si Sa Sainteté commence une fois à se servir de moi, outre le bien que j'y trouverai, je pourrai faire honneur et me rendre utile à tous ceux qui ont de l'amitié pour moi.

Je vous écris ceci, non que cette affaire me tienne fort à cœur, ni que je veuille que vous vous mettiez pour moi dans l'embarras ou la dépense, ou que vous preniez mes intérêts avec trop d'ardeur, mais uniquement pour que vous connaissiez mes intentions, et que, s'il est en votre pouvoir de me servir, vous sachiez que mon unique bonheur est de vous devoir tout, ainsi qu'à votre famille, à qui j'avoue que je suis redevable du peu que j'ai pu sauver du naufrage.

N. MACHIAVEL.

Florence, le 16 avril 1513.

LETTRE IV

A FRANCESCO VETTORI.

Seigneur ambassadeur,

Vous ne voulez pas que ce pauvre roi de France recouvre la Lombardie, et moi je le voudrais : il se peut, toutefois, que ces volontés opposées viennent d'un même principe, c'est-à-dire d'une affection naturelle, ou d'une passion qui nous porte, vous, à dire non, et moi, à dire oui. Pour couvrir votre *non* d'un prétexte honnête, vous établissez que la paix offrirait de plus grandes difficultés si le roi devait rentrer dans la Lombardie ; et moi, pour colorer mon *oui*, je prétends que vous êtes dans l'erreur, et qu'en faisant la paix selon mon système, elle serait plus solide et plus durable.

Abordant de nouveau les points particuliers, voici comme je réponds à votre lettre du 5. Je conviens avec vous que le roi d'Angleterre ne pourra se faire à l'idée d'être venu en France avec un si grand appareil, et d'avoir à s'en retourner sans aucun résultat ; il faut donc qu'il y soit déterminé par quelque nécessité. Or, je pensais que, pour lui imposer cette nécessité, il suffisait de l'Espagne et du pape ; je jugeais, et mon sentiment est encore le même, que, d'un côté, trouvant son entreprise difficile, et de l'autre, connaissant le désir de ces deux puissances, il se déciderait sans peine pour la retraite. Il pourrait, à la vérité, en concevoir du mécontentement ; mais il me semble que ce mécontentement même serait utile, puisqu'il contribuerait à affaiblir la France, qui, placée entre les Suisses et les Anglais, également ennemis ou suspects, ne pourrait former d'entreprise contre les États d'autrui, et aurait même besoin de chercher des appuis pour se maintenir dans les siens. Il me paraissait d'ailleurs que, dans cette supposition, le roi d'Angleterre atteignait son but ; car je suis convaincu qu'outre son désir d'assurer ses États, il avait encore celui de demeurer, au moyen de ses armées, comme le coq de l'Italie : c'est, en effet, ce qui arriverait, puisque la France ne pouvant, soit à cause des craintes que lui inspirerait l'Angleterre, soit à cause de l'inimitié qui existe entre elle et les Allemands, envoyer des troupes nombreuses en Lombardie, serait dans la nécessité de recourir aux armes espagnoles.

Je ne vois pas, au surplus, comment vous entendez qu'il n'y ait que les Suisses capables de contraindre le roi d'Angleterre à céder ; car je ne pense pas qu'ils puissent ni qu'ils veuillent jamais servir la France autrement que comme stipendiaires : or, à raison de leur pauvreté et de l'éloignement où ils sont de l'Angleterre, il faudrait qu'elle les payât grassement ; car, enfin, elle peut tout aussi bien solder des lansquenets, dont elle retirerait le même service, et qui ne seraient pas moins à craindre pour l'Angleterre. Si vous me dites que celle-ci peut décider les Suisses à attaquer les Français du côté de la Bourgogne, je réponds que c'est là un moyen de nuire à la France, et que pour forcer les Anglais à céder, il faut trouver celui de nuire à l'Angleterre.

Je ne veux pas dire, toutefois, que le roi d'Espagne et le pape aient à prendre les armes contre elle : il suffit qu'ils l'abandonnent, et qu'en même temps ils lui représentent qu'on ne faisait la guerre à la France que pour soutenir les intérêts de l'Église ; motifs qui n'existent plus aujourd'hui. Je ne crois pas qu'il faille des mesures plus violentes pour déterminer le roi d'Angleterre à se retirer, surtout maintenant que, comme je l'ai dit plusieurs fois, il a vu, et voit que le succes de son entreprise contre la France est un peu aventure ; du reste, il a dû réfléchir que s'il en vient à une bataille, et qu'il soit battu, il court risque, tout aussi bien que le roi de France, de perdre son royaume. Vous m'objecterez que ce prince enverra de grosses sommes en Allemagne, et qu'il fera attaquer la France sur un autre point. Il me sera aisé de répondre, par l'opinion généralement répandue, que, pour satisfaire tout à la fois son orgueil et sa gloire, il ne voudra jamais dépenser son argent que pour ses propres troupes ; que d'ailleurs celui qu'il donnerait à l'empereur serait jeté en pure perte ; et enfin que, quant aux Suisses, ils en exigeraient beaucoup trop. Je crois, au reste, que la bonne intelligence entre l'Espagne et la France pourrait facilement renaître ; car il ne peut être avantageux à la première de détruire ainsi l'autre. Et n'a-t-on pas vu aussi que, lorsque la France s'est trouvée au milieu des plus grands dangers, l'Espagne a aussitôt posé les armes ? Ainsi, que le roi de France se voie rétabli dans la Lombardie, et il en sera beaucoup plus disposé sans doute à la réconciliation ; car les bienfaits récents font pour l'ordinaire oublier les anciennes injures. D'un autre côté, que peut craindre l'Espagne d'un roi vieux, fatigué et infirme, placé entre l'Angleterre et l'Allemagne, c'est-à-dire entre deux pays, dont l'un lui est suspect, et l'autre, ouvertement ennemi ? En tous cas, elle n'aurait pas besoin pour se défendre d'employer l'autorité du pape ; il lui suffirait d'entretenir ces soupçons et cette inimitié.

Je ne crois donc pas que mon plan de pacification

présente plus de difficultés que le vôtre ; il me semble même que si l'un des deux offre quelque avantage, c'est le mien : en effet, je ne trouve dans le vôtre aucune sorte de sûreté ; au lieu que le mien en présente au moins quelqu'une, sinon bien bonne, au moins telle qu'on peut l'espérer dans les temps où nous vivons.

Quand on veut juger si une paix sera solide et durable, il faut, entre autres choses, examiner quelle est la partie intéressée qui peut en être mécontente, et quels sont les résultats probables de ce mécontentement.

Or, en examinant votre projet de paix, je crois qu'il mécontente l'Angleterre, la France et l'empereur, parce qu'aucune de ces trois puissances n'a atteint le but qu'elle se proposait ; au lieu que dans le mien les mécontents sont l'Angleterre, les Suisses et l'empereur. Par les même motifs, je crois, en outre, que les mecontentements produits par votre plan peuvent aisément causer la ruine de l'Italie et de l'Espagne ; et quoique la France l'ait approuvé, et que l'Angleterre ne l'ait point rejeté, ces deux puissances changeront soudain d'idée et de dessein. La France voulait se rétablir en Italie ; l'Angleterre voulait soumettre la France : toutes deux ayant manqué leur but, on les verra s'unir pour ne plus songer qu'à se venger tout à la fois de l'Italie et de l'Espagne. Il y a lieu de croire, en effet, qu'il se formera entre elles un nouvel accord, au moyen duquel elles n'éprouveront plus aucun obstacle dans leurs projets, quelque chose qu'elles entreprennent : il suffit que la France déclare ouvertement ses intentions En effet, favorisé par l'Angleterre, l'empereur saute... [1], passe en Italie à son gré, repasse en France ; et ainsi ces trois puissances, une fois d'accord, peuvent, en un clin d'œil tout réunir, et changer la face des affaires ; et ni les armes des Espagnols, ni celles des Suisses, ni l'argent du pape, ne suffiraient pour opposer une digue à ce débordement, car elles auraient à elles trois trop d'argent et trop de forces. L'Espagne, sans doute, voit ces dangers, et il est naturel

---

1. Il y a ici une lacune qu'il serait difficile de remplir

qu'elle cherche à les écarter : elle ne peut manquer de comprendre que dans cette paix le roi de France n'aurait aucune raison de la ménager ; qu'il y trouverait, au contraire, une superbe occasion de lui nuire, et qu'il entend trop bien ses intérêts pour la laisser échapper. Ainsi donc, si elle est assez sage pour prévoir l'avenir, elle n'acquiescera point, elle ne donnera point les mains à un plan de pacification d'où il résulterait une guerre plus importante et plus dangereuse. Mais dans mon plan, au contraire, les parties mécontentes seraient l'Angleterre, l'empereur et les Suisses ; et celles-ci n'auraient nullement la facilité de nuire aux autres, attendu qu'en deçà et en delà des Alpes elles trouveraient la France, qui, appuyée par ses alliés, opposerait une barrière insurmontable ; elles ne hasarderaient pas même de tenter une entreprise, parce qu'elles y verraient trop de difficultés. Il ne resterait d'ailleurs à ces alliés aucun motif de se défier l'un de l'autre, puisqu'ils auraient rempli chacun leur but, et que, d'un autre côté, la puissance de leurs ennemis, et la crainte d'en être à tout moment attaqués, suffiraient pour les tenir enchaînés.

Votre projet de paix présente, au surplus, pour l'Italie un danger extrêmement grave : c'est que toutes les fois que Milan aura pour duc un prince faible, la Lombardie ne lui appartiendra pas, mais appartiendra aux Suisses. Et quand, mille fois pour une, les trois parties qu'il laisse mécontentes resteraient tranquilles, je trouve toujours que le voisinage des Suisses est une chose trop importante pour que l'Italie ne doive pas y apporter une attention plus sérieuse qu'elle ne l'a fait jusqu'à présent. Je ne crois pas, comme vous le dites, qu'ils ne remueront point, parce qu'ils craindront la France, qu'ils auraient contre eux le reste de l'Italie, et qu'ils ne veulent que donner un coup de râteau et s'en aller. D'abord, comme je l'ai dit précédemment, la France, ayant eu à se plaindre de l'Italie, nourrira sans cesse contre elle des projets de vengeance : elle éprouvera une véritable satisfaction à la voir ruinée ; de sorte qu'au lieu de contenir les Suisses, elle se cachera sous le manteau pour leur donner de l'argent, et se plaira à exciter l'incendie qui nous menace. En second lieu, parler de l'union des autres Italiens, c'est se moquer ; car il ne faut nullement s'attendre entre eux à un accord qui produise quelque bien. Et quand même les chefs s'entendraient, qu'en résulterait-il? Hors les troupes espagnoles, qui sont en trop petit nombre pour suffire, toutes les autres de l'Italie ne valent pas un liard ; et d'ailleurs, les queues ne sont point d'accord avec les têtes. Que les Suisses fassent un pas, n'importe pour quel motif, et vous verrez chacun se précipiter à l'envi l'un de l'autre pour se soumettre à eux.

Enfin, quant à ce que vous dites, qu'ils ne veulent donner qu'un coup de râteau et s'en retourner aussitôt chez eux, ne vous y fiez pas, et ne conseillez à personne de s'endormir dans une semblable idée. Considérez, je vous prie, la marche des affaires d'ici-bas, et comment procèdent, et comment s'accroissent les puissances du monde, et surtout les républiques. Vous verrez que, d'abord, il suffit aux hommes de pouvoir se défendre eux-mêmes, et de maintenir leur indépendance: mais qu'ensuite ils en viennent à attaquer leurs voisins et à vouloir dominer. Ainsi, il suffit jadis aux Suisses de résister aux ducs d'Autriche, et cette résistance les fit respecter chez eux ; plus tard, il leur suffit encore de se défendre contre le duc Charles le Téméraire, et la défaite de ce prince étendit leur réputation au delà de leurs montagnes ; depuis, ils se contentèrent de se mettre à la solde des autres puissances, et cela dans le seul objet d'acquérir de l'honneur et d'entretenir parmi la jeunesse l'esprit militaire : c'est ainsi qu'ils ont augmenté leur réputation, et que la connaissance qu'ils ont acquise d'un plus grand nombre d'hommes et de pays a redoublé leur audace, et leur a inspiré l'ambition et le désir de combattre pour leur propre compte. Pellegrino Lorini me disait que, lorsqu'ils vinrent à Pise avec Beaumont, ils lui parlaient souvent de la force de leur milice, qu'ils comparaient à celle des Romains, et demandaient ce qui les empêcherait d'obtenir un jour les mêmes succès que ces derniers; ils se vantaient que la France leur devait toutes les victoires qu'elle avait remportées jusqu'à ce jour; et ils ajoutaient qu'ils ne voyaient pas pourquoi ils ne pourraient point enfin combattre pour leur propre compte Aujourd'hui cette occasion s'est présentée, et ils ne l'ont pas laissée échapper. Ils sont entrés en Lombardie sous prétexte d'y rétablir l'ancien duc, mais, en effet, pour être le duc eux-mêmes. A la première occasion ils s'en rendront entièrement maîtres, et éteindront la race ducale, et, avec elle, toute la noblesse du pays ; à la seconde, ils se répandront dans toute l'Italie, qu'ils traiteront de la même manière. Ainsi donc je conclus qu'ils ne sont point gens à se contenter de donner un coup de râteau et à s'en retourner chez eux, mais qu'il y a prodigieusement à craindre de leur part.

Je sais que j'aurai contre moi la funeste habitude où sont les hommes de vivre au jour le jour, et de ne pouvoir croire que ce qui ne s'est point encore vu puisse arriver jamais, et, en second lieu, de ne voir jamais quelqu'un avec les mêmes yeux et sous le même rapport. Voilà pourquoi personne ne songe à chasser les Suisses de la Lombardie pour y remettre les Français, parce qu'on ne veut pas courir les périls auxquels exposerait une pareille tentative, parce qu'on ne croit point à ce qui est à craindre pour l'avenir, et que l'on n'ose se fier à la bonne foi de la France. Mon cher compère, ce torrent d'Allemands est tellement grossi dans son cours, qu'il faut pour s'opposer à son passage une bien grande et bien forte digue. Si les Français n'étaient jamais venus en Italie, si vous n'aviez pas le sentiment encore tout récent de leur insolence, de leur cupidité et de leurs exactions, sentiment qui vous trouble maintenant dans vos délibérations, vous auriez déjà couru vers la France pour la prier de venir en Lombardie, afin de détourner l'inondation qui vous menace. C'est pourtant ce qu'il faut faire avant que ces Suisses aient pris racine dans ce pays, et commencé à goûter les douceurs de la domination. C'en est fait de toute l'Italie, s'ils se mettent à l'envahir ; car tous les mécontents s'empresseront de les favoriser, et serviront ainsi d'échelons à leur agrandissement et à la ruine des autres peuples. Pour moi, c'est d'eux seuls que j'ai peur, et non pas, comme vous l'a écrit le Casa, d'eux et de l'empereur, quoique cependant il fût très possible qu'ils se réunissent : car, par la même raison que l'empereur a souffert qu'ils ravageassent la Lombardie et se rendissent maîtres de Milan, ce qui paraissait contraire aux plus simples règles du bon sens d'après les considérations que vous m'avez exposées, de même, et malgré ces considérations, les Suisses, de leur côté, pourraient trouver bon que lui aussi fît quelques progrès en Italie.

Seigneur ambassadeur, c'est plutôt pour satisfaire à vos désirs que je vous écris tout ceci, que dans la persuasion de bien savoir ce que je dis moi-même. Veuillez donc, la première fois que vous me répondrez, me faire connaître où en sont les choses de ce monde, ce qui se trame, ce que l'on espère, et ce que l'on redoute, si vous voulez que je vous tienne tête sur des matières aussi graves ; sinon vous n'aurez de moi que des sottises pareilles au *Testament de l'Ane*, et dans le goût de celles du Brancaccio. Je me recommande à vous.

N. Machiavel.

A la campagne, le 10 août 1513.

LETTRE V

A FRANCESCO VETTORI.

Magnifique ambassadeur,

Tarde non furon mai grazie divine. Je dis cela parce que je craignais d'avoir, non pas perdu, mais égaré vos bonnes grâces ; vous aviez été si longtemps sans m'écrire, que je ne pouvais en imaginer les raisons. J'attachais peu d'importance, il est vrai, à toutes celles qui me passaient par la tête ; j'avais peur seulement qu'on ne vous eût écrit que j'étais un mauvais ménager de vos lettres, et que cela ne vous eût décidé à rompre notre correspondance ; j'étais certain cependant qu'à l'exception de Filippo et de Paolo, je ne les avais montrées à personne. J'ai été tout ranimé par votre dernière, du 23 du mois passé. J'ai bien du plaisir à voir avec quelle tranquillité d'esprit vous traitez les affaires. Je vous engage à continuer : quiconque abandonne ses aises pour les aises d'autrui perd les siennes sans qu'on lui en sache aucun gré. Et puisque la fortune veut se mêler de tout, il faut la laisser faire, se tenir en repos, ne lui causer aucun embarras, et attendre qu'elle permette aux hommes d'agir un peu : alors vous pourrez prendre plus de peine, surveiller davantage ce qui se passe ; alors vous me verrez quitter la campagne et venir vous dire : *Me voilà*. En attendant, pour vous rendre une grâce pareille à celle que j'ai reçue de vous, je ne puis que vous dire dans cette lettre le genre de vie que je mène ; et si vous jugez qu'elle vaille la vôtre, je consens avec un véritable plaisir à la poursuivre.

J'habite donc ma *villa* [1] ; et depuis les derniers malheurs que j'ai éprouvés, je ne crois pas, en tout, avoir été vingt jours à Florence. Jusqu'à présent je me suis amusé à tendre de ma main des pièges aux grives : me levant avant le jour, je disposais mes gluaux, et j'allais, chargé d'un paquet de cages sur le dos, semblable à Geta [2] lorsqu'il revient du port chargé des livres d'Amphitryon. Je prenais ordinairement deux grives, mais jamais plus de sept. C'est ainsi que j'ai passé tout le mois de septembre. Cet amusement, tout sot qu'il est, m'a enfin manqué, à mon grand regret ; et voici comment j'ai vécu depuis : je me lève avec le soleil, je vais dans un de mes bois que je fais couper, j'y demeure deux heures à examiner l'ouvrage qu'on a fait la veille, et à

---

[1] Santa-Maria in Percussina près de San-Casciano, bourg distant de Florence d'environ dix milles, sur la route de Rome.

[2] Personnage d'une comédie inconnue.

m'entretenir avec les bûcherons qui ont toujours quelque maille à partir, soit entre eux, soit avec leurs voisins. J'aurais à vous dire sur ce bois mille belles choses qui me sont arrivées, soit avec Frosino de Panzano, soit avec d'autres qui en voulaient. Frosino, particulièrement, avait envoyé chercher une certaine quantité de *cataste*[1] sans m'en rien dire, et, lorsqu'il s'agit de payer, il voulut me retenir dix livres qu'il prétendait m'avoir gagnées, il y a quatre ans, en jouant à *cricca*, chez Antonio Guicciardini. Je commençai d'abord par faire le diable ; je voulais m'en prendre au voiturier qui était allé le chercher, comme à un voleur ; mais Giov. Machiavelli s'interposa dans cette affaire, et nous remit d'accord. Battista Guicciardini, Filippo Ginori, Tommaso del Bene, et quelques autres personnes, m'en prirent chacun une *catasta*, lorsque nous avons eu ces grands vents du nord. Je promis à tous, et j'en envoyai une à Tommaso, qui en transporta la moitié à Florence, parce qu'il s'y trouvait avec sa femme, sa servante et ses enfants pour la recevoir ; on aurait dit le Gaburro, lorsqu'avec ses garçons il vient le jeudi pour assommer un bœuf. M'étant alors aperçu qu'il n'y avait rien à gagner, j'ai annoncé aux autres qu'il ne me restait plus de bois : ils en ont tous fait la moue, surtout Battista, qui met ce refus au nombre de ses plus grandes mésaventures d'État.

Lorsque je quitte le bois, je me rends auprès d'une fontaine, et de là à mes gluaux, portant avec moi, soit le Dante, soit Pétrarque, soit un de ces poètes appelés *minores*, tels que Tibulle, Ovide, et autres. Je lis leurs plaintes passionnées et leurs transports amoureux ; je me rappelle les miens, et je jouis un moment de ce doux souvenir. Je vais ensuite à l'hôtellerie qui est située sur le grand chemin ; je cause avec les passants, je leur demande des nouvelles de leur pays, j'apprends un grand nombre de choses, et j'observe la diversité qui existe entre les goûts et les imaginations de la plupart des

---

[1]. Sorte de mesure usitée à Florence.

hommes. Sur ces entrefaites, arrive l'heure du dîner; je mange en famille le peu de mets que me fournissent ma pauvre petite villa et mon chétif patrimoine. Le repas fini, je retourne à l'hôtellerie ; j'y trouve ordinairement l'hôte, un boucher, un meunier et deux chaufourniers ; je m'encanaille avec eux tout le reste de la journée, jouant à *cricca*, à *tric-trac*[1] ; il s'élève mille disputes ; aux emportements se joignent les injures ; et le plus souvent c'est pour un liard que nous nous échauffons, et que le bruit de nos querelles se fait entendre jusqu'à San-Casciano.

C'est ainsi que, plongé dans cette vulgaire existence, je tâche d'empêcher mon cerveau de se moisir ; je donne ainsi carrière à la malignité de la fortune qui me poursuit : je suis satisfait qu'elle ait pris ce moyen de me fouler aux pieds, et je veux voir si elle n'aura pas honte de me traiter toujours de la sorte. Le soir venu, je retourne chez moi, et j'entre dans mon cabinet : je me dépouille, sur la porte, de ces habits de paysan, couverts de poussière et de boue : je me revêts d'habits de cour, ou de mon costume, et, habillé décemment, je pénètre dans le sanctuaire antique des grands hommes de l'antiquité : reçu par eux avec bonté et bienveillance, je me repais de cette nourriture qui seule est faite pour moi, et pour laquelle je suis né. Je ne crains pas de m'entretenir avec eux, et de leur demander compte de leurs actions. Ils me répondent avec bonté ; et pendant quatre heures j'échappe à tout ennui, j'oublie tous mes chagrins, je ne crains plus la pauvreté, et la mort ne saurait m'épouvanter : je me transporte en eux tout entier. Et comme le Dante a dit : *Il n'y a point de science si l'on ne retient ce qu'on a entendu*, j'ai noté tout ce qui, dans leurs conversations, m'a paru de quelque importance ; j'en ai composé un opuscule *de Principalibus*, dans lequel j'aborde autant que je puis toutes les profondeurs de mon sujet, recherchant quelle est l'essence des principautés, de combien de sortes il en existe, comment on

---

1. Jeu différent de celui qui en France porte le même nom.

les acquiert, comment on les maintient, et pourquoi on les perd ; et si mes rêveries vous ont plu quelquefois, celle-ci ne doit pas vous être désagréable, elle doit surtout convenir à un prince, et spécialement à un prince nouveau : voilà pourquoi je dédie mon ouvrage à la magnificence de Giuliano. Filippo Casavecchia l'a vu ; il pourra vous rendre compte de la chose en elle-même, et des discussions que nous avons eues ensemble : toutefois je m'amuse encore à l'augmenter et à le polir.

Vous voudriez, magnifique ambassadeur, que j'abandonnasse ma manière de vivre pour venir partager la vôtre : je le ferai certainement ; je ne suis retenu en ce moment que par certaines petites affaires personnelles qui seront finies d'ici à six semaines. Ce qui me tient aussi en suspens, c'est que les Soderini sont à Rome, et que, si je venais, je serais forcé de les visiter et de leur parler. J'aurais tout lieu de craindre qu'à mon retour, au lieu de mettre pied à terre chez moi, on ne me fît descendre chez le *Bargello ;* car, bien que ce gouvernement soit assis sur les fondements les plus solides, et jouisse de la plus profonde sécurité, cependant, comme il est récemment établi, tout doit lui être suspect, et il ne manque pas d'importants qui, pour paraître semblables à Paulo Bertini, se feraient valoir à mes dépens, et me laisseraient me tirer d'affaire comme je pourrais. Je vous en prie, délivrez-moi de cette crainte, et je viendrai vous rejoindre au temps marqué, sans que rien m'en empêche.

J'ai parlé avec Filippo de mon opuscule pour savoir s'il était bien de le publier ou de ne pas le publier, et, dans le premier cas, s'il conviendrait de le porter moi-même ou de vous l'envoyer. En ne le publiant pas, j'ai à craindre non seulement que Giuliano ne le lise pas, mais que cet Ardinghelli ne se fasse honneur auprès de lui de mes dernières fatigues. C'est le besoin auquel je suis en butte qui me force à le publier, car je me consume, et je ne puis rester longtemps encore dans la même position, sans que la pauvreté me rende l'objet de tous les mépris. Ensuite je voudrais bien que ces seigneurs Médicis commençassent à m'employer, dussent-ils d'abord ne me faire que retourner des pierres : si je parvenais une fois à me concilier leur bienveillance, je ne pourrais me plaindre que de moi ; quant à mon ouvrage, s'ils prenaient la peine de le lire, ils verraient que je n'ai employé ni à dormir ni à jouer les quinze années que j'ai consacrées à l'étude des affaires de l'État. Chacun devrait tenir à se servir d'un homme qui a depuis longtemps acquis de l'expérience. On ne devrait pas non plus douter de ma fidélité ; car si jusqu'à ce jour je l'ai scrupuleusement gardée, ce n'est point aujourd'hui que j'apprendrais à la trahir : celui qui a été probe et honnête homme pendant quarante-trois ans (et tel est aujourd'hui mon âge) ne peut changer de nature ; et le meilleur garant que je puisse donner de mon honneur et de ma probité, c'est mon indigence.

Je désirerais donc que vous m'écrivissiez ce que vous pensez sur cette matière ; et je me recommande à vous *Sis felix*.

N. MACHIAVEL.

Florence, le 10 décembre 1513.

LETTRE VI.

A FRANCESCO VETTORI.

Magnifique ambassadeur,

Il y a huit ou dix jours que je vous ai écrit, en réponse à votre lettre du 23 du mois passé : je vous y disais ce qui rendait incertain mon projet d'aller à Rome. J'attends de savoir ce que vous en pensez, après quoi je suivrai les conseils que vous me donnerez.

Je vous écris la présente en faveur de notre Donato dal Carno. Vous connaissez sa position, ainsi que la lettre qu'il avait d'abord obtenue de sa magnificence Giuliano pour le magnifique Lorenzo. Depuis lors, la mort a enlevé messer Francesco Pepi, qui avait pris cette affaire à cœur ; de sorte que Donato a perdu presque toutes ses espérances. Cependant, pour ne pas tout abandonner, nous avons été, Donato et moi, trouver Jacopo Gianfigliazzi, qui nous a promis de le servir chaudement. Il y a deux jours que, profitant de votre lettre, nous lui avons reparlé de cette affaire. Il nous a fait de plus belles promesses que jamais ; mais il a fini par dire qu'il demeurerait en repos jusqu'au mois de janvier, époque à laquelle les noms des nouveaux candidats doivent être mis dans les bourses. Comme nous lui demandions s'il croyait nécessaire d'avoir une nouvelle lettre de Giuliano, il nous a répondu que rien ne serait plus convenable, mais qu'il fallait attendre jusqu'au moment d'agir, parce que si on l'obtenait immédiatement, elle serait déjà vieille lorsqu'on voudrait s'en servir, et qu'il faudrait encore tout recommencer. En conséquence, il sera nécessaire de tâcher d'avoir cette lettre en temps opportun ; et si par hasard vous n'avez point encore obtenu celle dont vous avez parlé dernièrement à Donato, vous pourrez n'en plus dire mot. Si vous l'avez, nous verrons ce qu'il y aura à faire lorsque le moment sera arrivé.

Il nous semble que, fondés sur la sagesse de cette... Et jugez si Donato n'est pas digne d'être mis au nombre des serviteurs les plus affectionnés de la très illustre maison des Médicis, puisque, quand ils rentrèrent dans Florence, il porta au magnifique Giuliano cinq cents ducats, qu'il lui prêta sans intérêts, et sans qu'ils lui eussent été demandés. On ne lui a pas encore remboursé cette somme. Je ne vous dis pas ce fait pour que vous en parliez à personne, mais pour que cela vous porte à favoriser cette affaire avec une plus grande chaleur.

Il y a maintenant dans cette ville, qui est un aimant pour tous les charlatans du monde, un moine de Saint-François, à moitié ermite, qui, pour donner plus de poids à ses prédications, fait le métier de prophète. Hier, dans l'église de Santa-Croce, où il a prêché, il dit *multa magna et mirabilia ;* savoir, qu'avant qu'il s'écoulât beaucoup de temps, et de maniere que ceux qui ont aujourd'hui quatre-vingt-dix ans pourraient en être témoins, il y aurait un pape illégitime, créé en opposition au pape légitime, qui aurait ses faux prophètes, qui ferait des cardinaux, et diviserait l'Église ; de plus, que le roi de France devait être anéanti, et qu'un des membres de la famille d'Aragon prédominerait en Italie ; que notre ville serait la proie des flammes et du pillage ; que les églises seraient abandonnées et ruinées, les prêtres dispersés, et que pendant trois ans les fidèles seraient privés de l'office divin ; qu'il régnerait dans la ville une peste et une famine très grandes ; qu'il ne resterait pas dix hommes dans les campagnes, où pendant dix-huit ans un diable, sous la forme humaine, dirait la messe ; qu'il y avait plus de deux milliers de diables déchaînés pour servir de ministres à ces calamités ; qu'ils entreraient dans le corps d'une multitude d'individus qui mourraient, mais qu'ils ne laisseraient pas ces corps se corrompre, afin que les faux prophètes et les faux religieux pussent ressusciter les morts, et fortifier ainsi la croyance en leur mission. Toutes ces choses, que j'ai apprises hier, me frappèrent d'un si grand étonnement, que j'en oubliai d'aller chez la Riccia, où je devais passer la matinée ; mais je ne sais trop si j'aurais fait la même attention à ce sermon si j'avais dû passer mon temps avec le Riccio. Du reste, je ne l'ai point entendu moi-même, parce que je n'ai point l'habitude d'assister à de semblables predications ; mais il m'a été répété par tout Florence.

Je me recommande à vous, et je vous prie de saluer le Casa de ma part ; dites-lui que s'il ne se conduit autrement qu'il l'a fait jusqu'à présent, il perdra tout son crédit auprès des garçons de Rome, comme il l'a déjà perdu auprès de ceux d'ici. *Vale.*

N. Machiavel.

Florence, le 19 decembre 1513.

LETTRE VII.

A FRANCESCO VETTORI.

Magnifique ambassadeur,

Ce n'est point une chose sans agrément d'examiner jusqu'à quel point les hommes sont aveugles sur les fautes qu'ils commettent, et combien ils sont prompts et ardents à blâmer les defauts qu'ils croient ne point avoir. Je pourrais vous en citer une foule d'autorités, grecques, latines, hebraïques et chaldéennes ; je pourrais, au besoin, aller en chercher jusque dans les pays du sophi de Perse ou du prêtre Jean, si les seuls exemples domestiques et récents ne suffisaient pas. Je crois que Persano aurait pu venir dans votre maison, d'un jubilé à l'autre, sans que jamais Filippo se doutât qu'il vous fût à charge ; je pense qu'il aurait imaginé, au contraire, que vous auriez aimé à vous en servir, et que c'aurait été une intrigue tout à fait convenable pour un ambassadeur, qui, obligé par son rang à de grands menagements, doit au moins pouvoir s'en dédommager par quelques plaisirs et quelques distractions ; il aurait cru que ce Persano vous conviendrait parfaitement ; il aurait loué votre prudence devant tout le monde, et porté votre choix jusqu'au ciel. D'un autre côté, quand tout le b..... de la Valenza se serait établi dans votre maison, Brancaccio n'aurait jamais pu vous en faire un crime ; bien loin de là, il vous en eût loué plus fortement que s'il vous avait entendu parler au pape avec plus d'éloquence que Démosthène. Si vous vouliez la preuve de ce que j'avance, il suffirait, sans que l'un sût rien des avis que vous aurait donnés l'autre, de faire semblant de les croire et de vouloir suivre leurs conseils. Il fallait fermer la porte aux....., chasser Persano, vous enfoncer dans les affaires sérieuses, vous renfermer dans vous-même, d'un air préoccupé, et avant quatre jours Filippo n'aurait pu s'empêcher de vous dire : « Que devient donc Persano ?

» d'où vient qu'on ne le voit plus ? c'est à tort qu'il ne
» vient pas. A mon avis, c'est un brave garçon ; je ne
» sais quels contes on s'avise de faire courir sur lui ; il
» me paraît tout à fait au ton de cette cour, et je le re-
» garde comme une agréable distraction : ambassadeur,
» vous devriez bien l'envoyer chercher » Je n'ai pas besoin de vous dire si le Brancaccio se serait plaint et
étonné de l'absence des dames ; s'il ne vous l'eût pas dit
en se chauffant le derrière au feu, comme aurait fait
Filippo, il vous en aurait parlé tête à tête dans votre
chambre. Et pour vous éclaircir davantage, supposez que
je fusse arrivé au milieu de vos dispositions austères,
moi qui ne suis amateur que des femmes, je me serais
bientôt aperçu de la chose, et je vous aurais dit : « Am-
» bassadeur, vous allez tomber malade : il me semble
» que vous ne prenez aucun amusement. Il n'y a pas ici
» plus de garcons que de femmes ; quelle maison de
» c.... est-ce donc que celle ci ? Magnifique ambassadeur,
» il ne s'y trouve donc que des fous ? Il y a bien peu de
» gens qui connaissent le monde, et qui sachent que lors-
» qu'on veut se conduire à la mode d'autrui on ne fait
» rien de bon : car autant d'hommes, autant d'avis diffé-
» rents. Ces gens-là ignorent que celui que l'on regarde
» comme sage dans le jour ne passera pas pour fou dans
» la nuit, et que quelques plaisirs, quelques divertisse-
» ments, loin de nuire à sa réputation, ne pourront que
» lui faire honneur, si elle est solidement établie ; et au
» lieu de s'entendre reprocher les gitons ou les catins,
» on dira que c'est un homme universel, à la main, et
» bon compagnon. Ils ne savent pas non plus qu'il com-
» munique ses qualités sans jamais perdre celles d'au-
» trui ; semblable au moût quand il est en fermentation,
» qui donne l'odeur du vin aux vases qui sentaient le
» moisi, et qui ne prend jamais l'odeur du moisi des
» vases. »

En conséquence, seigneur ambassadeur, ne craignez
ni la moisissure de Persano ni l'odeur de mona Smaria,
et suivez votre manière de vivre ; laissez dire le Brancac-

cio, qui ne s'aperçoit pas qu'il ressemble à ces oisillons qui sont les premiers à piauler et à crier, et qui, lorsque paraît la chouette, sont aussi les premiers pris. Filippo, de son côté, ressemble au vautour, qui vole jusqu'à cent milles de distance pour trouver une charogne, lorsqu'il n'en trouve pas près de lui, et qui, lorsqu'il a le ventre plein, se perche sur un pin, et se moque des aigles, des éperviers, des faucons, et des autres oiseaux de proie, qui meurent de faim la moitié de l'année, parce qu'ils ne veulent pas de mets corrompus. Ainsi donc, magnifique, laissez l'un piauler, et l'autre se remplir le gésier, et conduisez-vous à votre fantaisie.

N. MACHIAVEL.

Florence, le 5 janvier 1513 (1514).

LETTRE VIII.

A FRANCESCO VETTORI.

Magnifique ambassadeur,
Je suis revenu hier de la campagne, et votre Paolo m'a remis votre lettre du 23 du mois passé, en réponse à une des miennes dont je ne me rappelle plus la date. J'y ai vu avec une véritable satisfaction que la fortune vous a été si favorable, qu'elle est parvenue à ne faire de vous, de Filippo et du Brancaccio, qu'une âme en deux corps, ou plutôt deux âmes en un corps, si je ne me trompe. Lorsque je réfléchis, du commencement à la fin, sur leur histoire et sur la vôtre, en vérité, si je n'avais perdu le recueil de mes rêveries, je les aurais insérées l'une et l'autre dans les mémoires des grands événements de nos jours ; et je les crois dignes d'être lues à un prince, comme une des choses les plus remarquables que j'aie entendues cette année. Il me semble voir le Brançaccio tout ramassé sur une chaise basse, afin de mieux contempler le visage de la Costanza, et, par ses paroles, ses gestes, ses actions, ses ris, et les contorsions de sa bou-

che et de ses yeux, se fondre pour ainsi dire, et se consumer comme suspendu aux paroles, au souffle, au regard, à la douce odeur, aux manières aimables et aux minauderies féminines de la Costanza.

Me tournant alors à droite, j'aperçois le Casa, qui, la joue enflammée et la tête rasée, et plus près de ce jeune homme, approchait davantage du but.

Je le vois gesticuler, se pencher tantôt d'un côté, tantôt de l'autre ; je le vois quelquefois secouer la tête aux réticences ou aux paroles pleines de honte du jeune homme ; je le vois lui parlant, et faisant ou le rôle de père, ou celui de précepteur, ou celui d'amoureux, sans que le pauvre jeune homme comprenne ce qu'il veut de lui, et tantôt craignant pour son honneur, tantôt se reposant sur la gravité du personnage, tantôt témoignant son respect pour son air vénérable et la maturité de son âge. Quant à vous, seigneur ambassadeur, je vous vois en venir aux mains avec cette veuve et son frère, tenir un œil (le droit sans doute) attaché sur le jeune garçon, et l'autre sur la jeune fille, prêter une oreille aux paroles de la veuve, et l'autre au Casa et au Brancaccio ; je vous vois leur répondre au hasard, et être comme l'écho de leurs dernières paroles ; puis enfin mettre un terme à toutes ces conversations, en vous approchant vivement du feu à petits pas précipités, et le dos un peu courbé. A votre approche, je vois Filippo, le Brancaccio, le jeune garçon et la jeune fille, se lever soudain ; et vous leur dites : « Asseyez-vous, ne vous dérangez pas, poursuivez « votre conversation ; » et après quelques cérémonies, un peu familières et libres, chacun se remettre en place et recommencer une conversation pleine de gaieté. Mais il me semble voir surtout Filippo à l'arrivée de Piero del Bene ; si je savais peindre, je vous enverrais son portrait, parce que l'écriture ne peut rendre certains gestes qui lui sont familiers, non plus que certain regard de côté, et certaines postures dédaigneuses. Je vous aperçois ensuite à table, je vous vois prendre le pain, les verres, les plats et les assiettes, chacun de vous se livrer à la joie, ou pour mieux dire la distiller, et enfin vous plonger tous bientôt dans un déluge de plaisirs ; je vois enfin *Jupiter enchaîne au devant du char* : je vous vois tout transporté d'amour ; et comme lorsque le feu parvient à s'emparer d'un bois vert, son activité éclate avec plus de force, de même la flamme d'amour a d'autant plus de pouvoir sur vous, qu'elle a trouvé d'abord de plus grands obstacles. Il me serait permis ici de m'écrier avec Térence :

<blockquote>O cœlum, ô terram, o maria Neptuni !</blockquote>

Je vous vois combattre entre vous,

<blockquote>Et qua
Non bene conveniunt nec una in sede
Morantur majestas et amor,</blockquote>

vous voudriez devenir cygne, pour déposer un œuf dans le sein de votre maîtresse, ou bien devenir or, pour qu'elle pût vous emporter dans sa poche ; vous voudriez être tantôt un animal, tantôt un autre, pourvu que vous ne fussiez point forcé de vous éloigner de ses beaux yeux. Et pour que vous ne vous étonniez pas que je vous cite mon propre exemple lorsque je vous parle de tout ce que m'ont fait souffrir les flèches de l'amour, je me vois dans l'obligation de vous dire comment je me suis conduit avec lui. Je l'ai, en effet, laissé faire ce qu'il a voulu ; je l'ai suivi à travers les vallons, les bois, les montagnes et les plaines, et j'ai trouvé qu'il m'a accordé plus de douceurs que si je l'eusse maltraité. Otez-lui donc les entraves, délivrez-le du frein, fermez les yeux, et dites-lui : « Amour, fais ce que tu voudras ; soit mon guide,
» conduis-moi ; si je tombe bien, que la louange t'en
» revienne ; si je tombe mal, que le blâme sois ton par-
» tage ; je suis entièrement ton esclave, tu ne peux rien
» gagner en me faisant souffrir ; tu ne saurais qu'y per-
» dre, puisque je t'appartiens. » C'est par de semblables paroles, capables de percer un mur, que vous parviendrez à toucher son cœur. Ainsi donc, mon cher

maître, vivez en joie ; ne vous étonnez de rien, opposez un front calme aux coups de la fortune, et abandonnez-vous au cours des événements, tels que les ont réglés l'ordre des sphères célestes, la situation des temps, et les passions des hommes ; et ne doutez pas que vous ne parveniez ainsi à briser toutes les entraves et à surmonter toutes les difficultés. Et si vous voulez lui donner une sérénade, je m'offre de venir vous trouver avec quelque belle invention propre à la rendre sensible à votre amour.

Voilà tout ce que j'ai à répondre à votre lettre. Quant à ce qui se passe ici, il n'est question que de prophéties et d'annonces sinistres ; si ce sont des mensonges, Dieu veuille les détruire ; si ce sont des vérités, puisse-t-il les convertir en bien.

Quand je vais à Florence, je partage mon temps entre la boutique de Donato dal Corno et la Riccia ; et il me semble que je commence à les ennuyer tous deux : l'un m'appelle *Gêne-boutique*, et l'autre *Gêne-maison*. Je me fais valoir cependant auprès d'eux comme un homme de conseil ; et cette réputation m'a si bien servi jusqu'à ce jour, que Donato me laisse chauffer à son feu, et que l'autre me laisse parfois prendre quelques baisers, mais à la dérobée. Je crois bien que cette faveur ne durera pas longtemps, parce qu'aucun des conseils que je leur ai donné n'a jamais réussi ; aussi, aujourd'hui même, la Riccia, dans une conversation qu'elle faisait semblant d'avoir avec sa servante, disait-elle : « Ces sages, ces » sages, je ne sais où ils ont la tête ; mais il me semble » qu'ils prennent toutes les choses au rebours. »

Magnifique ambassadeur, vous voyez où diable je me trouve. Je voudrais cependant me maintenir auprès d'eux ; mais, de ma part, je n'en vois pas le moyen. Si vous, ou Filippo, ou le Brancaccio, vous en trouviez un, vous me rendriez service de me l'écrire. *Vale.*

N. MACHIAVEL.

Florence, le 4 février 1513 (1514)

LETTRE IX.

A FRANCESCO VETTORI.

Magnifique ambassadeur,

J'ai reçu une lettre de vous la semaine dernière ; et si j'ai tardé jusqu'à ce moment à vous faire réponse, c'est que je voulais être plus certain de la vérité d'une nouvelle que je vais vous raconter d'abord, et puis je répondrai comme je le dois au reste de votre lettre.

Il est arrivé une aventure extrêmement plaisante, ou plutôt, pour l'appeler par son véritable nom, une métamorphose ridicule, et digne d'être notée dans les anciennes chroniques. Mais comme je ne veux pas que personne ait à se plaindre de moi, je vous la raconterai en termes de paraboles.

Un tel, que j'appellerai par exemple Giuliano Brancaccio, curieux d'aller à la chasse de nuit, un des soirs de ces jours passés, n'eut pas plutôt entendu sonner l'*Angelus* de vêpres, et vu le ciel obscur, le vent qui soufflait, et la pluie qui tombait faiblement, tous symptômes d'un temps tel que peuvent le désirer les oiseaux, qu'il se hâte de rentrer au logis, se fourre aux pieds une paire de gros souliers, se met une carnassière sur le dos, prend une lanterne en main, une clochette au bras, et une bonne raquette à attraper des oiseaux. Il traverse le Ponte-alla-Carraja, et suit la rue du coin de Mozzi jusqu'à Santa-Trinita ; parvenu dans le faubourg San-Apostolo, il rôde pendant quelque temps au milieu de toutes les ruelles qui s'y croisent, et n'ayant point trouvé d'oiseaux qui l'attendissent, il se tourne du côté de votre batteur d'or, traverse le marché du côté des Guelfes, puis Calimala Francesca, et s'abrite enfin sous le Toit des Pisans ; et, regardant attentivement tous les coins et recoins, il trouve un jeune tourde, qu'il arrête avec la raquette, la lanterne et la sonnette ; il le conduit avec adresse tout à fait au fond de l'égout qui se trouve au-

dessous de la maison où demeurait le Panzano ; et s'entretenant avec...., il lui arrache deux plumes de la queue ; et enfin, suivant le rapport le plus général, il le met tout droit dans la carnassière. Mais comme le reste de mon histoire me force actuellement à ne plus parler à mots couverts et que la parabole ne peut plus me suffire, non plus que la métaphore, vous saurez donc que ce Brancaccio voulut savoir qui était notre oiseau, qui lui répondit qu'il était (supposons) Michele, neveu de Consiglio Corsi. « J'en suis bien aise, lui dit alors le
» Brancaccio, tu es le fils d'un homme de bien, et si tu
» es sage, tu as trouvé la fortune : sache que je suis Filippo de Casavecchio ; ma boutique est à tel endroit ;
» et comme je n'ai pas d'argent sur moi, viens toi-même,
» ou envoie demain matin quelqu'un au magasin, et je
» te payerai ce que je te dois. » Le matin venu, Michele, qui était plutôt un parfait mauvais sujet qu'un imbécile, chargea un certain Zanni d'aller trouver Filippo, avec un billet de sa part, pour réclamer ce qui lui était dû, lui rappelant la promesse qu'il lui avait faite. Filippo, à cette demande, ne put s'empêcher de faire une laide grimace, et de s'écrier : « Qui est celui-ci ? et que veut-
» il ? Nous n'avons rien à démêler ensemble ; dis-lui de
» ma part qu'il vienne me trouver. » Le Zanni, étant alors retourné vers Michele, lui raconta toute l'affaire. Le jeune homme, sans se déconcerter, alla trouver hardiment Filippo, lui reprocha les services qu'il lui avait rendus, et finit par lui dire que, puisqu'il ne craignait pas de le tromper, lui, de son côté, n'épargnerait rien pour le couvrir de honte. Filippo, se voyant ainsi dans l'embarras, fit entrer le jeune homme dans sa boutique, et lui dit : « Michele, on s'est moqué de toi ; je suis un
» homme de bonnes mœurs, et je ne me livre point à ces
» vilenies ; il vaut bien mieux chercher à découvrir cette
» tromperie ...., que de t'y prendre de cette manière,
» et de m'accuser sans aucun profit pour toi. Ainsi,
» laisse-toi conduire par mes conseils : retourne chez
» toi, et reviens me trouver demain ; je te dirai ce que

» j'aurai imaginé. » L'enfant s'éloigna tout confus ; cependant, comme on lui avait dit de revenir, il ne perdit pas entièrement patience. Filippo, resté seul, et tourmenté par la nouveauté de son aventure, ne savait quel parti prendre, et paraissait agité comme la mer de Pise lorsque le vent d'Afrique souffle à l'entrée du golfe: « Si » je reste tranquille, disait-il en lui-même, et si j'apaise » Michele avec un florin, je deviens pour lui une vache » à lait ; je me constitue son débiteur, j'avoue le péché, » et d'innocent je deviens coupable ; si je le refuse sans » avoir découvert le fond de la chose, je vais me voir en » présence d'un enfant ; il faudra me justifier devant lui » ou devant les autres ; tous les torts seront de mon » côté ; si je cherche à trouver le coupable, il faut nécessairement que j'accuse quelqu'un ; je puis très fort » me tromper ; voilà donc un ennemi que je me fais sans » pouvoir parvenir à me justifier. » Au milieu de cette anxiété, il crut enfin que ce dernier parti était le moins dangereux ; et, par un coup du ciel, la fortune lui fut tellement propice, qu'au premier soupçon qu'il forma il eut le bonheur de mettre le doigt sur le mal ; il pensa que c'était le Brancaccio qui lui avait joué ce mauvais tour ; il réfléchit que c'était un de ces chasseurs de nuit, et qu'il lui avait déjà joué plusieurs tours, comme, par exemple, lorsqu'il le voua aux Servites. Plein de ces idées, il alla trouver sur-le-champ un de ses amis, que nous appellerons Alberto Lotti ; après lui avoir raconté toute son aventure, et communiqué ses soupçons, il le pria de faire venir en sa présence Michele, dont il était parent, afin de voir s'il serait possible de découvrir la vérité. Alberto, qui ne manquait ni de finesse ni d'expérience, jugea que Filippo avait eu bon œil ; il lui promit de l'aider franchement, envoya chercher Michele, et, après l'avoir tourné en tous sens pendant quelques minutes, il finit par lui dire : « Aurais-tu bien l'esprit, si » tu entendais parler celui qui t'a dit qu'il était Filippo, » de le reconnaître à la voix ? » L'enfant lui ayant répondu que oui, il le mena alors avec lui à Santa-Maria, où il savait que Brancaccio allait souvent ; et l'ayant aperçu débitant des nouvelles à plusieurs citoyens au milieu desquels il était assis, ils s'approchèrent derrière lui, assez près pour que l'enfant pût l'entendre parler, Il se mit alors à tourner à l'entour ; et le Brancaccio. l'ayant aperçu, se hâta de s'éloigner tout confus. La chose alors parut évidente à chacun ; de sorte que Filippo est demeuré blanc comme neige, et que le Brancaccio en est pour sa honte. Et pendant tout ce carnaval, on n'a entendu dans Florence répéter que ces paroles: « Es-» tu le Brancaccio ? ou es-tu le Casa ? »

Et fuit in toto notissima fabula cœlo

Je présume que vous aurez reçu cette nouvelle d'une autre main ; cependant j'ai voulu vous la donner plus en détail, parce que j'ai cru que c'était de mon devoir.

Je n'ai rien à répondre à votre lettre, sinon que vous devez suivre l'amour *totis habenis*. Le plaisir que vous prendrez aujourd'hui, vous n'aurez pas à le poursuivre demain. Si la chose est comme vous me l'écrivez, je vous porte plus d'envie qu'au roi d'Angleterre. Suivez votre étoile, je vous en prie, et ne laissez pas perdre un iota de sa faveur, parce que je crois, j'ai cru, et je croirai sans cesse, que Boccaccio avait bien raison lorsqu'il disait : « Il vaut bien mieux faire et se repentir, que se « repentir et ne rien faire. »

N. MACHIAVEL.

Florence, le 25 février 1513 (1514)

LETTRE X.

A FRANCESCO VETTORI.

MAGNIFIQUE AMBASSADEUR,

J'étais à ma villa, où je suis établi avec tout mon ménage, lorsque j'ai reçu de vos lettres, qui m'ont été envoyées par Donato de la part du Brancaccio. J'avais répondu d'une manière convenable relativement à mes affaires particulières, et à ce qui concerne votre amour et les autres articles ; mais j'ai oublié ma lettre en venant, il y a deux jours, à Florence ; il serait trop fatigant de la récrire, et je vous la ferai parvenir une autre fois. Je me contenterai de vous faire savoir par la présente que vos lettres sont arrivées sans accident ; et je vous dirai en peu de mots que si je ne suis point venu vous trouver, c'est que j'ai été retenu par les raisons dont vous me donnez aujourd'hui l'éclaircissement, et que j'avais déjà comprises de moi-même.

Je resterai donc dans ma misère, sans trouver une âme qui se souvienne de mon dévouement, ou qui s'imagine que je puisse être bon à quelque chose. Mais il est impossible que je demeure longtemps dans cet état : je vois toutes mes ressources se consumer ; et, à moins que Dieu ne vienne à mon secours, je serai forcé d'abandonner ma maison, et de me faire substitut ou greffier de quelque podestà, si je ne puis trouver un autre moyen de vivre, ou bien de me fourrer dans quelque endroit désert, pour apprendre à lire aux enfants, laissant ici ma famille, qui me regardera comme un homme mort. Elle se passera d'autant mieux de moi, que je lui suis continuellement à charge, ayant contracté l'habitude de la dépense, et ne pouvant m'astreindre à l'économie. Ce n'est point pour que vous fassiez la moindre démarche pour moi, ou pour vous affliger, que j'entre dans ces détails pénibles ; c'est seulement afin de soulager mon cœur, et de n'avoir plus à vous écrire sur un sujet auquel je ne puis penser sans une extrême répugnance.

De amore vestro, je me rappelle fort bien que ceux-là sont en butte aux vengeances de l'amour, qui, lorsqu'il vole dans leurs bras, cherchent ou à lui arracher les plumes ou à l'enchaîner. Comme il est enfant et plein de caprices, il se plaît à leur déchirer et les yeux, et le sein, et le cœur. Mais ceux qui, lorsqu'il arrive, se réjouissent de sa venue, le laissent libre quand il veut s'éloigner, le reçoivent avec le même plaisir lorsqu'il lui plaît de revenir, sont toujours sûrs d'obtenir ses faveurs et ses caresses, et de triompher sous l'empire de ses lois Ainsi donc, mon cher compère, ne cherchez point à fixer un objet qui voltige sans cesse, ni à arracher les plumes à celui qui, pour une qu'il aura perdue, en voit renaître mille ; c'est là le seul moyen de jouir. Adieu.

N. MACHIAVEL.

LETTRE XI.

A FRANCESCO VETTORI.

Mon cher compère, les différents rapports que vous m'avez faits sur vos amours de Rome m'ont tout à fait rejoui le cœur ; vous avez banni de mon esprit une foule d'inquiétudes, en me faisant participer, par la lecture et la réflexion, à vos plaisirs et à vos colères ; car l'un ne va pas bien sans l'autre. La fortune, en effet, m'a mis en situation de pouvoir vous rendre la pareille ; car, comme j'étais à la campagne, je me suis trouvé embarqué dans une aventure si aimable, si délicate, si noble tout à la fois, et par elle-même et par l'incident qui l'a fait naître, que je ne puis tant m'en féliciter, ni tant la chérir, qu'elle ne mérite encore davantage. Je devrais, à votre exemple, vous apprendre les commencements de cet amour, vous dire avec quels filets il me prit, où il les tendit, et combien ils étaient fortement tissus ; vous verriez que ce sont des filets dorés, tendus, au milieu des fleurs, par la main de Vénus ; filets si agréables et si doux, que, quoique un cœur un peu ferme aurait eu la force de les rompre, je ne cherchai pas même à le tenter ; je goûtai même si longtemps la douceur de m'y trouver pris, que ces filets, d'abord si délicats, se sont consolidés, et ont formé des nœuds que rien ne peut plus défaire. Ne vous imaginez pas que l'Amour se soit servi, pour me prendre, de moyens vulgaires ; il savait trop bien qu'ils auraient été insuffisants ; il a employé des voies extraordinaires, dont je ne sus ni ne voulus me preserver. Qu'il vous suffise de savoir que, quoique j'approche de la cinquantaine, je ne suis ni sensible aux ardeurs du soleil, ni rebuté par la rudesse des chemins, ni effrayé par l'obscurité des nuits ; tout me semble simple et naturel ; et les désirs, même les plus étrangers et les plus opposés à ceux que je devrais éprouver, trouvent en moi un hôte commode. Je sens que je me prépare de grands chagrins ; mais j'y trouve tant de douceur, soit par le plaisir que m'inspire l'aspect si rare et si doux de celle que j'aime, soit parce qu'ils bannissent de mon esprit le souvenir de mes malheurs, que, pour tout au monde, je ne voudrais pas briser mes chaînes, quand même je le pourrais. J'ai donc laissé de côté les pensées graves et sérieuses ; je ne trouve plus aucun plaisir à lire les hauts faits de l'antiquité, ni à raisonner sur les événements comtemporains ; toute ma vie n'est plus qu'un enchaînement de conversations pleines de délices, dont je ne cesse de remercier Vénus et tout Cythère. Ainsi donc, si vous avez à m'écrire quelque chose touchant les dames, ne vous en faites pas faute. Pour les affaires serieuses, parlez-en avec ceux qui les aiment ou qui les entendent mieux que moi ; je n'y ai jamais trouvé que des désagréments ; tandis que les autres ne me font éprouver que bonheur et plaisir.

Tout à vous.

N. MACHIAVEL.

Florence le 3 aout 1514.

LETTRE XII.

A FRANCISCO VETTORI.

L'enfant archer avait déjà tenté bien des fois de me percer le sein de ses flèches acérées ; car le cruel ne se plaît que dans la douleur et les larmes de ses victimes.

Mais quoique assez fortes et assez aiguës pour vaincre l'obstacle qu'aurait pu leur opposer le diamant, cependant elles trouvèrent une resistance si invincible, que tout leur pouvoir ne servit de rien.

Le dieu, outré de fureur et enflammé de dépit, pour donner un signe manifeste de sa haute puissance, changea de carquois, de flèches et d'arc.

Et il me décocha un trait avec tant de vigueur, que je ressens encore toute l'amertume de ma blessure, et que je suis forcé de reconnaître et de confesser son pouvoir.

Je ne saurais répondre à votre dernière lettre sur votre ardeur amoureuse par des paroles qui me paraissent plus à propos que ce sonnet, qui vous fera connaître avec quelle adresse ce fripon d'Amour a su m'enchaîner de nouveau. Les chaînes dont il m'a chargé sont si solides, que je désespère absolument de ma liberté ; il m'est impossible même d'imaginer comment je pourrais les briser. D'ailleurs, quand le destin, ou quelque événement humain, m'ouvrirait un chemin pour sortir d'esclavage, je ne voudrais pas y mettre le pied, tant ces chaînes, toutes pesantes qu'elles sont, me semblent tantôt agréables, tantôt légères ! et le mélange de tous ces sentiments donne une si grande activité à mon existence, que je ne croirais plus vivre heureux si je ne vivais de cette manière.

J'éprouve un véritable regret que vous ne soyez pas présent, pour vous voir quelquefois vous moquer de mes pleurs et de mes ris. Tout le plaisir que vous en ressentiriez, c'est notre Donato qui l'éprouve ; lui et l'amie dont je vous ai parlé il y a quelque temps, sont l'unique port ouvert à mon faible esquif, que les tempêtes continuelles ont presque laissé sans gouvernail et sans voiles. Et, il n'y a pas encore deux jours, je me suis trouvé dans une position à pouvoir dire comme Apollon à Daphné :

Nympha, precor, Penei, mane, non insequor hostis,
Nympha, mane sic agna lupum, sic cerva leonem
Sic aquilam penna fugiunt trepidante columbæ,
Hostes quisque suos.

Et quemadmodum Phœbo hæc carmina parum profuere, sic mihi eadem verba apud fugientem nihil momenti, nullusque valoris fuerunt.

Mon honorable compère, celui qui lirait nos lettres, et qui verrait leur diversité, serait bien étonné des différences qu'elles présentent ; nous lui semblerions tantôt des hommes graves, occupés seulement de grandes affaires, et dans l'esprit desquels il ne peut tomber que des pensées graves et vertueuses : et, en tournant seulement le feuillet, nous lui paraîtrions légers, inconstants et livrés exclusivement à des bagatelles. Si cette conduite paraît blâmable aux yeux de quelques censeurs, moi, au contraire, je la trouve digne d'éloge, car nous imitons la nature toujours variée dans sa marche ; et quiconque se règle sur un pareil modèle ne peut encourir de reproche. Nous n'avons, il est vrai, jusqu'à présent, déployé cette variété que dans des lettres différentes ; mais je veux en donner l'exemple dans une même lettre, comme vous le verrez vous-même, si vous lisez l'autre feuillet. Toussez donc et crachez.

Votre frère Paolo est venu à Florence avec le magnifique Julien [1] ; et, dans un entretien que nous avons eu ensemble sur ses espérances, il m'a dit que sa seigneurie lui avait promis de le faire gouverneur d'une des villes dont elle va se trouver maîtresse. J'ai appris, non par Paolo, mais par la voix publique, que Julien devenait seigneur de Parme, Plaisance, Modène et Reggio ; ce qui me semble une souveraineté belle et forte, qu'il pourra conserver, quels que soient les événements, si dans les commencements il se conduit avec sagesse. Pour y parvenir, il faut en bien connaître la nature. Les États nouveaux, occupés par un prince nouveau, présentent, lorsqu'on veut s'y maintenir, un grand nombre de difficultés ; et si déjà il est difficile de se maintenir dans ceux qui depuis longtemps ne forment qu'un seul corps, comme, par exemple. le duché de Ferrare, à combien plus forte raison cela n'est-il pas plus difficile dans ceux qui sont composés tout récemment de divers membres,

---

1. Julien de Medicis, frere de Leon X, qui epousa par la suite Philiberte de Savoie, tante de François Ier

tel que celui du seigneur Julien, dont une partie a été démembrée du duché de Milan, et l'autre de celui de Ferrare! Quiconque devient prince doit donc songer à ne faire de ses États qu'un seul corps, et chercher les moyens d'accoutumer ses sujets à ne reconnaître qu'une seule autorité. Il peut y parvenir de deux manières : ou en y demeurant lui-même, ou en y établissant un lieutenant qui commande à tous, afin que ses sujets, quoique de différentes villes, et d'opinions diverses, s'habituent à ne reconnaître qu'un seul prince, et à le regarder comme leur maître. Si sa seigneurie, pour ne pas s'éloigner de Rome, envoie quelqu'un qui soit bien au fait de la nature des choses et des intérêts des diverses localités, elle fera un grand pas pour l'affermissement de ses nouveaux États, mais si elle établit un gouverneur dans chaque ville, sans y aller demeurer elle-même, ses États seront toujours désunis, sans que son influence s'y fasse sentir, et sans que les sujets portent au prince ou crainte ou respect. Le duc de Valentinois, dont je citerai toujours l'exemple lorsqu'il s'agira d'un prince nouveau, avait reconnu cette nécessité ; et, en conséquence, il établit monseigneur..... président de la Romagne. Cette mesure fit régner l'union dans les diverses partie de ses États, inspira à ses sujets la crainte de son autorité et l'amour de sa puissance, qu'ils reconnaissaient capable de les défendre ; et toute l'affection vraiment excessive pour un prince nouveau, qu'ils lui portèrent, il la dut au parti qu'il avait adopté. Je crois qu'il serait facile de faire sentir l'utilité d'une pareille conduite, parce qu'elle est réelle. Si le choix tombait sur Paolo, ce serait un moyen pour lui de se faire connaître, non seulement du magnifique Julien, mais de toute l'Italie ; et en travaillant pour la gloire et l'avantage de sa seigneurie, il pourrait s'honorer lui-même, ainsi que vous et votre famille. Je lui ai parlé dans ce sens ; ma façon de penser lui a souri, et il songera à en faire son profit. J'ai cru devoir vous écrire ce qui en était, afin que vous connaissiez le sujet de notre conversation, et que vous puissiez, dans l'occasion, aplanir les chemins qui conduisent à ce but.

Et l'orgueilleux coquin, tout en succombant, n'oublia pas d'implorer Mahomet.

Donato se rappelle à votre souvenir.

N. MACHIAVEL.

Florence le 31 janvier 1514

LETTRE XIII.

A PIERO SODERINI, à Raguse.

On m'a fait voir mystérieusement une de vos lettres ; et quoique l'écriture en fût contrefaite, je n'eus pas besoin d'en lire dix lignes pour vous reconnaître. Comme je sais qui vous êtes, je suis persuadé de vos fréquents rapports avec Piombino, et des empêchements que vous éprouvez, vous et Filippo, parce que je sais que l'un s'offense du trop de lumière, et que l'autre s'afflige de l'excès du bien. Mais je ne m'embarrasse pas de janvier, pourvu que nous atteignions février [1]. Je me plains seulement des soupçons de Filippo, et j'en attends la fin dans l'anxiété. Votre lettre est bien courte ; mais j'ai su l'allonger en la relisant plusieurs fois. Je l'ai lue avec d'autant plus de plaisir, qu'elle m'a donné l'occasion de faire ce que j'hésitais d'entreprendre, et ce dont vous m'aviez engagé vous-même à m'abstenir. Voilà le seul point où vous m'ayez paru agir sans réflexion ; et je

---

[1] Cette lettre, quoique sans date et mutilée, paraît devoir être placée ici. Le gonfalonier Pierre Soderini, forcé par Paul Vettori, et plusieurs autres jeunes Florentins que le cardinal Jean de Médicis, depuis Léon X, avait gagnés, à se démettre de sa place, s'était réfugié à Raguse. Jules II, irrité contre Florence avait d'abord favorisé le parti de Médicis, mais, effrayé de l'influence que cette famille acquérait en Italie, il se repentit de l'appui qu'il lui avait prêté, se rapprocha de Soderini, et lui permit de revenir à Rome, où le cardinal son frère avait conservé son crédit. Soderini aurait éprouvé un plus grand changement dans sa fortune si la mort ne lui eût ravi son nouveau protecteur, qui cessa de régner au mois de février 1513, et qui eut pour successeur un Médicis dans la personne de Léon X. Cet événement renversa de nouveau toutes les espérances de Soderini, et peut-être même de Machiavel, et c'est à quoi cette phrase paraît faire allusion.

27.

m'en étonnnerais si le sort, en me rendant témoin de tant d'événements divers, ne m'avait accoutumé à ne plus m'étonner de rien ; ou il faut que j'avoue que tout ce que j'ai lu, tout ce que j'ai vu, ne m'a nullement appris à goûter les actions des hommes, et les motifs qui dirigent leur conduite.

Je vous connais ainsi que la boussole qui dirige votre navigation ; et quand on la blâmerait, ce que je ne crois pas possible, je ne pourrais la condamner, en voyant à quelle élévation elle vous a conduit, et quelles espérances elle vous laisse encore. Je crois donc que ce n'est pas dans votre miroir, qui ne réfléchit que la sagesse, mais dans celui du plus grand nombre, qu'il faut, lorsqu'il s'agit des affaires, examiner comment elles se trouvent faites, et non comme on les fait. Ce qui me confirme dans cette idée, c'est de voir une même chose réussir de mille manières différentes, comme on parvient au même endroit par des chemins divers, et un nombre infini de personnes obtenir le même résultat en agissant diversement. Si quelque chose peut ajouter à ce qui manque pour appuyer cette opinion, c'est la conduite du pape, et les résultats qu'elle a obtenus.

Annibal et Scipion possédèrent au plus haut degré les talents militaires : mais l'un, malgré sa cruauté, sa perfidie et son impiété, sut maintenir ses armées en Italie, et se faire admirer des peuples qui se soulevèrent contre les Romains pour le suivre ; l'autre, plein d'humanité, d'honneur et de religion, obtint en Espagne les mêmes marques d'attachement de la part des habitants ; tous deux enfin se rendirent célèbres par d'innombrables victoires. Mais comme il n'est plus d'usage d'alléguer les Romains, Laurent de Médicis désarma le peuple pour demeurer maître de Florence ; tandis que messer Giovanni Bentivoglio l'arma pour contenir Bologne ; les Vitelli, dans Castello, et le duc d'Urbin, dans son duché, démantelèrent les forteresses pour conserver leurs États ; et le comte Francesco, et une foule d'autres, en élevèrent pour se maintenir. L'empereur Titus croyait qu'un jour passé sans faire du bien était un jour perdu ; et mille autres princes croiraient perdre leurs États le jour où ils rendraient service à quelqu'un.

Beaucoup de personnes, en agissant avec poids et mesure, ont vu réussir leurs desseins ; et ce pape, qui n'a ni poids ni mesure, obtient par le hasard, et désarmé, ce que la prudence et les armes lui auraient procuré difficilement. On a vu, et l'on voit encore tous les jours, ceux dont je viens de citer l'exemple, et une infinité d'autres que l'on pourrait alléguer en pareille matière, acquérir des royaumes et des souverainetés, ou succomber au gré des événements, être loués dans la prospérité et blâmés dans les revers ; et souvent encore, lorsqu'ils viennent à tout perdre après un long bonheur, ne pas en être accusés, tandis que c'est le ciel et les caprices du sort que l'on inculpe.

Mais, d'où vient que quelquefois des actions différentes nuisent ou servent également ? Je l'ignore : et c'est un point que je voudrais pouvoir éclaircir. Pour savoir donc quelle est votre opinion sur ce sujet, je prendrai la hardiesse de vous dire la mienne. De même que la nature a donné à chaque homme une physionomie différente, de même, selon moi, elle leur a fait don d'un esprit et d'un caractère différents. Il en résulte que chacun se conduit d'après son esprit et son caractère. Comme, d'un autre côté, les temps ne se ressemblent pas, et que l'ordre des choses varie sans cesse, celui dont la manière d'agir se trouve conforme au temps voit tous ses vœux réussir et le bonheur lui sourire : tandis que celui, au contraire, dont les actions s'écartent des temps et de l'ordre des choses, est toujours malheureux. D'où il peut fort bien arriver que deux hommes, en agissant d'une manière diamétralement opposée, obtiennent le même résultat, parce que chacun peut se conformer à ce qui ui est propre ; car il y a autant d'ordres de choses que de provinces et d'empires. Mais, comme les temps et les choses, soit en général, soit en particulier, sont sujets à de fréquents changements, tandis que les hommes gardent le même caractère et la même manière d'agir, il arrive qu'un homme réussit dans un temps et echoue dans un autre. Et, en effet, si quelqu'un était assez sage pour connaître les temps et l'ordre des événements, et qu'il s'y conformât, il serait heureux dans toutes ses entreprises, ou du moins il éviterait la mauvaise fortune ; et l'on verrait se vérifier cette sentence : Que le sage commande aux astres et aux destins. Mais, comme on ne trouve point de pareils sages, d'abord parce que tous les hommes ont la vue courte, et qu'ensuite ils ne peuvent commander à leur propre caractère, il en résulte que la nature change et commande aux hommes, et les tient sans cesse asservis sous son joug. Je n'ai besoin, pour prouver ce que j'avance, que des exemples que j'ai cités ; ils m'ont servi à fonder mon opinion ; je désire qu'ils se prêtent un mutuel appui.

La cruauté, la perfidie et l'impiété, suffisent pour assurer la domination d'un maître nouveau dans les pays où l'humanité, la bonne foi et la religion, ont été longtemps en honneur ; de même, la clemence, la loyauté et le respect pour les dieux, sont le plus puissant auxiliaire dans les pays où règnent depuis longues années la cruauté, la perfidie et l'impiété ; car, comme les amers corrompent le goût, et les douceurs l'émoussent, de même les hommes se dégoûtent du bien, et se plaignent du mal. Telles sont, entre autres causes, celles qui ouvrirent l'Italie à Annibal, et l'Espagne à Scipion ; chacun d'eux trouva les temps et les événements conformes à sa manière d'agir. Un homme semblable à Scipion n'eût point alors obtenu d'aussi grands résultats en Italie : de même qu'en Espagne un capitaine pareil à Annibal n'eût point fait ce que l'un et l'autre firent dans ces deux contrées. *Vale.*

N. MACHIAVEL.

LETTRE XIV.

A NICOLO MACHIAVELLI, à Carpi.

Très cher Machiavel, certes, c'est une bien belle résolution que celle qu'ont eue nos très hauts consuls de l'art de la laine, de vous confier le soin de choisir un prédicateur : c'est comme si l'on avait chargé Pacchierotto, tandis qu'il était encore en vie, de trouver une femme belle et galante pour un ami. Je crois que vous les servirez selon leur attente ; et votre propre honneur, qui ne manquerait pas d'être obscurci, si à l'âge où vous êtes parvenu vous vous livriez... [1] ; car, ayant manifesté pendant tout le cours de votre vie des sentiments contraires, on l'attribuerait bien plutôt à la faiblesse de l'âge qu'à vos bons sentiments. Je vous engage donc à terminer le plus tôt possible, parce qu'en restant trop longtemps, vous vous exposeriez à deux grands dangers : l'un que ces... ; l'autre, que l'air de Carpi ne vous rendît hâbleur. En effet, cette propriété, qu'on lui attribue depuis des siècles, est encore la même aujourd'hui ; et, si par malheur vous étiez logé dans la maison de quelque habitant de Carpi, votre danger serait sans remède.

Si vous avez rendu visite à l'évêque gouverneur, vous aurez vu un homme de la meilleure mine, et capable de vous enseigner mille bons tours. Je me recommande à vous.

Votre dévoué

FRANCESCO GUICCIARDINI.

Modène, le 17 mai 1521.

---

[1] Le manuscrit de ces lettres ayant passé des mains de celui qui les avait recueillies dans celles d'une personne trop scrupuleuse, il s'y est trouvé un grand nombre de passages effacés, que l'on aura trouvés trop libres ou trop mordants, et comme l'écriture en avait été grattée, il a été impossible de rétablir le texte.

LETTRE XV.

A FRANCESCO GUICCIARDINI [1].

Magnifique et respectable seigneur,

J'étais sur la garde-robe lorsque votre messager m'est arrivé. Je réfléchissais en ce moment sur les bizarreries de ce monde ; et j'étais entièrement occupé à me figurer pour Florence un... à ma façon : je le voulais tel qu'il pût me plaire ; et même dans ce choix je voulais montrer que j'étais ferme, ainsi que dans toutes mes autres opinions Comme je n'ai jamais manqué à ce que je devais à la république, et que toutes les fois que j'ai pu la servir je l'ai fait, si ce n'est par mes actions, du moins par mes paroles et mes avis, ce n'est point dans cette occasion que je voudrais lui faire faute. Je sais, il est vrai, qu'en cette occurrence, comme en beaucoup d'autres, ma façon de voir diffère de celle de mes concitoyens ; ils voudraient un prédicateur qui leur enseignât le chemin du paradis ; et je voudrais en trouver un qui... : ils désireraient de plus que ce fût un homme sage, sincère et loyal ; et je voudrais en trouver un plus.... J'avoue qu'il serait beau, et tout à fait digne de l'excellence de nos temps, de rencontrer dans un seul moine toutes les qualités que nous sommes accoutumés à trouver dans un grand nombre ; car j'imagine que le vrai moyen d'apprendre le chemin du paradis serait de connaître parfaitement celui de l'enfer, afin de l'éviter. Voyant, en outre, quel est le crédit d'un... qui se cache sous..., il est aisé de conjecturer combien en obtiendrait un bon qui marcherait dans la vertu, et non dans la simula-

---

[1] Guicciardini, célèbre historien italien, né à Florence en 1482. Professeur de jurisprudence à l'âge de vingt trois ans, puis successivement ambassadeur auprès de Ferdinand le Catholique, gouverneur pour le pape Leon X de Modène et de Reggio, lieutenant général du saint-siège pour Clément VII, Guicciardini s'occupa, dans les loisirs que lui laissaient les affaires, d'une *Histoire d'Italie* qui le place, comme historien, auprès de Machiavel Il mourut en 1540

tion... Cette idée m'a séduit. J'ai donc résolu de choisir le Rovajo ; et je pense que s'il ressemble à ses frères et sœurs, il sera bien notre fait. Je serais bien aise que vous m'en dissiez votre façon de penser, si vous êtes dans le cas de m'écrire.

Je suis ici dans l'oisiveté : je ne puis exécuter ma commission que l'on n'ait nommé le général et les définiteurs ; et je vais ruminant de quelle manière je pourrais mettre parmi eux tant de... qu'ils fissent ici ou ailleurs.. : et si je ne perds pas la tête, je compte réussir sans faute. Je pense que les conseils et l'appui de votre seigneurie me seraient extrêmement utiles. Si donc vous pouviez venir jusqu'ici, sous prétexte de vous promener, cela ne ferait pas de mal ; ou du moins, en écrivant, servez-moi d'un coup de maître. S'il vous était possible de m'envoyer chaque jour quelque exprès, comme vous l'avez fait aujourd'hui, vous produiriez plusieurs avantages : d'abord, vous m'éclaireriez sur ce qu'il est à propos que je fasse ; et, en second lieu, vous augmenteriez l'estime que l'on a pour moi dans la maison, en voyant les messagers se multiplier. Vous saurez qu'à l'arrivée de votre courrier, et en le voyant me saluer jusqu'à terre, et me dire qu'il avait été envoyé exprès en toute hâte, chacun se leva soudain, avec un air si respectueux, et un si grand fracas, que toute la maison manqua d'aller sens dessus dessous. On s'empressa de me demander s'il y avait quelque chose de nouveau ; et moi, de répondre gravement que l'empereur était attendu à Trente ; que les Suisses avaient convoqué de nouvelles diètes ; que le roi de France, dont le dessein était d'aller trouver ce prince, pour avoir une entrevue avec lui, en avait été détourné par son conseil ; de sorte que chacun restait bouche béante et le bonnet en main. Tandis que j'écris, ils forment un cercle autour de moi ; ils sont émerveillés de me voir griffonner aussi longtemps, et me regardent comme un possédé ; et moi, pour ajouter à leur étonnement, j'arrête ma plume, je me rengorge ; et alors ils ouvrent une grande bouche, qu'ils ouvriraient plus grande encore s'ils pouvaient deviner ce que je vous écris. Votre seigneurie sait que...

Quant aux mensonges des habitants de Carpi, je suis en état de leur tenir tête à tous ; il y a déjà quelque temps que je me suis rendu si habile dans cette science, que je ne voudrais pas de Francesco Martelli pour manœuvre ; en effet, depuis un certain temps, je ne dis plus ce que je crois. . ; et si même on me dit quelquefois la vérité, j'ai bien soin de la cacher là où il est difficile de la retrouver.

Je n'ai point parlé au gouverneur ; il m'a paru inutile de le faire, puisque j'avais trouvé mon logement. Il est bien vrai que ce matin je l'ai lorgné un instant à l'église, pendant qu'il s'occupait à examiner des tableaux. Il m'a paru de fort bonne mine ; et je dois croire que chez lui tout y répond, et qu'il est ce qu'il paraît être : aussi, j'étais sur le point d'en prendre tout mon soûl, si j'avais eu votre lettre sur moi. Je n'ai cependant renoncé à rien encore ; j'attends demain que vous me conseilliez la manière de me conduire en cette circonstance, en m'envoyant un de vos archers ; mais il faut qu'il ne cesse de courir, et qu'il arrive ici essoufflé et tout en eau, afin que tout le monde en soit stupéfait. Agir ainsi, c'est me faire honneur ; et d'ailleurs cela donne un peu d'exercice à vos archers, ce qui, dans cette saison tempérée, est fort sain pour les chevaux. Je vous écrirais encore quelque autre petite chose si je ne craignais de me fatiguer l'esprit, que je veux avoir demain le plus reposé qu'il soit possible. Je me recommande à votre seigneurie ; *Quæ semper ut vult valeat.*

Votre serviteur,

N. MACHIAVEL,
ambassadeur auprès des Frères Mineurs

Carpi, le 17 mai 1521.

LETTRE XVI

A NICCOLO MACHIAVELLI, à Carpi

Mon très cher Machiavelli,

Lorsque je lis dans vos titres ceux d'ambassadeur de république et de moines, et que je songe avec combien de rois, de ducs et de princes, vous avez autrefois négocié, je me rappelle Lysandre, a qui, après tant de victoires et de trophées, on donna le soin de distribuer la viande aux mêmes soldats qu'il avait si glorieusement commandés ; et je me dis alors : Vous le voyez, quoique la physionomie des hommes change, et que la même couleur ne fasse point partie de leur élément, toutefois les mêmes événements reviennent sans cesse, et il n'en arrive aucun que l'on ne l'ait vu autrefois ; mais, comme tout change de nom et de couleur, ce ne sont que les sages qui les reconnaissent. Voilà en quoi l'histoire est bonne et utile, en remettant devant nos yeux, et en nous faisant connaître et voir ce que nous n'avons jamais ni vu ni connu. Il en résulte ce syllogisme de moine : Que l'on ne saurait trop louer celui qui vous a commandé d'écrire nos annales, ni trop vous exhorter à exécuter avec soin l'office qui vous a été confié. Je crois que l'ambassade dont vous êtes chargé en ce moment ne vous sera pas inutile ; car, dans ce loisir de trois jours, vous aurez exprimé tout le suc de ces gens à sandales, et vous pourrez vous en servir comme d'un modèle, en le comparant ou en l'appareillant à quelques-unes de vos formes. Pour vous être utile, j'ai cru ne pas devoir perdre de temps, ni repousser la fortune tandis qu'elle vous est favorable ; et, en conséquence, j'ai suivi le style de vous dépêcher un messager qui, s'il n'est pas bon à autre chose, servira du moins demain soir à vous faire manger une tourte de plus à votre souper.

Je ne suis point émerveillé de votre prédicateur Rovajo ; autant que je puis le comprendre, il ne boit pas du même vin que vous. Je ne puis donc louer votre choix, qui ne me paraît répondre ni à votre jugement accoutumé ni à celui des autres, d'autant plus que vous étant toujours montré éloigné de l'opinion commune, et inventeur de choses nouvelles et inusitées, je suis persuadé que vos seigneurs les consuls, ainsi que tous ceux qui ont connaissance de votre mission, s'attendent que vous allez leur ramener un de ces frères, qui, comme on dit, sont introuvables. Toutefois, il vaut bien mieux conclure sans délai et terminer la plaisanterie de la séparation que retarder encore votre retour ici, où vous êtes attendu avec la plus vive impatience. Je me recommande à vous.

Votre tout dévoué,

FRANCESCO GUICCIARDINI.

Modene, le 18 mai 1521.

LETTRE XVII.

A FRANCESCO GUICCIARDINI

SEIGNEUR PRÉSIDENT,

J'ai reçu hier votre lettre du 12, et je vous dirai pour réponse que Capponi revient. C'est votre Jacopo qui a voulu se charger de le questionner ; mais, comme vous dites, je le crois parfaitement au fait. De toute manière, on peut lui faire des offres qui prouveront du moins que vous êtes instruit de la chose ; mais il ne faut pas qu'elles s'éloignent des convenances. Il me semble, ainsi qu'à Girolamo, qu'on ne peut lui offrir moins de trois mille ducats ; mais là-dessus nous lui donnerons les instructions que vous jugerez nécessaires.

Je vois avec satisfaction que messer Nicia[1] vous plaît : si vous le faites jouer pendant ce carnaval, nous viendrons pour vous aider. Je vous remercie de vos recommandations, et je vous prie de nouveau de ne point m'oublier.

---

1 Le personnage ridicule de la *Mandragore*.

Les provéditeurs chargés des affaires du Levant ont l'intention de m'envoyer à Venise pour réclamer le remboursement de certaines sommes qu'ils ont perdues. Si je dois y aller, je partirai dans quatre jours, et à mon retour je viendrai de votre côté, pour rester une soirée avec votre seigneurie, et revoir un instant mes amis.

Je vous envoie vingt-cinq pilules, faites à votre intention il y a déjà quatre jours ; vous en trouverez la recette à la fin de ma lettre. Je vous dirai qu'elles m'ont ressuscité. Commencez à en prendre une après le souper ; si elle fait quelque effet, vous cesserez ; sinon, vous en prendrez deux ou trois, mais pas au-delà de cinq. Quant à moi, deux m'ont toujours suffi, et une seule fois par semaine, excepté quand je me sens la tête lourde ou l'estomac chargé.

Il y a deux jours que j'ai parlé de l'affaire en question avec mon ami, en le priant de m'excuser si j'entrais trop avant dans des intérêts aussi importants pour lui ; mais que c'était lui-même qui m'y avait excité ; je l'ai prié de me dire formellement quelle était son intention relativement au projet de marier son fils. Après quelques façons, il m'a répondu qu'il ne croyait pas que cette affaire fût bien emmanchée ; que les jeunes gens regardaient comme un déshonneur de ne point avoir une dot extraordinaire ; et qu'il ne croyait pas pouvoir décider son fils à se contenter d'une dot ordinaire. Puis, ayant réfléchi quelque temps en lui-même, il s'est écrié : « Je suis
» presque sûr de deviner pour qui tu me parles, car je
» sais où tu es allé ; et cet arrangement m'a déjà été
» proposé d'un autre côté. « Je lui ai répondu que je ne savais s'il devinait bien ou mal, mais que je pouvais l'assurer qu'il n'avait jamais été question de cette proposition entre vous et moi, ce dont il m'a été facile de le convaincre ; j'ai ajouté que je n'avais agi que de moi-même en cette circonstance, et seulement pour le bien que je lui voulais, ainsi qu'à moi. Ici j'ai levé la visière, et je lui ai parlé nettement sur ce qu'il était, et sur ce que vous etiez vous-même, sur votre position dans le

monde, sur votre situation présente et vos espérances dans l'avenir ; enfin je lui en ai tant dit, que je l'ai rendu tout perplexe, et qu'il a fini par convenir que si le Magnifique se décidait à prendre pour femme une Florentine, il serait bien mal conseillé de ne pas la prendre dans votre famille ; que je ne voyais pas comment un homme de sens comme lui pourrait marchander avec un de vos pareils pour deux ou trois mille ducats, d'autant mieux qu'il pourrait fort bien arriver que, n'ayant point de fils, et que votre femme ayant cessé de faire des enfants, la dot pourrait devenir plus considérable que celle de toute autre femme qu'il prendrait, et dont il n'aurait jamais à espérer que la dot. Tout en causant ainsi, nous arrivâmes aux Servites [1] ; je m'arrêtai sur la porte, et je lui dis : « Je choisis ce lieu, pour que mes paroles res-
» tent gravées dans votre mémoire. Dieu veuille que
» vous n'ayez pas à vous repentir, et que votre fils ne
» soit pas en droit de se plaindre de vous ! » Il me ré-
» pondit : » Au nom de Dieu ! voilà la première fois qu'il
» est question entre nous de cette affaire ; mais nous en
» parlerons plus d'une fois encore. » Je lui dis alors que je ne lui en soufflerais plus le mot, et qu'il me suffisait d'avoir payé ma dette. J'ai dirigé ma lance de cette manière, et je n'ai pu cacher ce que j'étais certain que l'on découvrirait tôt ou tard. Maintenant je puis le voir venir ; je ne laisserai échapper aucune occasion ; et, soit en général, soit en particulier, je tirerai toujours à mon but. Mais revenons-en à la recette des pilules.

Recipe [2]. Aloès hepatique... . ... dragme 1 $\frac{1}{2}$
   Carman. deos................ .. . » 1
   Safran........................ » $\frac{1}{2}$
   Myrrhe choisie..... ... . » $\frac{1}{2}$

[1] C'est le nom de l'église des pères Servites à Florence.
[2] Telle était la médecine dont Machiavel faisait ordinairement usage, et que Paul Jove, à son ordinaire, par une interprétation maligne, qualifie de potion enchantée, disant que Machiavel, après l'avoir prise, mourut en se moquant de Dieu, et en prétendant qu'il était pour ainsi dire devenu immortel

Bétoine....................	dragme	1/4
Pipinelle................	»	1/4
Bol d'Arménie........	»	1/4

N. MACHIAVEL.

Florence le 17 août 1525.

LETTRE XVIII.

A FRANCESCO GUICCIARDINI.

Seigneur président,

Aussitôt après mon arrivée je me suis hâté d'aller à la campagne, où j'ai trouvé mon Bernardo malade de la fièvre tierce ; voilà ce qui m'a empêché de vous écrire. Mais ce matin, à mon retour de la villa, que j'avais quittée pour parler au médecin, j'ai trouvé une lettre de votre seigneurie, en date du 13, qui m'instruit de l'état d'anxiété dans lequel vous a jeté la simplicité de messer Nicia, et l'ignorance de tous ceux qui l'environnent. Quoique je sois persuadé que les passages obscurs sont nombreux, puisque vous vous bornez à vous contenter de deux explications, je m'efforcerai de vous satisfaire.

Fare a' sassi pe' forni, tailler des pierres pour faire des fours, signifie tout simplement se conduire comme un fou. Ainsi, lorsque mon personnage dit que si nous étions tous comme messer Nicia, nous taillerions des pierres pour faire des fours, c'est comme s'il disait que nous ne ferions que des sottises. En voilà assez sur ce premier point.

Quant au crapaud et à la herse, ceci a besoin de plus longs éclaircissements, je l'avoue. En effet, j'ai feuilleté, comme Frà Timotteo, une multitude de livres pour trouver l'origine de cette *herse*, et enfin j'ai trouvé dans le Burchiello ce texte, qui présente une grande autorité en ma faveur ; c'est lorsqu'il dit, dans un de ses sonnets :

» Craignant que l'empire ne succombât, on envoya pour ambassadeur une
» paire de poignets de fil et l'on chassa la pelle et la pincette, on trouva
» bon qu'il en manquât au moins quatre écheveaux, mais la herse de l'isole
» y conduisit. »

Le sens de ce sonnet me paraît extrêmement mystérieux ; et je crois que, si l'on veut bien l'examiner, c'est une légère satire de nos temps ; voici seulement la différence : c'est qu'alors on envoyait une paire de poignées de fil, et qu'aujourd'hui, au lieu de fil, on envoie des macaronis. Il me semble donc que les mêmes temps reviennent toujours, et que nous-mêmes ne changeons jamais. La herse est une machine de bois carrée et armée de plusieurs dents de fer ou de bois dont les laboureurs se servent pour aplanir la terre lorsque les semailles sont terminées. Le Burchiello cite la herse de Fiesole, parce que c'est la plus ancienne qui existe en Toscane ; les Fiesolaniens, au dire de Tite-Live, dans sa *seconde Decade*, ayant été les inventeurs de cet instrument. Un jour qu'un laboureur aplanissait un champ, un crapaud qui n'était point accoutumé à voir un si grand travail, et qui s'émerveillait et regardait avec ses gros yeux ce qui se passait au-dessus de lui, fut atteint par la herse, qui lui chatouilla le dos d'une telle manière qu'il fut obligé d'y passer sa patte plus de deux fois ; et l'animal sur le dos duquel la herse venait de passer, en se sentant si fortement blessé, se mit à crier ; « Du moins n'y reviens plus. » Ces mots ont donné lieu au proverbe que l'on adresse à ceux que l'on ne veut pas qui reviennent : *Comme dit le crapaud à la herse*. Voilà ce que j'ai trouvé de plus satisfaisant sur ce point ; si votre seigneurie ne se trouvait pas suffisamment éclairée, avisez-m'en.

Tandis que vous vous donnez là-bas bien du mouvement, nous ne nous endormons point de notre côté. Lodovico Alamanni et moi nous avons soupé un de ces soirs avec la Barbera : nous avons parlé de la comédie ; si bien qu'elle s'est offerte d'aller avec ses chanteurs exécuter les chœurs pendant les entr'actes. Je lui ai offert à mon tour de composer les paroles de ses intermèdes, et Lodovico lui a promis de la loger à Modène, dans la maison de Buosi, elle et ses chanteurs. Vous voyez bien que nous faisons tout notre possible pour qu'il ne manque rien à cette fête. Je me recommande à vous, etc.

Tout à vous,

N. MACHIAVEL.

LETTRE XIX.

A FRANCESCO VETTORI.

Seigneur président,

Je ne me rappelle jamais votre seigneurie, et je me la rappelle à toute heure, sans penser à ce qu'il faudrait faire pour accomplir vos désirs relativement à ce que je sais qui vous intéresse le plus. Parmi toutes les fantaisies qui me sont venues en tête, il en est une sur laquelle j'ai résolu de vous écrire, non pour vous donner des conseils, mais pour vous indiquer un chemin dans lequel vous saurez marcher mieux qu'un autre. Filippo Strozzi se trouve chargé de fils et de filles ; et de même qu'il cherche à faire honneur à ses fils, il lui a paru convenable de chercher à établir convenablement ses filles ; il a pensé, comme tous les hommes sages, que c'était à l'aînée à montrer aux autres le chemin. Parmi les jeunes gens de sa connaissance, il jeta ses vues sur un fils de Giuliano Capponi, et voulut la lui donner en mariage avec quatre mille florins de dot. Ce projet ne put lui réussir, parce que Guiliano n'avait pas cru devoir y consentir. N'espérant plus alors faire rien de bon par lui-même, s'il se présentait d'abord avec une dot qu'il ne pourrait pas réaliser, il eut recours aux bontés et aux grâces du pape ; et, d'après les conseils de Sa Sainteté, il entra en pourparler avec Lorenzo Ridolfi, et conclut l'affaire au moyen de huit mille ducats de dot, dont le pape paya quatre mille, et lui les quatre mille autres. Paolo Vettori voulant conclure un mariage honorable, et tout son bien ne suffisant pas pour former une dot convenable, il eut également recours au pape, qui, pour faire plaisir à Paolo, lui fit présent de dix mille florins du sien.

Mon cher président, si vous étiez le premier à rompre la glace pour cheminer de ce côté, je serais sans doute un de ceux qui hésiteraient à vous conseiller ce parti ; mais comme la route vous a été déjà tracée par deux hommes qui, par leur qualité, leur mérite, et toutes les considérations humaines, ne vous sont supérieurs en rien, je vous engagerai sans cesse à faire hardiment, et sans nulle considération, ce qu'ils ont fait eux-mêmes. Filippo a gagné au service du pape cent cinquante mille ducats, et il n'a pas craint de prier le pape de venir à son secours dans les embarras où il s'est trouvé ; vous avez bien moins de craintes à avoir, vous qui n'en avez pas gagné vingt mille. Paolo a été aidé une infinité de fois, et par une infinité de moyens, non seulement en emplois, mais de la propre bourse du pape ; et malgré cela, il ne s'est point gêné pour demander à Sa Sainteté de venir à son secours dans cette circonstance ; vous devez être bien moins arrêté dans votre demande, puisque tout ce que vous avez fait a toujours tourné à l'avantage et à l'honneur du pape, sans lui avoir jamais rien coûté. Je ne veux vous rappeler ni Palla Ruccellai, ni Bartolommeo Valori, ni une foule d'autres, au secours desquels est venue la bourse du pape. Je voudrais que ces exemples vous excitassent à demander avec confiance et à compter sur le succès. Ainsi donc, si j'étais à votre place, j'écrirais une lettre à votre homme d'affaires à Rome, pour qu'il la lût au pape, ou j'écrirais à Sa Sainteté même, et je ferais présenter ma lettre par mon agent, auquel j'en enverrais secrètement une copie, en le chargeant de tâcher d'obtenir une réponse. Je désirerais que cette lettre portât que vous vous êtes fatigué dix années pour vous faire honneur et vous rendre utile, et que vous vous flattez d'avoir assez bien réussi sur ces deux points, quoique vous n'y soyez parvenu cependant qu'au prix de travaux multipliés et de très grands dangers ; de quoi vous rendez grâces à Dieu, d'abord, puis à l'heureuse mémoire du pape Léon X, et enfin, aux bienfaits de Sa Sainteté, auxquels vous vous reconnaissez redevable de tout ce qui vous est arrivé. D'ailleurs, vous savez fort bien que, quoiqu'un homme se soit tiré heureusement de dix affaires honorables, il lui suffit d'échouer dans une, surtout lorsqu'elle est de quelque importance, pour lui faire perdre le fruit de toutes les autres; persuadé, en conséquence, que vous avez rempli tous les devoirs d'un homme de bien, vous ne voudriez pas échouer dans l'un des plus essentiels. Après ce préambule, je ferais connaître à Sa Sainteté quelle est votre position ; je lui dirais que vous n'avez point d'enfants mâles ; que votre famille se borne à quatre filles ; que le temps est venu de marier l'aînée, et que si vous ne l'établissez pas d'une manière qui réponde à toutes vos autres actions, vous croirez n'avoir rien fait de bien jusqu'à ce moment. Faites-lui sentir que la seule chose qui s'oppose à votre juste désir, ce sont les mœurs corrompues et les usages pervers du temps, qui ont amené les choses au point que, plus un jeune homme est noble ou riche, plus il exige une dot considérable, et qu'il regarde comme un déshonneur de ne pas en obtenir une immense et hors de toute proportion ; de sorte que vous ne savez comment surmonter cette difficulté, tout ce que vous pouvez faire étant de donner une dot de trois mille florins : or, pour quatre filles, il vous en coûterait douze mille, ce qui est tout le fruit des économies que vous avez amassées à vos risques et périls, et au prix de vos sueurs ; que, ne pouvant aller au-delà, vous avez reconnu que ce n'est que la moitié de la dot qu'exigent aujourd'hui les jeunes gens ; et que, ne voyant pas d'autre moyen de sortir d'embarras, vous avez pris la hardiesse de tenter ce que ses serviteurs les plus dévoués et les plus fidèles, au nombre desquels vous vous comptez, n'avaient pas craint de faire, c'est-à-dire de recourir aux bienfaits de Sa Sainteté, persuadé qu'elle ne voudra pas vous refuser une grâce qu'elle a accordée à tant d'autres. Je lui découvrirais ici quel est le jeune homme que vous avez en vue, comment vous savez que le seul obstacle qui s'oppose à ce mariage est la dot, obst cl

que Sa Sainteté peut seule surmonter ; je la supplierais, et je la presserais dans les termes les plus puissants, que vous savez si bien trouver, pour lui faire sentir quel prix vous attachez à cette affaire ; et je suis intimement convaincu que si à Rome l'on conduit cette négociation de la manière qu'on le peut, il est impossible de ne pas réussir.

Ne vous manquez donc pas à vous-même. Je vous engagerais même, si le temps et la saison le permettaient, à envoyer à Rome votre Girolamo ; car toute la difficulté consiste à demander avec hardiesse, et à montrer du mécontentement en cas de refus. Les princes accordent volontiers de nouveaux services à ceux auxquels ils en ont déjà rendu d'anciens ; ils ont si peur de perdre par un refus l'avantage des bienfaits passés, qu'ils s'empressent d'en accorder de nouveaux lorsque l'on s'y prend de la manière dont je voudrais que vous vous y prissiez. Je m'en repose sur votre sagesse.

Le Morone [1] s'est laissé prendre, et le duc de Milan est à bas : or, comme ce prince a vainement attendu le chapeau, tous les autres l'attendront de même ; c'est maintenant une chose inévitable : *Sic datum desuper*.

Je vois revenir les fleurs de lis d'Alagna et son vicaire, etc. : *Nosti versus, cœtera per te ipsum lege*.

Pour nous, passons encore une fois un joyeux carnaval ; préparez un logement à la Barbera, au milieu de ces

1. Jérôme Morone, né vers l'an 1450, était le chancelier des derniers ducs de Milan, et l'un des plus habiles négociateurs de son temps. Après avoir favorisé de tout son pouvoir le rétablissement des Sforza dans Milan, et fait soulever le Milanais contre les Français, il s'aperçut qu'il n'avait fait que favoriser l'ambition de Charles-Quint. Il résolut de secouer le joug des impériaux : il proposa, en conséquence, aux Vénitiens et au pape de s'unir à la France. Il voulut aussi gagner Pescaire, général de l'empereur, dont on soupçonnait la fidélité, et lui offrit de le rendre maître du royaume de Naples. Pescaire eut l'air d'entrer dans ses projets, et Morone s'étant rendu près de lui, il le fit arrêter et jeter dans une prison à Pavie. C'est de cet événement que Machiavel parle en cet endroit. Par la suite, le connétable de Bourbon délivra Morone pour vingt mille florins, lui donna sa confiance, et le prit pour secrétaire et premier conseiller. Il fut l'un des principaux médiateurs du traité qui rendit la liberté au pape Clément VII, après la prise de Rome. En 1528, il fut élu duc de Bovino, dans le royaume de Naples, et mourut subitement au siège de Florence en 1529, à l'âge de quatre-vingts ans.

moines ; et s'ils n'y perdent point la tête, je n'en veux pas un denier. Recommandez-moi à la Maliscotta. Voyez à quel point en est la comédie, et quand vous avez le projet de la jouer.

On a porté jusqu'à cent ducats mes honoraires pour écrire l'histoire. Je commence à me remettre en train d'écrire, et je soulage mon cœur en accusant les princes qui ont tout fait pour nous conduire au terme où nous sommes parvenus. *Vale.*

N. MACHIAVEL,
Historien, comique et tragique

LETTRE XX.

A FRANCESCO VETTORI

Seigneur président.

J'ai retardé jusqu'à ce jour de répondre à votre dernière lettre, parce que je ne croyais pas que cela vous importât beaucoup, et que je suis resté fort peu de temps à Florence. Aujourd'hui que j'ai vu votre maître d'écurie, et que je puis vous adresser mes lettres sans rien craindre, je ne différerai pas davantage. Je ne puis nier que les considérations qui vous font balancer s'il est bien ou non de tenter l'affaire en question, comme je vous l'ai indiquée, ne soient puissantes et parfaitement raisonnées ; toutefois je vous dirai ma façon de penser ; c'est que l'on échoue aussi bien par excès de délicatesse que par excès d'indiscrétion, et que même ce dernier défaut est bien souvent le plus avantageux. Si Filippo et Paolo avaient eu ces scrupules, ils n'auraient pu faire ce qu'ils voulaient ; et si Paolo n'a plus de filles qui montrent l'exemple aux autres, Filippo en a encore ; et il n'a même pas cru que l'on eût traité la première comme il le méritait. Je ne sais d'ailleurs si ce que vous dites est fondé : que ce serait placer la première en paradis, pour mettre les autres en enfer, puisqu'une fois cet établissement fait, je ne vois pas en quoi votre condition avec une fille de moins serait pire qu'elle ne l'est maintenant avec toutes. Je crois qu'elle serait meilleure ; car vos gendres futurs, outre qu'ils vous auraient, posséderaient un beau-frère qui leur ferait honneur ; vous pourriez même en trouver de moins intéressés, et d'un rang plus honorable ; lors même que vous n'en trouveriez pas de cette espèce pour les autres (et soyez assuré que vous en trouverez), vous n'auriez rien à craindre, du moins pour l'aînée. Enfin j'attaquerais le pape dans tous les sens ; et si je n'en venais pas à une demande formelle du premier coup, je m'en expliquerais en gros : je lui dirais généralement l'objet de mes sollicitudes ; je le prierais de venir à mon aide ; je verrais dans quelles dispositions il se trouverait, et je m'avancerais ou je reculerais, selon qu'il se conduirait avec moi. Je me contenterai de vous rappeler le conseil que Roméo donna au duc de Provence, qui avait quatre filles : il l'engagea à marier la première d'une manière honorable, en lui disant qu'elle servirait de règle et d'exemple pour les autres : de sorte que le duc la maria au roi de France, et lui donna pour dot la moitié de la Provence. Par ce moyen il parvint à unir les autres à trois rois, sans être obligé de leur donner une dot considérable ; c'est ce qui a fait dire au Dante :

Il eut quatre filles, qui furent toutes reines ; et il dut cet avantage à Romeo, pèlerin obscur et inconnu.

Je suis charmé d'entendre les querelles de ces moines : je ne veux pas les décider ici, mais sur les lieux ; et nous nous entendrons ensuite avec ceux qui nous conviendront le mieux. Mais je saurai bien vous dire que si sur leur renommée on se met déjà en discorde, leur présence fait qu'on se prend aux cheveux.

Je n'ai rien à vous dire des affaires de ce monde Chacun semble glacé par la mort du duc de Pescaire : en effet, il était question de nouveaux accords, et d'autres choses semblables ; mais depuis sa mort il paraît que l'autre (le pape) s'est un peu rassuré : or, comme il semble qu'il a gagné du temps, il en laisse prendre également à son ennemi ; et j'en tire la conséquence, que de ce côté-ci on ne prendra aucune résolution honorable et courageuse pour se défendre, ou du moins pour mourir avec honneur, tant est grande la terreur que je vois régner parmi nos citoyens, et tant je les vois peu disposés à faire la moindre résistance à quiconque voudra les engloutir ! Tous sont de même ; et qui essayerait d'agir d'accord avec eux n'obtiendrait d'autres résultats que ceux qu'on a vus jusqu'à ce jour.

Tout à vous.

N. Machiavel.

Florence, le 19 décembre 1525.

LETTRE XXI.

A FRANCESCO GUICCIARDINI.

Seigneur président,

J'espérais commencer en joie cette lettre en réponse à la dernière de votre seigneurie ; et il faut que je la commence dans la douleur. Chacun avait vu avec la plus vive satisfaction la naissance de votre neveu ; et il faut que sa mère meure presque dans le même instant ! Elle ne pouvait s'attendre à ce coup ; et Girolamo ne méritait pas d'en être frappé. Mais, puisque telle est la volonté de Dieu, tâchons de nous résigner, et ne pensons que le moins que nous pourrons aux malheurs qui sont sans remède.

A l'égard de la lettre de votre seigneurie, en commençant par l'endroit où vous dites que vous voulez vivre joyeux au milieu de toutes les tracasseries, etc., je vous dirai d'abord que je viendrai sans faute, et que rien ne peut m'en empêcher qu'une maladie, dont Dieu me garde ; que j'arriverai à la fin de ce mois, et à l'époque que vous m'indiquerez. Quant à la Barbera et aux chanteurs, si vous n'y voyez pas d'inconvénient, je crois pouvoir vous les emmener à bon compte ; je vous en préviens, parce qu'elle a certains amants qui pourraient l'en empêcher ; mais si l'on use de diligence ils resteront tranquilles. La preuve que nous avons pensé à vous, c'est que nous avons fait cinq nouvelles chansons relatives à la comédie ; on les a mises en musique pour les chanter dans les entr'actes. Je vous en envoie les paroles avec la présente, afin que vous puissiez les examiner [1] ; nous vous porterons la musique tous ensemble, ou j'irai moi seul. Il ne serait pas mal, si la Barbera se décidait à venir, que vous envoyassiez ici un de vos valets avec deux ou trois bêtes de somme. Voilà tout ce qui concerne la comédie.

J'ai toujours été d'avis que si le projet de l'empereur était de devenir *dominus rerum*, il n'était pas homme à laisser jamais le roi sortir de prison, parce qu'en le retenant il affaiblit ses propres adversaires, qui, pour ce motif, lui donnent et lui donneront tout le temps nécessaire pour se mettre en mesure ; car, leurrant tantôt la France et tantôt le pape de l'espoir d'un accommodement, il peut continuer ses négociations sans être obligé de les rompre ; et s'il voit que l'Italie soit sur le point de s'unir à la France, il se rapproche de cette dernière puissance de manière à l'empêcher de conclure ; il trouve son profit à cette conduite ; et c'est avec ces bagatelles qu'il a gagné Milan, et qu'il a été près d'acquérir Ferrare ; car s'il s'en était donné la peine, il n'est point douteux qu'il n'eût réussi. Si ce malheur était arrivé, c'en était fait de toute l'Italie. Mais, que vos chers Espagnols me le pardonnent, ils ont fait une grande faute en laissant le duc traverser la Lombardie pour se rendre dans ses États : ils devaient l'arrêter, et l'envoyer par mer en Espagne, et ne pas compter qu'il irait de lui-même ; car on pouvait aisément prévoir qu'il arriverait mille événements, comme on l'a vu en effet, qui le décideraient à ne point s'y rendre.

---

[1] Ces *canzoni* ou chansons, qui se trouvent jointes à cette lettre, ont été placées en leur lieu dans la *Mandragore*, pour laquelle elles avaient été composées. Quelques-unes de ces chansons se trouvent repetées dans la *Clizia*. Ce n'est que dans l'édition en 6 vol. in-4, faite à Florence en 1783, que ces chansons ont été insérées dans la *Mandragore*.

Il y a quatre jours qu'il était fortement question de rapprochements entre l'Italie et la France ; l'on y croyait d'autant plus que, Pescaire étant mort, Antonia da Leva malade, le duc de Ferrare de retour dans ses États, les citadelles de Milan et de Crémone encore occupées, les Vénitiens libres de toute obligation, et tout le monde parfaitement éclairé sur l'ambition de l'empereur, il semblait naturel que chacun désirât de s'en mettre à l'abri ; et il était impossible de trouver une meilleure occasion ; mais sur ces entrefaites est arrivée la nouvelle que l'empereur et le roi de France s'étaient accordés ; que ce dernier cédait la Bourgogne, et épousait la sœur de l'empereur, auquel il laissait les quatre cent mille ducats de dot de cette princesse, qu'il dotait lui-même d'une somme pareille ; qu'il livrait pour otages ses deux plus jeunes fils ou le dauphin, et qu'il faisait l'abandon de tous ses droits sur Naples, Milan, etc. Ceux qui ajoutent foi à cet arrangement sont en aussi grand nombre que ceux qui n'y croient pas ; et je vous en ai dit les raisons. Quant à moi, je suis persuadé qu'il ne s'est arrangé avec le roi de France que pour empêcher tout rapprochement de ce prince avec l'Italie ; il fera ensuite des difficultés, et finira par rompre entièrement. Nous verrons ce qui résultera de tout ceci.

Je comprends tout ce que vous me dites de votre affaire, et comme quoi il vous semble avoir le loisir d'y penser, attendu que les temps ne sont point favorables.

Je vous répondrai en deux mots, et avec cette franchise que me commandent l'amour et le respect que j'ai pour vous. Autant que je me souviens, on a toujours fait la guerre, ou l'on en a toujours parlé ; en ce moment on se contente d'en parler ; dans peu de temps on la fera ; et lorsqu'elle sera terminée, on en parlera de nouveau : ainsi il ne sera jamais temps de penser à rien. Il me semble même que ces temps-ci sont plus favorables qu'aucun autre pour votre affaire ; car si le pape a le projet d'agir, ou s'il craint d'être inquiété, il ne peut nullement se passer de vous ; et, en conséquence, il doit désirer de vous faire plaisir.

Tout à vous.

N. MACHIAVEL.

Florence, le 3 janvier 1525 (1526)

LETTRE XXII.

A FRANCESCO VETTORI.

Magnifique et respectable messer Francesco,

J'ai tant tardé à vous écrire, que votre seigneurie m'a prévenu. Le motif de mon retard est que, croyant la paix conclue, je pensais que vous étiez sur le point de retourner dans la Romagne, et je me réservais à vous parler de vive voix, quoique j'eusse la tête remplie de rêveries dont j'ai exhalé une partie, il y a cinq ou six jours, avec Filippo Strozzi ; je lui écrivais sur toute autre chose, lorsqu'il me prit fantaisie d'entrer en danse avec lui sur ces matières. Je discutai les trois hypothèses suivantes : la première, que, malgré l'accord qui venait d'être conclu, le roi n'obtiendrait pas sa liberté ; la seconde, que si le roi devenait libre, il garderait sa parole ; la troisième, qu'il ne la tiendrait pas. Je ne dis pas quel était mon sentiment sur ces trois hypothèses ; je conclus seulement que, dans tous les cas, l'Italie aurait la guerre ; et je n'ai proposé sur cette guerre aucune mesure. Maintenant que votre lettre m'a fait connaître votre désir, je vous dirai ce que j'ai cru devoir lui taire, et avec d'autant plus de plaisir que vous me le demandez vous-même.

Vous voulez savoir quelle est celle de ces trois suppositions que j'adopte. Je vous répondrai que je ne puis m'ôter de l'idée la ferme persuasion où je suis, que le roi ne recouvrera pas sa liberté ; car chacun est convaincu que si ce prince était homme à faire ce qu'il peut, il fermerait à l'empereur tous les chemins pour parvenir à ce degré d'élévation que ce dernier ne cesse d'avoir en vue. Je ne vois ni d'occasion ni de motif pour décider l'empereur à laisser le roi en liberté ; et, selon moi, il n'aurait pu consentir à le délivrer qu'autant que son conseil eût été corrompu (et l'on sait que les Français sont passés maîtres dans l'art de corrompre), ou qu'il eût vu entre l'Italie et la France un rapprochement infaillible, auquel il n'eût pu s'opposer qu'en délivrant le roi, dans la croyance qu'en le délivrant ce prince tiendrait ses engagements. De son côté, le roi n'aura pas épargné les promesses ; et pour mieux assurer l'empereur qu'il les observerait, il aura dû lui montrer toutes les raisons qu'il a de se plaindre des Italiens, et tous les autres motifs qu'il pouvait alléguer pour le convaincre de sa fidélité. Cependant, malgré tout ce qu'on pourrait dire, l'empereur n'en sera pas moins un fou, si le roi sait être sage ; mais je doute qu'il veuille l'être. D'abord, jusqu'à présent, j'ai vu que tous les mauvais partis que prend l'empereur n'ont pu lui nuire, et que tous les bons qu'a pris le roi ne lui ont servi à rien. Je veux bien, comme je viens de le dire, que le parti de délivrer le roi soit mauvais pour l'empereur, et que celui de tout promettre pour obtenir la liberté soit avantageux pour le roi ; néanmoins, si le roi adopte ce parti, il deviendra mauvais pour lui, tandis que celui de l'empereur sera bon. J'ai déjà écrit à Filippo les motifs qui détermineront le roi à tenir sa parole : ils consistent dans l'obligation où il est de laisser son fils prisonnier ; car s'il venait à la rompre, il faudrait qu'il achevât d'épuiser son royaume, qui ne l'est déjà que trop ; qu'il accablât sa noblesse ; qu'il l'envoyât en Italie, et qu'il se jetât de nouveau dans des entreprises que l'expérience du passé ne peut lui faire envisager qu'avec effroi ; et d'ailleurs ces mesures n'auraient pour but que de venir au secours de l'Église et des Vénitiens, qui n'ont cessé de travailler à sa ruine.

J'avoue, comme je vous l'ai déjà écrit, et vous l'écris encore, que le roi doit avoir de grands motifs d'irritation contre les Espagnols, mais que ceux qui l'animent contre les Italiens ne sont guère moins puissants. Je sais bien qu'on pourrait dire là-dessus, avec fondement, que si, par ce motif de haine, il laissait ruiner l'Italie, il courrait risque de perdre son royaume. Mais la question est de savoir comment il entendra la chose ; car à peine sera-t-il libre, qu'il va se trouver entre deux difficultés : l'une de se voir enlever la Bourgogne et l'Italie, et de rester à la merci de l'empereur : l'autre, pour éviter cet inconvénient, de devenir parjure et pour ainsi dire parricide. Et il s'exposerait à ce double danger pour être utile à des alliés infidèles ou inconstants, qui, fût-il même vainqueur, ne manqueraient pas de saisir le plus léger prétexte pour lui faire perdre le fruit de sa victoire ! Je m'en tiens donc à l'opinion, ou que le roi restera prisonnier, ou que, s'il devient libre, il gardera sa parole ; car la crainte de perdre son royaume, après avoir perdu l'Italie, doit agir sur cette cervelle française autrement que sur une autre. D'ailleurs, il ne pourra s'imaginer que tout s'évanouisse en fumée, et il se persuadera sans doute pouvoir être encore de quelque utilité à l'Italie, lorsqu'elle aura expié un peu ses péchés, et que lui, de son côté, aura recouvré son fils et réparé ses forces. Du reste, si ces deux princes étaient convenus entre eux de partager leur proie, ce serait un motif de plus pour que le roi gardât sa parole ; mais alors l'empereur serait d'autant plus fou de remettre en Italie celui qu'il en aurait chassé, pour que ce dernier l'en chassât à son tour.

Je vous dis ce que je crois qui est ; mais je ne dis pas que ce soit le meilleur parti que le roi puisse prendre ; car il faudrait qu'il mît de nouveau en péril, lui, ses enfants et son royaume, pour abaisser une puissance aussi odieuse, aussi effrayante et aussi dangereuse. Je crois cependant qu'on pourrait opposer à ce danger les remèdes suivants : faire en sorte qu'aussitôt le roi libre, il se trouvât auprès de lui un personnage qui, par son rang, ses conseils, et l'autorité de ceux qui l'enverraient, dût lui faire perdre le souvenir de ce qui s'est passé, et l'engager à songer aux événements qui se préparent ;

qui lui montrât le concours de toute l'Italie, qui lui fît voir la partie gagnée dès le moment qu'il voudrait se montrer un roi indépendant, tel qu'il lui convient d'être. Je crois que la persuasion et les prières seraient utiles, mais les faits le seraient bien davantage.

Voici là-dessus ce que je pense. Je suis convaincu que, de quelque manière que tournent les choses, la guerre ne tardera pas à éclater en Italie ; conséquemment, il faut que les Italiens tâchent d'avoir les Français de leur côté : s'ils n'y peuvent réussir, ils doivent penser à la manière dont ils ont à se conduire. Il me semble que dans ces circonstances il n'y a qu'un des deux partis suivants à prendre : ou de rester à la merci du premier venu, et d'aller à sa rencontre avec de l'or, afin de se racheter : ou de s'armer réellement, et de s'appuyer du mieux possible sur la force des armes. Quant à moi, je ne crois pas qu'il suffise de se racheter et d'offrir son argent ; si ce moyen était suffisant, je dirais, arrêtons-nous-y, et ne pensons point à autre chose ; mais à quoi cela peut-il servir ? Ou je suis tout à fait aveugle, ou ils nous prendront d'abord notre argent, et ensuite la vie, de manière que, lors même que nous ne parviendrions pas à nous défendre, ce serait du moins une espèce de vengeance pour nous de ne laisser au vainqueur qu'un pays ruiné et ravagé.

Ainsi donc je juge qu'il n'y a pas un moment à perdre pour prendre les armes, et qu'il ne faut point attendre que la France se déclare, car l'empereur a déjà en Italie ses têtes d'armée ; ses autres troupes sont placées de manière qu'il peut faire la guerre à son aise et lorsqu'il lui plaît ; mais si nous voulons lui résister, il nous convient également de faire une tête d'armée, ou simulée ou réelle, sans quoi nous nous éveillerons un beau matin tout déconcertés. J'approuverais beaucoup de faire une tête d'armée simulée, et je vous dirai là-dessus une chose qui vous paraîtra folle ; c'est un projet qui peut être téméraire ou ridicule ; mais les temps actuels réclament des résolutions audacieuses, inusitées, étranges ; tous ceux qui connaissent les affaires de ce monde savent jusqu'où va l'inconstance et la sottise des peuples ; et cependant, quoiqu'ils sachent comment ils sont bâtis, on entend dire souvent que l'on a fait ce qu'on devait faire.

Il y a quelques jours qu'il n'était bruit dans Florence que du projet qu'avait le seigneur Giovanni de Médicis de lever une compagnie d'aventuriers pour faire la guerre du côté où ils trouveraient le plus d'avantages. Ce bruit m'a montré que le peuple indiquait le parti qu'il convenait de prendre. Je crois que tout le monde est persuadé qu'il n'y a parmi les Italiens aucun capitaine que les soldats suivissent plus volontiers, et que les Espagnols redoutent tout à la fois et estiment davantage. Chacun, en outre, regarde le seigneur Giovanni comme un guerrier plein d'audace, d'activité, de vastes conceptions, et qui sait mieux que personne prendre une résolution grande et généreuse. On pourrait donc, en renforçant secrètement sa troupe, l'aider à lever cette compagnie, et y enrôler le plus de cavaliers et de fantassins qu'il serait possible. Les Espagnols s'imagineront que c'est une ruse, et ils se méfieront du roi aussi bien que du pape, puisque Giovanni est à la solde du roi ; et, si ce projet s'exécutait, il ferait bientôt tourner la tête aux Espagnols, et donner le change à leurs projets ; car ils s'imaginent peut-être ruiner sans obstacle la Toscane et les États de l'Église. D'un autre côté, cela pourrait déterminer le roi à changer d'idée, à rompre son traité, et à recommencer la guerre, en voyant qu'il a à s'entendre avec des forces réelles et qui appuient leurs conseils par des actions.

Si, en cas de guerre, ce remède est sans effet, je ne sais plus ce qu'il faut faire. Quant à moi, je n'en connais pas d'autre ; et tenez-vous pour sûr que si le roi n'est pas poussé par force, par nécessité, et par des faits bien réels, il observera les traités, et vous laissera dans la détresse, parce qu'étant venu plusieurs fois en Italie, et vous ayant vus toujours vous déclarer contre lui, ou rester spectateurs de sa querelle, il ne voudra pas que la même chose lui arrive une autre fois [1].

La Barbera doit se trouver à Modène ; de quelque manière que vous puissiez lui faire plaisir, je vous la recommande, car j'en suis beaucoup plus occupé que de l'empereur.

N. MACHIAVEL.

Le 15 mars 1525 (1626).

LETTRE XXIII.

A FRANCESCO GUICCIARDINI.

Seigneur lieutenant de Modène, j'ai écrit à votre seigneurie une lettre plus propre à égayer Filicciafo qu'à toute autre chose. Celle-ci vous instruira de ce qui s'est passé depuis. Commençant donc par Modène, à peine y arrivais-je, que Filippo vint à ma rencontre, et me dit : » Est-il possible que je n'aie jamais pu rien faire de » bon ? » Je lui répondis en riant : « Seigneur gouver- » neur, ne vous en étonnez pas ; ce n'est point votre » faute, c'est celle du temps présent ; car il n'y a per- » sonne qui ait fait quelque chose de bien, ou qui ait » pris les choses du bon côté : l'empereur ne pouvait se » conduire plus mal ; il n'a pas su envoyer à temps du » secours à ses partisans, tandis que rien ne lui était » plus facile : les Espagnols ont eu plusieurs fois l'occa- » sion de nous faire de bonnes niches, et ils n'ont pas » su s'y prendre : nous aurions pu être vainqueurs, et » nous n'avons pas su l'être : le pape a cru davantage à » la puissance d'une plumée d'encre qu'à celle de mille » soldats qui suffisaient pour le défendre : les Siennois » seuls se sont bien comportés ; et il ne faut pas crier » merveille si, dans un temps de folie, ce sont les fous » seuls qui se montrent raisonnables. Ainsi, mon cher

---

1. Dans cette lettre, ainsi que dans la précédente, il est fait allusion à l'arrangement que François Ier, fait prisonnier à la bataille de Pavie, conclut à Madrid avec l'empereur Charles-Quint, pour obtenir sa liberté.

» gouverneur, ce serait plutôt mauvais signe d'avoir agi
» raisonnablement, que d'avoir fait quelque sottise.
» Puisqu'il en est ainsi, me répondit Filippo, je ne veux
» pas m'en mettre plus longtemps en peine, et je suis
» satisfait de ce que vous venez de me dire. »

C'est ainsi que finit le premier acte de cette comédie. Peu de temps après arriva le comte Guido. A peine m'eut-il vu, qu'il s'écria : « Eh bien ! le lieutenant est-il encore fâché ? » Je lui dis que non, attendu que celui qui le mettait en colère n'était plus auprès de lui. Et sans entrer dans tous les détails, nous parlâmes quelque peu de votre bienheureuse fâcherie, et il me dit qu'il s'exilerait en Egypte plutôt que de commander une armée dans un endroit où vous seriez. Je répondis à ces reproches de la manière qu'il convenait. On discuta particulièrement sur le bien et le mal qu'avait pu produire votre présence ; et chacun convint enfin qu'elle avait fait plus de bien que de mal.

Je suis resté deux jours à Modène, et je suis entré en relation avec un prophète qui me cita les témoins qui lui avaient entendu prédire la fuite du pape et l'inutilité de notre entreprise ; et il ajouta que tous les mauvais jours n'étaient pas passés, pendant lesquels le pape et nous nous avions encore bien des maux à endurer. Nous sommes arrivés enfin à Florence, où les plus grands reproches dont je vous ai entendu charger sont d'avoir, par les lettres que vous avez écrites au cardinal, fait voir la facilité de l'entreprise et la certitude de la victoire. J'ai répondu que cela n'était pas possible, attendu que je croyais avoir vu toutes les lettres un peu importantes de votre seigneurie, qui toutes renferment une opinion contraire à celle d'une victoire assurée.

N. Machiavel.

Le 5 novembre 1526.

LETTRE XXIV.

A NICCOLÒ MACHIAVELLI

Très cher Machiavel,

J'ai reçu votre lettre du 5. L'histoire de Borgo-à-San-Donnino est une vraie comédie ; celle de Modène tient de la tragédie ; ce qui vous est arrivé à Rome ressemble à un opéra. Tout ce que je puis vous dire, c'est que messer Cesare m'a mandé qu'aussitôt qu'il eut parlé au pape de ce que je lui écrivais à l'égard de... Sa Sainteté lui avait répondu : Écrivez-lui qu'il vienne ; je le verrai » avec plaisir. » Il m'a fait savoir depuis qu'on lui avait ordonné de différer ; et voilà pourquoi, au moment où les troupes se hâtaient de quitter Rome sous la conduite du seigneur Vitello, on avait été obligé d'employer une autre personne pour l'affaire en question. Je lui ai écrit de nouveau que j'étais persuadé qu'ils changeraient d'avis, et que je le désirais bien plus par rapport à moi que par rapport à vous ; car, à dire vrai, je crois que vous n'avez pas trouvé une grande satisfaction dans ces bicoques des Colonna, où vous avez dû vous arrêter. Si j'apprends quelque chose de particulier, je ne manquerai pas de vous en informer, et je tâcherai d'en savoir davantage.

Je vous prie de m'écrire ; j'en ferai autant de mon côté. Je ne vous dis rien de neuf, parce qu'il ne se passe rien en ce moment. et que messer Filicciafo est mon commensal assidu.

En repassant avec scrupule tous les comptes relatifs aux dépenses que j'ai faites à l'armée, je n'en vois aucune dont le pape puisse me faire un reproche, excepté peut-être l'agent donné au Guidetto ; et cependant j'apprends qu'au moment où il a quitté ce pays il s'est plaint à toute la maison que je lui avais bien peu donné ; il aura sans doute fait la même chose là-bas. Il ne me manquait que cela pour connaître à fond son caractère et ses qualités. Je suis tout à vous.

Votre dévoué,

FRANCESCO GUICCIARDINI.

Plaisance, le 12 novembre 1526.

LETTRE XXV.

A MON CHER FILS GUIDO DI NICCOLÒ MACHIAVELLI.

Guido, mon bien cher enfant, j'ai reçu une de tes lettres, qui m'a fait le plus grand plaisir, surtout en m'apprenant que tu es parfaitement guéri. Je ne pouvais recevoir une plus importante nouvelle ; et si Dieu te prête vie, ainsi qu'à moi, j'ai l'espoir de faire de toi un homme de bien, si tu veux faire de ton côté ce que le devoir te prescrit : car, outre les amis puissants que j'avais déjà, je viens de contracter une amitié toute récente avec le cardinal Cibo, mais si intime, que je ne puis m'empêcher d'en être émerveillé moi-même. Elle peut te procurer de grands avantages ; mais il faut pour cela que tu étudies. Maintenant que tu n'as plus l'excuse de la maladie, il faut te donner la peine d'apprendre la littérature et la musique ; tu vois l'avantage que j'ai retiré du peu de talents que j'ai acquis. Ainsi, mon cher enfant, si tu veux me rendre heureux, et travailler en même temps à ton bonheur et à ta gloire, conduis-toi bien, et instruis-toi ; car si tu t'aides toi-même, chacun te prêtera un appui.

Puisque le petit mulet est devenu tout à fait fou, il faut le traiter d'une manière opposée aux autres fous : on les lie lorsqu'ils sont dans leur accès ; et je veux que tu le délies. Tu le donneras à Vangelo, auquel tu diras de le mener à Montepugliano : là, après lui avoir ôté la bride et le licol, il le laissera aller gagner sa vie comme il l'entendra et se guérir de sa folie. Le lieu est vaste, l'animal est petit : il ne peut causer aucun dommage ; et de cette manière, sans s'embarrasser de rien, on verra ce qu'il prétend faire ; et dans le cas où il viendrait à guérir, tu seras toujours à temps de le reprendre. Faites des autres chevaux ce que vous a prescrit Lodovico, que je remercie Dieu d'avoir guéri ; je suis charmé qu'il les ait vendus ; je suis persuadé qu'il aura fait une bonne affaire, puisqu'il vous a remis l'argent ; mais je suis étonné et fâché en même temps qu'il n'ait pas écrit.

Salue de ma part Mona Marietta ; dis-lui que chaque jour j'ai été au moment de partir, et que je me trouve encore dans la même position. Je n'ai jamais tant désiré de me trouver à Florence que dans le moment actuel ; mais je ne puis faire ce que je voudrais. Je lui recommande seulement d'être sans inquiétude, quelque chose qu'on lui dise ; j'arriverai à Florence avant qu'il survienne quelque embarras. Embrasse la Baccina, Piero, et Totto ; j'aurais bien désiré d'apprendre si ses yeux sont guéris. Vivez contents, et tâchez de dépenser le moins que vous pourrez. Recommande à Bernardo de se bien conduire. Voilà depuis quinze jours deux lettres que je lui écris, et je n'en ai point encore reçu de réponse. Que le Christ vous garde tous !

N. MACHIAVEL.

Imola le 2 avril 1527

1 On voit par cette lettre que Marietta Corsini, femme de Machiavel, vivait encore à cette époque qui précède de bien peu de temps la mort de son mari.

TABLE DES MATIÈRES

	Pages.
Avertissement sur cette édition..	v
I. Comedies.	1
La Mandragore.	3
Frère Alberigo.	71
L'Entremetteuse maladroite.	106
Clizia.	179
II. Poésies.	241
L'Ane d'Or.	243
Chapitre de l'Occasion.	278
Chapitre de la Fortune.	279
Chapitre de l'Ingratitude.	285
Chapitre de l'Ambition.	291
Chapitre Pastoral.	297
Sérénade.	301
Chants de Carnaval.	309
Poesies diverses	317
III. Mélanges en prose.	319
Belphégor.	321
Règlement pour une Société de plaisir.	335
Description de la Peste de Florence.	342
IV. Mélanges historiques.	357
Tableau de la France.	359
Relation de la conduite du duc de Valentinois.	382
Vie de Castruccio.	393
V. Lettres familières.	431

www.ingramcontent.com/pod-product-compliance
Lightning Source LLC
Chambersburg PA
CBHW071617230426
43669CB00012B/1966